Main Idea로 푸는 다니엘

HOLMAN Old Testament Commentary

Daniel

General Editor Max Anders | Author Kenneth O. Gangel

Main Idea로 푸는

다니엘

맥스 앤더스(Max Anders) 책임 편집 | 케네스 O. 갱글(Kenneth O. Gangel) 지음 | 김진선 옮김

디모데
Timothy Publishing House

강의와 저서를 통해 예언과 주의 재림의 중요성을 깨우쳐준

알바 J. 맥클레인(Alva J. McClain),

J. 드와이트 펜테코스트(J. Dwight Pentecost)

존 F. 월부어드(John F. Walvoord)

존 C. 휘트콤 주니어(John C. Whitcomb Jr.)에게 이 책을 바칩니다.

추천의 글

요즘, 여러 사람들에게 읽히며 회자되는 목사님들의 설교나 글을 읽어보며 많은 생각을 하게 됩니다. 그 글들의 대부분은 성경보다는 성경 이후의 얘기나 성경보다 더 멋지게 말하려는 흔적들로 가득 차 있습니다. 그러한 글들이 처음에 쓰여질 때는 물론 성경에 근거를 두었겠지만 그 글에 영향을 입은 사람들은 성경은 없고 텍스트가 된, 성경과는 전혀 다른 모습의 인간상들을 만들어낼 가능성이 높아집니다.

변하지 않는 것이 있습니다. 사람은 변하지 않습니다. 그리고 하나님은 변하지 않습니다. 그러나 주위를 보면 변화되는 것들을 센스 있게 기록해놓은 것들로만 가득해서 변하지 않는 인간의 영혼, 그 깊숙한 곳의 문제들이 전혀 해결되지 않은 채 남아 있습니다.

영혼을 찔러 쪼개는 유일한 도구는 하나님의 말씀입니다. 그러므로 교회가 다시 성경의 근거를 마련하고 그 토대 위에 말씀을 세우는 작업을 놓쳐서는 안 됩니다. 이것은 이미 했다고 해서 무관심할 것이 아닌, 중단없이 계속되어져야 하는 것입니다. 제 이야기를 하자면, 제 속에서 변하지 않는 모습을 봅니다. 하나님 말씀에 불순종하는데 익숙한 제 모습입니다. 신앙 생활을 시작할 때 말씀 공부를 충분히 하면 어느 날엔가는 하나님의 말씀으로 풍성한 삶을 살 것이라 기대하며 오늘까지 달려왔습니다. 그러나 요즘 하나님 말씀에 불순종하는 변하지 않는 제 모습을 보며 경악합니다. 이런 제게 오직 주의 말씀이 은혜로 임할 때, 제가 그 말씀 앞에 순종하는 모습을 봅니다.

우리는 다시 성경을 보아야 합니다. 그 말씀이 무엇을 말하고 있는지 깊이 추적해야 합니다. 이 책, 「Main Idea 시리즈」는 하나님의 말씀에 순종하고자 하는 사람들에게 바른 길잡이이자, 말씀을 깊이 사랑하는 사람들에게 좋은 영향을 줄 책이라고 생각합니다. 또한 성경을 자신의 생각과 형편에 맞추어 해석하려는 것이 아니라 성경이 말하는 진정한 뜻을 찾는 사람들에게 큰 도움이 될 것입니다.

홍정길(남서울은혜교회)

우리 시대는 정보의 홍수 시대라고 할 만합니다.
문제는 이 홍수 속에서 우리가 향방 없이 떠밀려 내려가고 있다는 것입니다.
정보의 부재가 문제가 아니라 정보의 향방이 문제입니다.
우리 시대의 설교와 성경 공부가 동일한 위기에 직면해 있습니다.
이 책은 이런 위기를 돌파하는 예지를 제공합니다.
성경 텍스트의 메인 아이디어는 바로 메시지의 향방이어야 합니다.
저는 그래서 이 책이 모든 진지한 성경학도들과 설교자들을 위한
다윗의 물맷돌이기를 기도하며 추천하는 바입니다.

추천의 글

이 책은 명료한 요약, 명료한 주석, 명료한 적용, 명료한 결론이 명료하게 나타나 있습니다.
거기에 명료한 예문은 설교자의 구미를 돋구기에 가히 매력적입니다.
이 책의 매력에 중독되는 것이 오히려 한국교회 강단의 축복일 것을 예언하고 싶습니다.

감사와 기대를 담아
이동원(지구촌교회)

이동원

Contents
차 례

Main Idea로 푸는 다니엘

하나님의 말씀과 하나님의 백성들과의 관계는 물과 물고기의 관계만큼이나 절실하고 심각한 관계다. 하나님을 사랑하는 사람들은 성경을 통해 말씀하시는 하나님의 음성을 듣기를 갈망한다. 그 이름이 목사든, 전도사든, 선교사든, 교사든 하나님의 말씀을 가르치는 모든 일꾼들 또한 영적으로 굶주린 사람들에게 하나님의 말씀으로 풍성한 양식을 공급함으로 그들이 영적인 활력을 갖게 되기를 갈망한다. 그래서 하나님의 말씀을 보다 쉽게, 보다 재미있게, 보다 분명하게 가르칠 수 있도록 인도해줄 자료를 구하지만 쉽게 찾아볼 수 없는 것이 현실이다. 성경을 가르치는 사람에게는 책임이 있다. 누구를 가르치든, 어느 본문을 가르치든 성경

본문 구성

들어가는 글_ 대표적인 크리스천 저술가들이 쓴 주옥 같은 글을 인용함으로 각 개인과 그룹 모임을 하나님의 말씀으로 끌어들이는 토론으로 유도한다.

본문 이해_ 한 절 한 절을 쉽고 명쾌하게 해설한다.

Main Idea

메인 아이디어_ 각 장의 내용과 가르침을 요약하여 한눈에 파악하도록 돕는다.

결론_ 성경의 원리를 요약하고 그것이 삶과 연결되도록 다리를 놓는다.

에 대한 흥미를 자극하고, 성경에 대한 지식을 확대하며, 구체적으로 순종할 수 있는 성경의 원리를 발견하고, 발견한 진리를 삶에 적용함으로 그들의 삶에 변화가 일어나도록 해야 한다.

본서는 구약 성경을 공부해가는 동안 이러한 역동적인 결과를 얻어낼 목적을 가지고 특별한 틀로 구성하였다.

이 작은 도구가 성경을 보다 더 쉽게, 더 분명하게, 더 정확하게 배우고 가르치기를 원하는 모든 하나님의 종들의 손에 들려짐으로 성경에서 막 튀어나온 듯한 건강한 하나님의 백성들을 세우는 성령의 도구로 쓰여지길 기도한다.

발행인 고종율

삶의 적용_ 현재의 삶과 성경의 진리를 연결하도록 돕는다.

기도_ 각 장에서 발견한 원리와 적용의 실행을 위해 기도할 수 있도록 돕는다.

티칭 가이드

티칭 가이드_ 성경 교사들을 돕기 위한 성경 교수 계획을 제시한다.

심층 연구_ 더 깊은 지식을 원하는 사람들을 위해 낱말과 어구와 주제에 대한 보다 깊은 연구로 인도한다.

다니엘 서문

1992년 10월 30일 AP 통신은 서울발 기사를 실었다. 서울의 장만호 목사는 1992년 10월 28일 수요일에 세상이 끝날 것이라고 예언했다. 하지만 그 예언이 이루어지지 않자, 장 목사는 추종자들에게 "아무 일도 일어나지 않았습니다. 집으로 돌아갑시다"라고 침착하게 말했다. 그들 중 많은 이들은 그의 예언 때문에 자신들의 소유를 다 팔고 모든 것을 포기한 상태였다.

무지와 허세로, 의도는 선하지만 무분별한 사람들이 주의 재림과 다른 종말의 사건들을 예언하는 일을 여전히 계속하고 있다. 신약은 이런 종류의 위험한 행동에 대해 명확하게 경고한다. 하지만 어떤 이들은 다니엘서와 같은 구약 예언의 정확성에 고무될 것이다. 다니엘서는 대선지서 중 가장 짧은 선지서지만 신약의 예언 구절에서 구약의 어떤 책보다 더 많이 인용되고 있다.

유대 포로들의 선지자인 다니엘은 바벨론의 심장부에서 이 책을 썼다. 북왕국 이스라엘은 주전 722년에 앗수르에 의해 멸망하였다. 100여 년 후 바벨론은 수도 예루살렘을 비롯한 남왕국 유다를 멸망시켰다. 하나님은 이스라엘의 불순종과 반역을 500년 동안 참고 인내하셨지만, 이제 심판이 임한 것이다. 다니엘서에서 역사를 다룰 때가 자주 있지만, 다니엘서의 일차적인 초점은 미래에 일어날 사건들에 대한 예언과 예견이다. 연대기적 배열이 이 책의 역사 부분이나 예언 부분의 주된 관심사가 아니라는 사실을 기억하라.

다니엘서의 몇 가지 핵심을 살펴보기 전에, 이 주석 시리즈는 본문에 대한 실제적인 강해식 접근을 강조한다는 것에 유념하기 바란다. 학문적인 기초 자료에 대해서는 「엑스포지터스 성경 주석(The Expositor' s Bible Commentary)」시리즈에 수록된 글리슨 아처(Gleason Archer)의 집필 부분이나, 「뉴 아메리칸 주석(The New American Commentary)」의 스테판 밀러(Stephen R. Miller)의 탁월한 다니엘서 개론을 참고하고 있다. 두 사람 다 정경성, 언어 그리고 다른 특별한 문제점들을 다루고 있다. 우리는 이런 문제들에 대해서는 가볍게 살피고 넘어갈 것이다.

저작권

대부분의 고대 저자들처럼 다니엘은 자신을 3인칭으로 자주 언급한다. 그럼에도 불구하고 이 책 전반에 걸쳐서 그는 자신을 분명히 밝히고 있고(9:2, 20, 10:2), 예수님은 마태복음 24장 15절에서 '선지자 다니엘' 을 거론하신다. 에스겔 역시 "비록 노아, 다니엘, 욥, 이 세 사람이 거기 있을지라도 그들은 자기의 의로 자기의 생명만 건지리라" (겔 14:14, 20)라는 내용으로 다니엘(그와 동시대인)에 대해 언급하고 있다.

실제로 다니엘서가 기록된 지 2천 년 이상이 지난 후에도 다니엘 저작설에 대해 의미 있는 공격을 제시한 이가 아무도 없었다. 설령 의문을 제기한다 하더라도 그것은 대체로 성경의 진실성과 영감설에 대해 의문을 갖는 사람들에게서 비롯되었다. 많은 이들은 다니엘서가 실제로는 허구라고 주장했다. 이러한 주장은 다니엘서에 없어서는 안 되는 기적과 예언을 거부하는 입장에 근거한 것이다. 그들은 미래의 사건을 예언하는 것은 불가능하기 때문에 다니엘서는 다니엘이 기술한 모든 내용이 이미 일어난 훨씬 후대에 쓰였음이 분명하다고 주장함으로써 이 책의 명백한 역사성을 설득하고자 애쓴다.

그러나 다니엘서의 몇몇 예언(그리고 성취)은 주전 2세기까지는 일어날 수 없었기 때문에 다니엘서의 예언적 역동성은 부정할 수 없다. 스테판 밀러는 이렇게 지적한다. "더욱이, 다니엘서 저자가 주전 2세기의 사건들을 미리 예언할 수 없었다면 1세기의 예수 그리스도의 위격과 사역에 대해서도 예언할 수 없었을 것이다. 또한 그리스도의 재림에 대해서도 전혀 예언할 수 없었을 것이다. 그러한 입장은 당연히 신약과 그리스도 자신의 분명한 교훈에 위배될 것이다(눅 24:25-27, 44-46 참고)" (스테판 밀러, 32).

저작 연대

저작 연대의 문제는 다니엘서 저작의 예언적 진실성을 확인하는 것이기 때문에 중요한 것이다. 글리슨 아처는 이에 대해 다음과 같은 명확하고 공신력 있는 설명을 제시한다. "다니엘서 저작 연대와 관련해서, 다니엘 선지자의 가장 초기 경험에 대한 내러티브는 주전 605-604년에 느부갓네살에 의해 포로로 붙잡힌 사건으로 시작한다. 1장 21절에 의하면, 그는 공적 업무와 관련된 활동은 고레스 1년까지(주전 약 537년) 확실히 계속했고, 예언 사역은 고레스 3년까지(주전 535년) 계속한 것이 분명하다(단 10:1). 다니엘은 주전 약 532년이나 530년 어느 시점인 은퇴기에 자신의 기록을 수정하고 완성시킨 것으로 보인다. 그때 그는 거의 90세에 가까운 나이였을 것이다(그의 출생 시기를 주전 620년으로 가정하면). 아람어로 작성된 앞장들에서도 페르시아에서 유래한 정부 조직(governmental) 관련 용어들이 등장하는 것으로 보아 이 장들이 최종적으로 완성된 것은 페르시아어가 정부의 공식 언어가 된 이후라는 사실을 강하게 암시한다" (글리슨 아처, 6).

목적

내용과 논조에서 역사적이고 도덕적인 성격을 지녔다 할지라도 다니엘서는 일차적으로 예언서이다. 이미 지적했듯이, 예수님 자신이 '선지자 다니엘'이라는 내용을 언급하셨다(막 13:14). 다니엘서의 주제는 분명히 하나님의 주권이 그 핵심이다. 구약의 저자 중 그 누구보다도 다니엘은 우리에게 진리의 기본적 명제를 명확히 드러낸다. 그것은 성경에서 하나님 외에는 영웅이 존재하지 않는다는 것이다. 다니엘서는 다니엘의 생애를 다룬 전기가 아니다. 이스라엘의 역사에 대한 책도 아니며, 히브리인들의 신학에 관한 책도 아니다. 다니엘서는 미래에 대한 예언을 목적으로 하며, 이 예언은 후에 본토로 귀환해 성전을 회복하고 성을 재건할 유대인들에게 큰 소망과 격려가 되었음이 확실하다. 또한 마태복음 24-25장의 감람산 강화를 이해할 열쇠를 쥐고 있고, 요한계시록의 자매편의 역할을 하기 때문에 큰 격려와 소망이 담긴 책이기도 하다. 다니엘서가 없이는 두 책 모두 제대로 이해할 수 없다.

다니엘과 요한계시록은 묵시 문학에 속한다. 두 책에 초자연적 환상이 등장하기 때문에 그렇게 불린다. '아포칼립시스(apokalupsis)'라는 헬라어는 이전에는 알려지지 않았던 것이나 하나님이 의도적으로 감추신 진리를 드러낸다는 뜻을 지닌다. 대부분의 복음주의 학자들은 다음의 책들을 이 범주에 포함시킬 것이다. 에스겔서의 일부(40-48장), 다니엘서의 대부분, 스가랴서의 대부분 그리고 요한계시록이다.

존 월부어드(John F. Walvoord)는 다음과 같이 상기시킨다. "어떤 책이 묵시적이라는 사실이 반드시 계시의 내용이 모호하거나 불확실하다는 의미는 아니다. 그리고 보수적인 학자들은 신적 의사 소통의 순수한 수단으로 묵시적 계시의 타당성을 인정해왔다. 문맥을 통해 해석해야 할 계시를 면밀히 살펴보면 묵시 문학은 인내하는 석의자에게 실질적인 결과를 얻게 해줄 수 있다"(존 월부어드, 「Daniel」, 14).

언어

다니엘은 이 책을 두 가지 언어로 기록하고 있는데 그것은 히브리어(1장, 8-12장)와 아람어(2-7장)이다. 이 두 언어는 에스라서에도 사용되고 있지만, 이들이 두 언어를 사용한 이유가 무엇인가라는 핵심적 질문에 대한 대답은 되지 않는다. 실제로 이 질문에 대한 대답은 생각했던 것보다 훨씬 더 간단하다. 다니엘서에서 히브리어로 쓰인 장들은 하나님의 옛 언약 백성들인 유대인들에게 해당되는 관심사를 다룬 반면에, 아람어로 쓰인 장들은 바벨론과 페르시아 제국에 속한 더 광범위한 사람들과 관련된 문제를 다루기 때문이다.

또한 초기 구약의 유대인들은 히브리어를 사용했지만, 예수님 시대에 이르러서는 아람어(또한 갈대아어 혹은 시리아어로 불리기도 함)를 사용했다는 점 역시 기억해야 한다. 흥미롭게도 창세기에 기록된 대화 가운데서 야곱은 히브리어를 사용하지만 그의 삼촌 라반은 아람어를 사용하고 있다.

실제로 아람어에 관해 확인하는 것은 다니엘서의 저작 연대를 결정하는 데 유익하다. 다니엘이 '공식적인 아람어'를 사용했다면 다니엘서는 주전 6세기나 5세기에 기록되었을 것이다. 그러나 후기 아람어 형태가 사용되었다면 다니엘서의 저작 연대는 주전 2세기경이 될 것이다. 비평가들은 후자를 주장한다. 이 분석에는 사해문서(Dead Sea Scrolls)가 매우 유익하다. 사해문서의 영향에 대해서는 많은 책들이 저술되었다. 쿰란의 제11동굴에서 발견된 욥기 탈굼은 다니엘서보다 훨씬 더 고대의 아람어를 사용하고 있다. 욥기 탈굼의 편집자들은 이것의 연대가 주전 2세기 후반의 어느 시점이라고 추정한다.

다니엘서의 고대 아람어와 욥기 탈굼 사이에는 상당한 시간이 흘렀고, 이것은 비평주의 학자들이 적극적으로 인정해왔던 것보다 이 예언서의 연대가 더 빠르다는 것을 암시한다. 보수적인 학자들은 다니엘서의 저작 연대가 주전 500년 전의 어느 시기라고 못박는다. 아마 주전 539년 고레스가 바벨론을 함락시킨 후인 주전 약 530년에 완성되었을 것이다.

정경상의 위치

다니엘서의 비평가들은 구약의 옛 마소라(Masoretic) 본문 배열에서 다니엘서가 선지서가 아니라 성문서에 포함되었다고 주장하기를 좋아한다. 복음주의 학자들은 이 흥미로운 현상이 발생한 것은 다니엘서의 성격이 다르기 때문이라는 입장을 취해왔다. 즉, 이스라엘에게 하나님의 메시지를 선포하도록 위임받은 선포자가 아니라 이방 정부의 관리가 선언한 내용이 기록되었기 때문이라는 것이다. 우리는 성문서가 다른 성경과 마찬가지로 영감받은 것으로 여겨졌다는 것과, 다른 성문서들도 저작 연대가 확인되지 않았다는 것을 기억해야 한다. 칠십인역(Septuagint)에 이르러서야 다니엘은 선지서에 포함되었다.

다니엘서에 대한 부정적인 모든 주장들(다니엘서의 저작 연대, 신빙성, 구약 성경에서의 배열)은 예언적 예언의 신빙성과 진실성을 부정하고자 하는 비평가들의 노력에서 기인한다. 그 장애를 극복할 수 있을 때 세부적인 사항들이 자연스럽게 해결된다.

주제와 신학

다니엘서는 하나님의 주권에 집중하고 있다. 다니엘은 모든 약속이 깨어지고 모든 옛 언약이 산산이 부서져버렸다고 이스라엘이 생각해도 전혀 지장이 없는 절망적인 시기에 다니엘서를 기록했다. 이교도가 두 번 승리했고(앗수르와 바벨론), 유대인들의 대의는 확실하게 실종되었다.

그 폐허의 잿더미 속에서 지상의 모든 일과 결과와 왕들의 결정, 그들의 군대의 승리나 패배가 하나님의 손에 달려 있다는 낭랑한 나팔 소리가 들려온다. 다니엘이 악기를 다룰 수 있었다면, 그는 "그분이 온 세상을 손에 쥐고 계시도다"라고 노래하며 수많은 시간을 보냈을 것이다.

다니엘서의 핵심적 등장 인물(전능하신 하나님) 외에 그는 또한 천사들에 대해 우리에게 가르쳐준다. 그의 책에는 가브리엘과 미가엘 두 천사의 이름이 모두 거론되어 있다. 또한 인간 타락의 교리가 분명하게 드러나 있으며, 끊임없이 도덕적 선택을 해야 할 필요성이 다니엘과 그가 섬기는 이방 왕들에게 동시에 나타나고 있다. 다니엘 12장에는 부활의 교리(욥기 19장에서 이미 보임)가 나타나며, 이사야 26장과 에스겔 37장을 상기시킨다. 다니엘서는 성경의 전체적인 점진적 계시에 초점을 맞추며, 신약의 종말론의 토대를 놓는다는 점에서 나머지 구약 성경과 완벽한 조화를 이룬다.

존 월부어드는 이렇게 지적한다. "많은 부분에서 다니엘서는 구약에서 가장 종합적인 예언적 계시로, 바벨론에서 그리스도의 재림에 이르는 세계사, 서로 관련된 이방 역사, 이스라엘과 관련된 예언에 대해 유일하게 총체적 관점을 제공하고 있다. 다니엘서는 예언의 총체적 해석에 대한 열쇠를 제공하고, 전천년설의 주요한 요소이며, 요한계시록 해석에 필수적이다. 하나님의 주권과 능력에 대한 계시는 유대인들과 이방인들에게 하나님이 역사 속에서 그리고 영원히 자신의 주권적 뜻을 이루실 것이라는 확신을 제공해주었다" (존 월부어드, 「Daniel」, 27).

구조

역사적, 예언적 기록인 다니엘서에 억지로 엄격한 구조(로마서에서 발견한 것과 같은)를 강요하고자 하는 사람들은 결국 좌절만 경험할 것이다. 몇 가지 사소한 예외를 제외하면 이 책을 적절하게 바라보는 유일한 방식은 12장의 개별 장이지만 연관성이 있는 장들에서 찾을 수 있다. 이 주석은 독자에게 편리한 접근 방식을 제공하고자 하기 때문에 12장이 넘는 장으로 구분되어 있다. 우리는 이 주석의 장 구분이 다니엘서의 구체적인 장 구분을 반영한 것이라고 주장하는 것이 아니다.

이미 이 책의 언어적 특성을 지적했지만, 내용 면에서는 전체를 바로 중간에서 나눌 수 있다. 1-6장에서는 다니엘이 다른 사람들이 본 환상을 해석해주는 반면에, 7-

12장에서는 그가 직접 환상을 받고 있다. 초반의 여섯 장은 주로 역사적이고, 후반의 여섯 장은 주로 예언적이다. 이러한 구분 외에 생동감 넘치고 역동적인 이 책에 외적인 어떤 틀을 강제하는 것은 아무런 유익이 없다. 우리에게 주어진 과제를 다룰 때 우리는 먼저 장들을 살펴본 후에 장 안의 단락들을 살펴볼 것이며, 주로 구절에 따라 차례대로 내용을 살펴볼 것이다.

1장을 서론으로 보고, 2장부터 7장은 세계 민족들의 운명을 다루며, 8장부터 12장까지는 이스라엘 민족의 운명을 다룬 것으로 보는 「NIV 스터디 바이블(NIV Study Bible)」의 개요가 어느 정도 도움이 될 것이다. 어떤 이들은 다양한 항목들로 가득한 스테판 밀러의 열 가지 핵심 주제로 나눈 개요를 인정할 것이다(스테판 밀러, 52).

해석

다니엘서 연구에 사용된 해석(해석학)은 본문 연구뿐 아니라 본문을 적용하는 방식도 결정할 것이다. 우리는 다니엘서의 빠른 저작 연대, 정경적 진정성, 바벨론의 정치가이자 선지자인 다니엘의 저작권을 이미 전제로 하고 있다. 우리는 다니엘서가 다소 역사적이고, 대체로 예언적이며, 특별히 종말론적임을 지적하였다. 이 문제들은 모두 이 책에 대한 우리의 해석과 관련이 있다.

나아가 다니엘서는 7장에서 2장을 확증하는 내적인 관련성에 의해 해석에 대한 몇 가지 열쇠를 제공한다. 우리는 이 책에서 바벨론, 페르시아, 그리스, 심지어 로마를 인식하는 데 전혀 어려움이 없다. 문제는 그리스도의 오심과 마지막 날, 특별히 하나님의 예언 계획에서 이스라엘의 역할을 비롯해 아직 일어나지 않은 미래의 일들을 다루기 위해 로마 제국의 범위를 확대 적용하는 데서 비롯된다.

이 주석은 전천년설의 시각을 갖고 다니엘서에 접근한다. 그리스도의 지상 왕국은 아직 미래의 일이며, 이 약속은 구약 본문(특별히 이사야와 다니엘서)과 그리스도 자신의 약속들(마 11:2-6, 눅 1:31-33)에 근거하고 있다고 전제한다. 그러나 천년왕국은 하늘나라 그 자체가 아니라 일부일 뿐이다. 천년왕국은 오직 천 년 동안만 지속되지만 그 왕을 믿는 자들의 가슴 속에 이미 존재하는 그 나라는 영원하다.

다음은 로버트 컬버(Robert D. Culver)의 저작 중 도움이 될 유익한 문단을 인용한 것이다.

> 전천년주의자들은 그리스도의 재림 때 오직 성도들의 부활만 있을 것이고, 재림하신 그가 살아 있는 악인들을 멸망시키시며, 의인들은 천 년 동안 땅에 존재할 천년왕국에 들어갈 것이고, 이전 세대의 영화롭게 된 성도들이 회복된 이스라엘과 더불어 천 년 동안 세상을 다스릴 것이라고 믿는다. 천년왕국 끝에 악인들의 부활과 최후의 심판이 있을 것이다(로버트 컬버, 46).

모든 독자들은 이런 정도의 저작물이 나오기 위해서는 저자에 대한 강한 지원이 필요함을 알 것이다. 원고를 읽어준 내 아내 베티(Betty)와 성실하고 유능한 타이피스트 지니 머레이(Ginny Murray)에게 진심으로 감사의 마음을 전한다. 이 주석은 나의 세 번째 홀먼 주석 시리즈 작업이며, 맥스 앤더스(Max Anders)와 스티브 본드(Steve Bond)와 함께한 작업은 진심으로 즐거운 시간이었다.

다니엘 1:1-21

포로로 끌려간 아이들에게서 배우는 교훈

"열국의 재판장이 우리를 아직 멸하지 않으신 것은 우리로 잊지 않게 하기 위해서다. 잊지 않게 하기 위해서!"

- 루드야드 키플링(Rudyard Kipling)

인생에서 무슨 일을 당하거나 어떤 어려운 문제가 우리에게 닥친다 해도 우리는 하나님께 끝까지 충성해야 한다.

인물 개요: 여호야김

- 주전 607년부터 597년까지 예루살렘에서 통치한 요시야의 아들
- 애굽 왕에 의해 엘리아김이라는 이름에서 강제로 개명당한 포악하고 악한 왕
- 포로로 수치스럽게 죽음(렘 22:19)
- 그의 아들 여호야긴이 그를 이어 왕이 됨(왕하 24:8)

인물 개요: 느부갓네살

- 주전 605년에서 562년까지 신 바벨론 제국을 통치한 왕
- 열왕기, 역대기, 에스라, 느헤미야, 예레미야, 에스겔, 다니엘서에 왕으로 언급되어 있음
- 그의 이름은 '나부여, 국경을 지켜주소서' 라는 의미를 지니고 있으며, 때로 네부카드네자르(Nebuchadrezzar)로 표기되기도 함
- 고대 세계에서 가장 강력한 군주 중 한 사람으로 그의 제국은 애굽, 시리아, 팔레스타인에 걸쳐 있었다.

지리적 개요: 바벨론

- 아카드어에서 파생되었을 가능성이 있는 이 이름은 '신의 문' 이라는 뜻을 갖고 있다.
- 바벨론 제국에서 가장 중요한 도시
- 중앙 메소포타미아, 현재의 이란 바그다드 시의 남쪽 약 80킬로미터 지점인 유프라테스 강에 위치함
- 다니엘이 도착하기 전 240년 정도의 역사를 지닌 성이었을 것이다.

지리적 개요: 예루살렘

- 로마 역사가 플리니(Pliny)에 의하면, '지금까지 고대 동양에서 가장 유명한 도시' 이다.
- 예루살렘이라는 이름은 '평화' 라는 뜻을 지닌 히브리어 '살렘' 을 기본으로 만들어진 것
- 예루살렘이라는 이름은 구약에서 600회 사용되고 있다.
- 그리스도께서 탄생하시기 약 천 년 전에 다윗이 함락시킨 후 다윗의 수도가 되었다.

지리적 개요: 유다

- 야곱의 넷째 아들로 그의 후손들이 동일한 이름으로 지파를 형성했다.
- 유다 지파의 한 사람인 다윗은 통일 이스라엘 왕국을 만들었고, 이 왕국은 솔로몬 통치 기간까지 통일 왕국으로 유지되었다.
- 솔로몬 사후 이 왕국은 두 왕국으로 분열되었고, 흔히 북왕국 이스라엘과 남왕국 유다로 불린다.
- 남왕국 유다의 크기는 북왕국의 절반 수준이었고, 인구 역시 약 절반 수준이었다(약 30만 명).

들어가는 글

갑작스러운 응급 상황

다니엘서에 대한 이 주석을 쓰기로 동의했을 때 나는 첫 장의 도입 구절에 대한 주석이 우리 지역의 병원 외과 대기실에서 준비될 것이라고는 생각지도 못했다. 그러나 나는 18미터 길이로 희멀건 회색 카펫이 깔리고 콜라 자판기가 저만치 보이는 곳에 이렇게 앉아 있다. 내 오른쪽 테이블에는 한물간 잡지들이 깔끔하게 정돈되어 있다. 홀 아래쪽 모퉁이 수술실에서는 한 팀의 외과의들과 간호사들이 마흔네 살 된 내 아내의 대수술을 하고 있다. 그것은 자궁 속에 있는 종양을 제거하는 수술로, 우리는 그 종양이 악성인지, 그리고 그로 인해 우리 생활에 어떤 변화가 생길 것인지 오늘 알게 될 것이다. 4일 전만 해도 그녀는 생기 넘치는 건강한 여성이었고, 오늘 저녁으로 예정된 디너 파티를 준비하느라 바빴다. 그것은 우리 교회 18명의 교인들을 위한 파티였다. 그런데 새벽 3시에 아내는 응급실로 실려왔고 우리 인생의 우선순위는 재조정되었다.

어떻게 이런 일이 이토록 급작스럽게 일어날 수 있는가? 왜 좀더 일찍 증상을 알아채지 못했을까? 마취 주사를 맞고 천천히 의식을 잃어가는 아내를 보면서 무엇이라고 말하겠는가? 눈을 감기 전 그녀가 마지막으로 한 말은 "수술받기 전에 나에게 할 말 없어요?"라는 질문이었다. 그 순간은 진부한 말이나 무미건조한 말도, 기독교적 명언이나 전문적인 신학도 전혀 필요하지 않았다. 나는 단순히 "그래 있어. 사랑해. 하나님이 모든 것을 다스리고 계셔"라고 말했을 뿐이었다.

다니엘서는 다니엘에 대한 책이 아니다. 아브라함, 모세, 여호수아와 마찬가지로 다니엘은 하나님의 그릇이며, 지상에서 그분의 영원한 계획을 이루시기 위해 그분의 손에 들린 도구이다. 모세 오경과 역사서에서는 우주의 하나님을 전제하는, 하나님의 주권이 배경으로 자리하고 있다. 다니엘서에는 하나님의 주권이 중심 주제로 부각되고 있고, 그것이 하나님의 백성들과 주변의 이방 민족들에게 외쳐야 할 메시지로 부각되고 있다. '한 신이 계시다. 그 신은 그의 세계를 통치하는 분이시다.' 이 책의 뒷부분에서 신학적으로 더 심도 있게 하나님의 주권에 대해 탐구하겠지만, 여기서는 '하나님은 자신이 무엇을 하고 있는지 알고 계시며, 실제로 그것을 행하고 계신다' 고 간단히 정리하는 것으로 하나님의 주권에 대해 정의하고자 한다.

본문 이해

포로로 끌려간 아이들에게서 배우는 교훈

Main Idea	이스라엘 백성이든, 교회든 하나님의 백성들은 항상 세상 문화를 거스르며 살아간다. 그러한 진실이 구약의 포로 생활과 특별히 바벨론의 지배하에서 가장 통렬하게 실천되었다. 그러한 민족적 투쟁이 이 책의 초반에 등장하지만, 1장에서는 의가 하나님에 대한 확고한 헌신과 더불어 시작된다고 가르친다.

A. 바벨론의 공격(1:1-2)

Supporting Idea	하나님의 계획은 종종 압제와 고통과 사로잡힘과 같이 그분의 백성들이 이해할 수 없는 방식으로 성취된다.

1:1. 다니엘은 성경에서 가장 학식이 깊은 사람 중 한 사람이기 때문에 우리는 이 책 전반에 걸쳐서 고차원적인 학문적 저술을 기대할 수 있을 것이다. 신약에서는 학식이 깊은 그리스도인 하면 사도 바울이 먼저 떠오른다. 구약에서는 모세와 솔로몬을 학식이 깊은 인물로 꼽지만, 다니엘이 역사와 사역에 있어 하나님이 주신 역할을 위해 철저히 훈련된 이들의 반열에서 세 번째보다 더 낮은 자리는 아닐 것이다.

다니엘은 처음으로 바벨론에 발을 디딘 때(유다 왕 여호야김이 위에 있은 지 삼 년에)를 우리에게 소개하는 것으로 시작하고 있다. 학자들은 이때가 주전 605년이라는 데 동의한다. 우리는 열왕기하 24장 1-2절과 역대하 36장 5-7절에서 이에 대한 평행 기사를 볼 수 있다. 이것은 유대인들이 세 번에 걸쳐 포로로 끌려갔음을 기억하는 데 도움을 준다.

이 첫 번째 강제 이주는 다니엘과 몇몇 사람들이 바벨론의 포로로 잡혀간 주전 605년에 일어났고, 두 번째는 여호야긴과 왕족들이 에스겔과 더불어 포로로 잡혀가고 성전의 모든 보물들을 함께 빼앗긴 주전 598년에 일어났으며(왕하 24:10-17), 세 번째는 예루살렘과 성전이 파괴되고 남왕국 유다가 멸망한 주전 587년에 일어났다(왕하 25:1-21).

비평가들은 다니엘의 기사와 느부갓네살 원년이 여호야긴 4년에 해당한다고 지적하는 듯한 예레미야의 진술(렘 25:1) 사이에 드러난 모순점을 지적하는 데 열을 올린다. 그러나 이 문제는 다니엘이 바벨론식 연대 구분법을 사용한 반면에 예레미야는 애굽식 연대 계산법을 사용했다고 지적하면 쉽게 해결된다. 바벨론 사람들은 한 왕의 통치 원년을 즉위한 해로 계산하고, 두 번째 통치 연도를 공식적인 임기 '첫 해' 로 생각했다.

실제로 이 설명에 대해서는 더 정교한 많은 주장들과 심지어 다른 해석들도 있다〔허버트 류폴드(Herbert Leupold)와 케일(Keil) 참고〕. 존 월부어드는 "그 증거로 보면 다니엘의 연대기적 정보가 부정확하다는 비판은 유지하기 어렵다. 오히려 그것은 성경의 외적인 정보와 전적으로 일치하고 있으며, 다니엘서의 내용이 틀리지 않다는 시각을 지지해준다" 고 지적한다(존 월부어드, 「Daniel」, 32). 바벨론 왕 느부갓네살은 다니엘서 전반에 걸쳐 두드러지게 부각되는 인물이기 때문에 우리는 이 거대한 통치자를 심층적으로 탐구해보아야 한다. 몇 년 후 그의 이름은 네부카드네자르로 표기되었지만, 우리는 열왕기, 역대기, 에스라 그리고 예레미야서 일부에서 'n' 이라는 철자가 포함되어 있는 것을 볼 수 있다. 고대의 이름들은 철자가 다르다고 해서 크게 문제가 되지는 않는다. 특별히 바벨론의 쐐기문자를 히브리어나 아람어로 음역한 것을 생각하면 그러하다. 실제로 그의 이름은 '나부쿠두르리우수르(nabu-kudurri-usur)' 로 '나부여, 국경을 지켜주소서' 와 유사한 의미를 갖는다.

그러나 혹자는 느부갓네살이 실제로 이 당시에 왕이었는지 의문을 갖게 될 것이다. 무엇보다 그의 부친 나보폴라살(Nabopolassar)이 아직 생존해 있었다. 예레미야 27장 6절과 성경 외적 자료들은 그를 왕으로 부르고 있고, 거의 모든 명망 있는 학자들 역시 나보폴라살 사전에 두 사람이 몇 년간 공동으로 통치했다는 데 동의한다.

바벨론 왕국에 대해 더 정확히 파악하기 위해 다니엘이 태어난 해로 추정되는 주전 625년으로 돌아가보자(글리슨 아처는 다니엘의 출생 연도를 주전 620년으로 추정한다). 그해에 앗수르의 마지막 왕인 앗수르바니팔(Ashurbanipal)이 사망하고 그의 아들 앗수르우발릿(Ashuruballit)이 왕위를 계승하고자 했다. 하지만 앗수르의 권력은 왕의 총독에게 넘어갔고, 나보폴라살은 앗수르 제국을 멸망시켰다. 다니엘은 바벨론이 서아시아를 지배하게 된 주전 612년의 니느웨 함락 사건 때 어린 십대 소년이었다. 십대 시절이 끝나던 시점에 다니엘은 바벨론에 포로로 잡혀갔고, 그로 인해 이 책의 놀라운 이야기가 시작된다.

그러나 이 첫 절을 넘어가기에 앞서 다니엘이 받은 경건한 영향은 그의 인생의 아주 어린 시기에 시작되었음을 기억해야 한다. 다니엘이 태어났을 때 경건하고 위대한 왕 요시야가 이미 15년을 통치하고 있었고, 그 다음 16년 동안 그로 인해 유다에 일어난 부흥은 분명히 그의 어린 생애에 영향을 미쳤음이 확실하다. 우리는 다니엘의 부모가 경건한 사람들이었다고 가정할 수 있다. 역사는 그가 국가 지도자의 경건한 삶에서 긍정적인 영향을 받았음을 보여주고 있다.

W. A. 크리스웰(W. A. Criswell)은 요시야가 이스르엘 골짜기의 므깃도에서 바로느고의 손에 의해 죽임을 당한 운명적인 그날 이후 유다에 급속도로 이루어진 타락을 포착하고 있다. "요시야의 죽음 이후 민족이 광적인 우상 숭배에 뛰어든 후에도 그(다니엘)는 하나님을 향한 성실한 태도를 지녔고, 그러한 태도는 결코 변하지 않았다. 이제 극적으로 대조되는 그의 정치적이고 도덕적인 환경의 변화는 하나님을 섬기겠다는 그의 결심이 그의 인생에서 더욱 의미를 갖게 만들었다. 유다 왕국이 욕망과 우상 숭배와 사악함으로 현기증이 날 정도로 비틀거리고 있을 때 다니엘은 시대의 조류에 휩쓸리지 않고, 자신을 추스르며 견뎠다. 놀라운 부흥에도 불구하고 악한 왕 여호아하스, 여호야김, 시드기야, 여호야긴은 아무 영향을 받지 않았을 것이다. 하지만 다니엘과 하나냐와 미사엘과 아사랴의 마음속에는 영광스러운 반응이 깊이 각인되었다" (크리스웰, 111).

1:2. 다니엘은 지체하지 않고 자신이 강조하고자 하는 하나님의 주권이라는 주제를 부각시킨다. 이스라엘 민족은 어떻게 해서 멸망했는가? **주께서 유다 왕 여호야김을 그의 손에 붙이셨기** 때문이다. 대부분의 주석가들은 이 구절에 대해 상세히 설명하지 않는다. 이는 주로 그들이 역사적 세부 사항과 진정성과 저작권에 관한 싸움에 몰두하기 때문인 것 같다. 그러나 나는 다니엘이 바로 여기서 다니엘서의 가장 중요한 주제를 소개하고 있다고 주장한다. 십자가 사건이 사단의 승리가 아니었듯이, 주전 605년의 바벨론 포로 사건은 느부갓네살의 승리가 아니었다. 창조의 하나님은 그해에 자신의 '세계사'

의 새 장을 쓰시기로 결정하시고, 여호야김을 패배하게 하시고 다니엘을 바벨론의 포로로 보내셨다.

하나님의 전 기구 얼마라는 다니엘의 언급은 5장의 벨사살의 연회라는 흥미로운 이야기에서 이 기구들과 다른 그릇들이 재등장할 수 있는 토대를 놓아준다(대하 36:18). 한 나라에서 다른 나라로, 한 신에서 다른 신에게로 신전 기물을 이동하는 것은 고대 왕들에게는 흔한 관습이었다. 여기서는 상징적 의미를 부여할 필요가 없다. 주후 4세기에 제롬(Jerome)은 이렇게 썼다. "이 집기들을 통해 우리는 진리의 독특성을 이해해야 한다. 철학자들의 모든 저술을 다 읽는다 해도 그 속에서 하나님의 그릇들은 일부밖에 발견하지 못할 것이다… (그들은) 오류와 진실을 뒤섞고 수많은 악으로 본성의 선함을 부패하게 만든다. 그러한 이유로 그들은 하나님의 집의 그릇들을 완전하고 완벽한 상태로 모두 가져가지 못하고 일부만 빼앗아간 것으로 기록되어 있다"(제롬, 20).

존경스러운 그 신학자가 진리와 철학에 대해 언급한 내용은 확실히 오늘날에도 적용되지만, 이 구절에서 그런 종류의 의미를 찾아내는 일은 본문에서 불필요한 이미지를 만들어내게 된다.

그러나 2절을 마무리하기에 앞서 두 구절을 관심을 갖고 살펴볼 필요가 있다. 첫 번째 구절은 바빌로니아(개역 성경에는 기록되어 있지 않음) 혹은 '시날 땅'이다. 대부분의 학자들은 이 이름이 더 광활한 지역인 메소포타미아(바벨론은 메소포타미아의 일부 지역)를 가리킨다고 주장한다. 일반적으로 이곳은 하나님의 메시지와 하나님의 영과 대조되는 장소라는 신학적 함의를 지닌다. 여기서 우리는 바벨탑(창 11:2)을 떠올리고, 또한 악이 추방되는 것을 본다(슥 5:11).

느부갓네살은 그 그릇들을 바벨론으로 갖고 와서 신의 보고(temple of his god)에 두었다. 다니엘은 그것을 한 구절에서 두 번이나 거론함으로 그것의 중요성을 암시하고 있다. 그는 이것이 국가 간의 전쟁일 뿐만 아니라 신들의 전쟁(바벨론의 위대한 신 마르둑에 대한 하나님의 전쟁)임을 이해하기를 원한다. 우리는 여기서 하늘과 땅, 빛과 어둠, 진리와 거짓의 영원한 싸움인 세대들의 전쟁에서 한 가지 역사적 목표를 갖고 있다.

헤르만 벨드캄프(Herman Veldkamp)는 그것을 적절하게 표현하고 있다. "예루살렘과 바벨은 모든 세대에서 세계 역사를 지배해온 거대한 대립 관계이다. 그것은 하나님의 왕국과 사단의 왕국, 교회와 세상, 그리스도와 적그리스도의 거대한 싸움이다. 요한은 요한계시록에서 최후의 싸움과 그리스도의 궁극적 승리에 대해 말하는 반면, 다니엘은 그 싸움의 수많은 국면 중 하나를 묘사하고 있다(단 1:9-10)" (헤르만 벨드캄프, 9).

B. 바벨론에서의 훈련(1:3-7)

Supporting Idea	넓은 세계에서 효과적으로 그리스도를 섬기기 원하는 그리스도인은 모든 종류의 배움에 마음을 열고 배우고자 하는 자세를 가져야 한다.

1:3. 때로는 포로로 잡혀간 아이들이 낯선 땅에서 출세할 수 있다. 요셉이 그런 경험을 했고, 이제 다니엘에게도 그런 일이 일어날 것이다. 많은 이들은 이 구절의 아스부나스라는 이름에 대해 의문을 제기하며 그 역사성을 의심하였지만, 이 이름은 아람어 본문에 분명히 나타나 있고, 쐐기문자는 약간 다른 철자를 사용해 그의 이름을 기록하고 있다. 우리가 그 이름의 유래에 관해 관심을 가져야 할 이유는 없다. 일단 다니엘서에 대한 다니엘의 저작권을 인정한다면 그가 이 사람을 잘 알았고, 그의 이름을 정확히 표기했으리라고 단순하게 받아들일 수 있다.

그러나 우리는 이 사람의 직책에 대해서는 관심을 가질 필요가 있다. NIV(New International Version) 성경에서는 **궁정 관리 중 수장**(chief of… court officials)이라고 부르고 있다. KJV(King James Version) 성경은 그를 "환관들의 장(master of eunuchs)" 이라고 부르는데, 이것은 네 명의 히브리 소년들에 대한 흥미로운 함의를 전해주는 구절이다. 이사야는 바벨론에게 성전 기구들이 빼앗길 것을 예언했고(왕하 20:12-17), 또한 "왕의 몸에서 날 아들 중에서 사로잡혀 바벨론 왕궁의 환관이 되리라 하셨나이다" (왕하 20:18)라고 말하기도 했다. 히브리어 '사리스(saris)' 는 통상적으로 거세된 남자를 가리키지만, 다니엘 시대에 이르러서는 확실히 상징적인 의미로 사용된 것이 보편적이다.

대부분의 옛날 히브리어 저술들은 '내시(eunuchs)' 라는 단어를 문자적이고 실제적인 의미로 해석해야 한다고 믿는다. 여기에는 우리가 수많은 정보를 의존하고 있는 요세푸스(Josephus)가 해당된다. 그러나 실제로 '사리스' 는 '궁정 관리' 를 의미할 수 있고, 이 구절의 단어를 반드시 실제적인 의미로 해석할 필요도 없다. 어떤 이들은 4절의

"흠이 없고" 라는 구절을 근거로 '내시' 라는 단어에 큰 의미를 부여하지 않는다. 하지만 이 시점에서의 이 구절은 거세하기 이전의 상태를 가리킬 수도 있다. 존 월부어드가 말한 대로 "위에서 지적한 대로 비록 일부는 '궁정 관리' 라는 해석을 선호하지만 궁극적으로 선택은 해석자의 몫이다" (존 월부어드, 「Daniel」, 34).

여기서 느부갓네살의 전략을 다른 시각에서 해석할 수도 있다. 우리는 그것을 이전의 종교적, 사회적, 문화적 영향을 모두 씻어내고 이 소년들을 철저히 바벨론화시키는 의도적인 노력, 즉 세뇌 작업으로 해석할 수도 있다. 다른 한편으로는 그가 유다 왕족으로서 뛰어난 재능을 가진 젊은이들을 이용할 수 있음을 알았고, 우리는 그의 행동을 리더십 원리에 대한 가장 현대적인 이해에 비추어 매우 논리적인 행동이라고 해석할 수도 있다. 재능이 탁월한 이들을 발굴해서 훈련하고 그들의 기술을 활용하는 것이다. 이 소년들은 자기 나라에서는 '왕족' , 즉 최고의 인재들이라고 말할 수 있다. 느부갓네살이 그들을 노예나 인질로 이용하는 것은 재능 낭비일 것이다.

1:4. 미국의 모든 대학들은 이 네 명의 소년들에게 기꺼이 장학금을 내줄 것이다. 그들은 모든 자격 요건을 충족시킬 뿐만 아니라 탁월함까지 보여주었다. 그들의 나이가 몇 살이었는지는 확실히 알 수 없다. 이는 구약에서 이 단어(소년)가 40세의 르호보암에게도 사용되었고, 30세쯤 된 베냐민과, 17세의 요셉에게도 사용되었기 때문이다. 대부분의 학자들은 그들이 십대 소년이었을 것이라는 데 동의하는데, 이것은 요셉 내러티브와 다니엘 내러티브에 분명하게 드러나는 유사성과 아주 적절하게 부합한다.

스테판 밀러는 이렇게 지적한다. "에드워드 영(Edward Young)은 '플라톤(Plato)에 의하면… 페르시아 젊은이들의 교육은 열네 살에 시작되었다' 고 지적한다. 그리고 바벨론인들이 그 나이의 젊은이들을 교육하는 페르시아인들의 훈련 방식을 권장했으리라고 가정하는 것이 합리적이다. 그렇다면 다니엘이 포로로 잡혀가서 훈련을 시작한 때는 14세나 15세였을 것이다" (스테판 밀러, 60).

그들은 건강했고, 신체적으로 아름다웠으며, 아름다운 용모의 소유자들이었고, 명석하고 박식했다. 한 마디로 말해 왕궁에 모실 만했다. 우리는 그들의 이러한 이력서에 대해 놀랄 필요가 없다. 이는 그들이 그들의 본국에서 최상의 교육을 받았을 것이기 때문이다. 솔로몬과 요시야 같은 인물들을 지도자로 자랑할 수 있는 나라라면 교육이 중요한 과제였을 것이다.

한 왕국의 왕족이 다른 왕국의 왕족을 섬길 준비를 했다(이것은 이해가 된다). 하지만 그들은 갈대아 사람의 학문과 방언을 몰랐다. 갈대아 사람이란 단어는 앞에서 지적했듯이, 실제로 '바벨론인들' 을 가리키며, 이들의 언어는 아브라함이 사용한 것과 같은 언어였다. 2장에서 다니엘은 학식이 있는 철학자들(카스딤, kasdim)의 특정 집단을 묘사하기 위해 이 단어를 사용하지만 전체 민족을 가리켜 이 단어를 사용하는 것이 특이한 것은 아니다. 「NIV 스터디 바이블」은 그들의 커리큘럼에 대해 깔끔하게 요약하고 있다. "고전 문학은 복잡한 음절 표기 체계인 수메르어와 아카디아 쐐기문자로 (되어 있었다). 하지만 다인종 국가인 바벨론의 일상적인 의사소통에 사용된 언어는 쉽게 배울 수 있는 알파벳 활자로 쓰인 아람어였다"(「NIV 스터디 바이블」, 1,300).

1:5. 우리는 이 훈련 프로그램의 커리큘럼에 대한 중요한 사실을 알고 있다. 훈련 기간이 삼 년이라는 사실을 알 수 있는 것이다. 이것은 아마 성경 연구원 방식이 아니라 신학교의 신학 석사 프로그램과 더 유사할 것이다. 고등학교를 마치고 이어서 학사 학위를 받는 식으로 우리의 교육 제도가 여전히 상당 부분 삼 년제 방식으로 운영되고 있다는 것은 흥미롭다. 학사 학위를 마치고 삼 년이 되면 박사 학위를 딸 수 있고, 3년 과정의 법학이나 의학, 사역을 전공할 수 있다. 이 소년들이 유다에서 이미 지적인 훈련을 받았다는 것을 감안한다면 아스부나스는 대학원생 프로그램을 계획했을 것이다.

그러나 이 진미와 자기(왕)의 마시는 포도주는 어떤 의미를 갖는가? 뒤에서 우리는 그것이 용납될 수 없는 것임을 알게 되지만, 본문의 이 시점에서는 느부갓네살이나 아스부나스가 신입생들에게 왕족이 먹는 음식과 음료를 제공하겠다는 선의 외에 다른 의도를 가졌다고 믿을 어떤 이유도 발견할 수 없다. 외국, 특별히 제3세계를 방문해본 이들은 다른 문화권 출신 사람들이 그들의 가장 특별한 음식을 내올 때 그것이 서구 문화에서 인정하는 맛있는 식사와는 매우 다를 수도 있음을 이해한다. 나는 일본에서 조개껍질이 그대로 든 조개껍질 수프를 먹었고, 인도에서는 한두 번의 진미를 먹었던 기억이 있지만, 그 기원에 대해서는 아직도 알고 싶은 마음이 없다.

느부갓네살은 이 훈련생들에게 오직 최선의 배려를 해주기를 원했다. 최고의 훈련과 최고의 음식 그리고 그의 왕국이 제공할 수 있는 최고의 스승을 제공해주고 싶었던 것이다.

1:6. 이 시점까지 아직 그 뛰어난 네 소년의 이름을 언급하지 않았던 다니엘은 여기

서 그들을 소개하고 있다. 다니엘은 '하나님은 재판관이시다' 라는 뜻을 가지고 있으며, 성경의 다른 곳에서는 또 다른 사람들의 이름으로 거론되고 있다(대상 3:1, 스 8:2, 느 10:6). 에스겔은 에스겔 14장 14, 20, 23절에서 다니엘을 언급하고 있다. 하나냐라는 이름은 '여호와는 은혜로우시다' 라는 뜻을 갖고 있으며, 이 이름 역시 구약의 다른 곳에서 등장하고 있다(몇 곳을 거론한다면, 대상 25:23, 대하 26:11, 렘 36:12). 미사엘은 문자적으로 '하나님 같으신 이가 누구리요?' 라는 뜻으로 히브리인의 하나님에 견줄 신이 아무도 없다는 것을 암시하고 있다. 이것은 우상 숭배의 땅에서 중요한 신학적 핵심이다. 아사랴는 '여호와가 도우신다' 라는 뜻이며, 이 이름(미사엘뿐 아니라)은 구약의 다른 곳에서도 나타난다.

우리는 여기서 핵심적인 교훈을 간과해서는 안 된다. 이 젊은이들의 이름은 경건한 부모들에 의해 지어졌다는 것이다. 그들은 자신들의 영적 헌신을 반영한 이름을 선택했다. 고대인들, 특별히 히브리인들은 흔히 이런 식으로 자식들의 이름을 지었지만, 21세기의 그리스도인들은 이런 식으로 이름 짓기를 잘 하지 않는다. 분명히 우리는 자녀들의 이름을 짓는 것으로 그리스도에 대한 부모들의 헌신을 평가하지 않을 것이다. 하지만 이 포스트모던 시대에 나는 축구장에서 조슈아, 자크, 혹은 아담과 같은 이름들이 외쳐지는 것을 들을 때 그들의 부모가 의도적으로 성경적인 이름을 선택한 것이 아닌가 하는 궁금증이 생긴다. 분명히 이름을 지을 때는 최신 경향을 따를 수도 있고, 구식을 고집할 수도 있다.

구약 시대에 이주당한 사람들에게 새 이름을 주는 것은 흔한 일이었다(창 17:5, 41:45, 삼하 12:24-25, 에 2:7). 마찬가지로 많은 성경 학도들은 이것을 이전의 종교적 신앙과 관련된 모든 것을 깨끗이 씻어내고 이교도적 사상을 주입하기 위한 직접적이고 심지어 불길하기까지 한 시도라고 믿지만, 느부갓네살에게는 일반적인 관습을 따르는 것 외에 다른 동기가 있었을 것으로 보이지 않는다. 크리스웰은 이렇게 말한다. "그 시도는 그들의 조상들의 하나님에 대한 모든 기억을 씻어내기 위한 것이다. 새롭게 주어진 이교도식 이름은 각기 느부갓네살의 모든 우상 신들 중 좋아하는 신의 이름이 반영되어 있다" (크리스웰, 16).

1:7. 다니엘은 이제 환관장이 그들의 이름을 고쳤다고 말한다. 다니엘의 새 이름인 벨드사살은 벨사살과 같은 이름으로 바벨론 신 벨(마르둑)에게 그의 이름을 지닌 이를 지

켜달라는 간청을 담고 있다. 우리는 그것을 '벨이여 그의 생명을 보존하소서' 라고 옮길 수 있다(단 4:8). 분명히 벨은 가나안의 우두머리 신인 바알을 상기시킨다. 하나냐는 사드락으로 바뀌었다. 이 이름은 수메르의 달의 신의 이름으로 '아쿠(Aku)의 명령이다' 로 풀이할 수 있을 것이다. 아스부나스는 미사엘의 이름에 대해서는 매우 창의성을 발휘해 '하나님 같은 이가 누구리요?' 에서 '아쿠 같은 이가 누구리요?' 라는 뜻의 메삭으로 바꾸었다. 어떤 학자들은 미사엘이 '아쿠에 의한 구원' 이라는 뜻을 지닌다고 생각하기 때문에 이 해석을 전적으로 확신할 수는 없다.

그러나 아사랴의 새 이름인 아벳느고는 '느보의 종' 이라는 뜻으로 또 다른 이방 신의 이름이 포함되어 있다. 이 세 가지 새 이름의 전통적인 발음은 부엌 식탁에서 쿠키를 먹으며 ' 이건 내 과자, 저건 네 과자, 이제 자러 가야지' 라고 말하는 흥미로운 상상을 연상케 했다. 특별히 믿음의 사람들에게는 이름이 중요하다. 헤르만 벨드캄프는 우리 모두가 그리스도인으로서 새 이름을 받았고, 새로운 왕가의 왕족으로서 하나님을 섬긴다는 사실을 일깨워준다. 그는 21세기 북아메리카와 같은 이방 사회에서 어린 자녀들과 청소년들을 키우는 부모들에게 실제적인 조언이 되는 글을 제공한다.

> 부모들조차 갈대아인들의 지혜와 문자와 언어를 가르치고 있는 세상에서 어떻게 우리 자녀들이 하나님의 이름을 고백하고 그 이름을 지닌 자가 될 수 있는가? 우리는 자녀들을 닥달하여 최상의 교육을 받도록 애쓰며, 멋진 직업을 갖고 스스로의 힘으로 사회에서 자기 위치를 개척할 수 있도록 한다! 온갖 종류의 것을 공부하도록 하고, 온갖 종류의 책을 읽도록 한다. 하지만 그들이 책 중의 책을 읽고 있는지, 그들이 믿음의 언어를 이해하는지 혹은 여호와를 경외하는 것이 지혜의 근본임을 알고 있는지에 대해서는 확인하고자 하지 않는다. 우리는 젊은이 사역이나 교회의 신앙 교육을 위한 시간은 거의 낼 수 없다. 하나님을 섬기는 일에서 당신의 자녀들의 관심이 멀어지도록 부추기는 오늘날의 느부갓네살은 어디서 찾아야 하는가? 텔레비전 앞에서 시간을 보내면서 그를 찾고 있지는 않았는가?(헤르만 벨드캄프, 13).

C. 바벨론에서의 헌신(1:8-14)

Supporting Idea	하나님의 백성들이 용기와 예의바른 태도로 곤경에 반응할 때 하나님은 대적의 마음을 녹여주실지도 모른다.

1:8. 다니엘은 왕의 진미와 그의 마시는 포도주가 자신을 부정하게 할 것이라는 판단을 내렸다. 이 본문의 독자들은 여기서 포도주의 알코올 성분이 문제라고 생각해서는 안 된다. 실제로 그 소년들은 이중적으로 부정해질 위험에 처해 있었다. 첫째, 왕의 음식은 유대인들의 율법이 허락한 먹을거리가 아니었다(레 3:17, 7:26, 17:10-14, 19:26). 둘째, 그 음식은 우상에게 바쳐졌을 수도 있는 것이었다. 이것은 신약에서도 발생한 문제이다. 고대 이방 종교에서는 음식과 포도주를 먼저 가정 신들에게 바치는 일이 흔했다. 그 음식을 먹고 마시는 것은 그러한 신들을 인정한다는 의미를 함축했다. 출애굽기 34장 15절은 이것을 명백히 금지하고 있으며, 호세아는 이스라엘 왕국의 시민들이 이 어려움에 직면할 것이라고 예언했다(호 9:3-4). 이것은 에스겔이 직접 경험한 예언이었다(겔 4:13-14).

그러나 우리가 새로운 언약 신학을 옛 언약 신학에 소급하여 적용한다면 여기서 다니엘의 태도가 그의 식단보다 훨씬 더 중요한 문제라는 결론을 내릴 수 있다. 그는 뜻을 정하여 자기를 더럽히지 아니하리라하고 이 요청을 허락해달라고 부탁했다. 하지만 이름 변경이나 이교도적 교육에 대해서는 전혀 저항하지 않은 반면에 음식에 대해서만 반대한 이유는 무엇인가? 이름 변경이나 이교도적 교육은 유대 율법을 직접적으로 더럽히지 않는 것이기 때문이었을 가능성이 매우 높다. 그것은 반역을 저지르는 것도 아니었고, 단식 투쟁도 아니었다. 다니엘은 정중하게 왕의 진미를 먹는 것을 특별히 면제해주기를 요청하면서 아주 예의바르게 행동한다. 다니엘서의 서두인 이 구절에서 우리는 이 위대한 선지자/정치가가 자신의 신념을 대담하게 표현하는 모습을 보고 있다.

도널드 캠벨(Donald Campbell)은 이렇게 지적한다. "다니엘은 바벨론 문화가 하나님의 말씀과 상충한다는 사실을 분별할 수 있었고, 또한 문화적 압력에 대해 단호하게 거부할 수 있는 성숙함과 도덕적 용기를 가지고 있었다. 이러한 모습에는 다니엘이 예리한 성경 학도라는 것과 자신이 알고 있는 것을 일상생활 속의 문제에 적용할 능력을 갖춘 사람이라는 명백한 암시가 내포되어 있다" (도널드 캠벨, 14).

1:9-10. 다니엘서에서 두 번째 나타난 것이지만, 하나님의 주권이 다니엘의 상황을 지배하고 있다. 첫 번째는 그분이 유다를 바벨론에 넘겨주신 것이었다. 이제 그분은 아스부나스의 마음에 친절함(헤세드, hesed)과 긍휼(라하밈, rahamim)이 일어나도록 역사하고 계신다. 이 후자의 단어는 KJV 성경의 '따스한 사랑(tender love)' 이라는 영어 표현과 일치한다.

그러나 이방 왕을 섬길 때 개인이 왕의 규칙을 자기 마음대로 변경하지는 않는다. 친절을 베푸는 것과 그 친절 때문에 자신의 목숨이 위험해지는 것은 별개의 문제인 것이다. 3장에서 알게 되겠지만 아스부나스의 두려움은 근거 없는 것이 아니라 타당한 것이었다. 식단을 결정한 것은 그가 아니라(이름을 개명한 것은 분명히 그가 했지만) 왕이 직접 결정한 것이었음이 드러난다. 그가 가진 정보를 감안한다면, 그의 논리는 흠잡을 것이 없었다. 다니엘과 그의 친구들이 나중에 있을 검증 과정에서 창백하고 약한 모습을 보인다면 그의 목숨이 위태로워질 것이다.

다니엘의 태도를 확인했다면 아스부나스의 마음의 변화를 놓치지 말아야 한다. 확실히 그는 "규칙은 규칙이다" 라고 말하며 그 요청을 바로 거부할 수 있었을 것이다. 하지만 그는 이것이 그들 누구에게나 좋은 제안이 아니라고 생각하는 이유가 무엇인지 다니엘에게 설명해주었다. 성경에서 우리는 하나님이 특이한 상황에서 친구와 보호자를 일으켜 세우시는 것을 얼마나 자주 보고 있는가. 발람이 시끄럽게 우는 나귀에게서 하나님의 계시를 듣게 될 줄 생각하지 못했듯이, 여호수아는 그가 보낸 정탐꾼들이 한 창녀의 집에서 도움을 받게 될 줄 예상하지 못했을 것이다. 다니엘의 경우, 우리는 첫 요청이 수용되지 않았다고 생각해야 할 것이다.

1:11-12. 다니엘은 노력했다. 그러므로 이제 입을 다물고 그 훈련 프로그램을 수용했을 것이다. 하지만 그것은 어림없는 소리였다. 그것은 다니엘의 방식이 아니었다. 그는 두 번째 계획에 착수했다. 그것은 채식을 통해 시험을 해보는 것이었다. 이러한 호소는 아스부나스에게 한 것이 아니라 환관장이 세워 감독하게 한 자에게 한 것이었다. KJV 성경은 그를 '멜차르(Melzar)' 라는 이름으로 표기하고 있지만, 거의 모든 학자들은 이제 그것이 고유 명사가 아니라 단순히 청지기에 해당하는 단어라는 데 동의한다. 그러나 단순한 집사는 아니었다. 정관사(히브리어 고유 명사에는 정관사가 거의 없다)가 있어서 그는 '그 집사(the steward)' 로 표기되어 있다.

채소에 해당하는 히브리어 단어는 땅에서 자라는 식물을 가리킨다. 존 칼빈(John Calvin)은 다니엘이 이 특별한 요청을 하도록 하나님의 특별한 계시를 받았을 가능성을 주장한다. 명확히 이것은 채식 위주의 식단을 요구하는 증거 본문이 아니다. 하지만 전문가의 평가를 전혀 받지 않은 레스토랑에 용감하게 들어갈 경우 고기와 채소를 담은 정식보다 샐러드가 비교적 안전하다는 것을 우리는 알고 있다.

1:13-14. 모든 합법적인 평가는 결과에 대한 검증을 요구한다. 아스부나스의 배려를 고맙게 생각한 다니엘은 왕궁의 진미를 먹은 이들과 직접적으로 비교해줄 것을 구한다. 다니엘은 하나님께서 부정한 음식에 대한 자신의 입장을 존중해주시지 않으면 어떻게 할지 전혀 두려워하지 않았고, 시험 기간에 훌륭한 결과가 나올 것이라는 분명한 확신이 있었다. 본문은 하나님께서 그 청지기의 마음에도 역사하셨다는 것을 전혀 알려주지 않으셨지만 이 계획이 조금이라도 실패하면 그에게 직접적인 책임이 돌아갈 것이므로 아스부나스 못지않게 위험을 감수했음이 분명하다.

제롬은 4세기에 이렇게 지적했다. "그의 믿음은 믿기 어려울 정도로 위대해서 그는 보잘것없는 그러한 조악한 음식을 먹는다 해도 육체적으로 건강할 것이라고 장담할 뿐 아니라 심지어 시간 제한을 두기까지 했다. 그러므로 그것은 무모한 만용이 아니라 믿음의 문제였다. 믿음을 위해 그는 왕의 진미를 탐하지 않았다" (제롬, 22).

D. 바벨론에서의 축복(1:15-21)

Supporting Idea	지식과 명철은 하나님께로부터 온다. 이 네 소년은 잠언에서 그토록 칭찬하는 정신적, 육체적, 영적 자질을 구체적으로 보여주고 있다.

1:15-16. 그 결과는 전혀 놀라운 것이 아니다. 사람들이 하나님을 위해 자신을 지키고, 그분의 말씀을 따를 때 언제나 환호 속에 그 시험을 통과할 것이다. 그 결과가 기적이라는 식의 설명은 필요하지 않다. 실제로 오늘날 모든 영양사들은 채소와 물로 된 식단이 쇠고기와 술로 된 식단보다 월등하다는 것을 인정할 것이다. 이제 그 실험적 식단은 그들의 정상적 식단으로 확정되었고, 그 청지기는 왕의 진미를 주방장이 거두어가도록 한다.

우리는 다니엘과 세 친구에 대한 하나님의 축복을 기뻐하는 동시에 이방의 부정함에 대해 저항한 다른 경우를 전혀 소개받을 수 없는 이유가 무엇인지 의문을 가져야 할 것이다. 분명히 다른 이들이 다니엘의 본을 따라 했을 가능성이 있다. 하지만 1장은 그런 식의 결론을 전혀 암시하지 않으며, 다니엘서의 나머지 부분에서도 다른 믿음의 용사는 전혀 등장하지 않는다. 여기서 우리는 그리스도인들이 세속성과 싸우기 위해 용기가 필요하다는 교훈을 인정하기 위해 적용 단원까지 기다릴 필요가 없다.

헤르만 벨드캄프는 이렇게 지적한다.

> 위험한 것은 우리가 우리의 생각과 행실의 기준을 성경이 아닌 '세상'에서 끌어오는 것이다. 이 두 기준은 서로 완전히 반대된다. 이웃을 계속해서 용서해주고, 형제 자매들을 우리 자신보다 낫게 여기며, 우리 원수와 사업 경쟁자들을 위해 기도하고, 우리가 대접받기를 바라는 대로 다른 이들을 대접하는 이 모든 것은 교회의 음식 규례에 해당한다. 이 규례들은 교회가 생명을 유지하기 위한 빵과 물이다(헤르만 벨드캄프, 20).

1:17. 육체적인 축복에 이어 지식적인 축복도 주어진다. 나는 대학 캠퍼스 안에 살기 때문에 학과 공부를 따라가는 데 어려움이 있는 신입생이 이 구절을 발견하고 "하나님, 그런 일이 또 일어나게 해주세요"라고 기도하는 모습을 어렵지 않게 상상할 수 있다. 이 구절에 기록된 놀라운 지적 성취를 상상해보라. **지식을 얻게 하시며 모든 학문과 재주에 명철하게 하신 외에.** 이것은 우리에게 애굽에서 받은 모세의 교육을 떠올리게 해준다(본문은 다니엘이 진리와 거짓에 대해 더 놀라운 분별력을 발휘했음을 암시하는 것 같지만). 그것이 사실이라면 이 놀라운 소년들이 각기 자신들의 경건한 부모들과 강제로 이별하게 된 나이에서 그 해답을 알 수 있다.

네 명의 소년 모두가 탁월한 지적 기술을 갖추었다. 하지만 다니엘만이 또 **모든 이상과 몽조를 깨달아 알았다.** 다니엘이 이 글을 기록했기 때문에 우리는 그것을 개인적인 자랑으로 해석할 수도 있다. 하지만 이 책의 뒤에서 그의 진실하고 온유한 모습을 보게 될 것이다. 이것은 교만한 자랑이 아니라 단순한 역사적 기록이다. 나아가 이것은 타고난 능력도 아니며, 키가 2미터가 넘기 때문에 농구공을 바구니 속으로 마음대로 던져넣을 수 있는 선택권을 가진 것도 아니다. 그가 다룰 수 있는 꿈과 이상의 유형에 있어 제한은 없었지만, 2장에서 우리는 특정한 꿈들에 대한 구체적인 해석은 오직 하나님의 계시로만 가능하다는 것과 많은 기도가 있은 후에야 주어진다는 사실을 바로 알게 될 것이다.

예루살렘의 신학과 문화가 역사적 바벨론의 세속적 지혜와 조화되어 이 네 명의 소년 학자들은 통합적인 학문관을 갖게 되었다. 그들의 이해와 지혜는 우리 시대의 모든 진지한 기독교 교육의 순수한 핵심 커리큘럼, 즉 하나님의 계시의 중심성에 기초하였다.

도널드 캠벨은 바로 이 시점에서 영국의 교육가 월터 모벌리(Walter Moberly)의 흥미로운 인용문을 제공한다.

> 폭탄을 원하면 화학과에서 그것을 만드는 법을 가르쳐줄 것이다. 성당을 원하면 건축학이 성당 건축법을 가르쳐줄 것이다. 건강한 육체를 원하면 생리학과 의학이 몸을 관리하는 법을 가르쳐줄 것이다. 하지만 당신이 폭탄이나 성당 혹은 건강한 몸을 원할 것인지, 원해야 하는 이유가 무엇인지 질문하면 대학은 입을 다물고 침묵한다. 모든 부차적인 문제에 대해서는 도움과 지침을 제공할 수 있지만, 유익한 한 가지를 획득하는 문제에 있어서는 그렇지 않다(도널드 캠벨, 17).

1:18-19. 기한이 찼으므로와 같은 구절을 읽으면 우리는 다니엘이 이 구절을 무슨 의미로 쓴 것인지 의문을 갖게 된다. 가장 설득력 있는 것은 3년간의 훈련이 끝났다는 의미로 해석하는 것이다. 모든 후보생들이 왕 앞으로 인도되어 갔기 때문이다. 왕에게 직접 발탁되는 것의 중요성을 간과하지 않도록 하자. 포드 자동차 회사나 IBM의 수많은 직원들이 자신의 CEO에게 직접 발탁되는 것을 상상해보라. 오직 부회장이나 그 회사 내의 법인체의 중요한 리더들만이 그러한 행운을 누릴 것이다. 이것은 이 훈련과 선발 과정의 의미에 대한 일종의 열쇠를 우리에게 제공한다. 그것은 이 책 전반에서 수차례 반복되고 있는 문제이다. 이 장의 원리를 만왕의 왕과 우리 자신의 관계와, 그분을 섬기는 우리의 책무에 적용한다 해도 확실히 무리가 없을 것이다. 그분은 우리를 선택하시고, 우리를 준비시키시며, 우리의 섬김에 대한 장벽들을 깨끗이 치워주시고, 그분의 말씀에 순종할 때 우리에게 보상하시고 축복하신다.

1:20. 십이라는 수를 다시 본다는 것이 매우 흥미롭다. 그러나 우리는 일종의 수비학적 신비주의에 빠져서는 안 된다. 이러한 숫자들은 오늘날 우리가 사용할 수도 있는 숫

자이다. 심지어 일상적인 대화에서도 십 일간의 시험, 또는 어떤 사람이 예상보다(혹은 다른 사람보다) 열 배나 더 잘했다는 등으로 말이다. 여기서 초점은 소년들의 성취나 시험 점수가 아니라 하나님의 축복에 집중되어 있다.

존 월부어드는 그것을 이렇게 설명하고 있다.

> 이 칭찬도 … 철저히 사실의 문제로 언급되고 하나님의 은혜로 인한 것이기 때문에 다니엘은 자신에 대해 자랑한다는 혐의에서 벗어난다. 자신들의 공부에 대한 현실적인 의미에 대해 이 젊은이들이 갖는 깊은 통찰력뿐 아니라 그들의 정직한 인격과 정직성 역시 지혜롭기보다는 오히려 종종 교활하고 책략적인 왕의 궁정 현인들과 강렬한 대조를 이루었을 것이 분명하다. 느부갓네살은 그의 위대한 업적에서 드러나듯이, 그 자신이 특별히 지혜로웠으므로 이 영민한 젊은 지성인들에게 바로 반응했다(존 월부어드, 「Daniel」, 42).

어떤 이들은 이런 탁월함이 그토록 빠른 시기에 부각되었다면 2장에서 자신의 꿈에 대한 해석을 자신의 전통 고문관들이 아닌 이 네 명의 소년들에게 물었을 것이라고 주장함으로써 다니엘의 진실성을 의심하는 데 이 구절을 이용했다. 그러나 다니엘의 연대기가 엄밀하고 정확하다고 주장하는 이는 없을 것이다. 아마 2장의 그 단락은 훈련 기간이 끝나기 전인, 1장 19-20절의 진술 이전에 일어났을 것이다.

1:21. 이 본문은 상당히 논쟁이 분분하지만 실제로 큰 문제는 아니다. 고레스 왕 원년이란 언급은 다니엘 10장 1절의 바사 왕 고레스 삼 년이라는 언급과 모순되는 것처럼 보인다. 하지만 다니엘이 고레스 왕 일 년까지 있었다는 언급이 3년, 4년, 혹은 5년까지 생존했을 가능성을 부정하는 것은 아니다. 본문은 단순히 느부갓네살과 더불어 시작한 다니엘이 고레스가 즉위할 때까지 만 40년 동안 궁정 관리로 섬겼음을 강조하고 있을 뿐이다. 다시 말해서, 그는 관료로서 여러 군주를 섬겼다는 것이다. 바벨론 유수의 초창기 시절부터 고레스가 포로 해방에 대한 준비를 할 때까지 하나님의 사람 다니엘은 있었다. 느부갓네살이 죽고 벨사살이 사망했지만 다니엘은 남아 있었다.

역사를 추적하면 더 구체적인 사실을 알 수 있다. 다니엘은 주전 약 539년까지 바벨론 궁정에서 직책을 맡았다. 이 기간이 이보다 더 길었을 가능성도 있다. 이 구절이 다니엘이 고레스 원년까지 공식적 직위를 맡았다가 명예직으로 다시 섬긴 것임을 암시하는 것인지는 우리가 알 수 없다. 확실히 다니엘만큼 이방 나라의 국무에 영향력을 행사한 구약의 인물은 없다(애굽의 요셉은 예외로 한다).

헤르만 벨드캄프는 다니엘처럼 용감하고 적극적인 자세로 우리가 우리 시대에 증언하도록 도전한다.

> 다니엘서 첫 장에서 우리는 복음의 역동성과 구원의 능력을 볼 수 있다. 우리는 신자들이 스스로를 방어한 후 공격 태세로 전환하는 것을 본다. 그들이 왕의 상에서 나온 진미를 먹고 스스로를 더럽히는 것을 거부하는 모습을 본다. 다시 말해서, 우리는 그들이 세상으로부터 한 점 흠도 없이 스스로를 지키기 위해 고투하는 것을 본다. 그러나 우리는 또한 그들이 조용하지만 강렬한 방식으로 그들의 능력을 사용하여 궁정의 사람들이 하나님의 말씀의 위엄 앞에 엎드려 절하게 하는 모습을 본다(헤르만 벨드캄프, 27).

Main Idea 복 습	이스라엘 백성이든, 교회든 하나님의 백성들은 항상 세상 문화를 거스르며 살아간다. 그러한 진실이 구약의 포로 생활과 특별히 바벨론의 지배하에서 가장 통렬하게 실천되었다. 그러한 민족적 투쟁이 이 책의 초반에 등장하지만, 1장에서는 의가 하나님에 대한 확고한 헌신과 더불어 시작된다고 가르친다.

결론

공적인 직무에 필요한 용기

이 장에 기록된 경험과 상응하는 현대의 경험이 어떤 것인지를 찾아내기는 쉽지 않다. 확실히 우리는 그리스도께 헌신된 사람들이 고위직에 오르는 것을 보아왔다. 대통령직을 수행하기 전이나 수행할 때 그리고 임기를 마친 후까지 지미 카터(Jimmy Carter)는 한결같이 확고한 믿음을 보여주었다. 우리는 문화와 언어가 다른 나라에서 섬긴 위대한 지도자들도 알고 있다. 우리는 헨리 키신저(Henry Kissinger)의 연설을 들을 때마다 이러한 사실을 상기하게 된다. 하지만 포로로 잡혀온 네 명의 소년이 그러한 직위에 오른 사실은 격동하는 역사의 바다 속으로 더 깊이 들어가도록 우리의 마음과 생각을 흥분시킨다. 1장에서 다니엘은 자신의 용기가 정치적인 권력을 안겨다줄 것이라고는 전혀 알지 못했다. 그는 단순히 진리와 의를 이해하고 그것을 선택했을 뿐이었다.

진리의 대의가 명성과 이익을 가져다주기 전
우리가 말라 비틀어진 빵 부스러기를 나누며
진리와 함께하는 것은 고귀하다.
정의로운 것이 번성하는 길이다.
겁쟁이들이 물러설 때 용감한 자들은 진리를 선택한다.
주님이 못 박히시기까지 절망적인 마음으로 의심하면서,
대다수의 사람들은 그들이 저버린 믿음을 칭송한다.

제임스 러셀 로웰(James Russell Lowell)의 〈현재의 위기(The Present Crisis)〉

■ 진리 알기

- 하나님의 언약의 백성들은 종종 이교도적인 환경 속에 살고 있다.
- 남은 백성들은 항상 소수이다.
- 우리는 하나님이 우리를 어디에 사용하실지 전혀 모른다.
- 하나님은 자기 백성들의 순종을 귀히 여기신다.
- 신자들은 불순종의 유혹을 받을 때에도 순종해야 한다.

■ 적용하기

- 그리스도인 부모들은 어떤 상황에서도 자녀들이 하나님을 섬길 수 있도록 준비시켜야 한다.
- 그리스도인들은 무고해 보이고 심각한 결과를 초래하지 않는 것처럼 보이는 악이라도 철저히 저항하는 법을 배워야 한다.
- 그리스도인들은 그들의 실패를 바라는 세상에서 영적인 성취를 이루겠다는 결의와 인내가 필요하다.

삶의 적용

최우선적인 자녀 양육

통계를 보면 우리의 상황은 절망적으로 보인다. 1,400만 명의 미국 어린이들이 빈곤 속에서 생활하고 있고, 미국 어린이 중 절반 이상이 부모 중 한 명과 살아간다. 학교 중도 탈락자들의 비율이 전체적으로 25퍼센트에 달하고, 흑인과 히스패닉의 경우 그 비율은 50퍼센트에 달한다. 도심 지역의 경우 그 비율이 무려 65퍼센트에 달하는 곳도 많다. 최근에 은퇴한 뉴욕 출신의 상원 의원인 다니엘 패트릭 모이니한(Daniel Patrick Moynihan)은 미국인들 중에서 우리의 자녀들이 부모들보다 더 풍요롭지 못한 최초의 세대가 될 수도 있다고 주장했다. 이혼, 간음, 아내 학대와 어린이 학대, 마약, 알코올 남용 등 일반화된 부도덕의 분위기라는 명백한 문제점들 외에도 누구에게도 책임성의 문제를 부여하지 않는 미묘하지만 실제적인 사회의 영향이 존재하는 것이다.

이 첫 장의 중요한 두 가지 주제는 하나님의 주권과 다니엘의 용기에 집중되어 있다. 그러나 이러한 배경에서 드러나지 않게 조용히 말하고 있는 입장은 이 네 소년의 부모들이 포로로 잡혀가기 수년 전에 이룬 성취의 위대한 의미에 대한 주장이다. 그리스도인 부모들이 자녀들에게 책임감을 가르치는 것은 단순히 십대 시절을 무사히 보내도록 하기 위해서만이 아니라 그리스도의 새 가족들과 넓은 의미의 그리스도의 몸을 위한 경건한 성인 지도자들을 배출하기 위한 목적을 가지고 있다.

유치원 교사인 내 아내와 딸은 수년 동안 유치원 아이들의 행동에서 그들의 가정 환경과 가정 교육이 어떻게 반영되는지를 들려주었다. 바로 이것이 우리가 이 장에서 보는 것의 핵심이며, 이것은 3장과 6장에서도 다시 강조할 것이다. 내 표현대로 하면 '납치된 아이들' 인 이 소년들에게 초점을 맞춤으로써 우리는 우리 자녀들이 가족과 다니던 교회와 심지어 조국의 영향력에서 벗어나 긴 시간이 흐른 후에 어떤 처신을 해야 할지에 대해 보게 된다. 아내를 거론하다보니 이 장 서두에서 소개한 아내의 수술 이야기를 마무리하지 않았음을 알게 되었다. 악성 종양은 제거되었고, 하나님은 그녀에게 완치를 허락하셨다.

기도

하나님 아버지, 우리에게 다니엘의 용기와 지혜를 허락해주십시오. 당신의 섭리를 따라 우리를 어떤 환경으로 인도하시더라도 순종하고 충성할 수 있도록 도와주십시오. 우리를 아는 모든 사람들과 타협하지 않음으로 우리의 영성이 분명히 증거되게 하시고, 그들이 우리 주님께로 나아올 수 있도록 도와주십시오. 아멘.

심층 연구

A. 갈대아인(1:4)

NIV 성경은 '바벨론인들' 이란 단어를 사용하지만, 원문은 실제로 더 고대어인 '갈대아인' 이란 단어를 사용하고 있다. 수많은 다니엘서의 비평가들은 다니엘서에 이 단어가 사용된 것을 다니엘서가 6세기라는 이른 시기에 기록되었을 리가 없다고 주장하는 근거로 사용해왔다. 그들은 2장 2절의 점성가들을 묘사하는 데 이 단어가 사용된 것에 초점을 맞춘다. 그들은 '카시딤(kasidim)' 이란 단어가 앗수르/ 바벨론 언어에 알려지지 않은 단어이며, 바벨론 제국이 사라진 후에야 등장했다고 주장한다. 그러므로 다니엘은 6세기에 이 단어를 사용할 수 없었을 것이며, 따라서 다니엘서는 후대에 기록된 것이 분명하다는 것이다.

나아가 다니엘서 외의 성경들은 한 민족을 가리키기 위해 이 단어를 사용한 적이 한 번도 없다. 다니엘은 양자 모두의 의미로 이 단어를 사용하며, 히브리어 부분(4:1)과 아람어 부분(5:30)에서 이 단어를 사용하고 있다. 다니엘은 이 특별한 제사장 집단을 가리키기 위해 여러 차례 이 단어를 사용하고 있다(1:4, 2:4-5, 10, 3:8, 4:7, 5:7, 11-12). 로버트 딕 윌슨(Robert Dick Wilson)은 많은 지면을 할애해 이 주장을 소개하고 있다. 세부적인 고고학적 증거를 통해 이것을 추적하기 원하는 사람들은 그의 학문적 저작을 참고하라.

B. 바벨론(1:1)

이 명칭은 바벨탑까지 거슬러 올라가며(창 11장), 여호수아 7장 21절에서는 '바빌로니아에서 온 아름다운 의복' 에 대한 기록이 간략하게 언급되어 있다. 그러나 대선지서에 와서야 바벨론이 구약에서 전면으로 등장하고 있다. 이 성에 대한 명문화된 역사는 주전 약 2800년에 시작되고 있고, 메소포타미아 계곡의 매우 발달된 문명을 묘사하고 있다. 사르곤 대제는 주전 2360년과 2180년 사이에 바벨론 왕국을 페르시아에서 지중해까지 확장하였다.

그러고나서 엘람 족속이 등장했고, 그들에 이어 아모리 족속이 등장하고, 학자들이 '구 바빌로니안' (주전 1830-1550년)이라고 부르는 기간이 도래했다. 이 기간은 유명한 함무라비의 통치기(주전 1726-1686년)가 포함된다. 수사에서 2.5미터에 달하는 흑섬록암 기둥에서 발견된 함무라비 법전은 형법에 관한 282가지 단락을 담고 있다. 이 놀라운 문서를 통해 학자들은 고대 바빌로니아 문명과 아카드어에 대한 많은 정보를 얻게 되었다.

그 다음 1,100년 동안 수많은 왕조들이 흥망성쇠를 거듭한 끝에 디글랏 빌레셋(Tiglath-Pileser)이 권세를 잡고 주전 729년에 바벨론의 왕이 되었다. 이사야 7장의 동정녀 예언 속에 매우 두드러지는 인물인 이 유명한 왕은 주전 689년 앗수르의 산헤립에 의해 정복당했고, 바벨론은 또다시 급격히 쇠퇴했다.

신 바벨론 제국은 주전 625년 왕권을 잡은 나보폴라살 왕과 더불어 시작되었다. 니느웨와 애굽의 위대한 왕 바로느고에게 승리함으로 그의 왕국이 세워졌고, 그의 아들 느부갓네살이 왕위를 계승했다.

이 짧은 개론적 소개로는 바벨론에 대한 우리의 연구를 결코 만족시킬 수 없다. 바벨론은 이 책 전반에 걸쳐 나타나고 있고, 다니엘서의 많은 예언들과 더불어 이 고대의 이방 도시의 장래를 여전히 묘사하고 있는 요한계시록으로 바로 넘어가 등장하고 있다. 존 월부어드는 다음과 같이 지적한다.

> 역사 속에서 바벨론은 성경적 종교에 대한 사단적인 왜곡의 영향력을 행사하였다. 이것은 마지막 때까지 계속될 것이다. 요한계시록 17장과 18장의 바벨론의 영향은 마지막 예언의 주제가 되고 있다. 요한계시록 17장은 바벨론을 붉은 짐승 위에 탄 악한 여자로 묘사함으로써 종말에 배교한 교회의 최후의 형태를 묘사하고 있다. 요한계시록 18장은 바벨론을 요한계시록 16장 19절의 거대한 지진으로 파괴되는 종말의 성으로 묘사하고 있다(존 월부어드, 「Major Bible Prophecies」, 142).

C. 바벨론 유수의 시기

어렵고 때로 혼란을 줄 수도 있겠지만 바벨론 유수의 연대는 다니엘의 예언의 기초로서 극히 중요하다. 느부갓네살의 팔레스타인 정복은 실제로 3단계에 걸쳐 이루어졌다. 이 장의 서두에 기록된 1차 정복은 주전 605년에 일어났고, 2단계는 주전 597년에 일어났다. 세 번째 마지막 정복은 주전 587년에 발생했다. 포로 생활은 스룹바벨이 이끈 제1차 유대인 귀환이 이루어지기까지 70년간 계속되었다. 70년이라는 시간 구조의 중요성은 예레미야 29장 10절에 기인한다. "나 여호와가 이같이 말하노라 바벨론에서 칠십 년이 차면 내가 너희를 권고하고 나의 선한 말을 너희에게 실행하여 너희를 이곳으로 돌아오게 하리라."

그러나 포로 생활이 70년에 걸쳐 이루어졌다면 포로 생활의 시작은 주전 605년이 아니라 606년이어야 한다는 주장이 제기될 수 있다. 그 모든 것은 우리가 느부갓네살의 정복 계획의 시작을 볼 것인지 혹은 끝을 볼 것인지에 따라 달라진다. 함락은 주말의 며칠 만에 이루어지는 것이 아니다. 구체적으로 느부갓네살의 포위 공격은 주전 606년 니산월에 시작되어 주전 605년 아달월에 끝났다. 이 정확한 기간의 중요성을 강조한 로버트 앤더슨(Robert Anderson) 경은 이렇게 기록하고 있다. "그러므로 연대기라는 시험(역사적 진술에 적용될 수 있는 가장 엄격한 시험)을 통해 이 성경들의 절대적 정확성이 입증된다"(로버트 앤더슨, 「Critics」, 22).

교안

A. 들어가는 글

1. '갑작스러운 응급 상황' 이야기로 시작하라.
2. 배경 설명: 다니엘서는 대선지서와 소선지서의 교량 역할을 하며, 역사적 기록이 갖는 수많은 특징을 지니고 있다. 또한 다니엘 시대 바로 다음에 등장하는 민족들의 미래뿐 아니라 세상의 미래에 대해 가장 광범위한 성경적 시야를 펼쳐 보여주

고 있다. 이 첫 장은 다니엘이 바벨론에 있게 된 이유와 하나님이 세상에서 특별히 이교도적인 민족들 가운데서 자신의 대의를 진전시키기 위해 그와 그의 친구들을 사용하시는 과정을 확인시켜줌으로써 이 책에 대한 적절한 도입부로서의 역할을 하고 있다.

3. 적용: 다니엘 1장의 도덕성, 용기, 순종, 신실함에 대한 교훈은 이 책의 나머지에 대한 토대를 형성하고 있다. 이 첫 장은 또한 하나님의 우선순위가 우리의 우선순위와 종종 어떻게 다른지에 대해 보여준다. 예루살렘 함락에 대해서는 한 절만 할애되고 있고, 네 소년이 받은 전문적인 교육에 대해서는 여러 절이 할애되어 있다. 1장의 절반은 많은 이들이 소소한 종교법이라고 부를 수도 있는 것에 대한 논의를 강조하고 있다. 하지만 그 논의를 통해 두 가지 중요한 원리가 드러나고 있다. 하나님은 이교도적인 환경 속에서도 자기 백성들이 생존하도록 하실 뿐 아니라 형통케 하시고, 또한 그분의 말씀을 용기 있게 따르는 이들을 항상 축복하신다는 것이다.

B. 본문 이해

1. 바벨론의 공격(1:1-2)
2. 바벨론에서의 훈련(1:3-7)
3. 바벨론에서의 헌신(1:8-14)
4. 바벨론에서의 축복(1:15-21)

C. 결론: '공적인 직무에 필요한 용기' 를 읽어주라.

토의 질문

1. 다니엘이 이 책의 저자가 아니라고 주장하는 사람에게 당신은 어떻게 대답하겠는가?

2. 오늘날의 교회와 가정에서 이 네 명의 소년처럼 젊은 지도자를 준비시키기 위해 우리는 무엇을 할 수 있는가?

3. "하나님은 주권자시다" 라는 진술에 대한 당신의 이해를 한두 문장으로 설명해보라.

다니엘 2:1-23

왕의 기념비

"하나님이 뜻을 펴시거나 목적을 이루고자 하시면 어떤 사람이나 집단도 전능하신 하나님의 판단을 거역하거나 반대할 수 없다."

- W. A. 크리스웰(W. A. Criswell)

모든 지식과 지혜, 심지어 인간 마음의 신비까지도 하늘의 하나님만 알고 계신다.

인물 개요

느부갓네살(22페이지 참고)

인물 개요 : 아리옥

- 바벨론 왕의 경호 장관
- 그 이름은 창세기 14장 1절에도 엘라살 왕의 이름으로 등장하고 있다.

들어가는 글

교수들보다 뛰어나다

기독교 고등 교육에 종사한 40년 동안 나는 두 번에 걸쳐 학장으로 봉직했다. 한 번은 학부였고, 또 한 번은 대학원에서였다. 이제 그 어떤 독자들도 내가 큰 착각 속에 빠졌다고 생각하는 일이 없도록, 학장이 된다는 것과 바벨론을 통치하는 것 혹은 그러한 목적으로 어떤 식으로든 통치 행위를 하는 것을 서로 비교하는 것이 전혀 적절한 일이 아님을 내가 잘 알고 있다고 일러두고 싶다.

우리 학장들은 직책에 관련된 재미있는 이야기들을 모아보았다. 그 중 하나는 점심 모임에서 연설을 하기로 약속하였지만 일정상 그 연설을 부득이 취소할 수밖에 없었던 총장에 관한 이야기다. 그 점심 모임을 주선한 여성은 그 대학에서 총장 대신 다른 사람이 와줄 수 없느냐고 부탁하면서 '학장보다 낮은 위치의 인물' 은 원하지 않는다고 못 박았다. 이 질문에 총장은 재빨리 대답하였다. "부인, 학장보다 더 낮은 위치에 있는 사람은 없는데요."

이런 일화를 배경으로 이 장에서 철학자, 신학자, 점성가와 같은 인물로 이루어진 느부갓네살의 '학교 교수진들' 을 만나보고자 한다. 우리는 이들 마술사나 점성가들을 도살된 짐승의 내장을 놓고 주문을 외우는 기괴한 사이비 학자 집단으로 치부해서는 안 된다.

그들은 고대 세계의 석학이나 과학자로, 대학 수준의 철학자들과 교수들이라고 부를 수 있을 것이다. 확실히 그들은 참된 진리는 알지 못했지만, 그들의 문화적 배경인 이교도적 어둠 속에서 그것을 기대하기란 어려웠을 것이다. 실제로 이러한 그림은 다니엘서 2장의 초반부에 명확하게 그려지고 있다. 어둠과 빛, 오류와 진리, 무지와 지식, 인간의 지혜와 하나님의 계시. 잠시 뒤 교수회에서 그들을 만나볼 것이다.

본문 이해

왕의 기념비

Main Idea	다니엘서 2장은 성경에서 가장 중요하고 긴 장 중 하나이다. 이 장은 만세 반석과 결코 무너지지 않을 왕국을 소개함으로써 영원한 하나님의 종합적인 계획에 대한 정보를 제공하고 있다. 이 장은 에베소서 1장 10-11절에서 볼 수 있는 진리의 증거를 제공한다. "하늘에 있는 것이나 땅에 있는 것이 다 그리스도 안에서 통일되게 하려 하심이라 모든 일을 그 마음의 원대로 역사하시는 자의 뜻을 따라 우리가 예정을 입어 그 안에서 기업이 되었으니."

A. 불면의 바벨론(2:1-4)

Supporting Idea	하나님은 가장 어렵고 예기치 못한 상황에서도 탁월한 자신의 종을 사용하실 수 있다.

2:1. 다니엘은 이제 우리를 느부갓네살 통치 제 이 년으로 데려간다. 그래서 우리는 시간적 배경이 주전 603년 4월과 602년 3월 사이임을 알 수 있다. 느부갓네살이 꿈이나 환상을 통해 하나님의 계시를 받은 최초의 국가 지도자는 아니다(창세기 41장의 바로, 창세기 20장의 아비멜렉, 역대하 35장과 열왕기하 23장의 바로느고). 구약의 독자들은 바로의 꿈에 대한 요셉의 경험을 잘 알고 있을 것이다. 그러므로 다니엘 2장은 요기 베라(Yogi Berra)가 표현한 대로 모든 것이 기시감(旣視感) 을 갖도록 한다.

다니엘서 초반에 관한 연대를 해결하기 위해 수백 페이지에 달하는 글이 저술되었지만, 그러한 학문적 세부 사항은 이 주석 시리즈가 다루고자 하는 범위를 벗어나 있다. 우리는 이미 1장에서 왕이 꿈을 꾼 사건이 3년간에 걸친 다니엘의 훈련 기간 중에, 아마도 3년간의 대학원 과정 중 마지막 연도인 '최고 학년' 에서 이루어졌을 것이라고 지적한 바 있다. 그러한 문제들에 대해 가장 전문가적인 설명을 추적하고자 하는 사람들은 로버트 딕 윌슨의 네 권짜리 시리즈를 참고하는 것이 좋을 것이다.

우리는 꿈이라는 단어가 복수 형태로 기록되었다는 것과 이것이 왕에게 하나의 반복적인 형태로 주어졌음을 암시하는 것임을 간과해서는 안 된다. 존 월부어드는 연대의 문제를 다시 강조하기 위해 동사의 과거완료 시제를 지적한다. "이것은 꿈이 1장에 기록된 일련의 사건 중 어느 시점에 일어났지만, 지금에서야 자세히 기록되고 있음을 암시할 것이다. 그러므로 그 꿈에 대한 해몽은 3년간의 훈련 기간 마지막 해인 다니엘이 그 과정을 졸업하기 전에 있었다는 결론이 가능하다. 주석가들은 일반적으로 꿈의 복수형에 지나치게 집착하여 동사의 시제를 간과해왔다"(존 월부어드, 「Daniel」, 46).

우리는 또한 왕이 번민하여 잠을 이룰 수 없었음을 알게 된다. 불면증은 막중한 책임을 맡은 사람들을 괴롭히던 문제지만, 이 장에서 강조하는 것은 그 문제가 아님을 곧 알게 된다. 이 불면은 하나님이 유도하신 것이었다.

2:2. 대학 교수들은 종종 '식료품 목록' 방식으로 강의한다는 비난을 받는다. 다니엘이 바로 그러한 경향을 일부 드러내고 있다(2:2, 36, 38, 3:2-3, 5, 7, 10). 여기에는 네 그룹의 전문가들이 등장하고, 2장 27절에서는 '박사'라고 불리는 또 다른 그룹이 등장한다. '교수진'은 2장, 4장, 5장에서 등장하며, 이 책 전반에 걸쳐 중요한 역할을 담당하고 있다. 이 신사들은 어떤 학문 분야를 대표하였는가?

박수(magicians, 마술사)는 펜이나 필기 도구와 관련된 히브리어에서 파생된 명칭으로 일종의 문서 형식의 학문과 관련 있음을 보여준다. 우리는 성경에서 '서기관들(scribes)'이라는 단어에 매우 익숙하다. 그들은 아마 당시에 바벨론의 평민들에게는 알려지지 않은 수메르어로 기록되었을 책(아마 종교 서적)과 관련된 일을 하는 사람들이었을 것이다.

술객(enchanters, 아샤핌, ashapim)은 이 단어의 역사와 관련된 심령술(spiritism)과 관련이 있다는 암시를 준다. 그들은 마술 분야의 직책을 맡은 자들 중에서 차출된 사람들로, 별 모양을 분석함으로써 미래를 예언하는 작업과 관련된 중요한 연구를 중단하고 불려왔을 가능성이 매우 높다. 그들은 아마 죽음의 문제와 망자들과의 대화를 다루었을 것이며, 병리학 커리큘럼의 전문가들이 분명했다.

점장이(sorcerers)라는 명칭은 물건을 자르는 행위에 사용된 단어에서 파생한 것으로 그들이 조제 성분에 대해 연구했을 가능성을 암시한다. 이것은 칠십인역에서 '파리코이(pharikoi)'라는 단어를 사용하고 있다는 사실에 의해 뒷받침되고 있다. 이것은 영어의 'pharmacist(약사)' 의 뿌리가 되는 단어이다.

NIV 성경 번역자들은 네 번째 범주로 갈대아 술사(astrologers, 개역 성경)라는 단어를 선택했지만, 이들은 1장에서 이미 살펴본 바 있는 '카시딤(kasidim)' 을 가리킨다. 역시 이 갈대아인들과 남부 바빌로니아에서 살았던 전체 민족 집단을 지칭하는 이 단어의 용례를 구분하는 것이 중요하다. 그들은 4절에서 거론된 모든 이들의 대변인으로 나서고 있고, 우리는 이 흥미로운 자문단 집단 중에서 그들이 특별히 두드러진 역할을 맡았음을 확인할 수 있다. 그들은 여기에 소집되어 왔고, 왕이 그들의 집단적 지성을 이용하도록 섬길 준비가 되어 있다.

2:3. 2절의 '꿈꾸다' 라는 단어가 단수로 표기되어 있는 것으로 보아 느부갓네살은 1절에 언급된 여러 꿈 중 한 가지 특정한 꿈에 초점을 맞추고 있다. 하지만 그의 요구는 이중적이다. 왕은 그들에게 그가 꿈을 꾼 내용과 그 꿈의 의미(꿈을 꾸고 그 꿈을 알고자)를 알려달라고 요구한다. 느부갓네살은 무식한 통치자가 아니었다. 그럴 듯한 해석을 조합하여 말하는 것은 이들에게 아이들의 놀이처럼 쉬워 보였다. 하지만 왕이 실제로 어떤 꿈을 꾸었는가를 말하는 것은 상당히 복잡하고 어려운 과제였다.

2:4. 여기서 우리는 첫 번째 언어적 변화, 즉 히브리어에서 당시 가장 널리 알려지고 편리한 언어인 아람어로 바뀐 것을 보고 있다. 이 구절부터 7장 마지막까지 다니엘서의 본문은 이미 지적한 이유들로 인해 아람어로 쓰여 있다(이 갈대아인들은 아카드어로 왕에게 말했을 가능성이 있지만).

"왕이여 만세수를 하옵소서" 라는 공식적 인사로 그들의 왕에게 예의를 표하는 이때까지도 그들은 그 사건과 그 왕국에 대한 그들의 공헌에 대해 매우 낙관적이다. 영국인들은 형식은 약간 다르지만 여전히 이런 표현을 사용하고 있다. "왕이시여 만수무강하시기를."

이 전문가들에게 꿈 해몽은 식은 죽 먹기였다. 그들은 무에서 환상적인 이야기를 만들어낼 수 있는 사람들이었다. 하지만 왕의 궁전에서 전혀 예기치 못한 충격적인 일이 전개될 것이다. 현대적 표현으로 약간 바꾸어 말하자면, 그들은 "어려운 일은 즉시 해결할 수 있지만 불가능한 일은 전혀 할 수 없나이다" 라고 말하게 될 것이다.

크리스웰은 느부갓네살의 행동 방식이 매우 현대적이라고 믿는다. "그는 당시의 지성인들에게 의지했다. 그들은 직책이 높은 사람들이었다. 그는 갈대아인들인 박사들

(the Magi)을 호출했다. 그들은 선출된 사람들이었고, 선택된 사람들이었다. 그들은 학자들이었고, 정책 고문들이었다. 현대의 지식 계급 중 현대적인 전지성을 지닌 존재처럼 자처하는 이들이 있듯이, 그들은 모든 해답을 갖고 있었다. 하나님의 지혜는 퇴짜당하고, 반박당하며, 조롱과 경멸과 멸시를 받고 있다. 우리 시대의 지식 계급은 '우리는 모든 해답을 갖고 있다. 우리에게 물으라. 우리는 알고 있다' 라고 말한다" (크리스웰, 49).

B. 단서가 없는 바벨론(2:5-11)

Supporting Idea	주의 백성들은 과거를 이해해야 하고, 현재를 힘차게 살아야 하며, 미래에 대해 깊은 관심을 가져야 한다.

2:5. 성경 본문의 많은 부분에서 KJV 성경과 NIV 성경 간의 많은 해석상의 차이를 볼 수 있지만, 이 부분만큼 차이가 두드러지는 경우는 별로 없다. "전혀 모르는 사실" 이라는 구절은 내가 명령을 내렸나니라는 구절과는 완전히 다른 의미를 전달한다. KJV 성경이 이 구절을 '왕이 그 꿈을 잊어버렸다(적어도 그가 그렇게 말했다)' 는 의미로 해석할 경우 이것은 특별히 중요하다. 제롬(Jerome)은 이렇게 지적한다. "왕이 정신적인 혼란으로 도무지 기억해낼 수 없는 꿈의 내용을 그들이 알려줄 수 없다면, 그들이 제공하는 해몽 역시 신뢰성을 담보할 수 없을 것이다" (제롬, 25).

동일한 본문을 가지고 KJV 성경 번역을 지지하는 일부 학자들은 해석을 달리한다. 다시 말해서, 왕은 꿈의 내용을 기억하고 있었지만 말만 그렇게 했을 뿐이라는 것이다. 현대 정치가들처럼 느부갓네살은 일관성과 도덕성에 관한 엄격한 기준을 고수하려고 하지 않았을 것이기 때문에 원하는 대로 말할 수 있었을 것이다. 어떤 이들은 왕이 꿈의 내용을 기억하고 있었다면 해몽하는 현자들을 돕기 위해 그것을 바로 이야기해주었을 것이기 때문에 그가 꿈의 내용을 잊은 것이 확실하다고 주장한다.

이 부분에 관해 특정 주장을 절대화하는 것은 근거가 없는 것이지만, NIV 성경이 가장 설득력 있게 의미를 포착하고 있는 것으로 보인다. 절대 군주는 무엇이든 요구할 수 있고, 그러한 군주에게 의문을 제기하는 것은 신하의 본분이 아니었다. 우리는 왕이 꿈의 내용을 기억하였는지 못했는지는 알 수 없다. 그는 그 질문에 대한 답을 술사들에게 알려줄 의향이 전혀 없었다. 그들의 문제는 이유를 논하는 것이 아니라 왕의 요구대로 할 것인가, 아니면 죽음을 당할 것인가였다. 글자 그대로 죽느냐 사느냐의 문제였다.

5절 하반부를 이해하는 데는 해석학적 뉘앙스가 거의 필요하지 않다. 아마 이러한 위협은 일반적인 바벨론의 처형 방식이 아니라는 것에 유의해야 한다. 그들의 몸을 어떻게 쪼갤 것인지 본문은 말해주지 않는다. 하지만 카멜롯(Camelot)으로부터 한 구절을 빌리자면, "몸 전체가 뽑힘을 당하는 듯하였다." 또한 그들의 재산은 몰수당하는 것이 아니라 완전히 말살될 것이다. 고대 왕들의 야만적 잔인성은 구약 전반에서 수차례 드러나 있다.

2:6. 그것이 나쁜 소식이라면 좋은 소식은 만족스러운 설명과 해석을 한 사람에게 선물과 상과 큰 영광이 기다린다는 것이다. 우리는 요셉과 모르드개의 삶을 통해 이런 종류의 대우를 본 적이 있다. 그것은 공정한 시험처럼 보인다. 그들의 주장대로 초자연적인 힘과 접촉할 수 있는 능력이 그들에게 있다면, 그 꿈의 내용을 말해주고 해몽하는 것은 식은 죽 먹기일 것이다. 하지만 이 사람들이 그러한 능력이 없다면 또한 사기꾼이라는 의미이기 때문에 여기서 엄청난 문제가 생긴다.

2:7-9. 자신이 이와 같이 위태로운 상황에 처한 상태임을 깨달을 때 한 가지 호소를 더 해볼 가치가 있다. 하지만 느부갓네살에게는 그것이 통하지 않는다. 왕이 꿈의 내용을 기억하였는지에 관한 문제는 "전혀 모르는 사실"이라는 구절을 다시 반복하고 있는 구절에서 또 한 번 부각된다. 풀어서 설명하자면 "너희들은 내가 꿈의 내용을 기억하지 못한다는 것을 알고 시간을 벌려 하고 있다. 하지만 그것은 너희들에게 전혀 도움이 되지 않을 것이다. 너희들의 운명은 이미 결정되어 있다. 이 꿈을 해석하라"라고 할 수 있다.

NIV 성경의 구절을 풀어쓰면 약간 내용이 달라진다. "너희들은 나의 이러한 위협이 빈 말이 아니라는 것을 알기 때문에 시간을 벌고 있다. 이 꿈을 해석하라." 처치할 법이 오직 하나라는 내용은 이미 선언되었고, 그들의 시간 지연 작전에 왕은 간교한 음모를 꾸미고 있을 것이라는 의심을 하게 된다.

그러나 때가 변하기를 기다리려 한다고 그들을 비난한 느부갓네살의 의도는 무엇이었는가? 아마 하룻밤 푹 자고나면 심적으로 울적한 그들의 왕의 화가 누그러질 것이다. 며칠만 무사히 넘길 수 있다면 이 진퇴양난에서 빠져나갈 묘안을 마련할 수 있을 것이다.

조이스 볼드윈(Joyce Baldwin)은 이렇게 말한다. "왕은 꿈 해몽가들을 '때가 올 때까지', 위기가 지나가고 왕이 그 사건을 망각할 때까지 그럴 듯한 말로 그를 속이기로 은밀히 합의한 사기꾼들이라고 의심한다. 그들이 꿈 내용을 밝혀낼 수 있다면 꿈을 해석할 수 있다는 그들의 주장은 신빙성을 갖게 될 것이다"(조이스 볼드윈, 88).

2:10-11. 여기에 술사들의 보충적인 변명이 소개되어 있다.

- 세상의 어느 누구도 당신이 요구하는 것을 할 수 있는 이가 없나이다.
- 이전의 어느 왕도 이런 요구를 한 적이 없나이다.
- 오직 신들만이 이것을 알려줄 수 있고, 신들은 그것을 절대 인간들과 공유하지 않나이다.

어떤 이들은 이러한 호소를 비굴함의 표현이라고 보고, 어떤 이들은 순전한 공포감 때문이라고 본다. 무엇보다도 이들은 꿈을 해석하고, 별들을 읽으며, 미래를 예언하도록 고용된 사람들이었다. 그들이 대변하는 신들이 그들을 그토록 갑자기 버린 이유는 무엇인가? 그 전문가들에게는 아무런 방도가 없었고, 그들은 그 사실을 잘 알고 있었다. 그들은 하나님 외에는(일부 주석가들의 주장) 왕 앞에 그것을 보일 자가 없나이다라고 대답할 수 있었겠지만, 우상을 숭배하는 이 제국에서 그러한 해석은 가능성이 없어 보인다.

다소 길지만 유익한 요셉 세이스(Joseph Seiss)의 인용문으로 이 단락을 마무리하도록 하자. 그는 이 시나리오를 다음과 같이 묘사했다.

> 여기에 천 년 이상 된 만발한 이교주의가 있다. 영광의 최절정기를 구가하며 가장 유명한 학교들의 힘과 지혜가 하나로 모였다. 이스라엘 하나님의 기름 부음 받은 종들을 뺀 제사장이나 학자, 점성술사나 강신술사, 현인 혹은 마법사들의 모든 능력이 여기에 집결되고 구체화되었다. 이 사람들이 실패한다면 인간의 모든 지혜와 힘과 기술이 굴복하는 것이다… 그들 모두의 이름으로 그리고 세상의 지존자인 제국 군주가 듣는 가운데 바로 그 수장들이 임박한 파멸에서 자신들을 구하기 위해 모든 노력을 다하면서 공개적으로 드러내고 비통한 어조로 표현한 이 말들을 읽을 때 나는 인간의 모든 지혜와 힘과 학문 위로 어둠의 장막이 드리우는 것을 보고 두려움에 떨게 된다… 하나님의 영감된 선지자들과 참으로 영화로우신 그리스

도가 아니라면 인간의 모든 종교와 예술과 과학과 철학과 업적과 힘은 여호와의 목적과 뜻, 혹은 인간 운명에 대한 모든 참되고 적절한 지식과 관련해 공허하고 허무한 것일 뿐임을 짧은 말로 내게 증명하고 있다(요셉 세이스, 47-49).

C. 바벨론의 무기력(2:12-16)

Supporting Idea	생명의 위협을 받는 위급한 상황에서도 침착하고 냉정한 태도로 품위를 지킬 때 신자는 최선의 선택을 할 수 있다.

2:12-13. 통분하다라는 단어는 창세기 40장 2절과 41장 10절에서 바로의 진노를 묘사할 때 사용한 것과 유사한 단어에서 파생한 것이다. 하지만 12절에서 실제적으로 중요한 것은 그 명령의 범위이다. 왕은 이런 말을 고하고 있는 갈대아인들에게 심판의 범위를 제한시킬 수 있었을 것이다. 혹은 2절에 언급된 네 그룹 모두를 포함시킬 수도 있었을 것이다. 고대 왕국에서 야만적인 과도한 권력 행사는 문화적인 일반 현상이었기 때문에 바벨론 성의 모든 박사들이 왕의 저주를 받을 대상이었다고 가정해야 할 것이다. 느부갓네살은 자신의 모든 자문단들을 처형할 의도였다.

신·구약의 이런 구절들은 서구 국가들에게 허락하신 민주주의라는 하나님의 놀라운 선물을 상기시킨다. "권력은 부패하기 마련이고, 절대적 권력은 절대적으로 부패한다"는 오래된 격언은 그 연대와 진부함에도 불구하고 사실이다. 의회도, 대법원도, 여론 조사도, 대중 매체에 대한 호소도 전혀 필요없었다. 느부갓네살은 바벨론 왕국의 모든 신하들에 대한 생사여탈권을 가지고 있었다.

2:14-16. 다니엘은 세부적인 내용 기술을 위해 1장의 아스부나스에게 했던 것처럼 왕의 시위대 장관 아리옥과 접촉한다. 아스부나스가 정무를 맡은 신하라면 아리옥은 군인이 분명하다. 그 역시 집행관으로 섬겼음을 유의하라.

아리옥이 다니엘의 집에 들이닥치자 선지자는 명철하고 슬기로운 말로 그에게 말했다. 상황으로 볼 때 잘못된 태도는 아니었다. 번역가들은 이 두 단어를 여러 가지로 번역하고 있다. '모략과 지혜' (KJV), '사려 깊고 신중함' (RSV). 하지만 뉘앙스에 차이가 있다 해도 본문을 이해하는 데 아무 문제가 없다. 다니엘(엘리야와 엘리사와 대조적으로)은 항상 명철하고 지혜롭게 말했다.

급하뇨('성급한', '가혹한')라는 다니엘의 단어 선택이 그의 슬기로움과 양립할 수 없는 것이라고 단정해서는 안 된다. 실제로 왕의 명령은 성급했다. 아리옥이 다니엘에게 모든 것을 설명할 시간을 가졌던 것으로 볼 때 그가 그러한 측면을 분명히 인정하고 있었다고 본다. 다니엘은 이미 왕의 관심을 받고 있었다. 이는 아리옥이 조금도 주저하지 않고 왕의 면전으로 직접 다니엘을 데리고 간 데서 알 수 있다. 느부갓네살에 대한 그의 요청은 왕이 이미 들었던 요청과 약간 다르게 들린다. 그는 그 꿈을 해석할 것이다. 단지 시간이 필요할 뿐이었다. 무엇을 위한 시간이 필요하단 말인가? 역시 생명의 위협을 받는 그의 친구들과 어려움을 나눌 시간이 필요했다. 다른 모든 신들이 실패한 가운데 전능하신 하나님이 어떻게 하실지 볼 수 있는 시간이 필요한 것이었다.

글리슨 아처는 그 순간을 다음과 같이 강렬한 언어로 묘사하고 있다. "이제 마술사들이 숭배하는, 말 못하고 무능한 가공의 신들과 대비되는 참되신 한 분 하나님 야훼의 실재와 지혜와 권능을 보여줄 무대가 마련되었다. 이것은 이 책의 나머지를 지배하는 동일한 일반적 주제이며, 히브리 민족에게 그들의 실패와 붕괴 그리고 포로로 끌려온 신세임에도 불구하고 이스라엘의 하나님은 모세 시대와 마찬가지로 변함 없이 여전히 전능하시고, 그의 언약적 사랑은 늘 그랬던 대로 아브라함의 씨를 향해 불변하다는 것을 상기시키는 데 기여하고 있다"(글리슨 아처, 42).

D. 바벨론의 죄 없는 사람들(2:17-23)

Supporting Idea	상황이 절망적일 때 기도하라. 상황이 처절할 정도로 암울할 때 기도하라. 다음에 무엇을 해야 할지 전혀 알 수 없을 때 기도하라.

2:17-18. 다니엘의 친구들은 위험에 대한 경고를 들어야 했지만, 그들에게 더 중요한 것은 기도의 필요성이었다. 그들의 전략은 완벽했다. 그것은 하늘에 계신 하나님이 긍휼히 여기시도록 구하는 것이었다. 대부분의 학자들은 그렇게 추측하지만, 본문은 그들이 실제로 함께 기도했는지는 알려주지 않는다. 또한 그들의 동기는 거의 숨긴 것 없이 소개되고 있지만(바벨론의 다른 박사와 함께 죽임을 당치 않게 하시기를) 그들이 어떤 내용으로 기도했는지도 알려주지 않는다. 우리는 중보 기도의 필요성에 대해 참으로 많이 듣고 있기 때문에 때로 우리 자신을 위해 기도하는 데 다소 죄책감을 느끼기도 한다. 하지

만 이 경우에 이 젊은이들이 한 것은 바로 자신들을 위한 기도였다.

하늘에 계신 하나님이란 말은 문자적으로 '그 하늘들의 하나님'이며, 창세기 24장 7절에서 처음으로 사용되었고, 성경 전반에서 빈번히 사용되고 있다(스 1:2, 6:10, 7:12, 21, 느 1:5, 2:4, 시 136:26). 그들의 기도는 순수한 마음에서 나온 것이었다. 그들은 실제로 아무 죄가 없었다.

우리는 18절을 통해 다니엘의 일행을 제외한 나머지 박사들이 이미 죽음을 당했고, 오직 네 사람만 살아 남았다고 단정해야 하는가? 그럴 가능성도 있지만 그렇지 않을 가능성도 있다. 가장 가능성이 있는 것은 다니엘이 드린 기도의 효과가 나머지 갈대아인을 담요처럼 감싸 안아 그들 역시 목숨을 부지했으리라는 것이다. 이것은 본문의 설명이 아니라 단지 추론상으로 그렇다는 것이다.

이 구절의 은밀한 것이라는 표현은 다니엘서의 아람어 본문에 나타난 거의 20개의 페르시아 단어 중 하나이다. 이 단어 자체(라즈, raz)는 2장 19, 27-30, 47절, 4장 9절에 다시 나타난다. 이 단어는 신약의 헬라어 본문에서 오직 선택된 종들에게만 계시하시는 하나님의 거룩한 계획을 묘사하는 데 흔하게 나타나고 있다(롬 11:25). 여기서 이 단어의 의미는 전혀 은밀한 것이 아니다. 다니엘은 그 꿈의 내용과 의미를 알아야 할 필요가 있다는 것이다.

2:19-20. 꿈을 꾼 느부갓네살과 대조적으로 다니엘은 이상을 받는다. 그 이상은 이 장 나머지 부분에서 전개되는 초자연적 계시다. 우리는 꿈보다 환상(이상)을 더 중요한 매개로 생각하고 싶은 유혹을 받지만 그것은 잘못된 것이다. 하나님은 자신의 말씀을 알리시기 위해 빈번히 꿈을 이용하셨다. 이 의사소통에서 중요한 것은 소통의 수단이 아니라 계시자이신 그분이시다.

20절에서 기도는 찬양으로, 호소는 감사로 바뀐다. 하나님의 속성 중 두 가지, 지혜와 권능이 이 아름다운 시의 시작을 장식하고 있다. 전체 기도는 시편과 유사한데, 다니엘이 시편에 아주 친숙했음을 보여주는 것 같다. 다윗이 시편에서 빈번히 그러하듯이 다니엘 역시 하나님의 이름을 찬양한다. 그리피스 토마스(Griffith Thomas)는 이렇게 지적한다. "하나님의 이름은 성경에서 단순한 호칭이나 직책이 아니라 하나님의 본성 혹은 계시된 성품을 상징한다. 구약에서 하나님의 이름은 인간과의 관계에 있어서 하나님 자신과 동의어로 자주 사용되고 있다… 신약에서도 용례의 동일성은 너무나 분명하다”(존 월부어드, 「Daniel」, 56).

2:21-22. 우리는 여기서 다니엘이 기도하기 전에 이미 그 꿈의 의미를 알고 있었음을 염두에 둘 필요가 있다. 하지만 그 내용은 이 장의 후반에서야 나타난다. 따라서 이 구절들의 내용은 인간사에 대한 하나님의 통치를 반영하고 있다. 하늘의 하나님이 왕들을 폐하시고 왕들을 세우신다는 사상은 이 책 구조의 중요한 부분을 이루고 있다. 하나님은 무한한 지혜를 갖고 계실 뿐 아니라 지혜롭고 분별력 있는(다니엘이 소유한 것으로 우리가 이미 알고 있는 자질들) 사람들과 그것을 공유하기로 선택하신다. 유사한 신학이 시편 103편과 113편에 등장하고 있다.

이 놀라우신 하나님은 또한 비밀을 드러내시며 심지어 깊고 은밀한 일도 밝혀주신다. 하나님은 빛 가운데 거하시지만 어둠 속에서 일어나는 모든 것을 완전히 다 알고 계신다(시 36:9, 139:12).

2:23. 감사는 기도와 찬양의 일부이다. 다니엘은 인간 능력의 한계를 완전히 초월하는 지혜와 능력을 보여줄 것이다. 그는 그것이 자신에게서 온 것이 아니라 하나님께로부터 왔음을 겸손히 인정하고 있다. 어떤 이들은 나의 열조의 하나님이란 표현이, 다니엘이 과거의 수많은 성도들과 같은 방식으로 하나님의 자비의 수혜자로 자신을 인식했음을 암시한다고 주장한다. 다니엘이 자신을 동료들보다 더 높이지 않고 우리가 주께 구한 바 일을 알게 하셨다고 말하고 있고, 주께서 왕의 그 일을 내게(우리에게) 보이셨나이다라고 말하고 있는 사실도 유의해보라.

조이스 볼드윈은 이렇게 지적한다. “이 작은 시편은 감사의 모델이다. 어떤 단어도 단순하게 반복되지 않는다. 하나님의 위대하심을 찬양하는 첫 아홉 행의 각각은 찬양의 노래를 만드는 데 일조하지만 어떤 것도 다니엘의 경험과 무관한 것은 없다… 이 시의 균형성과 아름다움은 하나님을 찬양하는 데 공헌하고 있다”(조이스 볼드윈, 91).

Main Idea 복습	다니엘서 2장은 성경에서 가장 중요하고 긴 장 중 하나이다. 이 장은 만세 반석과 결코 무너지지 않을 왕국을 소개함으로써 영원한 하나님의 종합적인 계획에 대한 정보를 제공하고 있다. 이 장은 에베소서 1장 10-11절에서 볼 수 있는 진리의 증거를 제공한다. “하늘에 있는 것이나 땅에 있는 것이 다 그리스도 안에서 통일되게 하려 하심이라 모든 일을 그 마음의 원대로 역사하시는 자의 뜻을 따라 우리가 예정을 입어 그 안에서 기업이 되었으니.”

결론

어떤 꿈도 이루어지지 않을 것이다

앤드류 로이드 웨버(Andrew Lloyd Webber)의 〈요셉과 놀라운 천연색 꿈의 외투(Joseph and the Amazing Technicolor Dream Coat)〉라는 아름다운 뮤지컬에서 작사가인 팀 라이스(Tim Rice)는 주인공에게 멋진 가사를 담은 가슴 벅찬 마지막 노래를 부르게 한다. 자신에게 일어난 모든 일들을 회상하면서 요셉은 다음과 같이 노래를 부른다.

꿈은 이루어질 거야.
날 돌아가게 하소서 처음으로.
빛은 희미하고 꿈도 그러하네.
세상과 나는 아직 기다리고 있지.
여전히 머뭇거리는 동안에
모든 꿈은 이루어질 거야.

낭만적인 멋진 시이지만 신학적으로는 형편없다. 그리스도인들은 흔히 우리의 서구 문화가 완전히 세속화되었다는 이상한 생각에 사로잡힌다. 이와 반대로 현대 사회는 이런저런 형태의 초자연적 세계에 과도하게 집착하며 귀신과 천사들이 대중적인 인기를 구가하고 있다. 고대 문화 역시 그와 유사했다. 요셉에서 다니엘을 거쳐 요한계시록의 요한에 이르기까지 꿈과 환상은 인간에 대한 하나님의 계시의 중요한 부분을 이루고 있다.

다니엘서의 모든 내용처럼 이 단락 역시 세상의 모든 신들은 거짓되며, 그 신들을 섬기는 모든 예언자들은 전혀 신빙성이 없고, 오직 하늘의 하나님만이 지혜와 힘과 지식과 분별력을 허락하실 수 있음을 강조한다. 이 책은 다니엘에 대한 것이 아니라 다니엘의 하나님에 대한 것임을 우리 자신에게 다시 한 번 상기시키도록 하자.

■ 진리 알기

- 세상의 지혜는 충분하지도 않고 만족을 주지도 않는다.
- 인간 예언자들의 능력으로는 세상 속의 하나님의 역사의 신비를 설명할 수 없다.
- 하나님은 악한 통치자들의 진노에서 자기 백성을 보호하신다.
- 하나님은 그분의 세계의 모든 부분, 심지어 보좌에 앉은 이들과 선거로 통치자가 된 이들도 다스리신다.

■ 적용하기

- 때로 하나님이 어렵고 위험한 환경 가운데서 사람들에게 가장 놀라운 계시를 주신다는 사실을 기억하면 도움이 된다.
- 우리는 다른 사람들, 특별히 우리와 유사한 문제를 갖고 씨름하는 사람들과 함께 기도할 필요가 있다.
- 하나님께서 기도에 응답하실 때 그분께 감사하고 찬양하는 것을 결코 잊지 말라.
- 자신을 위해 기도하는 것을 결코 꺼리지 말라. 하나님은 당신의 고통을 알고 계신다. 하지만 그분은 당신의 입을 통해 그것을 듣기 원하신다.

삶의 적용

문 밖의 나그네

남북전쟁이 한창이던 어느 날 밤, 한 낯선 사람이 유명한 헨리 워드 비처(Henry Ward Beecher) 목사님의 집을 찾아왔다. 그가 문을 두드리자 비처 목사님의 부인은 누가 찾아왔는지 확인하려고 했다. 아주 조금 문을 열고 보니 키가 큰 낯선 사람이 추운 날씨 때문에 외투로 눈까지 가린 채 서 있었다. 그는 비처 목사님을 만나게 해달라고 요청했지만 자신의 이름을 밝히기를 꺼렸다.

그 당시 한두 차례 이상 비처 목사님의 목숨이 위협을 받았던 터라 그의 부인은 문을 닫고 나그네를 추운 바깥에 그대로 세워둔 채 이층으로 올라갔다. 문 밖에 누군가가 있다는 것을 알게 된 비처 목사는 즉시 계단을 내려와 집 안으로 그 사람을 맞아들였다. 얼마 후에 남편이 침실로 돌아오자, 비처 여사는 옷으로 얼굴을 가린 그 나그네가 미국 대통령 에이브러햄 링컨이라는 사실을 알게 되었다. 그는 위기에 직면해 있었고, 기도가 필요하였던 것이다.

한 찬송가 작사가는 이렇게 썼다. "기도는 입으로 발설되지 않은, 혹은 입으로 표현된 영혼의 간절한 소망이다." 마찬가지로 우리는 대부분 개인적으로나 단체로 소리내어 기도하기보다 마음으로 조용히 기도하는 경우가 더 많다. 항상 기도의 마음을 유지한다는 것은 "쉬지 말고 기도하라"(살전 5:17)는 신약의 명령을 반영하고 있다.

그러나 때로 소리내어 기도하는 것이 도움이 되고, 종종 다른 사람들과 함께 기도하는 것이 도움이 된다. 다니엘이 친구들을 찾아가고, 링컨이 비처에게 조언을 구했듯이 우리가 한마음으로 기도함으로써 얻는 공동의 지지가 필요할 때 우리는 가정과 교회, 일터 혹은 일상적인 순간에 다른 사람들과 함께 기도할 기회를 찾아야 한다.

기도

하나님 아버지, 다니엘과 더불어 하늘의 하나님이신 당신을 찬양하고 감사를 드립니다. 악이 판치고 도덕적으로 혼탁한 이 불확실한 시대에 당신이 이 세상을 다스리심을 인정하며, 이 시대의 어둠 속에 무엇이 자리잡고 있는지 당신이 알고 계시다는 사실과, 당신이 여전히 빛의 아버지시라는 사실을 인정합니다. 아멘.

심층 연구

A. 마술(2:2)

마술은 우리 시대에도 횡행하고 심지어 호황을 누리고 있기 때문에 또 다른 시각으로 살펴볼 가치가 있을 수 있다. NIV 성경이 '점성술사(astrologer)' 로 번역한 '카스딤(kasdim)' 이란 단어는 구약에서 흔히 마술이나 점에 대해 사용되는 히브리어 '카사프(kashaph)' 에서 파생한 것이다. 그것은 저승의 존재들과의 의사소통을 특별히 강조하는 여러 종교적 의식에서 비롯된 것으로 보인다. (여기서처럼) 애굽의 남자 박수들(출 7:11)도 있고, 예레미야 27장 9절과 말라기 3장 5절의 경우처럼 유대인 박수들도 보이지만, 이 의식은 보통 여자들이 맡는다. 마술은 항상 하나님의 진리를 대적하는 귀신들의 소행을 의미한다.

로버트 거들스톤(Robert Girdlestone)은 다음과 같이 말한다.

> 미신은 물질주의의 자연스러운 완성이다. 종교적 문제들에 관해 일단 왜곡되고 뒤틀린 인간의 의식은 한 분 하나님이 계시다는 진리를 분명한 이해를 갖고 고수하지 않고 옆길로 새고 만다. 때로는 물질적인 것에 안주하면서, 생각에서 영적인 존재에 대한 개념을 완전히 몰아내려고 애쓰기도 하고, 때로는 이전에 '마술(witchcraft)' 이라는 원색적인 이름으로 알려진 체계, 현재 '심령술(spiritualism)' 이라고 불리는 방향으로 흔들리며 쏠리기도 한다… 그 모든 것은 가증한 것이며(신 18:10-12), 영감된 선지자의 단호한 음성 앞에 굴복해야 하는 것이다(로버트 거들스톤, 321).

B. 지혜(2:20-21, 23)

고대 세계의 세속 언어로 '호크마(hokma)' 라는 단어는 법과 의료 관련 직업에서 파생한 단어이다. 이 단어는 2장의 이 구절들에서처럼 1장 20절에서 동일한 의미로 사용되고 있다(앞의 문맥에서는 느부갓네살이 세상의 지혜에만 초점을 맞추기는 했지만). 성경적 용례에서 이 단어는 항상 궁극적으로 모든 우주의 창조주시며 통치자이신 하나님을 가리키고 있다. 또한 지식과 정보를 처리하고, 결정을 내리며, 생활하기 위해 사람들이 어떻게 하늘을 의지했는지를 설명해준다.

신약에서 지혜는 '소피아(sophia)' 로 표기되고 있다. 이것은 이 단어가 파생한 헬라적 문맥 때문에 약간 다른 의미를 지닌다. 글리슨 아처는 이렇게 지적한다.

> 히브리어 '호크마(hokmah)' 는 하나님 앞에서 책임 있게 생활하고 하나님의 (그) 종이 직면한 모든 문제나 사명을 성공적으로 대처하는 것과 일차적으로 관련이 있었다. 특히 거래상의 신중함과 관련된 문제와 인간 관계의 영역에서(잠언에서 가장 빈번하게 등장하는 측면), 여호와를 경외함으로 얻는 '호크마' 가 결정적인 역할을 했다. 전시에 군대 관리를 할 때나 평화 시에 정치 행정을 할 때(다시 말해서, 주어진 환경 속에서 해야 할 올바른 일이 무엇인지 아는 지식에 있어서) 혹은 사람들을 다룰 때 추구해야 할 지혜로운 정책들을 위해 '호크마' 는 필수적이었다(글리슨 아처, 38).

교안

A. 들어가는 글

1. '교수들보다 뛰어나다' 이야기로 시작하라.
2. 배경 설명: 다니엘 1장에서 2장까지는 지리적 배경의 변화는 전혀 없고 2년간이라는 시간의 변화만 있다. 독자들은 여전히 바벨론에 있고, 초점은 여전히 느부갓네

살과 그의 권세에 집중되고 있으며, 다니엘, 하나냐, 미사엘, 아사랴는 여전히 훈련 중에 있다.

3. 적용: 다니엘은 분명히 1장 21절과 2장 1절 사이에서 연대기적 변화를 주고 있지만, 장의 실제적인 변화는 다니엘이 꿈을 해석하는 다음의 연구에서 보일 것이다.

B. 본문 이해

1. 불면의 바벨론(2:1-4)
2. 단서가 없는 바벨론(2:5-11)
3. 바벨론의 무기력(2:12-16)
4. 바벨론의 죄 없는 사람들(2:17-23)

C. 결론: '어떤 꿈도 이루어지지 않을 것이다' 를 읽어주라.

토의 질문

1. 기도에 의지하여 삶의 엄청난 두려움에 직면하기 위해 우리는 어떻게 우리 믿음에 대한 충분한 확신을 발전시키고 있는가?

2. 우리 시대에 하나님은 어떻게 왕들을 세우시고 폐하시는가? 우리는 우리가 본 것에 대해 어떻게 반응하는가?

3. 교회에서 하는 공적인 기도 외에 다른 사람들과 함께 기도하는 몇 가지 방법과 장소를 열거해보라.

다니엘 2:24-49

드림웍스 사(Dreamworks, Inc.)

"하나님께 지시하려고 하지 말라. 해야 할 일만 보고하라."

- 코리 텐 붐(Corrie ten Boom)

모든 세상 권세, 심지어 가장 강력한 인간 통치자들이 행사하는 권세도 궁극적으로 신들의 신이며, 만왕의 왕이신 분 앞에 굴복할 것이다.

들어가는 글

고의적인 사고

소문에 의하면, 서부 텍사스의 한 카우보이가 생명 보험을 신청한 뒤 보험 중개인에게 사고를 당한 적이 있느냐는 질문을 받았다. 대화는 다음과 같이 진행되었을 것으로 보인다.

"아니요, 한 번도 사고를 당한 적이 없습니다."

"당신에게 아무 일도 일어난 적이 없다는 말입니까? 한 번도 다친 적이 없어요?"

"오, 물론이죠." 카우보이는 대답했다. "한 번 방울뱀에게 물린 적이 있고, 갑자기 말이 뛰어오르는 바람에 떨어져 팔이 부러진 적은 있습니다."

"당신은 그 사건들을 사고라고 생각지 않는군요?"

"물론입니다. 방울뱀이나 말이 고의로 그렇게 했으니까요?" 라고 카우보이는 대답했다.

하나님께 절대 우연이란 없다. 그분은 모든 것을 신적 계획의 일부로 의도적인 뜻을 가지고 행하신다. 수십 편의 시편에서 그토록 자주 울려 퍼지는 하나님의 주권이라는 이 성경적 교리는 성경 전반에 걸쳐 발견된다. 하나님은 자신이 무엇을 하고 계시는지 알고 계시며, 실제로 그 일을 이루고 계심을 알고 계신다는 것을 이미 지적한 바 있다(앞으로의 연구에서 다시 여러 차례에 걸쳐 살펴볼 것이다). 제임스 보이스(James Boice)는 "하나님의 주권에 관한 교리는 실제적 가치가 결여된 단순한 철학적 도그마(dogma)가 절대 아니다. 오히려 그것은 모든 나머지 교리들에 의미와 실체를 부여하는 교리다. 아더 핑크(Arthur Pink)가 지적한 대로 그것은 "기독교 신학의 기초이며… 기독교 진리 체계에서 중력의 중심, 즉 모든 작은 행성들이 주위를 돌며 뭉치는 태양이다." 우리가 살펴보겠지만 그것은 인생의 폭풍 속에서 그리스도인들에게 힘과 위로가 된다" (제임스 보이스, 150)고 우리에게 일깨워준다.

물론 다니엘은 어린 시절부터 이 교리에 대해 가르침을 받아왔다. 반면에 느부갓네살은 항상 자신을 우주의 중심 권력자로 여겨왔다.

본문 이해

드림웍스 사(Dreamworks, Inc.)

Main Idea	하나님은 창조의 첫 순간부터 인간 역사의 마지막 시간까지 자기 세상과 그 안에 있는 모든 사람들을 다스리신다.

A. 왕의 준비(2:24-28)

Supporting Idea	인간의 지혜가 실패하고, 혼란스럽기만 한 인생의 문제들을 이해할 수 없을 때 우리는 하늘의 하나님을 의지하게 된다.

2:24-25. 아리옥이 다니엘에게 친절을 베풀었다고 해서 느부갓네살의 성채에서 그가 맡은 역할에 대한 우리의 이해가 축소되어서는 안 된다. 한 스페인 번역가는 그를 '도살자들의 두목(captain of the cutthroats)' 이라고 부른다. 헬라어로 글을 쓴 초대교회 교부 데오도티온(Theodotion)은 '도살업자(chief butcher)' 에 대해 그 단어를 사용한다. 왕의 명령에 대한 다니엘의 대처를 알고 정리한 것이 그였기 때문에 그는 왕에게 전달할 때 자기에게 유리한 내용으로 전달한다. 여기서 우리는 이전에 다니엘의 이름을 지어준 사람이 아리옥이 아니었거나, 혹은 다니엘과 그 친구들이 느부갓네살과 개인적으로 이야기한 적이 있음(1:19)을 몰랐을 수 있다는 사실을 알게 된다. 전형적인 관료인 아리옥은 사로잡혀 온 유다 자손 중에서 한 사람을 얻은 것을 자신의 공으로 돌린다.

앞에서 우리는 나머지 박사들이 처형된 것이 아닌지 궁금했지만, 이제 우리는 다니엘의 개입으로 그들이 생명을 부지했음을 알게 된다. 이때쯤 다니엘은 이름도 없고, 얼굴도 알려지지 않은 일개 포로와는 다른 신분이 되어 있었다. 그는 바벨론 예술 과학 왕립 학술원을 우등으로 졸업할 것이다.

2:26. 다니엘이 이미 자신의 처형 명령 대상에 포함된 박사 중 한 명일 뿐이라고 생각한 느부갓네살은 다니엘에게 실제로 그 꿈의 내용을 정확히 알려주고 그 의미를 설명할

수 있느냐고 묻는다. 다니엘은 여기서 자신의 바벨론식 이름을 삽입함으로써 1장 7절을 우리에게 상기시킨다.

2:27-28. 다니엘은 세상의 어떤 성직자도, 철학자도, 혹은 과학자도 그 은밀한 것을 풀어 왕의 마음에 안식을 줄 수 없다는 사실을 분명히 확인하는 것으로 시작한다. 이것은 다니엘이 꿈을 해석할 수 있는지에 대한 왕의 질문에 대답한 것이었다. 그는 그럴 능력이 없을 것이다. 하지만 오직 은밀한 것을 나타내실 자는 하늘에 계신 하나님이시라. 이 하나님은 그러한 일을 이루실 수 있을 뿐 아니라 느부갓네살을 위해 그렇게 하시기로 작정하셨다. 그는 후일에 될 일을 알게 될 것이기 때문이다.

KJV 성경에서 "in the latter days"로 번역된 이 구절은 수세기 동안 주석가들과 신학자들의 관심의 대상이었다. 이 표현은 구약에서 14번 나타나고 있는데, 확실히 느부갓네살의 시대에 국한되지 않은 종말을 가리킨다. 로버트 컬버는 이 특별한 사안을 전문적으로 연구해왔다.

> 한 연구 조사는 종말 이전의 수많은 사건들이 '후일'이라는 표현으로 제한되는 예언들의 범위 내에 속한 반면, 모든 인간 역사의 결말과 눈에 보이지 않는 미래의 메시아적 왕국 설립과 연관된 종말적 사건들은 일회적인 것이 아님을 보여준다. 그렇지 않다면 그 사건들은 반드시 '훗날들(the latter days)'이 아니라 단지 어느 미래 시간에 일어날 것이다(로버트 컬버, 107).

이스라엘을 향한 후일은 교회를 향한 후일의 의미와 동일하지 않을 것이라는 점을 기억하자(이 구분이 다니엘이나 느부갓네살에게 아무런 의미가 없었을 것이지만). 우리는 또한 2장 28절의 이 구절을 11장 35절의 종말에 대한 다니엘의 논의와 연관시켜서는 안 된다. 여기서는 이제 막 해석될 그 꿈이 주전 약 600년에서 아직 미래인 그리스도의 지상 재림에 이르는 기간을 포함한다고 추정하는 것이 가장 바람직한 것 같다. 다니엘은 네 개의 거대한 세상 제국과 하늘 왕국인 최후의 제국에 의한 그들의 철저한 파멸에 대해 설명할 것이다.

B. 신상에 대한 묘사(2:29-35)

Supporting Idea	하나님의 말씀은 신비가 아니라 계시를 제공한다. 그분은 자신이 세상에서 어떻게 역사하시는지 자기 백성들이 알기를 원하시며, 심지어 이방 왕들에게 그것을 계시하기도 하신다.

2:29-30. 옛 격언에 "왕관을 쓴 머리는 편안히 쉬지 못한다"(혹은 그와 유사한 내용)는 말이 있다. 이제 서남 아시아의 절대 군주가 된 느부갓네살은 밤에 '장차 미래는 어찌 될 것인가?' 라고 생각하며 침상에 누워 있다. 이 두 구절은 꿈에 대한 내용이 아니라 왕의 마음 상태에 관한 내용이다. 하나님은 그러한 마음 상태를 그에게 답하실 기회로 이용하신다. 은밀한 것을 나타내시는 이라는 하나님에 대한 다니엘의 언급은 하늘 군주에 대한 또 다른 묘사이다.

또다시 다니엘은 하나님의 통치하심에 대한 자신의 주제를 확실하게 각인시킨다. 내게 이 은밀한 것을 나타내심은 내 지혜가 다른 인생보다 나은 것이 아니라. 실제로 그 환상은 다니엘에게 주어진 것이 아니었고, 오히려 느부갓네살에게 주어진 것이었다. 그렇게 해서 '미래는 어떻게 될까?' 라는 날카로운 질문에 대한 하나님의 대답을 얻게 하기 위한 것이었다.

2:31-33. 신상의 형상은 특이한 것이 아니었지만, 그 크기와 외관은 광채가 특심하며 그 모양이 심히 두려웠다. 이 신상을 우상으로 생각하는 실수를 하지 않도록 하자. 그것은 느부갓네살이 자신에 대해 갖는 인식, 즉 세상의 거대한 세력이라는 자기 인식을 보여준 하나님의 상징물이었다. 조이스 볼드윈의 표현대로 "그의 꿈 속의 그 상은 자신의 힘으로 겨우 지탱할 수 있는 거대한 제국을 가진 왕을 상징하며, 이탈하는 파벌들의 위협에 직면할 때 그의 부적절한 대처를 상징한다. 그는 자신이 욕심을 과도하게 부려 오히려 몰락하지 않을까 두려워하고 있다"(조이스 볼드윈, 92).

여러 광물로 된 그 신상은 금으로 된 머리와 은으로 된 가슴과 팔, 놋으로 된 배와 넓적다리, 철로 된 다리, 철과 진흙으로 된 발로 이루어졌으며, 두려울 정도의 장엄함과 화려함을 동시에 보여주었다. 여기에서 몇 가지 사실이 즉각적으로 드러난다.

1. 금속의 질이 머리에서 발로 갈수록 낮아진다.
2. 머리에서 발로 갈수록 무게가 줄어든다.

3. 발가락에 해당하는 진흙 부위를 제외하면, 금속의 강도는 머리에서 발로 갈수록 강해진다.

2:34-35. 느부갓네살이 두려운 마음으로 그 신상을 바라보고 있는 지금까지 아무 변화도 일어나지 않았다. 이제 너무나 갑작스럽게 초자연적으로 형성된 돌이 신상의 철과 흙으로 된 발을 쳐서 가루로 만들어버린다. 발 부분이 무너지자 전 신상이 부서져서 여름 타작 마당의 겨같이 되었다. 신상의 모든 입자가 바람에 휩쓸려 사라지고, 그 돌은 태산을 이루어 온 세계에 가득하였다. 우리는 2장 45절에서 그 돌이 산을 '이루기' 전 먼저 산에서 왔다는 것을 알 수 있다.

크리스웰은 이렇게 지적한다. "그 선견자는 먼저 바벨론, 이어서 페르시아, 다음으로 그리스, 다음으로 로마, 그후 땅의 많은 나라들로 분산되는 이 세상의 정치적 주권과 지도력과 권세가 결국 위대한 솨두 라부(Shadu-Rabu), 위대한 산, 그 돌, 주 하나님, 영광의 그리스도에게 귀속될 것이라고 말하고 있었다"(크리스웰, 80).

그러나 이것은 본문 이야기보다 앞서 나간 내용이다.

C. 네 왕국에 대한 상세한 설명(2:36-43)

Supporting Idea	우리는 종종 미국이 세상에 남은 유일한 초강대국임을 자랑하기 위해 초강대국들과 같은 주제에 대해 자주 이야기한다. 하지만 우리는 하나님께서 고대 왕국들에 대해 하신 대로 현재의 왕국들을 무너뜨리실 때 그 개념의 온전한 의미를 눈으로 보게 될 것이다.

2:36-38. 다니엘의 말에 끼어드는 것은 고사하고 숨도 제대로 쉴 수 없는 느부갓네살은 그가 들려주는 내용이 세밀한 부분까지 정확함을 알고 그의 얼굴만 홀린 듯 쳐다보고 앉아 있었을 것이다. 그래서 다니엘은 즉각 해몽으로 들어간다. 우리는 여기서 흥미롭게도 복수가 사용된 것(우리 - 개역 성경에는 '나')을 볼 수 있고, 이것이 공동 편집인을 가리키는 대명사라는 것 외에 달리 설명할 수 없을 것이다. 분명히 다니엘은 자신과 그의 세 친구에 대해 이야기하고 있는 것이 아니며, 더욱 분명한 것은 하나님과 그가 이 꿈을 어떻게 다룰 것인지에 대해 이야기하고 있지 않다는 것이다. 우리는 그것을 일반적인 표현으로 거의 사용하지 않지만, 고대에는 이 선택이 이 책 전반에 보이는 특징적

인 겸손을 표현할 것이다.

느부갓네살은 진정으로 열왕의 왕인가? 우리는 종종 그 명칭을 하나님이나 그리스도께만 적용하지만 바벨론 왕국이라는 상황에서 다니엘은 하나님에 대한 자신의 충성을 정확히 표현하면서도 에스겔이 26장 7절에서 사용한 것과 동일한 언어를 사용하고 있다. 확실히 느부갓네살은 이 칭호에 동의했을 것이며, 그가 자기 자신의 힘과 지략으로 권좌에 올랐음을 모든 사람이 알고 있다고 생각했을 것이다. 그러나 다니엘은 하늘의 하나님이 나라와 권세와 능력과 영광을 왕에게 주셨다고 말함으로 그 신화를 바로 뒤집어버린다. 왕은 곧 그 금머리니이다라는 말의 요지는 하나의 왕국은 곧 그 나라의 통치자와 동일시된다는 점에 있는 것 같다.

글리슨 아처는 다음과 같이 지적한다.

> 네 개의 세계 제국 중 첫 제국은 갈대아인들의 신 바빌로니아 제국으로, 느부갓네살은 주전 605년에 통치하기 시작해 약 40여 년(주전 562년이나 560년)을 더 다스리게 될 것이다. 하지만 그의 사후 그의 제국은 21년 정도밖에 지속되지 않았다. 그의 아들 에윌므로닥(Evil-Merodach)은 겨우 2년을 통치했고(주전 560-558년) … 네리글리살(Neriglissar)은 4년을 통치했으며(주전 560-556년), 라바쉬마르둑(Labashi-Marduk)은 겨우 1년(주전 556년)을 통치했다. 나보니도스(Nabonidus)는 주전 555년에 '쿠데타'를 일으켜 주전 539년 바벨론이 페르시아에게 멸망할 때까지 통치했다(글리슨 아처, 46).

2:39. 그 위대한 왕에게 찬사를 바친 다니엘은 두 개의 짧은 문장으로 다음 두 왕국을 간단히 설명한다. 모든 보수주의 학자들은 은으로 된 왕국이 주전 539년 고레스 대제로 시작되어 200년 이상 지속된 메대 바사라는 데 동의한다. 많은 이들은 두 개의 팔과 가슴 양쪽이 메대와 바사 제국의 이중성(duality)을 가리킨다고 주장한다.

그러나 우리는 페르시아가 바벨론보다 어떻게 열등하다고 생각할 수 있는지 질문해 보아야 한다. 신상에 대한 설명이 제시될수록 등장하는 왕국들은 실제로 더 많은 영토를 가진 왕국들이다. 하지만 하나님의 계획은 언제나 그렇듯이 크기는 중요하지 않다. 거의 항상 질이 양보다 중요하며, 금속의 변화가 말하고자 하는 요지가 바로 이것인 것 같다. 바벨론은 정치적 조직, 문화 생활, 왕의 절대적 권한(고대적 사고로는 긍정적인 속성)에 있어서 페르시아를 능가했다.

다니엘은 심지어 온 세계를 다스릴 세 번째 왕국(그리스)의 더 넓은 지리적 영토에 대해 언급하기도 한다. 알렉산더 대제는 주전 334년에 페르시아를 침공하기 시작해 3년 후에 그 전쟁을 마무리했다. 그의 제국은 고대 세계에서 가장 광활한 제국이었지만, 그가 전투 중 사망하고 페르시아에게 패배한 후 8년밖에 지속되지 않았고, 그리스는 네 개의 소국으로 분리되었다. 그리스인들은 주전 301년에 있었던 입수스(Ipsus) 전쟁으로 단결을 꾀하고자 마지막 시도를 했지만 비참하게 실패하고 말았다. 채 300년도 안 되어 그들은 철의 제국의 통치에 모두 흡수되고 말았다.

2:40-43. 다니엘에 의하면, 철은 모든 물건을 부숴뜨린다. 그리고 그것은 로마가 세상을 통치할 때 그대로 이루어졌다. 하지만 다니엘이 신속히 발과 발가락에 대한 설명으로 이동하는 것을 유의해 보라. 여기서는 해석을 둘러싼 논란이 존재한다. '진흙(구운 흙)' 에 해당하는 단어는 일종의 질그릇에 공통적으로 사용되는 '하사프(hasap)' 이다. 그러므로 발은 인류에게 알려진 가장 강한 금속 중 하나(철)와 가장 연약한 재료 중 하나이며, 한 손으로 치기만 해도 부서질 수 있는 진흙으로 이루어진 것이다. 나아가 이 두 요소는 하나로 뒤섞이거나 합쳐지지 않는다. 이 이상한 혼합에 대해 수많은 해석이 제기되었다. 어떤 이들은 이것을 고대 왕들의 상호 결혼과 그로 인한 가족 관계의 약화로 해석하고, 어떤 이들은 독재와 민주주의를 혼합하고자 하는 시도와 같이 여러 종류의 정부들의 양립으로 해석한다.

스테판 밀러는 다음과 같이 말한다.

> 요약하자면, 그리스도의 재림 직전 서로 힘이 다른 열 개(실제적인 수일 수도 있고, 상징적인 수일 수도 있음)의 왕국들(혹은 국가들)이 힘을 합쳐 연합체를 형성하여 고대 로마 제국의 폐허에서 일어설 것이다. 로마는 유럽의 일부이며, 그 고대 제국의 활동은 유럽을 중심으로 했기 때문에 세계의 이 지역은 이 미래 정권의 주도적 역할을 할 것이다. 다니엘 7장에서 선지자는 이 제국에서 흔히 적그리스도로 알려진 마지막 시대의 악한 세계의 지도자가 나올 것임을 암시하고 있다(스테판 밀러, 99).

확실히 발가락에 관한 해석의 혼란스러움과 어려움은 적어도 부분적으로는 다니엘의 예언을 고대 세계 역사에 강제로 대입하고자 시도하는 데서 기인한다. 전천년설을 주장하는 주석가들은 이 구절을 거의 만장일치로 우리 시대의 서유럽의 분리와 분열, 다양성을 의미하는 것으로 해석한다. 그러나 이 시점에서 우리는 무리하게 세부적인 적용을 하지 않아야 하는 원칙을 강조해야 한다. 이는 많은 이들이 나토(NATO)의 10개 회원국을 느부갓네살의 신상의 열 발가락이라고 주장하고자 시도함으로써 미혹을 당해왔기 때문이다. 이 잘못된 해석은 그 조직에 가입하거나 탈퇴하는 국가가 생길 때마다 완전히 무효가 된다.

존 월부어드는 이렇게 지적한다.

> 아마 그 문제에 대한 최선의 해결책은 다니엘의 예언이 실제로 현 시대, 예수님의 초림과 재림 사이의 기간 혹은 보다 구체적으로는 오순절과 교회의 휴거 중간 기간을 뛰어넘는 기간이라는 익숙한 가르침이다. 구약 예언은 중간에 놓여 있는 천 년 기간에 대한 고려 없이 그리스도의 초림과 재림에 관한 예언들을 하나로 취급하기 때문에 그러한 해결책에 대해 특별한 점은 전혀 없다(눅 4:17-19, 비교. 사 61:1-2, 존 월부어드, 「Daniel」, 72).

D. 미래에 대한 예언(2:44-49)

Supporting Idea	때로 우리가 하나님을 신실하게 섬기며 진실하게 대변할 때, 사람들은 "확실히 당신의 하나님은 신들의 신이며 만왕의 주시다" 라고 말할 것이다.

2:44. 분명히 이 구절은 이 장의 핵심이며, 수많은 진지한 성경 학도들이 빠지기 쉬운 함정이다. 이 구절의 초반부는 핵심 구절이다. 하늘의 하나님이 한 나라를 세우시리니 이것은 영원히 망하지도 아니할 것이요. 우리는 또한 이 일이 이 열왕의 때에 일어날 것임을 알게 된다. 이 다섯 번째 왕국은 반석에서 일어나 첫 네 왕국을 부숴뜨릴 것이다. 거의 모든 복음주의적 주석가들은 이것을 하나님의 왕국으로 확인하지만, 그 왕국이 어떤 형태를 지닐 것인지는 의견이 분분하다.

하나님(성부 혹은 성자)을 돌에 비유한 메타포는 창세기 49장 24절에서 처음 발견되며, 신약과 구약 전반에 걸쳐 계속 나타난다(시 118:22, 사 28:16, 고전 1:23, 벧전 2:4-7). 이스라엘에게 예수 그리스도는 넘어지게 하는 돌이 되지만, 그리스도를 믿는 신자들에게는 믿음의 모퉁이 돌이 된다. 느부갓네살과 나머지 세 이방 국가들의 왕들에게 그 아들 예수 그리스도를 중심으로 한 하나님의 나라는 전쟁과 파멸의 무너뜨리는 돌이 된다. 예수님은 "이 돌 위에 떨어지는 자는 깨어지겠고 이 돌이 사람 위에 떨어지면 저를 가루로 만들어 흩으리라 하시니"(마 21:44)라고 말씀하셨다. 어떤 이들은 이 구절을 그리스도의 초림에 관한 예언으로 해석하고, 돌로 인해 등장한 그 왕국은 교회로 해석하였다. 보통 이러한 해석은 무천년설이나 후천년설로 이어진다. 그것은 지상의 천년왕국이 전혀 없을 것이라거나 그 지상 왕국이 지금 어떤 형태로 이루어지고 있다는 주장이다.

전천년설을 주장하는 사람들은 다니엘 2장과 7장을 요한계시록 20장과 연관시키며, 예수님의 오심이 선행하고, 지상에서 천 년 동안 다스리시는 평화의 시기가 올 것이라고 예상한다. 그러므로 이 열왕은 네 개의 강대국 지도자들보다는 철과 진흙으로 된 발가락으로 상징된 현재나 미래의 통치자들을 가리킬 가능성이 높다.

물리적인 파괴가 아니라 사랑과 평화와 구속의 메시지로 세상을 이기므로 세상 왕국이 무너지는 역사가 교회에서 일어난 적은 전혀 없었다. 글리슨 아처는 이렇게 말한다. "평행 구절들은 이 다섯 번째 영역이 그리스도의 통치를 받으며 영원히 지속되고 심지어 세상의 천년왕국 단계가 끝난 이후에도 지속되는 하나님의 나라임을 의심할 어떤 여지도 남기지 않는다"(글리슨 아처, 48). 이 구절에 대한 해석이 개인의 영원한 구원에 영향을 미치는 것은 아니지만, 다니엘서의 주요 주제인 종말에 대한 올바른 이해에 있어서는 중대한 역할을 한다. 스테판 밀러는 이렇게 상기시킨다. "이것이 우리에게 얼마나 위로를 주는 말씀인가. 불의와 전쟁과 범죄가 횡행하는 이 세상에서 그것은 그리스도가 오실 것을 확인하도록 재확신을 주며, 그가 오실 때 이 세상의 모든 악이 패할 것임을 알게 해준다. '대저 물이 바다를 덮음같이 여호와의 영광을 인정하는 것이 세상에 가득할' (합 2:14) 날이 실제로 올 것이다. 이는 메시아의 의의 통치가 세상 끝 날까지 계속될 것이기 때문이다"(스테판 밀러, 102).

2:45. 다니엘은 우리가 이미 짐작하고 있는 것, 즉 그 신상을 무너뜨릴 그 나라가 산

에서 등장할 것임을 말해주고 있다. 34절에서처럼 사람의 손으로 하지 아니하고라는 구절이 세상 왕국의 파멸에 대한 하나님의 통치를 강조하기 위해 다시 등장하고 있다. 핵심을 장황하게 늘어놓는 위험을 무릅쓰고 그 돌이 "신상의 철과 진흙의 발을 쳐서 부숴뜨리매"(2:34) 그로 인해 "철과 진흙과 놋과 은과 금"(2:35)을 비롯해 전 신상을 멸했음을 다시 강조하고자 한다.

다니엘의 결론은 그의 서론과 유사하며 이 해석이 궁전의 박사들이 아니라 크신 하나님께로부터 온 것이기 때문에 느부갓네살은 그 해석을 신뢰할 수 있다.

그래서 우리가 "나라이 임하옵시며 뜻이 하늘에서 이루어진 것같이…"(마 6:10)라고 기도할 때 그 왕국이 임할 때의 격렬함을 이해하고 있어야 한다(시 110:1, 5-6, 말 3:1-5). 우리가 크리스마스 때마다 '메시아' 로 듣듯이(혹은 부르듯이, 사 45장) 그 왕국은 가시적으로 임할 것이다. 다음에 이 중요한 주제에 대한 나의 정신적 스승의 설명을 소개한다.

> 다니엘이 "손으로 하지 아니하고"(2:34, 45), 산으로 깎인 돌로 왕국의 임재를 설명한 것은 옳다. 그러나 다니엘이 확인해주고 있듯이, 바벨론 왕의 상징적 꿈에서 그 '돌' 은 가시적으로 눈에 선명히 보였다. 또한 그 돌이 산에서 '뜨는' 모습이 보였다. 또한 그 돌이 '떨어지고' (다니엘은) 그 신상의 '파멸' 을 (본다). "손으로 하지 아니하고"란 표현은 그 왕과 그의 왕국의 초자연적 기원을 암시하기 위한 것이다. 인간의 눈에 가시적으로 보이기는 하지만, 이 왕국의 도래에 어떤 인간적이거나 자연적인 수단이 사용되지는 않는다[알바 맥클레인(Alva McClain), 177].

2:46-47. 느부갓네살은 미신적인 극단적 경향 속에서 모든 박사들을 처형하라는 명령을 내렸다가 그들 중의 한 명에게 엎드려 절하는 행동의 극단적인 변화를 보인다. 분명히 다니엘은 왕의 이 경배를 거절하였을 것이다. 이 과정에서 자신은 오직 하나님의 도구에 불과할 뿐임을 이미 암시하였기 때문이다(2:30). 느부갓네살은 이 사건으로 회심을 경험하지는 않았다. 하지만 그는 다니엘의 하나님이 모든 신의 신이시요 모든 왕의 주재시라고 인정하였고, 마르둑(Marduk)과 나부(Nabu)보다 하나님이 더 위대하심을 분명하게 인정했다. 그보다 앞선 아브라함과 그후의 에스더처럼 다니엘은 강력한 이방

지도자들에 의해 존경받는 지위에 올랐고, 그 위치를 통해 자기 백성들을 돌보도록 하나님의 쓰임을 받았다. 다니엘의 하나님은 느부갓네살에게 있어 커다란 신비였지만, 그는 다른 모든 신들보다 하나님이 더 위대하심을 인정하는 일에 한 발자국 내디뎠다. 여기에는 우리에게 주는 경고도 있을 것이다.

칼 레이니(Carl Laney)는 이렇게 말한다.

> 젊은 신학자들이 하나님을 분석하다가 하나님의 신성에 대한 신비를 제거하고자 하는 지경에까지 이르는 경우가 너무나 많다. 불행하게도 그들이 다룬 하나님은 결국 하나님과는 전혀 다른 존재가 되고 만다. 그들은 결국 하나님을 유한한 이해라는 한계를 지닌 신, 보잘것없는 작은 신으로 만들고 만다. 그리스도인으로서 우리는 하나님에 대한 지식을 추구해야 한다. 하지만 동시에 우리의 신학적 분석이 그분의 신성의 신비를 축소시키는 것은 아닌지 유의해야 한다(칼 레이니, 82).

2:48-49. 우리가 정부 고위직에 있다면 그리스도인으로서 신앙을 타협하지 않고 그 직책을 잘 감당할 수 있는가? 확실히 가능하다. 요셉도 그것을 감당했고, 다니엘도 그렇게 했다. 그는 또한 바벨론 온 도를 다스리면서 궁정에서 시무했다. 나아가 그는 모든 박사의 어른으로서 교수진의 학장이 되었다. 다니엘은 자신의 세 친구의 정계 입문을 지혜롭게 요청했고, 느부갓네살은 현명하게 그것을 허락했다. 포로 신분인 천한 유대인이 그러한 방식으로 출세한 것은 그 일에 하나님의 손이 역사하셨음을 흔쾌히 인정할 수밖에 없다.

Main Idea 복습	하나님은 창조의 첫 순간부터 인간 역사의 마지막 시간까지 자기 세상과 그 안에 있는 모든 사람들을 다스리신다.

결론

"물새에게 바치는 노래"

추운 12월의 어느 날 명석한 두뇌의 소유자인 한 젊은이가 서부 매사추세츠의 들판을 건너가고 있었다. 그는 여덟 살의 나이에 시를 쓰기 시작해서 열세 살에 토마스 제퍼슨(Thomas Jefferson)에 대한 풍자시를 발표했었다. 그러나 이날의 그는 외로워 보였고, 얼굴에는 약간 슬픈 기색이 감돌고 있었다. 들판을 걷던 그는 야생 오리 한 마리가 하늘을 가로질러 날며 겨울을 나기 위해 따뜻한 남쪽으로 향하고 있는 모습을 보았다. 그 순간 그는 야생 오리들을 돌보시는 하나님이 동일하게 자신도 돌보신다는 사실을 깨달았다. 그날 저녁 윌리엄 쿨런 브라이언트(William Cullen Bryant)는 〈물새에게〉라는 시를 썼다. 이 시는 한때 매튜 아놀드(Matthew Arnold)에 의해 "언어로 표현된 세상에서 가장 완벽하며 짧은 시"라는 칭송을 받았다.

헨리 워즈워즈 롱펠로우(Henry Wadsworth Longfellow), 에드거 앨런 포(Edgar Allan Poe), 월트 휘트먼(Walt Whitman)은 모두 브라이언트의 시를 흠모하고 그를 모방했다. 1878년 그가 사망하기 전 유명한 미국인들을 기리는 브라이언트의 시들이 세계적으로 알려졌다. 그는 또한 뉴욕의 센트럴 파크와 메트로폴리탄 예술 박물관 건립에 영향을 미쳤다.

다니엘처럼 브라이언트는 인간 권력자들의 전당에서 인정과 존경을 받았다. 다니엘처럼 그 역시 하나님이 그 전당들을 통치하심을 알았다. 다음은 〈물새에게〉란 시의 마지막 연을 소개한 것이다.

> 이곳에서 저곳으로 가없는 허공에서
> 그대의 확실한 비행을 인도해주시는 그분은
> 나 홀로 걸어야 할 그 기나긴 길에
> 내 걸음을 똑바로 내딛도록 이끌어주시리라.

■ 진리 알기

- 우리는 항상 기술과 능력과 지혜가 하나님께로부터 온다는 것을 인정해야 한다.
- 세상 왕국이 우리에게 아무리 악하게 보인다 해도 하나님은 그들에 대한 통치를 지속하고 계신다.
- 우리 주 예수께서 다스리시는 하나님의 나라가 언젠가 이 땅에 세워질 것이다.
- 하나님과 그분의 진리에 대한 순종은 종종 특별한 곳에서 출세와 명예를 얻게 해줄 수 있다.

■ 적용하기

- 하나님의 겸손한 자녀들이 보여주는 신실한 증거는 교만하고 권력을 가진 사람들의 마음에도 변화를 일으킬 수 있다.
- 하나님은 진지하게 열린 마음으로 하나님의 말씀을 공부하는 이들에게 미래를 계시해주신다.
- 하나님은 우리가 섬기기를 원하는 곳에 우리를 두시고 우리가 제대로 잘 섬기기를 기대하신다.

삶의 적용

예속의 형상

1884년 프랑스는 미국에게 '세계를 비추는 자유' 라는 이름의 기념물을 주었다. 프랑스는 그 조각상을 제작하기 위해 약 25만 달러를 기부했고, 미국 시민들은 그 상의 발판을 만들기 위해 28만 달러를 기부했다. 우리는 모두 그 조각상을 잘 알고 있다. 그것은 오른팔로는 거대한 횃불을 치켜들고, 왼팔로는 독립선언문의 날짜를 기록한 판을 들고 있는 당당한 자세의 자유의 여신상이다.

그 조각상은 300개가 넘는 얇은 구리판으로 만들어져 있고, 무게는 약 10만 킬로그램에 달한다. 그 조각상이 세워진 후 약 19년이 지나서 1903년 엠마 라자러스(Emma Lazarus)의 멋진 시가 그 발판에 새겨졌다.

> 여신은 외치느니, "고대의 땅들이여, 이야기가 된 자랑은 지니고 있거라!"
> 여신의 입술, 소리 없이 외치느니, "그 땅에서 지친 자, 가난한 자,
> 찌그러진 자, 자유의 숨을 갈망하는 자들은 내게 보내라.
> 사람 넘치는 그 해안의 그 불쌍한 폐기물은 내게로 보내라.
> 집 없고 폭풍에 내던져진 이들은 내게 보내라.
> 나 여기 황금의 문 옆에서 등불을 들고 섰노니."

느부갓네살의 꿈에는 자유의 여신상이 전혀 등장하지 않는다. 그의 꿈 속에 등장하는 신상은 예속을 예고하는 상이었다. 세계사에서 아마 바벨론과 페르시아와 그리스와 로마의 전체 권력보다 더 많은 사람들을 죽이고 파멸시킨 나라는 없을 것이다(징기스칸의 몽골인, 히틀러의 게르만인, 스탈린의 러시아인, 혹은 중국 공산주의자들의 숙청 작업보다 더 많을 것이다). 신약 성경이 기록되었을 때 로마 제국에는 약 6천 만 명의 노예들이 살고 있었고, 그들 중 많은 이들은 교사, 의사, 예술가들이었다. 느부갓네살에서 현재까지 세계 지도자들의 잔인함과 완악함에 대해 자각할 때 우리는 "주의 나라가 임하게 하소서"라고 진정으로 기도해야 할 것이다.

기도

하나님 아버지, 당신이 다니엘에게 놀라운 지혜를 주신 것과 바벨론에서 그를 보호하시고 축복하신 데 대해 감사를 드립니다. 세상에서 당신이 하실 사역에 대해 계시하시되 그 중 많은 것들이 우리의 미래에 일어날 계시인 데 대해 감사 드리며, '주의 나라가 임하기를' 간절히 기도합니다. 아멘.

심층 연구

A. 예언의 목적

우리는 모두 구약의 상반부의 책들(학자들이 '율법'과 '역사'라고 부르는 것)이 아브라함에 대한 소명에서 에스라와 느헤미야서에 기록된 포로 귀환에 이르기까지 이스라엘과 하나님의 관계에 대해 우리에게 알려주고자 기록되었다는 데 동의한다. 우리는 시편에서 큰 위로와 찬양의 이유를 발견하고, 잠언에서는 매일의 삶에 필요한 간결한 지혜를 발견한다. 하지만 예언서를 주신 이유는 무엇인가? 확실히 이 질문은 다니엘서보다 더 앞의 성경들에서 제기되지만 다니엘서의 이 열두 장에서는 아주 예리해진다.

1. 예언은 하나님이 그분의 말씀을 일종의 신비한 암호가 아니라 계시로 의도하셨음을 보여준다. 바톤 페인(Barton Payne)은 자신의 방대한 저작인 「성경 예언 백과사전(Encyclopedia of Biblical Prophecy)」에서 다음과 같이 기록하고 있다.

> 구약과 신약 모두 선지자들의 기록된 언어(inscripturated language)가 하나님 자신의 말씀과 동등한 권위를 갖고 있다고 가르친다 … 마지막 구약 선지자는 "야훼가 이전의 (포로기 이전의) 선지자들을 통해 그분의 성령으로 보내신 율법과 말씀들"을 모두 볼 수 있었고, 그것들이 모두 동등한 권위를 지니고 있음을 알 수 있었다(슥 7:12). 그럼에도 불구하고 성경 예언의 공감적 이해를 하고자 하는 현대 독자에 대해 그리스도는 성경을 하나님의 기록된 말씀이며, 따라서 원본 기록이 무오하다는 필수적인 믿음을 요구하신다(눅 24:25, 44, 바톤 페인, 6).

2. 예언은 우리에게 역사가 직선적이며 순환적이지 않다고 가르친다. 우리는 "세상

은 돌고 돈다" 고 말하기를 원하지만 역사의 경우엔 그것이 해당되지 않는다. 다니엘 2장은 전능하신 하나님이 자기 뜻을 이루시기 위해 세상 왕국을 통해 일하시고, 때가 되면 그 모든 것을 파멸하시고 자기 왕국을 세우실 것이라는 핵심을 강조하고 있다. 그 과정이 우리에게는 험하고 부침이 심해 보이지만, 역사는 하나님이 세상 창조 전에 정해 놓으신 마지막 목표를 향해 움직이고 있다.

3. 예언은 우리를 의로 이끈다. 구약 선지자들은 예외 없이 이스라엘 민족에게 그들의 딜레마와 고난이 불순종과 우상 숭배에 의해 야기되었지만, 그들이 마음을 돌이켜 하나님께 돌아오면 그들을 구원하실 것이라고 말하고 있다. 창세기(17:7)에서 요한계시록(21:3)에 이르기까지 하늘 아버지는 "나는 너희의 하나님이 되고 그들은 내 백성이 되리라" 라고 말씀하신다. 언약은 폐기되지 않을 것이며, 이스라엘에게 준 옛 언약의 약속들과 교회에 준 새 언약의 약속들, 즉 하나님의 약속은 성취될 것이다. 예수 그리스도는 예언의 핵심이며, 그의 오심은 교회의 소망이다. 그러므로 요한은 이렇게 쓰고 있다. "사랑하는 자들아 우리가 지금은 하나님의 자녀라 장래에 어떻게 될 것은 아직 나타나지 아니하였으나 그가 나타내심이 되면 우리가 그와 같을 줄을 아는 것은 그의 계신 그대로 볼 것을 인함이니 주를 향하여 이 소망을 가진 자마다 그의 깨끗하심과 같이 자기를 깨끗하게 하느니라" (요일 3:2-3).

4. 예언은 우리에게 위로와 확신을 준다. 다른 민족이 이스라엘을 실제로 말살한 적이 몇 번이며, 유대인들이 파멸의 먼지와 죽음에서 다시 일어난 적이 몇 번인가! 오늘날 지중해의 동쪽 해변에 자리한 그 작은 나라가 매일 세계 뉴스의 헤드라인을 차지하고 있다. 크리스웰은 이렇게 쓰고 있다. "그것이 하나님이 그 예언을 기록하셨던 이유이다 … 장차 어떤 일이 일어나든 하나님은 우리가 마음의 확신과 평강을 소유하며 두려움이나 염려 없이 살기를 원하신다" (크리스웰, 100).

B. 신의 신과 왕의 주재(2:47)

다니엘에게 하는 느부갓네살의 말을 읽다보면 마치 바벨론에서 성탄절을 기념하는 것처럼 들린다. 헨델의 '메시아' 의 한 구절과 얼마나 비슷한가. "이 세상 왕국이 우리 주와 그의 그리스도의 왕국이 되었도다 그가 영원히, 영원히 다스리실 것이다. 만왕의 왕, 만주의 주, 할렐루야!" 이 본문은 요한계시록 11장 15절과 "그 옷과 그 다리에 이름 쓴 것이 있으니 만왕의 왕이요 만주의 주라 하였더라"라고 기록된 19장 16절에서 인용한 것이다. 이는 흰말을 탄 기수로 충신과 진실이라고 불리며 그 이름, 하나님의 말씀을 지닌 자이다.

물론 느부갓네살은 그러한 문제들에 대해 아무것도 몰랐다. 그는 단순히 다니엘의 하나님이 다른 모든 신들보다 더 위대하심을 찬양하고 있을 뿐이다. '왕의 주재'라는 구절은 실제로 느부갓네살 통치 초기에 애굽에게 보내는 아돈의 편지에 나타난다. 그 편지는 바로에게 보낸 서신으로 '왕의 주재께'라는 구절로 시작하고 있다. 셀류커스 왕조와 톨레미 왕조의 지배자들 역시 그 용어를 자신들에게 적용했다. 그를 통해 다니엘서와 요한계시록을 연관시킬 수 있도록 우리에게 기회를 주신 하나님을 찬양하면서 느부갓네살의 신학의 한계를 인정하도록 하자. 조이스 볼드윈의 말을 빌린다면 "다니엘이 추호도 의심하지 않고 인정하는 것처럼, 왕은 참되신 한 분 하나님이라는 개념을 전적으로 고수하지 않았다. 그는 다신론자로서 자신이 섬기는 신들의 목록에 언제든지 다른 신들을 추가할 수 있다"(조이스 볼드윈, 95).

고안

A. 들어가는 글

1. '고의적인 사고' 이야기로 시작하라.
2. 배경 설명: 이 연구에서는 다니엘 2장을 두 부분으로 나누었기 때문에 이 장 후반부(꿈과 해몽)는 왕이 꿈을 꾸었고, 아무도 그 꿈의 내용을 알려주거나 해석할 수 없었으며, 왕의 모든 자문단이 그에 대한 실패의 책임으로 처형의 운명에 직면했다는 내용의 전반부를 직접적인 배경으로 하고 있다. 그러나 다니엘은 이제 왕궁에서 공식적인 지위를 맡게 되고, 그의 친구들 역시 바벨론 지방의 행정관으로 섬

기기 때문에 2장 끝은 이 책 나머지의 배경이 되고 있다.

3. 적용: 이제 우리는 위대한 느부갓네살의 교만한 행위를 살필 준비가 되어 있다. 요기 베라(Yogi Berra)는 이러한 그에 대해 "그 자신의 생각 속에서 그는 스스로 전설적인 인물이었다" 고 말했다.

B. 본문 이해

1. 왕의 준비(2:24-28)
2. 신상에 대한 묘사(2:29-35)
3. 네 왕국에 대한 상세한 설명(2:36-43)
4. 미래에 대한 예언(2:44-49)

C. 결론: '물새에게 바치는 노래' 를 읽어주라.

토의 질문

1. 우리는 이 장의 다니엘처럼 행동할 용기를 어디서 어떻게 얻을 수 있는가?

2. 예언서 연구를 통해 우리는 어떤 면에서 유익을 얻을 수 있는가?

3. 하나님이 우리를 통해 이루신 일로 인해 사람들이 우리를 칭찬하고 높이고자 한다면 우리는 어떻게 반응해야 하는가?

다니엘 3:1-30

느부갓네살의 재즈 밴드

"당신은 연약함을 피할 수 없다. 연약함과 끝까지 싸우든지, 그렇지 않으면 멸망하고 말 것이다. 그것이 정말 사실이라면, 당신은 왜 지금 있는 곳에서 싸우지 않는가?"

- 로버트 루이스 스티븐슨(Robert Louis Stevenson)

하나님께서는 종종 사람들을 사용하고자 하실 때 그들로 힘들고, 생명이 위협당하며, 좌절하는 경험을 하게 하셔서 그들의 삶 속에 있는 찌꺼기들을 태우고 그들의 인격이 정련되도록 하신다.

지리적 개요: 두라 평지

- 성경의 여기서만 언급됨
- 아마 바벨론 성 근처의 두라 언덕(Tells of Dura)이나 단순히 '성벽으로 두른 영지' 라는 의미를 지닌 단어일 것
- 느부갓네살의 거대한 황금 신상이 있던 장소

들어가는 글

'대통령 찬가'

1795년 북부 캐롤라이나 파인빌 근방에서 태어난 제임스 녹스 포크(James Knox Polk)는 1839년 테네시 주지사로 선출되었고, 1844년 미합중국 대통령이 되었다. 포크의 4년 재임 기간 동안(그는 1849년에 사망했다) 미국 국기가 현재 아홉 개의 서부 주들로 이루어진 그 지역에 게양되었고, 텍사스는 미합중국의 일부가 되었다. 그의 업적과 관련해 모든 미국 대통령 중 조지 워싱턴(George Washington)만이 그보다 성공적으로 대통령직을 수행한 것으로 평가를 받고 있다고 한다.

긍정적인 면에서 보면 미국은 급속도로 땅을 차지하였고, 캘리포니아에서는 금이 발견되었다. 반면에 노예 제도가 남부 전역에서 계속되는 동안 공장들은 어린이들과 가난 속에 허덕이는 이민자들을 고용했다. 포크를 부정적으로 평가하는 사람들은 그를 냉정하고 내성적인 인물로 보았고, 그가 재임을 원하지 않았을 때도 국민 중 대다수는 전혀 눈물을 흘리지 않았다.

포크의 아내인 사라 차일드리스(Sarah Childress)는 남편의 비서로 재직한 최초의 대통령 아내가 되었다. 엄격한 모라비안 교도인 그녀는 춤과 카드 놀이 그리고 일체의 음주를 백악관에서 금했다. 그런데 그녀를 괴롭게 한 문제가 있었다. 그것은 키가 1미터 67센티미터인 포크 대통령이 종종 고위 관리들이 가득 있는 방으로 들어설 때 "대통령이 오셨습니다" 라고 누군가가 말할 때까지 몇 분 동안 아무도 그를 알아보지 못하는 경우가 있었다.

이 불경스러운 문제를 해결하기 위한 노력으로 사라 포크는 대통령이 들어올 때마다 그가 입장했음을 알릴 수 있도록 노래 한 곡을 선택해 연주하도록 요청했다. 누군가가 우리가 지금 '대통령 찬가' 라고 부르는 제임스 샌더슨(James Sanderson)의 1828년 작품을 선택했다. 이 노래 가사가 월터 스콧(Walter Scott) 경의 '호수의 여인(Lady of the Lake)' 이라는 곡에 수록된 '뱃노래(Boat Song)' 를 모방하고 있기는 하지만, 지금은 오직 기악곡으로만 연주될 뿐이다. 포크 이후로 그것은 모든 대통령의 입장을 알리는 음악이 되었다.

느부갓네살의 음악가들이 악보를 입수할 수 있었다면 이 '대통령 찬가'를 이용했을 수도 있었을 것이다. 그럼에도 불구하고 다양한 악기들을 동원한 거대한 갈대아 오케스트라가 조직되어 백성들이 바벨론의 위대한 왕에게 절하라는 신호를 했다. 온갖 형태와 모든 세대의 국가 지도자들은 자신에게 사람들의 이목을 집중시키기 위해 엄청난 노력을 기울인다. 이 장은 그것에 대한 또 하나의 추악한 예이다. 하지만 또다시 지극히 높으신 하나님이 개입하셔서 강력한 왕의 계획을 간섭하시고, 선택된 백성 중 세 명을 끔찍한 죽음에서 구해내셔서 이방 제국의 지도자의 위치로 높이신다.

본문 이해

느부갓네살의 재즈 밴드

Main Idea	18절은 다니엘서 3장의 이해에 대한 열쇠를 제공한다. 젊은이들은 하나님이 그들을 구해주실 것을 믿고 이렇게 증인하였다. "그리 아니하실지라도 왕이여 우리가 왕의 신들을 섬기지도 아니하고 왕의 세우신 금 신상에게 절하지도 아니할 줄을 아옵소서." 영적 용기는 죽음을 각오하고 하나님을 신뢰하고 순종하는 것이다.

A. 황금 신상을 만듦(3:1-7)

Supporting Idea	사단은 하나님의 백성들이 범죄하도록 유혹하기 위해 종종 권력으로 위협하거나 권력을 약속한다. 이것은 심지어 예수님께도 사용된 계략이다.

3:1. 다니엘 3장은 어떤 예언도 담고 있지 않지만 이 단순하면서도 유명한 믿음의 내러티브는 수천 년 동안 수백 만 명의 사람들에게 도전이 되었다. 수천에 달하는 그리스

도인 순교자들은 수세기 동안 화형을 당해왔는데, 이 이야기는 하나님의 종들이 불 속에 던져지는 방법으로 처형을 당하는 최초의 기록이다. 아마 히브리서 기자는 "불의 세력을 멸하기도 한"(히 11:34) 믿음의 영웅들에 대해 말한 후 고난당하는 종들의 목록을 소개하고나서 "이 사람들이 다 믿음으로 말미암아 증거를 받았으나"(히 11:39)라고 쓸 때 이들을 염두에 두었을 것이다.

느부갓네살이 2장 47절의 '고백' 후에 이교도적 우상 숭배와 야만적 행위로 다시 돌아간 데 대해 약간 놀랍기는 하지만, 우리는 이 장에 등장하는 모든 사람들에 대해 이미 알고 있다. 다니엘의 이름이 이 장에서는 등장하지 않는다. 주석가들은 그가 등장하지 않는 데 대해 수많은 이유를 추측했다. 그는 병들어 누워 있었을 수도 있고, 직책상 이 경우 왕의 명령에서 제외되었을 수도 있다. 혹은 단순히 국무를 수행하기 위해 그곳에 없었을 수도 있다.

이 거대한 신상(전체가 금이라기보다는 금으로 도금을 했을 가능성이 매우 높다)은 태양이 내리쬐는 메소포타미아 평원 위로 솟아 있었기 때문에 어느 방향에서도, 적어도 24킬로미터 밖에서도 보였을 것이다. 신상의 높이는 신상 받침이 포함되었을 것이다. 높이와 넓이가 십대일 비율이라면 신상으로 만들어진 왕의 모습은 매우 빈약했을 것이기 때문이다.

여기서 '신상'에 해당하는 단어는 '첼름(tselm)'으로, 여러 셈계 언어에서 나타나며 일반적으로 '어떤 살아 있는 것의 모양'이라는 뜻을 지닌다. 헬라인들과 로마인들을 통해 알고 있듯이, 고대 세계의 왕국들은 신상 만들기를 좋아했고, 여기서 느부갓네살이 만든 신상은 그 자신의 모습을 복제한 것으로 보인다. 이런 유형의 구조물 자체는 토마스 제퍼슨이나 링컨 대통령의 기념비 앞에 설 때 많은 미국인들이 느끼는 것과 같은 경외감을 촉발시킨다.

3:2-3. 우리는 앞에서 다니엘이 목록을 선호한다고 지적한 바 있다. 이 장은 그 점을 구체적으로 드러내고 있다(2-3, 7, 10, 15, 27절). 일곱 유형의 정부 관리들이 구체적으로 열거되고, 그 목록은 2절과 3절에서 동일하다. 하지만 왕의 칙령의 광범위한 요구를 강조하기 위해 다니엘은 각도 모든 관원이라는 구절을 덧붙이고 있다. 어떤 학자들은 사용된 명칭 자체가 다니엘서의 주전 6세기 초기 저작설을 지지한다고 지적했다. 우리는 이 여러 관리들의 구체적인 직무가 무엇인지 확신할 수 없고, 그것을 안다고 해서 이 장

의 이해에 도움이 되지도 않을 것이다. 이런 종류의 칙령을 현대적인 용어로 풀이하면, "연방 정부에 고용된 모든 자는 반드시 모습을 보여야 한다"라고 표현할 수 있을 것이다. 그 누구도 선택권은 없었다. 한 사람도 빠짐 없이 나타나야 했다.

금도금을 한 신상(고대 세계에는 흔했던)이 느부갓네살의 꿈 속의 신상을 일부 반영하여 왕과 그의 제국을 상징하는 것은 우연이 아닌 것 같다. 어떤 이들은 3장이 2장 47절을 기반으로 한 것으로 보고, 그의 신상이 실제로 이스라엘의 하나님께 영광을 돌리기 위한 것이라고 주장한다. 그들은 이론적으로는 여호와께 봉헌된 우상의 예로서 아론의 금송아지(출 32장)와 르호보암의 두 황금 송아지(왕상 12장)를 인용한다. 그러나 그러한 주장은 억지스러운 것 같고, 이 장의 어떤 부분도 그것을 지지하지 않는다. 실제로 18절의 소년들의 증언은 2장 47절의 감격스러운 고백에도 불구하고 왕이 그의 이방신들을 포기하지 않았음을 암시하고 있는 것 같다.

3:4-5. 전령이 선포하면 모든 사람들은 엎드리어 느부갓네살 왕이 세운 금 신상에게 절해야 한다. 거론된 여섯 악기들이 동원할 수 있는 악기들의 전부가 아닌 것은 확실하다. 다니엘은 그 목록에 **모든 악기 소리**라는 구절을 추가함으로써 그 사실을 알려주고 있다. 어떤 주석가들은 악기 중 세 악기(**수금과 양금과 생황**)에 사용된 헬라어에 관심을 기울여왔다. 그들의 주장은 헬라어를 쉽게 접했을 주전 2세기에 다니엘서가 저술되었다는 것을 거냥하고 있다. 그러나 「NIV 스터디 바이블」은 "느부갓네살 시대 이전에 헬라 음악가들과 악기들이 언급되어 있고 앗수르 비문들이 기록되었다"(p. 1303)라고 지적한다. 나아가 이것들은 다니엘서에 나타난 유일한 세 가지 헬라어이다. 다니엘서가 주전 2세기에 기록되었다면 전체 필사본에 헬라어가 많이 등장했을 것이며, 아마 헬라어로 기록된 거대 단락들이 있었을 것이다.

3:6. 갑자기 왕의 명령을 거역하는 자들에 대한 처벌이 현장에서 희생 제물을 바치는 결과가 되었다. 이것은 갈대아 박사들이 그들의 몸을 '쪼갤 것'이고, 그들의 '집으로 거름터를 삼겠다'(2:5)는 위협을 받은 2장과 대조된다. 더구나 그 일은 **즉시** 시행될 것이다. 이것이 고대 바벨론의 표준적인 처형 방식이라는 증거는 없는 것 같고, 왕이나 그의 신하 중 한 사람의 무서운 순간적인 변덕으로 보는 것이 무리가 없다.

3:7. 4절과 7절에 반복된 **각 방언하는 자들**이라는 구절은 바벨론 궁에서 어떤 식으로든 시무한 모든 외국 관리들도 이 명령에 복종해야 했음을 암시한다. 우리는 모여든 모

든 무리들이 악기들의 첫 음이 울리는 순간 꿇어 엎드려 절하는 것을 상상할 수 있다. 하지만 젊은 세 유대인은 그대로 서 있었고, 이것을 본 모든 사람은 충격을 금치 못했으며, 그들의 동료 정치인들은 분노했을 것이다.

B. 세 유대인에게 미친 결과(3:8-12)

Supporting Idea

그리스도인들은 자신들이 속해 있는 국가의 법에 순종해야 한다는 성경의 명령을 받는다. 하지만 인간의 법이 하나님의 법을 도전하는 경우는 예외다.

3:8-11. 본문의 점성가(NIV, 어떤 갈대아 사람들)가 다시 그들의 동료 박사들의 대변자로 나서고 있다(2:4). 세 유대인 젊은이는 그들 중의 일원이었다. 그들은 유다 사람들을 참소했다. 이것은 비방이나 정죄를 암시하는 아람어 표현이며, 왕에게 왕이 내린 칙령의 내용을 전부 상기시켰음을 암시하는 표현이다. 다니엘이 그곳에 있지 않았다면 어떻게 그들의 참소 내용을 정확히 알았는가? 몇 가지 설득력 있는 대답이 이 문제에 대한 우리의 이해에 도움을 줄 것이다. 이들의 참소는 사드락과 메삭과 아벳느고의 면전에서 이루어졌을 것이다. 혹은 왕이 그 사건이 벌어진 후 자초지종을 다시 들려주었거나 성령께서 다니엘에게 원문에 기록된 내용대로 정확하게 알려주셨을 것이다.

3:12. 반 셈족주의의 조기 증거라고 할 수 있는 이 기록에서 갈대아인들은 유대인들을 세 가지 죄목으로 고발하고 있다.

- 그들은 왕을 전혀 존중하지 않는다.
- 그들은 왕의 신들을 섬기지 않는다.
- 그들은 금 신상에 절하지 않는다.

더욱이 왕이 세워 바벨론 도를 다스리게 하신 자이어늘이라는 구절은 왕 본인에 대한 약간 깊은 분노심과 심지어 공개적인 비난이 암시되어 있다. 고대 문화에서 여러 신들(종교)에 대한 숭배는 국가 업무(정치)와 깊은 관계가 있었기 때문에 신상에 엎드려 절하기를 거부하는 행위는 실제로 반역 행위였다. 신들과 왕을 구분한 것은 이 신상이 단순히 바벨론 신들에 대한 일반적인 숭배가 아니라 느부갓네살에 대한 직접적인 숭배 목적으로 지어졌다는 주장을 지지할지도 모른다. 그러므로 세 명의 젊은 영웅은 단순히 구약 계명에 순종하고 있는 것이다. "나 외에는 위하는 신들을 네게 있게 말지니라 너는 자기를 위하여 새긴 우상을 만들지 말고 위로 하늘에 있는 것이나 아래로 땅에 있는 것이나 땅 밑 물 속에 있는 것의 아무 형상이든지 만들지 말며 그것들에게 절하지 말며 그것들을 섬기지 말라 나 여호와 너의 하나님은 질투하는 하나님인즉 나를 미워하는 자의 죄를 갚되 아비로부터 아들에게로 삼사 대까지 이르게 하거니와" (신 5:7-9).

C. 위대한 왕의 심문(3:13-18)

Supporting Idea	범죄의 유혹은 저항할 경우 종종 죽음의 위협이 따르기도 하지만, 또한 자신의 생명을 구하기 위해 그 유혹대로 행동할 기회를 주기도 한다.

3:13-14. 틀림없이 그 왕은 질투심으로 자신의 동료 세 사람을 고발하는 갈대아 귀족들에 대해 조금도 존중할 마음이 없었을 것이다. 하지만 그 죄목이 매우 심각해서 그는 노하고 분하였다. KJV 성경과 NIV 성경 둘 다 왕의 질문을 **짐짓 그리하였느냐**(그것이 사실이냐)로 번역하고 있다. 왕은 어떤 사람이든지, 특히 자기 앞에 서 있는 사람들처럼 현명한 세 사람이 왕의 명령에 반항하고 자신에게는 너무나 하찮게 보이는 이유로 죽음을 자초할 수 있을지 의심스러웠다.

3:15. 그들이 신상에 절하기를 거부하는 이유가 법에 대한 오해에서 기인한 것인지 확인하기 위해 느부갓네살은 그 모든 것을 다시 반복한다. 그리고 다니엘은 바벨론 재즈 밴드의 악기들을 마지막으로 다시 열거한다.

느부갓네살은 다니엘의 신을 찬양했지만, 그의 기본적인 신학은 조금도 진전되지 않았다. 그는 고발당한 젊은이들을 수사학적 질문으로 도전한다. **능히 너희를 내 손에서 건져 낼 신이 어떤 신이겠느냐?** 약 150년 전에 산헤립이라는 사람이 이스라엘의 하나님께 도전하다가 하룻밤 새 죽음의 천사에게 18만 5천 명의 전사들을 잃은 사건이 있었다(왕하 19장).

3:16. 수사학적이든, 아니든 이 사람들은 왕에게 대담하게 대답한다. 하지만 갈대아인들이 9절에서 사용한 "왕이여 만세수를 하옵소서!"라는 익숙한(그리고 안전한) 표현 대신 그들은 단순히 왕이라는 호칭만을 사용해서 말하고 있다. 우리는 이 대답을 왕을

무시한 표현으로 보아서는 안 된다. 더 가능성이 있는 것은 거두절미하고 본론으로 들어가자는 죽음을 무릅쓴 요청이라고 해석하는 것이다. "우리는 이 문제에 대해 당신에게 조심스럽게 대답하지 않을 것이다"라고 번역한 KJV 성경의 번역은 NIV 성경에 잘 포착된 '필요가 없다' 는 개념에서 기인한 것이다. 그들은 단순히 느부갓네살 자신의 시각과는 반대로 그가 그들의 생명을 주관하지 않는다고 말한 것이다.

3:17. 이 구절의 문법과 구문은 약간의 의문을 불러일으킨다. 첫째 극렬히 타는 풀무 앞에 정관사가 전혀 없고, 이것은 하나님이 단순히 느부갓네살이 이용하고자 한 풀무뿐 아니라 모든 뜨거운 풀무에서 그들을 구원하실 수 있음을 암시한다. 나아가 만일 그럴 것이면이라는 조건절이 문장의 다른 단어들과 연관될 경우 다른 문장들이 만들어질 수 있다. 예를 들어, 글리슨 아처는 "이 문맥에서 더 적절한 번역은 '우리 하나님이 존재하시면… 그는 타오르는 불의 풀무에서 건져낼 수 있나이다. 그리고 오 왕이여 당신의 손에서도 그는 건져내실 것이니이다' 가 될 것이다"라고 주장한다(글리슨 아처, 54). 신학적으로 우리는 17-18절에서 하나님의 능력과 하나님의 의지의 차이를 구분해야 한다. 17절은 하나님이 원하시면 어떤 방법으로든 이 사람들을 건져내실 완벽한 능력이 있음을 선포한다. 18절은 그분이 그 선택을 하실 것인지 아닌지에 대한 문제를 제시하고 있다.

3:18. 기적이냐 아니냐, 구원이냐 멸망이냐, 생명이냐 죽음이냐. 이러한 것 중 어떤 것도 그들이 결정하는 데 있어 고려할 요인이 아니었다. 어떤 결정을 내리시든 그것은 모두 하나님께 달린 것이며, 그들은 그 결과를 받아들일 것이다. 그들이 알고 있는 최선을 다해 하나님의 명령에 순종하는 것이 그들의 몫이었다. 그래서 왕은 갈대아인들이 제기한 세 고소 내용 중 두 건이 사실임을 알게 된다. 이 사람들은 왕의 신들을 섬기지도 아니하고 왕의 세우신 금 신상에게 절하지도 아니할 것이다.

최고의 경건한 용기는 하나님이 마지막 순간에 어떤 식으로든 개입하실 것이라는 필사적인 기대감을 가진 채 죽는 것이 아니라, 하나님이 원하시는 뜻대로 이루실 것이라는 완전한 확신 가운데 삶과 죽음을 그분의 처분에 맡기는 것이다. 다니엘서는 자기 백성들의 삶과 세계 국가들 가운데 일어나는 사건들 속에 드러난 하나님의 주권을 묘사하고 있다. 역동적인 히브리서의 마지막 장에서 저자는 자신의 독자들에게 그리스도인으로서 용기를 고취시키기 위해 시편 118편의 구절을 인용한다. "그러므로 우리가 담대히 가로되 주는 나를 돕는 자시니 내가 무서워 아니하겠노라 사람이 내게 어찌하리요 하노라"(히 13:6).

D. 극렬한 풀무 속의 경험(3:19-26)

Supporting Idea	그리스도인들은 죽든지 살든지 주를 섬길 준비가 되어 있어야 한다. 때로는 순교자들의 피가 하나님의 계획을 성취한다. 하지만 때로는 기적적인 구원이 그분의 계획에 더 부합한다.

3:19. 이제 이미 분이 가득한 왕은 더 화가 났고, 이미 뜨겁게 달아오른 풀무는 평일보다 더 뜨거워졌다. 느부갓네살은 쉽게 흥분하는 성향이 있었던 것 같고, 여기서 다시 그런 성향이 나타난다. 존 월부어드는 다음과 같이 말한다.

> 어떤 상황에서 낼 수 있는 그의 최대한의 분노가 폭발했고, 그의 얼굴은 일그러지고, 그의 자존심은 심각하게 손상되었다. 그는 고통의 강도를 더 높이기라도 할 것처럼 평상시보다 일곱 배나 풀무를 뜨겁게 달구라는 어리석은 명령을 내린다… 세상에서 이성을 잃을 정도로 화를 내는 사람처럼 어리석은 자는 없다. 느부갓네살은 어리석은 일을 저질렀다. 그들에게 상처를 주기 원한다면 일곱 배나 풀무의 온도를 낮추어야 했을 것이다. 하지만 그는 분노로 그것을 일곱 배 더 뜨겁게 만들었다(존 월부어드, 「Daniel」, 89-90).

3:20-21. 결정할 시간이 되었다. 더 이상의 논쟁은 없다. 왕을 모욕할 기회를 더 이상 허락할 수 없다. 느부갓네살은 **군대 중 용사 몇 사람을 명하여** 그 형을 집행하도록 했다. 그뿐 아니라 희생자들은 뜨거운 풀무 속에 던져질 때 모든 옷을 정식으로 갖춰 입었다. **고의와 속옷과 겉옷과 별다른 옷**에 관해 전달하고자 하는 핵심은 무엇인가? 글리슨 아처는 이것이 '화염이 그들을 확실히 에워쌀 수 있도록' 하기 위해 느부갓네살이 내린 명령의 일부라고 생각한다(글리슨 아처, 56). 더 설득력이 있는 것은, 본문은 단순히 이 일이 즉각적으로 이루어졌음을 알리고자 했다는 것이다. 그들은 입고 있는 옷 그대로 포박되어 즉각 불 속에 던져졌다는 것이다. 예를 들어, 예수님이 십자가에 처형당하시기

전 옷 벗김을 당했던 것과 대조해보라. 우리는 다니엘이, 그들이 무엇을 입고 있었는가에 대해 자세히 설명한 이유를 곧 알게 될 것이다.

어떤 주석가들은 그 정도로 불을 뜨겁게 달굴 연료가 무엇인지(아마 석탄이나 초기 형태의 석유) 궁금할 것이며, 어떤 이들은 고대 정치인들이 풀무가 평일보다 일곱 배나 더 뜨거워진 때를 어떤 방식으로 알 수 있었는지 궁금할 것이다. 분명한 것은 후자의 표현이 우리가 아이에게 "또 한 번만 말을 안 들으면 열 배나 더 아프게 때려줄 거야"라고 말하는 것과 마찬가지로 문자 그대로의 뜻으로 받아들일 필요가 없다는 것이다.

3:22-23. 여기서 기적이 일어나지 않았다고 생각할 어떤 이유도 없다. 세 사람은 평상시의 풀무 온도에서도 살아 남지 못했을 것이다. 하지만 이때의 불길은 극렬할 정도로 뜨거워서 세 히브리인을 던지기 위해 풀무 가까이 다가간 병사(사람)들마저 죽임을 당했다.

다른 사람이 발작적인 분노로 완전히 광포해지는 것을 본 적이 없다면 이 경우 느부갓네살의 행동을 이해하기 어렵다. 뛰어난 건축가와 위대한 전사인 그는 깊은 연민과 따스함을 가진 사람이 될 수도 있었다. 그러나 절대 군주인 그는 자신의 뜻을 거스르는 어떤 행위도 참을 수 없었고, 참으려고 하지도 않았다. 이 책의 후반부에서 다니엘은 벨사살에게 다음과 같이 말했다.

> 왕이여 지극히 높으신 하나님이 왕의 부친 느부갓네살에게 나라와 큰 권세와 영광과 위엄을 주셨고 그에게 큰 권세를 주셨으므로 백성들과 나라들과 각 방언하는 자들이 그의 앞에서 떨며 두려워하였으며 그는 임의로 죽이며 임의로 살리며 임의로 높이며 임의로 낮추었더니(5:18-19).

이 장면을 묘사하고자 노력할 때 우리는 직각으로 서 있는 풀무에 익숙하기 때문에 이 장면의 그림이 부적절하게 뒤틀리게 된다. 글리슨 아처는 매우 유익한 묘사를 제공하고 있다.

> 분명히 불을 보지 않도록 풀무의 안으로 숨을 문이나 칸막이가 전혀 없었음이 분명하다. 저부조들을 통해 추측해볼 때 메소포타미아의 금속을 녹이는 용해로들

은 옛날의 유리 우유병과 같은 모양을 하는 경향이 있었고, 녹일 광석을 집어넣을 커다란 주입구가 있었으며, 바닥 쪽에는 나무와 석탄을 넣어 풀무를 가열할 수 있도록 다소 작은 벌어진 구멍이 있었던 것으로 보인다. 바로 이 바닥 쪽에 관을 넣어 커다란 송풍기와 연결되도록 두 개 이상의 더 작은 구멍이 있었음이 분명하다. 그래야 굴뚝의 연도(flue)나 굴뚝이 감당하는 것보다 온도를 더 높이는 것이 가능했다. 풀무 자체는 강한 열을 견딜 수 있도록 매우 두꺼운 어도비 벽돌집 모양을 했음이 분명하다. 큰 위쪽 문은 아마 화상(fire bed) 판보다 더 높이 위치하여 용광로가 가열될 경우 광석 덩어리에서 녹은 금속이 바닥으로 흐를 수 있도록 했을 것이다(글리슨 아처, 56).

3:24-25. 곧 왕은 놀라 급히 일어났다. 그의 눈앞에서 벌어지고 있는 일을 자신의 머리로 도무지 이해할 수 없었기 때문이었다. 죽어야 할 사람들이 살아 있었고, 불 가운데로 다니고 있었다. 결박당해 있던 사람들이 이제 결박되지 않은 상태로 있었다. 그들을 죽음의 구덩이로 던져넣은 병사들은 온도를 최대한 높인 풀무의 열기로 죽었지만, 그들은 지금 바로 그 불 속에서 상하지도 않고 서 있었다. 또한 그들의 수는 네 사람으로 늘어났고, 그 넷째의 모양은 신들의 아들과 같았다! 본문은 '하나님의 아들'로 번역한 KJV 성경의 오래된 해석을 인정하지 않는다.

십자가 앞의 로마 백부장처럼 느부갓네살은 그가 일종의 신적인 모습을 한 존재임을 인정한다. 우리는 느부갓네살이 나머지 세 사람과 다르게 보이는 네 번째 사람에게서 무엇을 보았는지 전혀 상상할 수 없다. 본문을 통해서 입증할 수는 없지만 많은 그리스도인들(그중 본인도 포함해서)은 이것이 아마 성육신 이전의 그리스도의 현현이었을 것이라고 믿는다.

도널드 캠벨(Donald Campbell)은 그것을 다음과 같이 설명한다.

> 이방인인 느부갓네살이 네 번째 존재를 신적 존재로 인정한다는 사실은 매우 인상적이다. 비록 그 존재가 하나님의 아들의 임재 모습임을 이해할 수 있는 통찰력이 느부갓네살에게 있었는지는 극히 의심스럽지만 말이다. 그러나 대부분의 성경 학도들은 이 신적 존재가 성육신 이전에 나타나신 그리스도라고 확신한다. 그

는 또한 에덴 동산의 아담과 하와에게 나타나셨고, 에녹과 함께 동행하셨으며, 아브라함과 함께 식사를 하시고, 야곱과 씨름하셨으며, 불타는 떨기나무에서 모세에게 말씀하셨고, 주의 군대의 사령관으로 여호수아에게 나타나셨으며, 사자 굴 속에서 다니엘과 밤을 함께 보내셨고, 말구유에 태어나시기 위해 오신 분이었다. 그는 육신의 모양으로 나타나신 하나님이시다(도널드 캠벨, 52).

3:26. 기분 변화가 급격한 이 왕은 바로 몇 분 전만 해도 그들의 파멸을 바랐지만, 이제는 그만큼 간절히 그들의 구원을 원한다. 보통 때처럼 그는 큰 소리로 명령을 내리지만, 이번에는 용기를 내어 극렬히 타오르고 있는 풀무로 다가간다. 초기 신학이 그의 기질 못지않게 변덕스러운 듯한 느부갓네살은 더 이상 "능히 너희를 내 손에서 건져낼 신이 어떤 신이겠느냐"(3:15)라고 비아냥거리지 않는다. 이제 그는 다니엘의 하나님에 대해 거론할 적절한 말을 다시 발견하고, 그의 분노의 세 희생자가 지극히 높으신 하나님의 종임이 확실함을 인정한다. 사드락과 메삭과 아벳느고는 왕의 명령에 순종해 아무런 상처도 없이 불 속에서 걸어 나왔다. 불 속에 있던 네 번째 사람은 사라졌고, 왕의 명령은 그 존재에게 어떤 효력도 미치지 않았다.

E. 왕의 고관으로 승진(3:27-30)

Supporting Idea	교리적이고 영적인 타협이 반드시 필요한 것은 아니다. 하나님은 모든 종류의 압제에서, 심지어 즉사할 수밖에 없는 불 속에서도 자기 백성들을 구해내실 수 있다.

3:27. 우리는 이 고관들의 무리가 불 속에서 구원받은 히브리인들의 주위로 어떻게 즉각 모여들 수 있었는지 상상하기가 어렵다. 이제 우리는 다니엘이 그들의 옷(3:21)에 대해 상세하게 언급한 이유를 알게 된다. 진노한 왕이 최고로 뜨겁게 만든 이 극렬한 풀무는 그들의 몸에 단 하나의 화상도 남기지 않았고, 머리털도 그슬리지 아니하였고 고의 빛도 변하지 아니하였고 불 탄 냄새도 없었다. 없어진 것은 무엇이었는가? 그들의 손과 발을 포박했던 줄밖에 없었다. 이 경험은 이스라엘 민족에 대한 이사야의 예언을 상기시킨다. "네가 물 가운데로 지날 때에 내가 함께할 것이라 강을 건널 때에 물이 너를 침

몰치 못할 것이며 네가 불 가운데로 행할 때에 타지도 아니할 것이요 불꽃이 너를 사르지도 못하리니"(사 43:2).

3:28. 느부갓네살은 순간적인 '회심'으로, 한때 다니엘의 하나님을 섬기기 원했듯이 이제 사드락과 메삭과 아벳느고의 하나님을 섬기기 원한다. 그는 확실히 그 사람이 누구인지 혹은 무엇인지에 대해 여전히 아무 단서는 없지만 순간의 진실은 파악한 것이 분명하다. 그가 그 사자를 보내사 자기를 의뢰하고 그 몸을 버려서 왕의 명을 거역하고 그 하나님 밖에는 다른 신을 섬기지 아니하며 그에게 절하지 아니한 종들을 구원하셨도다.

이번에 그는 불 속의 네 번째 사람이 사자(천사)였음이 분명하다고 생각한다. 이것은 그가 이전에 내린 결론과는 다르다. 하나님이 자기 백성들을 구원하실 때 천사들을 사용하신다는 것이 신·구약 구조의 중요한 한 부분을 이루기 때문에 여기서 느부갓네살의 판단은 확실히 옳을 것이다.

3:29-30. 자신이 아는 유일한 세계의 절대 군주인 느부갓네살은 감격을 주체하지 못하고 칙령을 선포하기에 이른다. 그가 자신의 신들을 버린 것이 아니라 단순히 바벨론의 모든 사람들이 세 히브리인들의 하나님께 설만히 말하는 것을 못하게 한 점을 유의해 보라. 느부갓네살의 만신전에는 여전히 다른 신들이 있었다. 그는 이같이 사람을 구원할 다른 신이 없음이니라고 기꺼이 인정했을 뿐이었다.

예리한 문장으로 존 월부어드는 이 장의 영적 충격을 포착하고 있다.

> 도덕적이고 영적인 타협에 대한 공통된 변명들, 특별히 그것을 현시대적 영향력의 탓으로 돌리는 변명들은 이 사람들의 변치 않는 신실함과 대조를 이룬다. 부모들과 이별한 상태에서 타락으로 이끄는 바벨론 종교의 영향과 정치적 압력, 그리고 부도덕의 압력에도 불구하고 그들은 시험의 시간이 닥쳤을 때 흔들리지 않았다. 다니엘이 이 장을 이스라엘 백성들에게 우상 숭배의 악과, 사람보다는 하나님께 순종해야 할 필연성을 일깨워주기 위한 목적으로 기록했다는 비평가들의 주장은 아마 옳을 것이다. 그러나 이 구절의 주된 요지는 비평가들이 추정하듯이 실제로 전혀 일어나지 않은 일을 가공한 도덕적 이야기가 아니라 포로 생활을 하는 자기 백성들에게조차 신실하시며 자신을 믿는 자들을 언제든지 구원하실 준비가 된 하나님에 대한 소개이다(존 월부어드, 94).

Main Idea 복습	18절은 다니엘서 3장의 이해에 대한 열쇠를 제공한다. 젊은이들은 하나님이 그들을 구해주실 것을 믿고 이렇게 증언하였다. "그리 아니하실지라도 왕이여 우리가 왕의 신들을 섬기지도 아니하고 왕의 세우신 금 신상에게 절하지도 아니할 줄을 아옵소서." 영적 용기는 죽음을 각오하고 하나님을 신뢰하고 순종하는 것이다.

결론

조지(George) 왕의 광기

1760년 대영제국을 통치하기 시작해 60년 후 사망하기까지 긴 기간을 다스린 조지 3세의 말년을 묘사한 영화로 1995년에 출시된 영화 제목이 이와 같다. 그는 산업 혁명을 목격했고, 휘그당 귀족들의 막강한 힘을 뛰어넘었으며, 젊은 윌리엄 피트(William Pitt)를 각료 중 한 명으로 임명했다. 그러나 그의 생애 대부분을 그는 정서적, 정신적으로 불균형한 모습을 보여주었고, 사망하기 전 9년 동안에는 절망적일 정도로 비정상적이었다.

실제로 영어를 사용하는 세계의 전부라고 할 수 있는 미국과 캐나다의 역사는 영국 제국에 뿌리를 두고 있기 때문에 우리는 모두 군주들의 심리적 불안정성에 대해 알고 있다. 확실히 이것은 비단 영국의 문제만은 아니었다. 느부갓네살에게는 영민함과 우스꽝스러운 모습이 동시에 보이기 때문이다. 비록 하나님이 때로 자신의 목적을 위해 그들을 사용하기는 하시지만 지극히 높으신 하나님과 맞서는 세상 왕들은 반드시 실패하게 되어 있다.

모든 나라의 그리스도인들은 그들의 지도자들이 부친의 위를 계승한 군주이든, 선거로 선출된 정치가든, 그들의 불안정성에도 불구하고 철저하고 훌륭한 시민으로 자신들의 의무를 다해야 한다. 바울은 "각 사람은 위에 있는 권세들에게 굴복하라 권세는 하나님께로 나지 않음이 없나니 모든 권세는 다 하나님의 정하신 바라"(롬 13:1)라고 말했다. 지중해 세계가 독재적인 로마 황제들의 통치를 받는 동안 그 글을 썼기 때문에 우리는 이상적인 상황을 묘사한 것이라고 바울을 비난하기 어렵다.

본문에서 느부갓네살은 변덕스러운 정서적 불균형을 분명하게 보여주었고, 다음 장에서 그는 결국 완전히 정신 이상이 되고 만다. 하지만 그 모든 것에도 불구하고 다니엘과 사드락과 메삭과 아벳느고는 흔들림 없이 혼란스러운 우리의 세상 속에서 하나님을 신뢰하는 굳건하고, 안정되며, 넘어지지 않는 모범이 되고 있다.

▣ 진리 알기

- 하나님은 자기 백성들의 생명을 구원하시기 위해 기적을 행하실 수 있고, 실제로 행하신다.
- 하나님께서 우리를 해악에서 건져내실 때 그분의 목적은 우리의 안정뿐 아니라 그분의 영광을 높이기 위한 것이다.
- 이방 정치인의 종교적 언사를 신뢰하지 말라.
- 하나님의 공적인 명성은 전적이지는 않지만 자기 백성들의 순종하는 믿음과 밀접한 관련이 있다.
- 모든 피조물에 대한 숭배, 심지어 자기 자신의 종교적 상상의 산물에 대한 숭배조차 우상 숭배이다.

▣ 적용하기

- 당신의 직무에 성실하고, 어려움은 하나님께 맡겨라. 하늘 아버지의 능력과 목적을 결코 의심하지 말라.
- 항상, 특별히 위기 때나 위험할 때 당신의 삶을 하나님께 맡겨라.
- 구원의 기적을 일으키시는 하늘의 능력을 결코 과소평가하지 말라.
- 인생 초기의 성공 때문에 후에 있을 수도 있는 실패와 어려움에 무방비 상태가 되지 않도록 하라.

삶의 적용

믿음의 도약

몇 년 전 남아프리카의 유명한 크루거 국립 공원을 방문했을 때 들판에서 수많은 야생 아프리카 동물들을 볼 수 있는 기회가 있었다. 야간에는 동물들이 그대로 자유롭게 활동하는 반면 여행자들은 벽으로 보호된 구역 내에 있어야 했다. 실제로 동물들은 주간에도 계속 야생 생활을 하지만, 관리인들은 여행자들이 자연적인 서식처에서 생활하는 그 공원의 합법적인 거주민들을 관찰하기 위해 자동차로 돌아다니게 하고 있다. 그것은 온건하게 말해도 극적인 경험이다.

아프리카에서 흔히 보는 동물 중 하나는 종종 디스커버리 채널에 등장하는 영양으로 작은 사슴처럼 생긴 동물인데, 사자와 표범과 같은 덩치가 큰 맹수들의 먹잇감이다. 영양들은 실제로 3미터 이상의 높이까지 점프할 수 있고, 9미터 이상의 거리를 도약할 수 있다. 그러나 동물원들은 종종 1미터 높이의 우리에 영양들을 가두어놓는 경우가 있다. 영양의 심리를 모르는 사람들은 그러한 우리가 어리석게 보일 수 있다. 이 고상한 동물들은 자신들의 발이 어디에 착지할지 알 수 없을 경우 점프를 하려고 하지 않는다.

점프하는 것은 우리의 세 히브리인의 선택 사항이 아니었다. 하지만 그들은 그들의 발이 어디에 착지할지 전혀 몰랐다. 폭군 앞에서 보인 그들의 용감한 태도는 하나님이 우리 모두에게 요구하시는 전심 어린 헌신을 설명하는 데 도움이 된다. 이 장에서 우리는 젊은이들이나 젊은 성인들에게 줄 교훈을 찾아낼 수 있고, 그 교훈은 확실히 수천 년 동안 전해 내려져왔다. 다음은 승리하는 믿음을 전할 수 있는 메시지와 관련해 가능한 개요를 소개한 것이다.

1. 완전한 헌신 - "우리 자신을 변호할 필요가 없나이다"(3:16).
2. 완전한 신뢰 - "우리가 섬기는 하나님이 우리를 건져내실 것이니이다"(3:17).
3. 완전한 용기 - "그리 아니하실지라도 왕이여 우리가 왕의 신들을 섬기지도 아니하고 왕의 세우신 금 신상에게 절하지도 아니할 줄을 아옵소서"(3:18).

4. 완전한 확신 - "그 몸을 버려서 왕의 명을 거역하고 그 하나님밖에는 다른 신을 섬기지 아니하며 그에게 절하지 아니하며"(3:28).

믿음이 없으면 사단이 허약한 벽으로 만든 작은 우리에 우리를 가둘 수 있다. 믿음이 있으면 어떤 한계도 없이 하나님을 섬길 수 있고, 그분의 왕국에 유익하게 사용될 수 있다.

기도

하나님 아버지, 이 세 젊은이의 용기와 믿음으로 인해 감사를 드립니다. 이 구절을 통해 그들이 섬긴 하나님을 우리가 더욱 의지하고 신뢰할 수 있도록 도전받게 해주십시오. 아멘.

심층 연구

A. 구약의 황금 신상들

고대인들은 나무에 금으로 입힌 상들을 좋아하는 경향이 있었다. 우리는 금으로 만든 제단을 준비하는 출애굽기 37장에서 이러한 모습을 볼 수 있다(비교. 출 37:25-26). 이사야 역시 이사야 40장 19절과 41장 7절에서 금을 입힌 우상에 대해 말하고 있다. 예레미야는 다음과 같이 쓰고 있다.

> 이스라엘 집이여 여호와께서 너희에게 이르시는 말씀을 들을지어다 여호와께서 이같이 말씀하시되 열방의 길을 배우지 말라 열방인은 하늘의 징조를 두려워하거니와 너희는 그것을 두려워 말라 열방의 규례는 헛된 것이라 그 위하는 것은 삼림에서 벤 나무요 공장의 손이 도끼로 만든 것이라 그들이 은과 금으로 그것에 꾸미고 못과 장도리로 그것을 든든히 하여 요동치 않게 하나니 그것이 갈린 기둥 같아서 말도 못하며 걸어다니지도 못하므로 사람에게 메임을 입느니라 그것이 화를 주거나 복을 주지 못하나니 너희는 두려워 말라 하셨느니라(렘 10:1-5).

B. 바벨론의 우상 숭배

느부갓네살의 꿈에 보인 신상과 그가 예배하기 위해 만든 신상 둘 다 '파심(passim)'이라는 단어를 사용하고 있다. 이 단어는 시편 73편 20절에서도 사용되고 있다. "주여 사람이 깬 후에는 꿈을 무시함같이 주께서 깨신 후에 저희 형상을 멸시하시리이다." 이 장의 신상은 고대 바벨론의 노골적인 우상 숭배를 상징한다. 이스라엘 백성들은 애굽에서 해방된 후 전 역사에 걸쳐 반복적으로 우상을 숭배했다. 이제 하나님은 그들을 우상 숭배가 호흡이나 밥을 먹는 행위처럼 일상적으로 이루어지는 두 나라(앗수르와 바벨론)에 넘기셨다.

로버트 거들스톤(Robert Girdlestone)은 이렇게 말한다. "우상 숭배의 1차 단계는 일종의 상징성으로 나타난다. 보이지 않는 신을 상징하거나 신의 속성 중 하나를 드러내는 어떤 대상이 선택된다. 그리고 구체적인 그 상은 조금씩 그것이 상징하는 영적 실재의 자리를 대신하게 되고, 이어서 우상 숭배가 행해진다. 그 뒤를 이어 모든 형태의 물질주의에 예외 없이 동반하는 음란이 성행하게 된다"(로버트 거들스톤, 328).

교안

A. 들어가는 글

1. '대통령 찬가' 이야기로 시작하라.
2. 배경 설명: 2장 말미와 3장 서두 사이에 얼마나 많은 시간이 경과했는지는 전혀 알 수 없지만 대부분의 학자들은 다니엘과 그의 친구들이 몇 년간 공직에 있었을 것이라고 믿는다. 모든 신의 신이며, 모든 왕의 주재께 느부갓네살이 충성을 표현하는 것으로 그 꿈에 대한 기록을 마감하고, 느부갓네살이 자신을 위해 악명 높은 신상을 세운 내용으로 3장을 시작하면서 다니엘이 강조하고 있는 신학에 비하면 연대의 문제는 그다지 중요하지 않다. 3장의 느부갓네살의 행동은 또한 4장에 나타나는 거대한 나무에 대한 그의 다음 꿈에 대해 우리로 준비하게 한다.
3. 적용: 이제 느부갓네살은 하늘의 하나님의 능력을 두 번에 걸쳐 정면으로 직면하고 있다. 하지만 여전히 하나님이 그의 전적인 관심을 끌지는 않는다. 그것은 "인생으로 지극히 높으신 자가 인간 나라를 다스리시며 자기의 뜻대로 그것을 누구에게든지 주시며 또 지극히 천한 자로 그 위에 세우시는 줄을 알게 하려 함이니라"(4:17)라는 진정한 자각에 마침내 왕이 도달하는 4장에서 이루어질 것이다.

B. 본문 이해

1. 황금 신상을 만듦 (3:1-7)
2. 세 유대인에게 미친 결과(3:8-12)
3. 위대한 왕의 심문(3:13-18)
4. 극렬한 풀무 속의 경험(3:19-26)
5. 왕의 고관으로 승진(3:27-30)

C. 결론: '조지(George) 왕의 광기' 를 읽어주라.

토의 질문

1. 이 세 사람이 견고한 믿음으로 인해 얻은 구체적인 유익은 어떤 것들인가?

2. 하나님은 우리가 우리 시대에 신실하고 용감하도록 어떤 방식으로 요청하시는가?

3. 다니엘과 그의 친구들이 이방 왕의 비합리적인 요구에 반응하는 태도에서 우리는 어떤 교훈을 배울 수 있는가?

4. 느부갓네살이 풀무에서 실제로 예수님을 보았다면 우리는 어떤 영적 교훈을 배워야 하는가? 그가 천사를 보았다면 어떤 교훈을 배워야 하는가?

다니엘 4:1-18

자연을 사랑한 왕

"하나님과 우리의 개인적인 관계가 올바르지 않으면 그 외의 모든 것은 무가치한 것이 된다. 그것은 아무리 더해도 영일 뿐인, 수많은 영(0)을 덧붙이려고 하는 것과 같다."

- 〈크리스천 옵저버(Christian Observer)〉

하나님은 자기 세상을 온전히 통치하고 계시며, 선한 자든, 악한 자든 인간 통치자는 그분의 힘에 저항하거나 그것을 전복시킬 수 없다.

들어가는 글

환경 운동가인 왕

2000년 대선의 혼란스러운 대미는 플로리다 주의 여러 차례에 걸친 재검표로 마무리되었다. 미국인들이 그들에게 더 많은 처방약, 더 나은 사회 안전 보장, 공공 교육에 대한 더 많은 재원, 치솟는 대학 등록금의 인하, 그리고 세금 감면을 보장할 수 있는 최고의 후보를 찾는 선거에서 당연히 최고의 화두는 번영이었다.

그러나 전면에 드러나지 않게 나라를 좌우한 이는 녹색당의 후보로 출마하여 전체 투표율의 약 2퍼센트를 득표한 랠프 네이더(Ralph Nader)였다. 서북 지역에서 주로 지지를 받은 네이더는 환경 보호에 초점을 맞추었고, 앨 고어(Al Gore)에게서 '환경 운동가들'의 표를 가져오고자 시도했다. 나무를 보호하고 더 많은 나무를 심는 것이 환경 오염과 이 땅의 산업화로 인한 황폐화로 걱정하는 많은 미국인들에게 중요한 관심사가 되었다.

다니엘 4장은 고대의 환경 운동가(tree hugger) 한 사람에 대해 말해주고 있다. 그는 느부깃네살이다. 그는 커다란 나무에 대해 꿈만 꾼 것이 아니었다. 그는 나무들을 돌보느라 많은 시간과 돈을 투자하기도 했다. 고대 필사본들은 레바논의 백향목 숲에 대한 그의 애정에 대해 기록하고 있다. 그곳은 바벨론 외에 제국 내에서 그가 아끼던 장소였다고 한다. 그는 바벨론의 건축물들을 장식하기 위해 아름다운 백향목 통나무들을 수입했고, 바벨론의 거대한 수도에 제국 전역의 식물들에게서 거두어 온 어마어마한 양의 곡식을 저장했다. 도시 자체는 웅장한 건물뿐 아니라 참으로 다양한 크기와 모양의 커다란 식물들로 장식되었다.

그래서 4장의 꿈에서 느부갓네살은 처음에는 매우 편안한 마음이지만 "그 나무를 베고 그 가지를 찍고"(4:14)라고 누군가가 소리치자 매우 불안해진다. 그러나 꿈을 꿀 당시에는 자신이 나무를 사랑하고 가꿀 뿐 아니라 자신이 나무 자체가 된다는 것을 알 수 없었다!

이 장을 연구할 때 우리는 잔혹한 이방 군주를 사랑과 은혜로 대하시는 하나님을 만날 준비를 해야 할 것이다. 다니엘서의 모든 왕들은 철저히 하나님의 통제 아래 있다. 느부갓네살은 단순히 첫 번째 사례일 뿐이다. 하지만 이 장에서 그는 하나님의 백성들에게 횡포를 부리다가 무서운 심판으로 제지당한 후 결국 구속의 은혜로 교정을 받고, 지도자의 자리를 회복하는 사람에 대한 보편적이고 시공을 초월한 본보기가 되고 있다.

그에 대한 이야기는 2,500여 년 전에 끝났을지 모르지만 그 모델은 여전히 유효하다. 우리 시대에는 세속 영역에서(심지어 교회에서조차) 하나님의 권위에 의한 모든 통치를 행동으로 부정하는 듯한 수많은 지도자들을 보고 있다. 다니엘 4장 17절은 그러한 결론의 허망함을 알려준다. 이 장은 "인생으로 지극히 높으신 자가 인간 나라를 다스리시며 자기의 뜻대로 그것을 누구에게든지 주시며 또 지극히 천한 자로 그 위에 세우시는 줄을 알게 하려 함이니라 하였느니라"(4:17)라고 쓰고 있다.

본문 이해

자연을 사랑한 왕

Main Idea	세상에 대한 하나님의 주권을 부정한다는 것은 하나님의 주권을 자신이 가로채는 것이며, 위대하신 하늘의 왕이 결코 용납하실 수 없는 태도이다. 하나님이 굴욕의 징계를 내리시기를 기다리기보다 스스로 자신을 낮추는 것이 항상 더 낫다.

A. 왕의 설명(4:1-8)

Supporting Idea	하나님의 손에 의해 강제로 낮아지게 된 사람들은 태도와 언어가 극적으로 변화된다.

4:1. 여기서 우리는 성경 가운데 이방 왕에 의해 기록된 유일한 장을 접하게 된다. 그

러나 이러한 언급은 그 자체만으로 두 가지 의문을 야기한다. 느부갓네살이 그 부분을 직접 기록했는가? 그리고 이 시점에서 그가 여전히 이교도인가? 어떤 학자들은, 메시지의 내용은 분명히 왕에게서 직접 전달받았지만, 다니엘이 실제로 이 장을 기록했다고 믿는다. 그는 장 전반에서 일인칭으로 진술하고 있으며, 이 문서는 천하 전역에 회람되는 일종의 공적 문서인 것으로 보인다.

어떤 이들은 이것이 단순히 느부갓네살이 자신의 엉뚱한 꿈 중 또 다른 꿈을 개인적으로 과대포장하여 7년간에 걸친 그의 권력의 공백기를 정당화하는 기간일 뿐이라고 생각한다. 헤르만 벨드캄프(Herman Veldkamp)는 "분명히 그 가엾은 사람은 제정신으로 돌아왔고 더 이상 짐승처럼 살지 않지만 비정상적인 교만과 자기 미화의 욕망이 완전히 치유되지 않았다"라고 지적한다(헤르만 벨드캄프, 70). 반대로 존 월부어드는 "이 장은 느부갓네살을, 다니엘의 하나님을 신뢰하는 사람으로 소개하고 있다. 나아가 하나님의 손에 붙들린 한 사람의 영적 진보에 대한 교훈이라는 측면에서도 이 장은 보배 같은 문학 작품이다"(존 월부어드, 「Daniel」, 95)라고 주장한다.

어느 경우든, 성경의 일부인 이 구절의 광범위한 적용은 비단 이 왕에게만 한정될 수 없다. 여기서 우리는 전능하신 우주의 하나님이 세상의 모든 왕과 모든 나라와 모든 사건들을 다스리시며, 자기의 원하시는 뜻대로 그들과 더불어, 그들을 통해 일하신다는 사실을 배울 수 있다.

4:2-3. 직접적으로 하나님을 찬양하는 점에서 매우 놀라운 이 두 구절은 복음주의적 교회라면 어디서든 예배 형식의 일부로 사용될 수 있다. 느부갓네살이 교만과 자기 중심적 태도를 버리지 않았다는 헤르만 벨드캄프의 주장은 꿈 사건에 대한 이 서론에 비추어볼 때 약간 설득력이 떨어지는 것 같다. 37절과 함께 이 두 구절은 곧 다니엘서의 지면에서 퇴장할 위대한 왕의 유언과 증언 역할을 하고 있다. 이 장의 본문을 통해 볼 때 우리는 느부갓네살이 영적 회심을 경험했다고 주장할 수는 없지만, 최소한 그가 바벨론의 만신전의 수많은 신들보다 다니엘의 하나님을 더 우위에 두었고, 그가 한 고백은 확실히 진실이었다고 할 수 있다.

다니엘을 통해 꿈을 해석하고 극렬한 죽음의 풀무에서 그의 세 친구를 건져주시는 하나님의 능력은 극적인 증거를 제공했다. 하지만 하나님이 느부갓네살을 심판과 회복으로 직접 대면하시기까지 그는 그것을 피상적인 것으로 여겼다. 스테판 밀러는 이렇게 지적한다. “드디어 느부갓네살은 자신이나 바벨론 신들이 아니라 야훼(‘지극히 높으신 하나님’)가 주권자이심을 깨닫게 되었다. 이 장에 기록된 경험을 통해 그의 인생뿐 아니라 그의 왕국 역시 언제든지 하나님이 빼앗아가실 수 있음이 생생하게 설명되었다” (스테판 밀러, 129).

4:4. 이 구절을 읽으며 우리는 전사로 전쟁터를 누빈 왕이 이제 노쇠하기 시작했고, 대적들은 대부분 그에게 무릎을 꿇었고, 바벨론은 평온을 누리고 있다는 인상을 즉각적으로 받는다. 거대한 건축 사업과 도시 전체에 걸친 녹화 사업도 아마 완성되었을 것이다. 실제로 이 고대의 왕은 자신의 증권 관리인과 확인 작업을 막 끝내고 편히 있으며 평강해도 된다는 사실을 확인한 21세기 미국인과 비슷하게 보인다. KJV 성경은 “내 궁에서 번성하며(flourishing in my palace)”라는 표현을 사용한다. 이것은 이 장에 아주 적절한 메타포로서 식물과 나무에 대해 사용하는 표현이다.

느부갓네살이 이 법령을 선포할 때가 언제인지 확인할 수 있는 방법이 있는가? 우리는 그가 7년간의 실성한 상태에서 회복된 후에 이 법령을 선포했음을 알고 있다. 그것은 그의 통치 말년에 이루어졌으리라고 결론내려야 할 것이다. 레온 우드(Leon Wood)는 유익한 개요를 제공한다.

> 느부갓네살은 43년 동안 통치했고(주전 605-562년), 정신 이상 상태로 지내던 기간이 끝나고 회복되어 적어도 몇 개월 동안 보좌에 앉았다. 그러나 이 복위 기간은 아마 일 년이 채 되지 않았던 것으로 보인다. 이 꿈을 꾼 후 정신 이상 상태인 7년이 시작되기까지 12개월이 흘렀다(단 4:29). 그러므로 그의 재위 기간 중 이 꿈을 꾼 기간에 대한 가장 가까운 연도를 도출하기 위해서는 통치기 중 복위 기간에 해당하는 대략적인 기간을 더한 후 정신 이상 상태의 7년에 이 1년을 더하고나서 전체 재위 기간에서 그 수를 빼야 한다. 이렇게 하면 왕이 꿈을 꾼 때는 재위 34년이며, 이것이 가장 설득력 있는 수치인 것 같다. 이것이 사실이라면 느부갓네살이 첫 꿈(재위 2년, 단 2:1)을 꾼 지 23년이 흘렀고 다니엘은 이제 49세가 된다(레온 우드, 57).

4:5. 왕으로서 전쟁과 벅찬 과업을 마무리하고 평화스럽고 형통하며 만족스러운 시

절을 구가함에도 불구하고 느부갓네살은 새로운 꿈으로 인해 두려움과 공포감을 느낀다. 그는 강력한 힘으로 제압한 외부의 적들은 내부의 적에 비하면 아무것도 아님(잠 16:32)을 곧 알게 될 것이다. 이 구절의 문법으로는 먼저 꿈을 꾸고 나서 (잠을 깬 후 골똘히 생각하게 된) 생각과 이상이 주어진 것인지 구분하기가 어렵다. 아마 생각과 이상은 전체 꿈의 일부였을 것이다. 그러한 사소한 내용 때문에 지극히 높으신 하나님이 또다시 한 이방 왕의 삶에 개입하시고, 직접적으로 그와 소통하신 사실에서 관심이 분산되어서는 안 된다.

4:6-7. 2장에서 이러한 소집 장면을 본 적이 있기 때문에 우리는 다시 박사들의 행렬과 그들 앞에 놓인 왕의 도전을 본다고 해서 놀라지 않는다. 이번에는 그들이 꿈의 내용에 대해 말하라는 요청을 받지 않았음이 확실하다. 그러므로 우리는 그들이 왕에게 해몽을 해주지 않은 이유가 무엇인지 궁금하다. 본문은 그 해석을 내게 알게 하지 못하였느니라라고 말하지만 이 말(해석하지 못하겠다는 말)은 그들이 왕에게 한 말일 수도 있다. 대부분의 주석가들은 꿈이 상징하는 내용이 너무나 불길하기 때문에 박사들은 자신들이 왕의 급격한 퇴위를 예언할 경우 자초할 죽음의 위험을 피하기 위해(이번에는 경고조차 주어지지 않을 수도 있다) 어떤 식으로든 개입하길 원치 않았다고 주장한다.

그러나 이 구절에서는 더 중요한 의문이 여전히 남는다. 다니엘은 왜 바벨론의 모든 박사와 함께 처음부터 입궁하지 않았는가? 우리는 이 질문과 관련해 추측만 할 수 있을 뿐이다. 다니엘은 이 시기에 박사들의 장이었고, 그가 지도력을 분산하기로 시도했을 수 있다. 그래서 나머지 박사들이 먼저 해몽을 시도하게 했을 가능성이 있다. 혹은 하나님께서 의도적으로 그를 제지하셨고, 하나님의 시간의 가장 적절한 순간에 왕에게 보내셨을 수도 있다. 이 경우 왕이 다니엘을 부르지 않았다는 점을 유의하라. 그는 전체적인 호출을 받고 뒤늦게 왕에게 나아왔다.

4:8. 어떤 주석가들은 느부갓네살이 벨드사살이란 이름을 선택한 것을 그가 여전히 자신의 신을 섬기기 원하고 있다는 암시로 해석해왔다. 그러나 그것은 다소 설득력이 약한 주장 같다. 이와 같은 공식 문서에서는 궁정에서 불리는 다니엘의 공식 이름(왕은 항상 암시로 이렇게 이름을 불렀을 것이다)을 기록하는 것이 확실히 적절할 것이다. 더욱이 삽입 구절의 의도는 이 문서에서 그가 칭송받는 사람임을 확인해주기 위한 것처럼 보인다. 벨드사살이란 이름은 다니엘보다 "천하에 거하는"(4:1) 사람들에게 더 익숙한

이름이었을 것이다.

이 구절에서 그의 안에는 거룩한 신들의 영이 있는 자라라는 구절은 매우 중요하다. 이 구절은 무가치한 여러 신들을 숭배하는 나머지 갈대아인들과 다니엘을 구분해준다. 느부갓네살이 이 시점에서 한 분 하나님을 진정으로 예배하게 되었을 가능성이 있다는 개념을 우리가 수용한다 하더라도 그에게서 온전하게 발전된 유일신론 신학을 확인할 것을 기대해서는 안 된다. 어떤 이들은 신들이라는 단어가 단수로 번역될 수 있다고 하지만, 이 해석을 지지하는 학자들은 거의 없다. 그리고 문맥상 꼭 그렇게 되어야 할 이유도 거의 없어 보인다.

실제로 느부갓네살이 뻔뻔스러운 이전의 이교도적 모습으로 머물러 있기를 원했다면, 다니엘이 내 앞에 들어왔으니라고 말하려고 하지 않았을 것이다. 그랬다면 그 경우에는 벨드사살이라고 표현했을 것이다. 분명히 이것은 앞부분의 장들에서 보았던 왕의 태도와는 다르다.

B. 폐인이 된 왕(4:9-16)

Supporting Idea	때로 하나님의 심판은 너무나 가혹해서 그분의 은혜를 의심하기도 하지만, 하나님의 심판의 의도는 항상 궁극적인 구속에 있다.

4:9-11. 느부갓네살 이후 2,500년이 흐른 지금도 우리는 여전히 나무에서 발견되는 놀라운 가치와 기쁨을 이해한다. 나무는 더위를 식히는 그늘이 되기도 하고, 방을 데우는 연료도 된다. 또한 먹을 수 있는 과실도 내어주고, 폭풍을 피할 안식처도 선사한다. 당신이 지금 읽고 있는 책의 종이를 비롯해 유익한 수천 개의 물건들이 나무를 재료로 한 것이다.

성경에서 나무는 중요한 의미를 갖는다. 창세기 2-3장에서 우리는 지식과 생명을 상징하는 한 나무에 대한 이야기를 듣는다. 시편 1편은, 복 있는 사람은 심겨야 할 자리에 제대로 심긴 나무와 같다고 말한다. 에스겔 31장에서 앗수르는 거대한 레바논 백향목의 모습으로 소개된다. 예수님은 나무에 대한 비유를 말씀하셨다. 바울은 이스라엘을 감람나무로, 이방인들을 접붙임받은 가지로 비유했다. 예수님이 달려 죽으신 십자가는 생명의 나무였다(벧전 2:24). 성경의 마지막 책은 여러 차례 생명 나무를 언급하고 있다.

느부갓네살의 나무에 대한 두드러진 특징은 그 나무의 키다. 그는 그 나무가 하늘에 그 고가 닿을 정도로 거대했다고 묘사한다. 이 인상적인 나무에 대해 땅 끝에서도 보이겠고라고 말할 정도라면 느부갓네살이 어떤 것을 보았는지 우리는 상상조차 할 수 없다.

크리스웰은 이 상징이 느부갓네살의 문화권에서 얼마나 중요하게 인식되었는지에 대해 알려준다. "앗수르와 바벨론 문화에서 종종 낙원의 나무를 볼 수 있다. 사람들은 그 나무를 보석과 장신구와 거대한 건축물에 새겨넣었다. 어디서나 그 나무의 문양을 볼 수 있었고 그것은 왕 자신의 권력과 권위를 의미했다" (크리스웰, 22).

4:12. 이 나무의 크기가 이야기의 전부는 아니다. 왕은 그 잎사귀는 아름답고 그 열매는 많다고 우리에게 말한다. 그 나무는 그늘뿐 아니라 만민의 식물을 제공해주었고, 무릇 혈기 있는 자가 거기서 식물을 얻었다. 우리의 관점에서 보면 우리는 다니엘의 해석을 통해 이 구절이 느부갓네살 자신과 국경 너머 먼 곳까지 미치는 그의 광대한 제국의 혜택을 묘사하고 있음을 알 수 있다. 엄밀하게 말해, 느부갓네살은 온 땅의 왕이 아니었다. 하지만 그는 동쪽의 모든 지방을 정복했다. 그가 자신의 지배력과 영향력에 대해 과대평가하고 있다고 비난받을 수 없다. 특별히 그는 단순히 꿈을 설명하고 있었고, 또한 하나님이 그 메타포를 자신에게 적용하실 것임을 아직 모르고 있었기 때문이다.

4:13. 느부갓네살이 이 나무의 의미를 파악하려고 애쓰고 있을 때 한 순찰자, 한 거룩한 자가 하늘에서 땅으로 내려오는 것을 보았다. 킹 제임스 번역은 이 인물을 '파수꾼'으로 부르고 있고, 이것은 RSV 성경에서도 반복되고 있다. 우리는 모든 성경을 통해 천사들이 하나님의 사자라는 것을 알고 있다. 다시 말해서, 천사들의 주된 의무가 메신저(사자)인 것이다. 느부갓네살이 본 것이 바로 이런 장면이라는 것을 의심하는 이는 아무도 없다. 그는 극적인 메시지를 지닌 거룩한 메신저로서 하나님의 파수꾼 중 한 명을 본 것이다.

조이스 볼드윈은 나무처럼 그 파수꾼은 고대 바벨론 왕에게 익숙한 인물이었을 것이라고 주장한다. "파수하는 것이 자신의 사명인 천상의 존재에 대한 개념은 바벨론에서 유래했던 것으로 보인다(겔 1:16, 18, 슥 1:10, 4:10)… 자신이 섬기는 주님처럼 이 '파수꾼' 은 '졸지도 아니하고 주무시지도 아니하시며' (시 121:4) 칙령을 선포하고 실행하여 사람들에게 지극히 높으신 분이 인간사를 다스리고 계심을 철저히 깨닫게 할 힘이 있다. 주석가들이 주장하듯이 이 용어의 이면에 있는 사상의 기원이 이교도적인 것이라면, 그것은 현재적 문맥과 일치한다. 그러나 느부갓네살이 이 용어를 통해 무엇을 의도했던 간에 그가 그들을 하늘에 기원을 둔 '거룩한 자들' 과 동일시한 것 역시 사실이다" (조이스 볼드윈, 112).

하나님께서 메시지를 보내시기 원하실 때 언제든지 누구에게라도 천사들을 보내어 말씀하실 수 있고, 실제로 그렇게 하신다는 것은 성경 학도들에게 그다지 충격적인 것이 아니다.

4:14. 그러나 이 천사는 자연 환경에 대한 감수성이 결여되어 있다. 이 나무가 가진 훌륭한 모든 장점이 곧 없어질 것이기 때문이다. 지금까지 우리는 본문에서 느부갓네살에게 위협이 될 내용에 대해 거의 보지 못했다(4:5). 하지만 이제 이 꿈의 내용이 점점 더 불길해지고 있다. 느부갓네살이 직접 레바논의 수백 그루에 달하는 나무 벌목을 감독하고 그것을 건축 프로젝트에 사용하기 위해 바벨론으로 옮긴 것을 기억하라. 그는 벌목꾼들이 "나무 쓰러진다!" 라고 소리치는 것을 한 번도 들은 적이 없겠지만 하나님의 거대한 나무 중 하나가 땅에 부딪히며 쓰러질 때 나는 천둥 같은 소리는 종종 들었다. 어쨌든 거대한 나무는 과거가 되었고, 그 나무로 인해 유익한 도움을 받은 사람이나 사물은 모두 다른 데를 찾아보아야 한다.

4:15-16. 그루터기와 뿌리만 남고 땅 위로 나온 것은 모두 철과 놋줄로 동여 들 청초 속에서 왕성한 생명 활동을 못 하고 근근이 목숨만 유지하게 될 것이다. 나무 그루터기를 동여맨 쇠줄은 아무것도 보호해주지 않기 때문에 어떤 학자들은 이것이 정신 이상 상태에서 느부갓네살이 묶여 있던 것을 언급하는 것이라고 생각한다(특별히 땅과 풀이라는 단어의 맥락에서 볼 때).

실제로 갑자기 중성 대명사가 남성형으로 바뀌고, 나무가 사람이 된다! 죽은 그루터기에 대해 그 마음은 변하여 인생의 마음 같지 아니하고 짐승의 마음을 받으라고 말할 사람은 아무도 없을 것이다. 이 명령은 이 옛 왕의 공포감을 극대화시키기 위해 의도된 것이 분명하다. 마음(mind)에 해당하는 단어는 성경 전반에서 종종 '마음(heart)' 이라고 불리는 내적 자아를 가리킨다. 마음은 감정과 도덕성, 의지적 결단, 행동 방식을 포괄한다. 당시로서는 매우 세련된 지적이고 이성적인 왕이 한순간에 정신 이상이 되어 땅의 풀 가운데서 짐승처럼 행동하게 될 것이다.

이 형벌은 일곱 때 동안 계속될 것이다. 때에 해당하는 단어는 '이다닌(iddanin)' 으로, 이 장의 23, 25, 32절에서 다시 사용되고 있다. 실제로 진지한 모든 주석가들은 그 의미가 다소 불분명한 시간의 양이라는 의미보다는 '해(years)'의 의미라고 이해한다. 일곱은 성취나 완성을 의미하는 히브리적 수이다. 확실히 이 단어는 계절을 가리킬 수도 있다. 우리는 본 주석에서 다시 이 용어에 대해 다루게 될 것이다.

조이스 볼드윈은 짤막하게 "그 기간이 어느 정도 지속된 것인지 불확실하다. 그리고 이것은 의도적이다"라고 말한다(조이스 볼드윈, 112). 반면 글리슨 아처는 대부분의 보수적인 주석가들을 대변하여 이 단어는 "이 경우 분명히 해(year)를 가리킨다"고 주장한다(글리슨 아처, 61). 우리는 이것에 대해 독단적인 주장을 고수할 필요가 전혀 없다. 다니엘서 전체에서 이 구절이 어떤 식으로 사용되는지 관찰한 후 자기 자신의 결론에 도달하면 된다.

C. 의로운 원리(4:17-18)

Supporting Idea	상황이 암울하게 보이고 삶이 절망적으로 보일 때에도 하나님은 세상을 통치하고 계신다.

4:17. 우리는 이미 다니엘서의 핵심 구절을 선택해야 한다면 4장 17절이 가장 적절할 것이라고 지적한 바 있다. 이 책의 핵심적인 메시지(다니엘서의 두드러진 예언들을 별도로 하고)는 바로 이 구절에 초점을 맞추며, 나무의 파멸을 선언한 천사의 메시지를 소개하는 느부갓네살의 입에서 나오고 있다. 그러나 이제 우리는 이 결정이 여러 순찰자들에게서 비롯된 것이며 거룩한 자들의 말대로 된 것임을 알게 된다.

나아가 우리는 위대한 왕을 상징하는 거대한 나무에게 내린 이 형벌이 분명한 목적을 갖고 있음을 알게 된다. **곧 인생으로 지극히 높으신 자가 인간 나라를 다스리시며 자기의 뜻대로 그것을 누구에게든지 주시며 또 지극히 천한 자로 그 위에 세우시는 줄을 알게 하려 함이니라.** 우리는 성경 전반에서 자주 이 주제를 접한다(시 24:1, 사 40:15, 행 17:24, 26, 롬 13:1). 느부갓네살은 땅에서 하나님의 대리 통치자로 섬기도록 선택되었지만 유대인들을 비롯해 수천 명의 사람들을 살육함으로써 자신의 직위를 더럽혔다. 이제 심판의 때가 되었다. 이것은 성경의 공통된 또 다른 주제이다(암 1:3-13).

하나님은 인간 왕국을 통치하신다. 그분은 교만한 지도자들보다는 겸손한 지도자를 선택하실 것이다. 느부갓네살은 그때까지 스스로 교만한 지도자의 범주에 속해 있었다. 이것(하나님은 인간 왕국을 통치하신다는 것)은 주전 7세기의 혁명적인 사상이 아니었다. 우리는 욥기 5장 11절에서 이미 이 사상을 발견한다. "낮은 자를 높이 드시고 슬퍼하는 자를 흥기시켜 안전한 곳에 있게 하시느니라." 유진 피터슨(Eugene Peterson)의 창의적인 생각과 글을 통해 이 핵심 구절을 살펴보라. "천사들이 이 명령을 선포하고, 거룩한 파수꾼이 이것을 집행하므로 살아 있는 모든 이들이 지극히 높으신 하나님이 인간 왕국을 통치하고 계심을 알게 될 것이다. 그분은 원하시는 뜻대로 왕국의 일들을 정리하시며 패배자들을 지도자로 삼으신다"〔「메시지 성경(The Message)」〕.

4:18. 느부갓네살은 꿈 이야기를 마무리하고 이제 박사들의 총책임자가 된 총자문관에게 그 꿈을 해석하도록 요구한다. 왕은 이는 거룩한 신들의 영이 네 안에 있기 때문에 그렇게 할 수 있다고 주장한다.

헤르만 벨드캄프는 이렇게 말한다.

> 시편 72편에서 우리는 그리스도가 정당하고, 지혜롭고, 온유한 방식으로 가난한 자들을 다스릴 것이며, 그들의 고소에 귀 기울 것이라는 내용을 접한다. 그리스도의 이 은혜로운 통치는 모든 인간 왕들에게 기준을 제시한다. 이방 독재자에 의해 동원된 폭력과 압제와 자기 미화의 방식들은 반 그리스도적이다. 그가 그 죄들을 회개하고 자기 왕국의 가난한 자들과 비천한 자들에게 은혜를 베풂으로써 그리스도의 형상을 반영할 시간이 무르익었다. 통치자들이 하나님의 종이라는 교리는 느부갓네살에게도 적용된다. "나로 말미암아 왕들이 치리하며 방백들이 공의를 세우며"(잠 8:15, 헤르만 벨드캄프, 73-74).

Main Idea 복습	세상에 대한 하나님의 주권을 부정한다는 것은 하나님의 주권을 자신이 가로채는 것이며, 위대하신 하늘의 왕이 결코 용납하실 수 없는 태도이다. 하나님이 굴욕의 징계를 내리시기를 기다리기보다 스스로 자신을 낮추는 것이 항상 더 낫다.

결론

"이성의 가면"

유쾌하고 신선한 욥기서에 대한 작은 기도서에서 헨리 가리피(Henry Gariepy)는 '왜가 아니라 누구(Not Why, But Who)' 라는 제목의 장을 선보이고 있다. 그는 로버트 프로스트(Rebert Frost)의 시 〈이성의 가면(A Masque of Reason)〉의 한 연을 인용하는 것으로 이 장을 시작한다. 이 긴 시는 욥이 지상에서 고난의 세월과 축복의 세월을 모두 보내고 하늘에 온 후 이루어진 가상의 대화를 보여준다.

> 오, 나는 그대를 잘 기억하노라. 그대는 인내하는 자 욥이로다.
> 천 년 동안 그대를 내 마음에 두었었도다.
> 그대가 나를 도와
> 사람이 잃는 것과 얻는 것 사이에
> 분명한 연관성을 생각할 수 없다는 원리를
> 단번에 세울 수 있도록 나를 도와준 것에 대해
> 언젠가 감사를 표하고 싶었도다.
> 덕이 망하고 악이 성공할지 모른다.
> 그것은 우리가 구하는 위대한 실물 설명이었지.
>
> (헨리 가리피, 205)

느부갓네살이 배워야 할 교훈 역시 바로 그러한 것이었다. 그의 인생, 고난 그리고 지극히 높으신 하나님과의 관계는 고대의 그 성도의 인생과 고난과 관계와는 상당히 달랐지만, 그는 땅에서 하나님의 팀원으로서 부지 중에, 그리고 마지못해 하늘의 뜻을 이루는 데 동참했다. 다니엘 4장 17절이 이 책의 핵심이라는 것을 아무리 강조해도 지나치지 않을 것이다. "이는 순찰자들의 명령대로요 거룩한 자들의 말대로니 곧 인생으로 지극히 높으신 자가 인간 나라를 다스리시며 자기의 뜻대로 그것을 누구에게든지 주시며 또 지극히 천한 자로 그 위에 세우시는 줄을 알게 하려 함이니라 하였느니라."

■ 진리 알기

- 성공한 사람들은 비록 그가 그리스도인이라 해도 감당하기 어려운 성공을 거두고 사람들에게 과도한 칭찬을 받을 때 느부갓네살처럼 될 수 있다.
- 물질적 번영이 언제나 개인의 인생에 대한 하나님의 축복의 증거는 아니다.
- 세상 지도자들이 우리를 실망시킬 것을 예상하고, 그들의 실패를 볼 때 살아 계시는 하나님의 팔을 더욱 의지하라.
- 하나님께서 우리를 구원하시거나 혹은 다른 방법으로 그분의 은혜를 보여주실 때 공개적으로 그분을 찬양하고 간증하는 것이 마땅한 반응이다.

■ 적용하기

- 느부갓네살과 같은 이방 왕이 공적으로 하나님을 찬양할 수 있다면, 우리가 그렇게 하는 것은 당연하다.
- 하나님이 우리로 하여금 회개에 이르고 의로운 자로 만드시기 위해 어쩔 수 없이 우리를 비천한 자리에 이르도록 하시는 일이 생기지 않도록 생활하라.
- 하나님께서 강제로 우리를 굴복시키시기 전에 스스로 겸손히 엎드리는 것이 얼마나 중요한가.

삶의 적용

하나님의 참새

내 친구 레스 플린(Les Flynn)은 놀라운 이야기를 들려주는 재담꾼이다. 그리고 다음 이야기는 아무런 편집이나 설명이 필요하지 않은 이야기다. 그가 쓴 대로 받아들이기만 하면 된다.

> 어느 날 한 남자가 자동차를 몰고 고속도로를 달리던 중 깜빡 졸음이 왔다. 곧 졸음으로 멍한 그의 눈은 고정된 듯 중앙선만 따라갔다. 잠시 동안 그는 달빛이 비치는 6월의 밤에 마치 로봇처럼 운전대를 잡고 있었다.
>
> 갑자기 가슴에 예리한 통증을 느낀 그는 졸음을 깨고 번쩍 정신을 차렸다. 정말 위기일발의 순간이었다. 어둠 속에서 두 개의 헤드라이트가 불쑥 모습을 드러냈고, 그는 중앙선을 넘어 방향을 잘못 잡고 바로 그 차를 향해 다가가고 있었던 것이다. 그는 급히 오른쪽으로 운전대를 꺾었다. 차의 중심을 놓칠 뻔했다. 거대한 트럭이 다가왔고, 그는 간발의 차로 그 트럭을 피했다. 그는 온 몸에 힘이 빠진 채 도로 옆에 차를 세웠다.
>
> 다시 마음의 평정을 되찾은 그는 문을 열고 밖으로 나갔다. 그가 밖으로 나와 서자 한 물체가 그의 무릎에서 땅으로 떨어졌다. 그는 움직이지 않지만 작은 새 모양을 한 그 물건을 집어들었다. 그 작은 갈색 형체를 손으로 안고서야 그는 가슴을 때렸던 통증과 그로 인해 참으로 아슬아슬하게 졸음에서 깨어 사고를 피할 수 있었다는 것을 생각했다. 참새 한 마리가 어찌된 일인지 한밤에 비행을 했고(참새가 거의 하지 않는 일), 달리고 있던 자동차의 열린 문으로 날아들어 예리하게 그의 가슴을 때려 졸음에서 깨웠던 것이다. 그것은 초를 다투는 섭리의 타이밍이었다. 그것은 하나님이 보내신 참새였고, 그 사람은 그것을 알았다. 바로 그때 그 새가 퍼덕이며 의식을 찾더니 어둠 속으로 날아갔다(레스 플린, 192).

느부갓네살 대제는 순항 중이었지만, 지옥과 충돌할 수밖에 없는 항로로 가고 있었다. 아무 생각 없이 발설한 종교적 금언을 제외하면 그의 전 인생은 약탈, 살인, 응징, 납치, 교만으로 얼룩졌다. 하지만 이제 그는 하나님의 나무를 볼 것이며, 더 중요하게는 그를 일깨우기 위해 보냄받은 하나님의 천사를 볼 것이다. 그리고 상응하는 심판을 받고나면 세계 지도자의 자리로 회복될 것이다.

현대의 세계 지도자들이 길을 가는 동안 경고의 표시로 주신 하나님의 참새들, 하나님의 나무 혹은 하나님의 천사들을 인정하는 경우가 얼마나 드문가. 우리는 하나님이 마오쩌둥이 추할 정도로 장수를 누리게 하시고, 히틀러를 자신의 벙커에서 자살하게 하신 이유가 무엇인지 전혀 모른다. 우리는 하나님이 경고는 보내시지만, 어떤 방식으로든 그 경고에 억지로 반응하도록 하시지는 않는다는 사실을 알고 있다. 느부갓네살은 들판에서 짐승처럼 살다가 다시 회복된 후 이전처럼 완악하고 증오에 찬 모습으로 돌아올 수도 있었을 것이다.

이 장의 중요한 교훈은 세상에 대한 하나님의 통치하심이지만, 이차적 교훈은 우리가 우리 삶에 대한 하나님의 통치를 인정하는 것이 얼마나 중요한지를 보여준다. 목회자들은 '나의 교회' 혹은 '나의 교인들' 이라는 말을 사용하지 않도록 주의해야 한다. 기독교 대학과 신학교의 총장들은 캠퍼스를 둘러보면서 거대한 기금 마련 계획으로 세운 멋진 건물들을 보며 감탄해서는 안 될 것이다. 선교사들은 그들의 탁월한 복음 전도 전략이 수많은 신자들의 수를 설명해준다고 생각해서는 안 될 것이다. 하나님만이 이 세상의 모든 일과 사건에 주권자 되는 분이시다.

기도

하나님 아버지, 느부갓네살을 통해서 모든 세상 통치자들, 심지어 우리가 멸시하는 행동을 하는 자들조차 전능하신 하나님이 용인하시는 손길 아래 있음을 보여주셔서 감사합니다. 아멘.

심층 연구

A. 본문 차이

이 장의 전반부에 관한 사소한 의견 차이가 계속되고 있다. 구약의 고대 히브리어 역본은 이 부분을 3장 끝부분에 연결시킨다(그렇게 함으로써 느부갓네살의 찬양을 나무 꿈에 대한 왕의 소개 단락보다는 극렬히 타는 풀무 사건 단락 끝에 연결시킨다). 그러나 헬라어 구약 성경(칠십인역)은 이 문제를 바로잡아주고 있으며, 대부분의 보수적인 학자들은 이러한 칠십인역의 선택을 따른다. 37절은 1-3절과 매우 밀접하게 관련되어 있기 때문에 실제로 이 구절들은 4장 전체를 받쳐주는 역할을 하며 내용을 아주 멋지게 요약해준다.

훨씬 심각한 어조로, 다니엘서 저작 연대의 후대설을 주장하는 자유주의 비평가들은 그러한 경험이 고대 군주에게는 결코 일어날 수 없다고 주장하며, 이 장의 내용 자체를 인정하지 않는다. 그러므로 그들은 이 책이 주전 2세기의 위작이 분명하다고 결론내린다. 본문의 모든 사소한 문제는 성경에 대한 그들의 왜곡된 시각을 부채질하며, 칠십인역과 마소라 본문의 차이가 문제가 된다.

우리는 이미 이 책의 저작 연대를 다루었으므로 여기서 그것을 다시 살펴볼 필요는 없다. 인간 역사에 개입하실 수 있는 전능하신 하나님의 능력과 권한을 인정한다면 이 장의 기록은 문제될 것이 없다고 말하는 것으로 충분하다.

B. 영원한 나라

느부갓네살은 합법적인 신학교에 들어갈 수 있는 입학 시험을 결코 통과할 수 없었지만, 마침내 세상 왕국들이 현재 아무리 강력하게 보인다 해도 약하고 빈약한 그 왕국들의 차이를 확실히 이해하게 되었다. 그는 또한 영원부터 영원까지 통치하시는 하나님의 영원한 하늘 나라에 대한 진리를 깨달았다. 하나님이 영원하시므로 그분의 나라는 영원하다. 그것은 시작이 없었으므로 끝도 없을 것이다. 이를 통해 우리는 영원한 나라와 지상에서 천년왕국을 이룰 영원한 나라의 일부를 구분하게 된다.

드와이트 펜테코스트(Dwight Pentecost)는 이렇게 적고 있다.

> 많은 이들이 이것을 이해하는 데 혼란이 생기는 이유는 성경 전반에 걸쳐 하나님이 통치하시는 나라에 관해 수많은 모순들이 발견되는 것 같기 때문이다. 한편으로 하나님 나라는 엄격하게 영원하다는 측면에서 서술되지만, 다른 한편으로는 그것이 뚜렷한 역사적 시작과 발전, 그리고 종결이 있는 일시적인 것으로 묘사되고 있다. 마찬가지로 어떤 구절에서는 우주적인 것으로 묘사되지만, 다른 어떤 구절에서는 명백히 지역적인 것으로 묘사되고 있다. 나아가 수많은 경우 하나님 나라는 하나님의 주권의 직접적인 행사로 보이지만, 또 다른 경우에는 선택된 행정가들을 위한 간접적인 통치라는 특징으로 나타난다(드와이트 펜테코스트, 15).

이것은 모두 진실이다. 하나님은 통치권과 통치 영역과 절대적 권위를 갖고 계신다. 물론 느부갓네살은 일시적이고 시간이 제한된 세상의 천년왕국에 대한 개념이 전혀 없었다. 그는 우주적인 왕국만을 보았을 뿐이다. 알바 맥클레인은 다음과 같이 지적한다.

> 어떤 것도 그것의 광범위한 영역과 범위 밖에 놓여 있지 않다. 그것은 시·공간 속, 즉 땅과 하늘과 지옥에 있는 모든 것을 포괄한다. 세상 나라들은 반역하고, 다른 신들을 따르며, 심지어 참되신 하나님의 실재를 부인할 수도 있다. 하지만 그 모든 것은 전혀 성공하지 못한다. 여호와는 여전히 '열국의 왕' 이시기 때문이다(렘 10:7). 하나님의 뜻에 따라 신상 중 고대 세계 제국의 황금 머리 부분에 해당하는 존재가 된 느부갓네살은 자신의 권위의 근원이 하늘임을 망각한다. 그래서 그는 하나님의 심판을 받고 왕위에서 내쫓김을 당한다(알바 맥클레인, 24).

교안

A. 들어가는 글

1. '환경 운동가인 왕' 이야기로 시작하라.
2. 배경 설명: 일부 성경 저자들과 달리 다니엘은 연대기적 도움을 거의 제공하지 않기 때문에 오직 추론을 통해서만 우리는 3장 말미와 4장 시작 사이의 시간 흐름을 가늠해볼 수 있다. 다니엘은 이 장으로 느부갓네살에 대한 이야기를 끝내고, 그의 다음 계승자에 대한 내용으로 기사를 이동한다. 본 연구에서 우리는 4장의 절반만 살펴보았고, 이제 이 거대한 나무에 관한 다니엘의 해석을 살펴보게 될 것이다.
3. 적용: 다니엘 4장 1-18절의 모든 내용은 느부갓네살 왕이 한 말이다. 이제 다니엘이 말할 차례가 되었고, 우리는 하나님이 느부갓네살의 굴욕에 대한 선언을 어떻게 이행하시는지 살펴볼 것이다.

B. 본문 이해

1. 왕의 설명(4:1-8)
2. 폐인이 된 왕(4:9-16)
3. 의로운 원리(4:17-18)

C. 결론: '이성의 가면' 을 읽어주라.

토의 질문

1. 3절의 '이적' 과 '기사' 에 대한 언급으로 느부갓네살이 의도했을 의미는 무엇인가?

2. 지난 2천 년 동안 느부갓네살에게 내린 심판과 유사한 방식으로 하나님이 다루신 세계 지도자는 누구라고 생각하는가?

3. 세계의 모든 사건에 대한 하나님의 주권 외에 이 장에서 기독교적 삶에 대해 어떤 다른 교훈을 배울 수 있는가?

다니엘 4:19-37

그의 들판에 두드러져 보이는 사람

"생명의 가치는 그 결과나 성취 혹은 성공에 의해 평가되어서는 안 되며, 오직 개인의 마음의 동기와 의지적 노력에 의해서만 평가되어야 한다."

- 조지 시버(George Seaver)

이 세상은 하나님 우리 아버지의 세계다. 그분의 계획을 무너뜨리거나, 변경할 수 있는 것이나 사람은 절대 없다. 느부갓네살은 정확히 바로 그 사실을 보여 주었다. 하나님은 하늘의 권세와 세상 민족들을 이용해 자신이 원하시는 뜻대로 행하신다.

들어가는 글

하나님의 나무

50여 년 전 초등학교에서 배운 그 시는 여전히 내 머릿속에서 떠나지 않고 고스란히 간직되어 있다. 사람들의 많은 사랑을 받는 매우 미국적인 이 시의 아름다운 단순성 때문에 이 시의 과장되지 않은 '결론' 에 우리는 관심을 갖게 된다.

알프레드 조이스 킬머(Alfred Joyce Kilmer)는 1886년 뉴저지의 뉴브룬스윅에서 태어났다. 그는 여러 다양한 계간지들뿐 아니라 「새 표준사전(New Standard Dictionary)」의 편찬위원으로 일했고, 제1차 세계대전 때 프랑스에서 전사했다. 그는 수많은 시를 썼고, 세 개의 문집을 발표했다. 〈나무(Trees)〉란 시는 1914년에 발표되었고, 이 시의 서정적 흐름은 대중들의 관심을 받았다.

> 나는 생각한다, 나무처럼 사랑스런 시를
> 결코 볼 수 없으리라고.
> 대지의 단물 흐르는 젖가슴에
> 굶주린 입술을 대고 있는 나무
> 온종일 하나님을 우러러보며
> 잎이 무성한 팔을 들어 기도하는 나무
> 여름엔 머리칼에다
> 방울새의 보금자리를 치는 나무
> 가슴에 눈이 쌓이고
> 또 비와 함께 다정히 사는 나무
> 시는 나와 같은 바보가 짓지만
> 나무를 만드는 건 하나님뿐.

다니엘 4장은 바벨론에 있는 하나님의 나무인 느부갓네살에 대해 말해주고 있다. 위대한 왕은 자신의 웅장한 성을 짓고 장식하기 위해 수천 개의 나무들을 사용했다. 하지만 이제 그는 나무 같은 생활을 하게 될 것이다. 들에서 비와 친숙한 생활을 하게 될 것이다. 오직 하나님만이 나무를 만드실 수 있고, 하나님만이 왕을 세우실 수 있다. 느부갓네살은 이 진리를 몰랐지만, 7년 후에는 명백히 깨닫게 될 것이다.

본문 이해

그의 들판에 두드러져 보이는 사람

Main Idea	이 장의 신학적 메시지는 25절의 진리에 집중되어 있다. "지극히 높으신 자가 인간 나라를 다스리시며 자기의 뜻대로 그것을 누구에게든지 주시는 줄을 아시리이다." 영적 메시지는 27절에서 찾을 수 있다. "공의를 행함으로 죄를 속하고 가난한 자를 긍휼히 여김으로 죄악을 속하소서."

A. 거대한 나무의 정체(4:19-22)

Supporting Idea	권세를 잡은 사람들을 대할 때 존경과 예의바른 태도는 이해와 동의를 이끌어내는 데 도움이 된다.

4:19. 다니엘은 수상 도시(River City)에 생길 문제를 즉각적으로 감지하지만, 번역가들은 그가 느낀 감정에 대해 여러 가지로 해석해왔다. NIV 성경은 '당혹하고', '놀란' 이란 단어를 선택하지만, KJV 성경은 '놀라고' 와 '난처한' 이란 단어를 선택하고 있다. MLB(Modern Language Bible) 성경은 다니엘이 '굉장한', '그의 생각이 당혹스러운' 이란 표현을 선택하고, TLB(The Living Bible) 성경은 '굉장한' 과 '침묵하는' 으로 번역하며, RSV(Revised Standard Version) 성경은 '낙담한' 과 '놀란' 으로 번역한다. 나아가 KJV 성경은 그러한 감정적 충격이 '한 시간 동안' 계속되었다고 주장하고, RSV

성경은 '잠시 동안' 이라고 주장한다. 본문 해석에 관한 결정은 독자의 몫이지만, '사아(saah)' 라는 단어를 꽉 찬 한 시간이라는 뜻으로 번역해야 할 근거는 충분하지 않은 것 같다. 이것은 4장 16절의 '때(times)' 와 비슷한 단어는 아니다. 다니엘은 왕의 꿈에 즉각적으로 반응하지 않고, 잠시 동안 그 의미를 생각한다. 적어도 그는 왕과 그의 왕국에게 그 꿈이 갖는 참으로 무서운 함의를 깨달았을 것이다.

4장 8-9절에서 느부갓네살이 다소 적대감을 갖고 '벨드사살' 이란 표현을 사용하였다고 해석하기를 원하는 사람들은 누구든지 다니엘 자신이 여기서 그 이름을 사용하고 있다는 점을 유의해야 한다. 이것은 신약에서 사울과 바울을 번갈아 사용한 것처럼 전혀 복잡한 문제가 아니다. 바울은 팔레스타인 세계에서 흔히 사용되고, 사울은 이방인 세계나 헬라어 사용 지역에서 흔히 사용된다. 당연히 사울과 바울은 본질적으로 동일한 의미를 지녔고, 그는 평생 그 두 이름을 지니고 다녔다. 다니엘 역시 두 이름이 있었고, 수십 년 동안 바벨론에서 그에 대해 가장 많이 사용된 이름은 **벨드사살**이었다.

다니엘은 정중하게 그 꿈이 자신이 존경하게 된 왕이 아닌 다른 이들에게 일어나기를 원한다는 순수한 소망을 표현한다. 다니엘의 말과 태도가 왕을 대하는 일반적인 적절한 태도가 아니라 정치적으로 아부하는 태도라고 해석해야 할 이유가 본문에서는 전혀 발견되지 않는 것 같다.

4:20-22. 다니엘은 꿈에 관해 기본적인 세부 내용들을 반복하면서 상당히 빠르게 핵심을 지적한다. **왕이여 이 나무는 곧 왕이시라.** 4장 15-16절에서 우리는 나무가 단순한 초목 이상의 것을 가리킴을 분명히 보았다. 이 예언에는 한 인간의 정신 상태와 삶이 관련되어 있는 것이다. 아마 느부갓네살은 꿈에서 자신에 관해 중요한 사실을 보았을 것이다. 하지만 본문을 통해서는 그 핵심이 무엇인지 주장할 수 없다. 그러나 여기서 해석의 열쇠가 무엇인지는 분명하다. 그 나무처럼 이 왕은 **자라서 견고하여졌고** 아시아 세계에서 그의 중요성은 **그 고가 하늘에 닿을 정도로** 커졌다. 이 장에서 두드러진 것은 왕의 유명한 진술이다. "큰 바벨론은 내가 능력과 권세로 건설하여 나의 도성을 삼고 이것으로 내 위엄의 영광을 나타낸 것이 아니냐" (4:30). 이것은 주전 7세기의 기준으로 보아서는 거의 과장이 아니다.

권세는 땅 끝까지 미치심이니이다라는 왕에 대한 다니엘의 말을 들을 때 우리는 잠시 주춤하게 된다. 땅이라는 단어를 해석하는 데 어려움이 있기 때문이다. 글리슨 아처의 설명은 상당한 도움이 된다.

> 여기서 이 단어는 함무라비의 국가인 바벨론의 초기 제국들과 8세기의 앗수르 통치자들이 세운 셈족 세계의 가장 먼 경계 지역이 포함된 땅을 가리키는 것 같다. 북동쪽에 위치한 메대와 엘람과 인도는 메소포타미아와 서쪽 지역의 문화들과는 완전히 별개의 문화로 근동에 잘 알려져 있었다. 그러나 메소포타미아 경계 내에 속한 제국의 범위를 나타낼 때 문명의 경계를 엘람 국경까지 포함하는 것으로 규정하는 관습은 적어도 우르 제3왕조에 이미 있었다. 수메르 시대에 아마르 엔주(Amar-Enzu) 왕은 자신의 제국이 느부갓네살의 영토보다 훨씬 더 작았지만, 건물 봉헌 비문에서 스스로를 "lugal dubdalimmubak(땅의 '4방위의 왕')"이라고 일컬었다(글리슨 아처, 63).

간단히 말해, 느부갓네살의 권세와 영향력에 대한 제한적인 이해는 그의 권세와 통치력의 완전성과 관련된 방식들이 아닌 오직 지리적인 측면에 한정되어야 한다.

B. 충격적인 꿈에 대한 해석(4:23-27)

Supporting Idea	회복으로 이어지는 참된 회개는 종종 사회적 약자들을 향한 태도와 행동으로 증명된다.

4:23-24. 다니엘은 꿈의 세부 내용을 다시 들려주지만, 이제 우리는 "순찰자들의 명령대로"(4:17) 선언된 그 명령이 실제로 지극히 높으신 자로부터 온 것임을 알게 된다. 우리는 이 표현(지극히 높으신 자)이 느부갓네살보다는 다니엘이 사용할 때 하나님에 대한 존경의 뜻이 더 강하다는 것을 기억해야 한다. 또다시 일곱 때라는 표현이 사용되었고, 역시 이것은 해(years)를 의미하는 것으로 이해해야 한다. 레온 우드는 이렇게 말한다. "이 단어는 날이나 심지어 달과 같이 짧은 기간의 의미로 해석해서는 안 된다. 어느 것도 유의미할 정도로 긴 기간이 아니기 때문이다. 그러나 칠 년이라는 기간은 이 단어 이면에 있는 사상, 즉 계절적인 모든 변화와 기후 변화를 동반한 사계절이라는 계절의 순환을 일곱 번에 걸쳐 왕이 감당해야 한다는 개념과 매우 일치한다"(레온 우드,

「Daniel」, 61).

이 구절에서 새로운 사실이 한 가지 더 있다. 그 명령이 내 주 왕에게 미칠 것이라는 점이다. 느부갓네살은 수많은 대적들을 자신의 전차 바퀴로 깔아뭉개고 진멸시켰지만, 이제 그는 자신의 힘으로 무너뜨릴 수 없는 힘을 만났다. 한 번도 패배하신 적이 없고, 결코 그 패배의 경험을 알지 못하실 분과 맞닥뜨린 것이다.

4:25. 이제 베임을 당한 나무에 대해 구체적인 해석이 제공된다. 느부갓네살이라는 나무의 가지가 잘리고, 그 열매가 사방으로 흩어지고, 그의 보호와 통치 아래 살던 모든 이들이 흩어질 것이다. 그는 처절할 정도로 심각한 정신 이상자가 되어 그 당시의 정신 과적인 어떤 치료 기술로도 고칠 수 없을 것이며, 칠 년 동안 짐승처럼 살게 될 것이다. 이 심판의 목적이 더 이상 분명할 수 없을 것이다. 그 때에 지극히 높으신 자가 인간 나라를 다스리시며 자기의 뜻대로 그것을 누구에게든지 주시는 줄을 아시리이다. 느부갓네살은 최초의 탕자가 되었다. 사람들과의 관계에서 자기 중심적인 선택을 해온 그는 결국 짐승들과 함께 뒹구는 처지가 되었다.

우리는 이것을 '조건적 심판(conditional punishment)' 이라고 부를 수도 있다. 형벌이 가혹해 보일 수도 있겠지만 하나님은 보복보다는 은혜를 선택하셨다. 정신 착란증에 걸리기 전에 느부갓네살은 그 병이 고침받을 것을 알았다. 역사적으로 이 시기와 아주 가까운 시기에 또 다른 선지자가 또 다른 이방 군주의 운명을 예언했다. 에스겔이 애굽 왕 바로에 대한 하나님의 심판을 설명한 것이다(겔 30:20-31:18). 하나님의 계획의 흥미로운 아이러니로 느부갓네살은 바로를 심판하는 도구가 되었다. 예언의 유사성은 다니엘서의 중심 주제를 다시 분명하게 강조한다.

4:26. 이어서 우리는 이상하게도 그루터기가 그대로 존속된 사실을 알게 된다. 일반적으로 정신 분열이 된 왕은 왕국을 빼앗기게 된다. 왕의 가족이나 밖의 경쟁자들이 일종의 궁전 쿠데타로 즉각 권력을 장악할 것이다. 하지만 느부갓네살이 들에서 돌아올 것이라고 약속하신 하나님은 또한 그의 왕국이 견고하게 될 것이라고 말씀하신다. 그러나 심판처럼 그 약속 역시 조건적이다. 하나님이 다스리시는 줄을 왕이 깨달은 후에야 느부갓네살은 다시 바벨론을 통치하게 될 것이다.

구약의 오직 여기서만 하늘(Heaven, 개역 성경은 하나님으로 표기되어 있음)이라는 단어가 하나님을 대체하고 있기 때문에 이 구절은 구약 학자들의 흥미를 유발한다. 마태복음에서는 '하늘나라와 하나님 나라'가 번갈아가며 사용되고 있지만, 구약에서는 그러한 현상이 특이하다. 다니엘 4장 36절의 조건적 구속은 익숙한 로마서 10장 9절의 배경이 된다. "네가 만일 네 입으로 예수를 주로 시인하며 또 하나님께서 그를 죽은 자 가운데서 살리신 것을 네 마음에 믿으면 구원을 얻으리니."

4:27. 다니엘의 해석이 끝났다. 이제 권면의 시간이다. 고령의 선지자 겸 정치가는 그의 왕이 치매에 걸려 사는 모습을 조금도 보고 싶지 않았다. 그래서 그는 때가 늦기 전에 그 심판을 면할 방도를 제시한다. 공의를 행함으로 죄를 속하고 가난한 자를 긍휼히 여김으로 죄악을 속하소서. 이 구절의 마지막 구는 심판을 피할 이 방도가 실제로 유효할 것이라는 하나님의 특별한 계시를 다니엘이 받은 적이 없음을 암시한다. 실제로 이 점까지 꿈에 관해 우리가 알고 있는 모든 사실은 그 꿈의 완전한 실현을 암시한다. 그럼에도 불구하고 하나님의 종들은 항상 심판을 알릴 경우에도 그분의 은혜를 강조해야 한다.

어떤 이들은 이 구절이 행위로 인한 구원을 가르친다고 주장할 것이다. 실제로 라틴어 벌게이트 역은 그 제안을 "자비의 행위와 가난한 사람들에게 친절을 베푸는 모습으로 그대의 죄악과 죄를 제하라"고 해석한다. 그러나 벌게이트 역은 그 당시의 사고를 반영하고 있다. 그것은 오늘날까지 여러 형태로 유행하고 있는 신학이다. 나아가 여기서 중요한 것은 느부갓네살의 영적 상태가 아니라, 정신 이상이라는 형벌에도 불구하고 그의 왕국이 그대로 존속한다는 사실이다.

존 월부어드는 아주 명확한 한 문장으로 그것을 설명하고 있다. "느부갓네살은 선행이나 가난한 자들의 구제를 근거로 용서를 약속받은 것이 아니다. 하지만 이 구절의 핵심은 느부갓네살이 지혜롭고 자애로운 왕일 경우 그의 교만 때문에 하나님이 즉각적인 심판으로 개입하셔야 할 필연성이 줄어든다는 것이다"(존 월부어드, 「Daniel」, 106).

C. 임박한 심판의 실행(4:28-33)

Supporting Idea	누구든지 하나님의 명령을 태만하게 받아들이는 것은 허용되지 않는다. 다니엘 당시의 가장 강력한 군주든, 그의 통치를 받는 가장 천한 농부든 이것은 마찬가지다.

4:28-30. 앞의 수많은 사람들과 후의 더 많은 사람들처럼 느부갓네살 역시 전혀 회개

하지 않고 그 회의를 파장했다. 그는 그의 선지자를 존중했고, 그의 해몽을 정중하게 들었지만, 결국 "이 복음은 나에게 해당되지 않는다. 나는 계명을 따르지 않거나 그 말에 귀 기울이지 않는다고 해서 사람들을 심판하는 신을 믿지 않는다"라고 말했다. 그래서 하나님은 그 왕에게 일 년간의 말미를 허락하셨지만, 그는 아마 높은 산책로와 돌기둥, 공중 정원을 갖춘 바벨론의 웅장한 궁궐을 비롯해 그가 다스리는 모든 경이로운 업적에 취해 시간을 허비했을 것이다. 친환경론자인 왕은 궁궐 지붕에 실외 수목원을 만들었고, 적어도 그는 자신에 대해 매우 만족하고 있었다.

그러나 하나님을 자신의 업적에서 완전히 배제하는 개인적 교만은 영적 패망을 초래한다. 느부갓네살은 제국의 왕궁 발코니에서 본 모든 것이 내가 능력과 권세로 건설하여 내 위엄의 영광을 나타낸 것이라고 생각했다. 바벨론 역사를 다루는 모든 성경 외적 자료는 왕의 마음에 있던 이러한 태도를 확인해준다. 인간적으로 말해서, 그는 자랑할 만한 수많은 업적과 교만할 수 있는 충분한 이유가 있었다. 바벨론은 세계의 위대한 불가사의 중 하나였다('심층 연구' 참고). 그러나 하나님은 그 누구와도 자기의 영광을 나누지 않으시며, 특별히 악한 교만으로 확실한 심판을 받게 될 것을 일 년 전에 경고받은 자와는 더욱 그러하셨다.

4:31-32. 다니엘은 하나님의 즉각적인 심판을 전달하기 위해 흥미로운 구절을 사용한다. 이 말이 오히려 나 왕의 입에 있을 때에. 왕은 '하나님이 다스리심'을 인정하기를 거부했고(4:26), 그로 인해 그는 하늘에서 들리는 음성을 통해 왕위에서 쫓겨남과 통제할 수 없는 정신 이상이라는 무서운 운명을 확인해주는 말씀을 들었다. 그는 그의 측근들이 119에 전화한 후 구급차에 실려 조심스럽게 궁궐에서 이동된 것이 아니었다. 그는 문자 그대로 사람에게서 쫓겨났다. 고대 이방 세계에서 사람들은 종종 정신 이상자들을 그들 스스로 주장하는 사람이나 물건처럼 대했다. 느부갓네살이 들짐승처럼 행동하기 시작했다면 아마 그를 동물원에 있게 했을지도 모른다. 혹은 자신이 가고 싶은 대로 가도록 내버려두었을 것이다.

본문은 7년 동안 왕국을 통치한 자가 누구인지 알려주지 않는다. 하지만 확실히 다니엘은 그 선택의 가장 유력한 후보가 되어야 했다. 그는 실제로 국무장관이나 수상이었고, 느부갓네살의 아들 에윌므로닥은 그 시기에 통치하지 않았다. 어떤 이들은 자신의 군주에 대한 다니엘의 사랑과 간호로 궁궐 안 터에 조심스럽게 건축한 제한 구역을 만들어 정신이 온전하지 않은 왕이 신하들의 눈에 띄지 않게 마음대로 돌아다닐 수 있도록 했을 것이라고 주장해왔다.

우리는 이 장과 다니엘서 전체를 떠받치는 세 번째로 인용된 한 구절을 한 번 더 거론하고 32절을 마무리해야 한다. **지극히 높으신 자가 인간 나라를 다스리시며 자기의 뜻대로 그것을 누구에게든지 주시는 줄을 알기까지 이르리라.**

4:33. 종종 정신적 기능을 상실하는 사람들은 천천히 그 끔찍한 상태가 악화된다. 예를 들어, 알츠하이머 병은 마지막 파멸에 이르기 전 수년 동안 그 사람의 정신적 능력을 갉아먹는 경향이 있다. 느부갓네살의 경우는 그렇지 않았다. 다니엘은 **그 동시에 이 일이 나 느부갓네살에게 응하므로**라고 말한다. 그는 마치 소가 된 듯 행동했고, 소처럼 먹었다. 위엄 있고, 영광스러운 왕이 역겨운 짐승처럼 되었다.

글리슨 아처는 이렇게 말한다.

> 육체적으로 그는 자신에 대해 상상하던 모습인 들짐승처럼 되었다. 그의 피부는 사계절 동안 계속해서 바깥 날씨에 노출됨으로 인해 거칠어지다가 결국 가죽처럼 변했다[현대 이라크의 기온은 여름에는 최고 45도나 49도에서(보통 매우 습함) 겨울에는 영하보다 한참 아래까지 낮아진다]. 매우 특이한 것은 헝클어지고 엉망이 된 그의 머리카락이 독수리 털과 같이 보였다는 것이다. 한 번도 깎지 않은 그의 손톱과 발톱은 짐승 발톱처럼 되었다. 그래서 동물화 망상('심층 연구' 참고)으로 알려진 질병의 희생자인 교만한 왕은 인간 이하의 수준으로 전락했다(글리슨 아처, 66).

D. 지극히 높으신 자의 개입(4:34-37)

Supporting Idea	하나님께서 심판하시면 그것은 신속하고 확실하게 실시된다. 하나님이 회복하고자 하시면 그 회복은 완전하다.

4:34-35. 다니엘이, 느부갓네살이 하늘을 우러러보았다고 말하는 내용은 얼마나 흥미로운가. 마침내 때가 온 것처럼 심판의 시간이 끝나고, 이 불쌍한 피조물은 신적인 충동에 자극을 받고 고개를 들어 하늘을 우러르며 구원을 요청했다. 우리는 또한 다른 해

설자가 아닌(3자 내러티브가 아닌) 느부갓네살이 다시 직접 자신을 대변하는 것을 본다. 하나님은 그의 정신을 치료해주셨고, 그는 성경적인 훌륭한 방식으로 하나님을 찬양하는 데 처음으로 그것을 사용했다.

느부갓네살이 엄격한 의미에서 실제로 신자가 되었다고 할 절대적 확신은 없다. 그것은 확실히 가능하지만 입증할 수가 없다. 그러나 그는 확실히 하늘의 왕국이 세상의 모든 왕국을 지배함을 인정해야 한다는 하나님의 요구 조건을 충족시켰다. 왕의 짧은 송영은 하나님에 대한 성경적 이해와 완벽히 일치하기 때문에 복음주의 교회 어디서나 읽거나 낭독할 수 있다. 이 이방 군주는 자신이 가진 이해에 일치하는 행동을 했다고 주장할 수 있다.

이 고대의 왕은 마침내 성경의 가장 중요한 교리 중 하나, 다니엘서의 처음부터 끝까지에 스며들어 있는 진리에 다가서고 있다. 그것은 하나님은 세상의 주권자이시며, 하늘의 군사에게든지 땅의 거민에게든지 자기 뜻대로 행하시는 분이시라는 진리다. 어떤 사람들은 심지어 그리스도인들이라 해도 하나님의 속성에 대한 이 묘사를 다소 불편하게 받아들인다. 어떤 이들은 세계 곳곳의 그리스도인들의 박해와 태아나 심지어 유아들에 대한 끝없는 살해, 그리고 도처에서 일어나는 잔인한 악행을 하나님께서 어떻게 허용하시는지 의문을 갖는다. 그 답은 그것을 하나님의 '뜻(determination)' 이 아닌 하나님의 '허용하심(permissiveness)' 으로 보는 것이다.

제임스 보이스는 다음과 같이 지적한다.

> 겉으로 보기에 모순적인 이것을 해석하는 방법은 인간의 반역이 하나님의 명시된 명령과는 반대되지만, 하나님의 영원한 혹은 보이지 않는 계획의 범주 안에 속한다고 보는 것이다. 다시 말해서, 하나님은 자신이 진노의 날에 죄를 심판하실 것이며, 그 중간 시기에는 그것이 하나님 자신이 정해놓으신 한계를 넘어서지 않을 것을 미리 아시고, 하나님 자신의 이유로 죄를 용납하시는 것이다. 많은 이들이 하나님의 주권에 역행하고 있다(우리 시각에서 볼 때). 그러나 하나님의 시각으로 보면 그분의 법(decrees)은 항상 확고히 서 있다. 사실상 웨스트민스터 소요리 문답이 기록하고 있듯이 "하나님의 작정이란 그분의 뜻의 경륜에 따른 하나님의 영원한 목적으로서 이를 따라 그분이 자신의 영광을 위해 앞으로 일어날 모든 것을

미리 정하셨다"는 것이다(제임스 보이스, 152).

4:36-37. 지극히 높으신 자의 선물이 계속 늘어나고 있다. 온전한 정신, 위엄과 광명과 군주로서의 권세가 지극한 위세를 더하며 회복되었다. 자신에게 무슨 일이 일어났었는지, 그리고 그것이 왕족과 고관들에게 어떻게 비추어졌을지를 알고 느부갓네살이 큰 불안감 속에 왕위에 복귀하는 모습을 상상해볼 수 있다. 하지만 하나님이 자신의 모든 것을 완전하게 회복해주신 데 대해 왕은 크게 기뻐하며 또 나의 모사들과 관원들이 내게 조회하니라고 말하고 있다.

기독교 지도자들은 건전한 신학뿐 아니라 개인적 적용을 위해 이 장을 부지런히 살펴볼 필요가 있다. 우리는 우리가 가질 수 있는 모든 권위와 힘을 놓치지 않고 얻기 위해 방어적인 태도와 영역 보호에 얼마나 열심히 노력을 기울이는가. 목사들은 신임 투표를 통과했다고 자랑하고, 정치인들은 공직에 선출되기 위해 수백 만 달러를 비용으로 쓴다. 그러나 교회의 한 분 주님이 계시며, 세상을 다스리시는 지극히 높으신 한 분 하나님이 계신다. 인생의 목적과 주체성을 유지하거나 다시 획득하기 위해 고투하며 고통 속에 있는 모든 그리스도인들은 이 장에서 소망을 발견할 수 있다.

글리슨 아처가 상기시키듯이, 이것은 정확히 이 사건이 일어난 시기의 수천에 달하는 유대인 포로들의 입장이다.

> 그들은 아브라함과 모세와 엘리야의 하나님이 참으로 살아 계시는지, 또한 거룩한 성 예루살렘을 폐허로 만들고 거룩한 성전을 잿더미로 만든 이방인 나라들의 승리 앞에서 견딜 수 있는지 당연히 의문이 들었을 것이다. 모든 이방인 관찰자들이 생각하듯이, 하나님이 강력한 바벨론의 신들(마르둑, 느보, 벨…)에게서 보호해 주기에는 너무나 허약한 신이기 때문에 히브리 민족은 너무나 철저하게 짓밟히고 본국에서 완전히 쫓겨나 회복이 불가능하다고 단정하기 쉬웠을 것이다. 유대인 포로들은 한계가 없는 듯한 느부갓네살의 권세조차 전능하신 주 하나님의 통제 아래 있음을 알아야 할 필요가 있었다. 그분은 여전히 그들을 돌보고 계시며, 본국에서 그들을 위한 놀라운 미래를 펼쳐 보이실 것이다. 그러므로 첫 6장에 기록된 각 에피소드는 하나님의 주권과 신실하심, 회개하지 않는 인류의 교만을 치시는 능력

에 대한 승리의 시범으로 마무리된다(글리슨 아처, 68).

Main Idea 복습	이 장의 신학적 메시지는 25절의 진리에 집중되어 있다. "지극히 높으신 자가 인간 나라를 다스리시며 자기의 뜻대로 그것을 누구에게든지 주시는 줄을 아시리이다." 영적 메시지는 27절에서 찾을 수 있다. "공의를 행함으로 죄를 속하고 가난한 자를 긍휼히 여김으로 죄악을 속하소서."

결론

겸허한 영혼

1812년에 태어난 로버트 브라우닝(Robert Browning)은 상대방을 의식하면서 화자가 자신의 성격을 드러내는 문학적 기법인 극적 독백을 완성한 시인이 되었다. 브라우닝은 14세 이후로 공식적인 교육을 전혀 받지 않았지만, 21세에 첫 시집을 발표했다. 1846년 엘리자베스 바렛(Elizabeth Barrett)과 결혼한 그는 영국을 떠나 온화한 기후를 찾아 이탈리아의 플로렌스로 이사할 수밖에 없었고, 그곳에서 엘리자베스가 16년 후 사망할 때까지 두 사람은 저술 활동을 계속했다. 오늘날 로버트 브라우닝은 빅토리아 시대의 대시인 중 한 사람으로 인정받고 있으며, 그의 정교한 문체뿐 아니라 인간성에 대한 탁월한 심리적 통찰로 인해 칭송을 받고 있다.

유명한 〈랍비 벤 에즈라(Rabbi Ben Ezra)〉에서 브라우닝은 육신을 비판하는, 더 솔직히 말해 젊음을 비판하는 23절로 된 시를 썼다. 그는 영혼과 육체가 더 이상 적대 관계에 있지 않고 일종의 일체감이 인간 존재에게 정착될 수 있는 늙음의 중요성을 고취시킨다. 나이 듦이란 단순히 인생의 후반이 아니라 인생의 최고의 상태 그 자체이다. 그러므로 첫 행은 "나와 함께 나이 들어가자! 가장 좋은 때는 아직 오지 않았다. 인생의 후반, 그것을 위해 인생의 초반이 존재하나니" 라는 내용으로 시작하고 있다.

느부갓네살은 로버트 브라우닝의 시를 한 번도 읽어보지 않았다. 하지만 다니엘 4장에 기록된 그의 반성을 볼 때 그가 브라우닝의 시를 읽었더라면 28연과 33연을 읽으면서 동의하는 듯이 고개를 끄덕이는 모습을 볼 수 있었을지도 모른다.

그는 이 춤 속에 당신을 붙잡고
조작된 환경 속에서
이 현재는 진실로 그대를 막는도다.
장치들은 그대의 영혼이
굴복하도록 만들어졌도다.
넉넉한 감동으로
분발하여 앞으로 방향을 틀라.
그리하여 그대의 일을 취하고 사용하라.
결점이 있을지도 모를 곳은 수선하라.
긴장을 유발하는 원천이여, 과거를 에워싸던 것은 목표이리라!
나의 시간들이 그대의 손 안에 있음이여!
운명을 계획한 대로 완전케 하라!
나이가 젊음을 인정하고, 죽음이 이를 완성케 하라!

"끝이 좋으면 모두가 좋다" 고 셰익스피어는 말했다. 우리는 그리스도를 섬기는 중대한 도전 중 하나가 잘 마치는 것, 실제로 끝내는 것임을 점점 더 깨닫게 된다. 다니엘 4장의 마지막 절이 노년기의 느부갓네살의 태도를 성실하게 반영한 것이라면 우리는 거룩하신 장인의 손길로 그의 영혼이 겸허하게 되었고, 그의 인생이 훌륭하게 마무리되었다고 충분히 확신할 수 있다.

▣ 진리 알기

- 세속적인 성공의 서글픈 면은 그 사람으로 하나님을 떠나게 하고, 그의 초점이 위를 향하기보다는 안을 향하게 한다는 점이다.

- 하나님은 항상 강제적인 징계보다는 그분의 뜻에 자발적으로 협력하는 모습을 더 좋아하신다.
- 그리스도인들은 항상 죄에 대한 심판의 중요한 일부로서 구속의 메시지를 선포해야 한다.
- 참된 친구들은 자신들의 조언을 받아들이지 않는다 해도 끝까지 신실하게 관계를 지속한다.

▣ 적용하기

- 개인적 성취와 업적에 대한 모든 인식은 하나님이 그것을 주셨다는 지식이 있을 때 만족함을 얻는다.
- 이 세상의 혼란과 광기 어린 어리석음의 합리적 해결책으로 복음을 선포하라.
- 하나님을 섬겨야 한다고 해서 상식적인 예의와 정중한 태도를 버리는 일이 없도록 하라.
- 하나님께서 은혜를 베푸실 목적으로 징계하실 때 시작보다 끝이 더 좋다는 것을 기억하라.

삶의 적용

최후의 불우한 날

이야기의 진위를 확인할 수는 없지만 나는 소방 당국이 산불로 생긴 피해를 조사하는 도중 완전히 불로 소실된 산림 지역에서 시체 한 구를 발견한 이야기를 읽은 적이 있다. 사망한 남자는 등에 산소 탱크를 지고 물갈퀴와 얼굴에 마스크로 완전히 장비를 갖춘 잠수용 복장을 하고 있었다. 부검 결과 그는 화재로 죽은 것이 아니라 심각한 장 파열로 사망했다는 결론이 났다. 그러나 세상에 어떻게 완전한 복장을 갖춘 다이버가 불이 난 산속에 있을 수 있단 말인가?

치과 기록을 조회해본 결과 산불이 난 바로 그날 그 희생자는 숲에서 약 32킬로미터 떨어진 곳인 캘리포니아 해안에서 다이빙을 하고 있었음이 밝혀졌다. 깊고 커다란 물 탱크를 갖춘 산불 진화 헬기들이 바다에서 물을 길어 산불 화재 현장으로 날아가 그 물을 쏟아부었다. 다이버는 바다 위로 올라온 후 한순간 자신이 공중에서 90미터의 깊은 물탱크 속에 있는 것을 발견했다[〈캘리포니아 이그재미너(California Examiner)〉, 1998. 3. 20].

실제로 느부갓네살의 불우한 날은 폭력적인 죽음으로 이어지지 않았고, 그의 인생은 그만큼 극적으로 바뀌었다. 그가 궁궐 옥상에서 바벨론의 찬란한 영광에 탄복하며 자랑하다가 한 순간 자신의 의식 혹은 행동에 대한 통제력을 상실하고 말았다. 우리는 아무 경고 없이 갑자기 죽음의 습격을 받는 것을 보아왔다. 흔한 두통이 뇌종양으로 진단 내려지는 것을 보았다. 우리는 전혀 예상치 못한 순간에 비극으로 삶이 유린당한 사람들을 알고 있다.

이 장은 우리에게 준비성과 회개에 관해 가르쳐준다. 그것은 우리 삶의 모든 것에서 하나님께 영광을 돌리고, 베푸신 모든 축복에 대해 찬양하는 즉각성과 우리의 죄와 악함을 판단하고 옳은 것을 행하는 회개이다.

이 장의 제목은 수년 전 미드웨스트 근방에서 흔히 하는 오래된 농담에서 따온 것이다. "농부의 정의는 무엇인가?" 그 대답은 다음과 같다. "자기 밭에 나가 서 있는 사람(A man out standing in his field)." 많은 농부들은 이 구절의 가장 적절한 의미에서 그들의 밭에서 두드러져 보이게 서 있다. 느부갓네살은 들판의 두드러진 존재에서 들판에서 동떨어진 최악의 인생을 경험하였다.

성경 속의 그리스도인들은 매순간 하나님을 의지하며 미래의 어떤 것도 당연한 것으로 여기지 않는다. 야고보는 누구 못지않게 그것을 잘 지적하고 있다. "들으라 너희 중에 말하기를 오늘이나 내일이나 우리가 아무 도시에 가서 거기서 일 년을 유하며 장사하여 이를 보리라 하는 자들아 내일 일을 너희가 알지 못하는도다 너희 생명이 무엇이뇨 너희는 잠간 보이다가 없어지는 안개니라 너희가 도리어 말하기를 주의 뜻이면 우리가 살기도 하고 이것 저것을 하리라 할 것이거늘" (약 4:13-15).

기도

하나님 아버지, 고대 왕의 고백을 통해 당신을 찬양하고 경배하며 영원히 살아 계신 분으로 당신께 영광을 돌려드립니다. 당신의 통치는 영원하고, 당신의 왕국은 세대에서 세대까지 이르나이다. 우리가 우리 삶에 대한 당신의 전능하신 통치하심을 늘 의식하며 살도록 도와주십시오. 아멘.

심층 연구

A. 바벨론의 왕궁(4:29)

우리는 이미 인간적인 기준으로 볼 때 느부갓네살이 자신의 업적으로 인해 자만심을 가질 충분한 이유가 있음을 지적했다. 성경의 외적 자료들은 바벨론의 건축 프로젝트에 대해 풍부한 정보를 제공한다. 지난 세기에 이루어진 그 지역에 대한 발굴 작업은 우리가 이전에 알았던 거의 모든 지역, 특별히 거대한 궁궐과 어마어마한 식물 조성 프로젝트가 사실이었음을 입증한다.

요세푸스는 느부갓네살에 대해 이렇게 기록하였다.

> 그래서 그는 그렇게 뛰어난 방법으로 성벽을 쌓아 성을 요새화하고 성문들을 웅장하게 장식한 후 그의 부친이 거주했던 그 성에 새 궁궐을 다시 건축했는데, 그 높이와 화려함과 웅장함에 있어서 더욱 뛰어났다. 그것에 대해 묘사하고자 하는 사람이 있다면 아마 참으로 긴 이야기가 필요할 것이다. 그렇게 어마어마하게 크고 웅장했음에도 그 왕궁은 15일 만에 완성되었다. 이제 그 궁궐 안에 그는 돌기둥으로 지탱하는 매우 높은 산책로들을 세우고 이른바 '공중 낙원(pensile paradise)'이라 불릴 만큼 온갖 종류의 나무들로 가득 채워 마치 산지와 닮은 전망을 만들었다(요세푸스, 613).

그리스인들은 바벨론의 이 신기한 공중 정원을 고대 세계의 7대 불가사의 중의 하나라고 생각했다. 느부갓네살은 자신의 궁전 지붕에서 시내 중심가와, 황소와 용의 형상으로 장식된 화려한 색깔의 윤이 나는 벽돌과 일렬로 나란히 서 있는 긴 가로수를 내려다볼 수 있었다. 스테판 밀러는 이렇게 말한다. "느부갓네살이 수많은 뛰어난 성취를 이루었을 수는 있지만 슬프게도 하나님이 베푸신 축복에 대해 하나님께 영광을 돌려드리는 일에는 실패했다. 그의 마음은 교만과 자만심으로 가득했고, 그는 자기 자신의 위대함과 능력을 자랑하기 시작했다… 교만해진 왕은 하나님께 당연히 돌려드려야 할 영광을 스스로 취하고 하나님의 심판을 자초했다"(스테판 밀러, 141).

B. 동물화 망상(4:33)

'동물화 망상증(insania zoanthropica)'은 사람들이 자신을 동물로, 특별히 소로 생각하는 정신 이상 상태를 가리킨다. 느부갓네살에게 일어난 일은 하나님이 주신 것이었지만, 특이한 질병이라면 그 자체로 새로운 사실이 되었다. 이것은 천박한 할로윈 영화 속의 유명한 늑대 인간 증후군인 'lycanthropy(그리스어로 '늑대'라는 뜻의 'lykos'와 '사람'이라는 뜻의 'anthropos'에서 유래. 낭화증, 수화망상이라고도 함)'와 유사할 것이다. 그것은 사람이 늑대의 모습과 특징을 가질 수 있다는 마술적 능력을 가리킨다. 동물화 망상과 늑대 인간 증후군은 서로 다르지만 병의 성격에서는 유사한 경향이 있다. 현대적 용어로 우리는 느부갓네살이 '광우병(mad cow disease)'에 걸린 것으로 추정할 수 있다.

C. 느부갓네살의 회심(4:37)

우리는 이 장에 대한 주석 작업을 하면서 내내 느부갓네살의 마지막 '믿음의 고백'이 그가 실제로 구약적 신자가 된 것인지에 대한 여부를 암시하는 것인지 질문을 제기했다. 주석가들 사이에 이 점에 대해 이루어진 합의가 전혀 없다. 그래서 다음에 몇 가지 주장들을 소개하고자 한다.

> 신상 중 금으로 된 머리(2:38)에 해당하는 이가 다니엘의 하나님께 겸손히 복종하며 절했다(글리슨 아처, 67).
>
> 세대마다 믿음의 시각을 완전히 갖지 못하거나 믿음의 내용에 있어서 완전히 옳지 않지만 구원받는 사람들이 있는 것처럼, 느부갓네살이 성도 중에 속해 있을 가능성이 전적으로 존재한다(존 월부어드, 「Daniel」, 112).
>
> 하나님에 대한 이 비인격적 지칭은 그가 하나님과 친밀하지 못함을 보여주며,

다니엘서에 나오는 느부갓네살의 이 마지막 말은 그가 하나님의 능력과 공의를 공식적으로 인정하면서도 회개와 참된 믿음의 특징은 보여주지 않는 것 같다(조이스 볼드윈, 116).

모든 문제들을 종합해볼 때 그가 인격적 믿음을 행사했을 가능성이 그렇지 않았을 가능성보다 더 높은 것 같다(레온 우드, 「Daniel」, 65).

실제로 다니엘서의 이 중심 단락의 전체 목표는 인격적 구원이라는 이 문제를 제기하는 것이다. 이 장에서 한 왕이 구원을 받는다. 이는 그가 그것을 정식으로 직면하고 회개와 믿음으로 반응하기 때문이다[로널드 월리스(Ronald Wallace), 85].

확실히 나는 다수의 의견에 동의한다. 구원은 마음의 문제이며, 하나님은 느부갓네살의 마음을 분명히 변화시키셨고, 그로 인해 그의 입술에서 정확하고 정직한 찬양이 흘러나올 수 있었다.

교안

A. 들어가는 글

1. '하나님의 나무' 이야기로 시작하라.
2. 배경 설명: 다니엘 4장은 첫 세 장의 문맥을 배경으로 하고 있다. 이 전체 4장을 통해 무엇보다 가장 중요한 한 가지 교훈이 우리에게 도전을 주고 있다. 우리는 '하늘의 왕을 찬양하며 칭송하며 존경해야' 한다. '그분의 일이 다 진실하고 그분의 행하심이 의로우시기' 때문이다.
3. 적용: 다니엘은 4장과 5장 사이의 전환 문단을 전혀 제공하지 않는다. 4장 37절에서 느부갓네살은 생존하고 있었고, 건강하고, 형통하며, 강력한 권세를 행사하고 있다. 5장의 시작 부분에서는 벨사살 왕이 거대한 잔치를 베풀고 있다.

B. 본문 이해

1. 거대한 나무의 정체(4:19-22)
2. 충격적인 꿈에 대한 해석(4:23-27)
3. 임박한 심판의 실행(4:28-33)
4. 지극히 높으신 자의 개입(4:34-37)

C. 결론: '겸허한 영혼' 을 읽어주라.

토의 질문

1. 느부갓네살이 회심했는지의 여부에 관한 논쟁에 비추어, 구약 시대에서 회상할 수 있는 유사한 사례는 어떤 것이 있는가?

2. 우리가 사는 현대 세상에서 번영이 그토록 지배적 개념이 된 이유가 무엇이라고 생각하는가?

3. 하나님의 주권에 대한 계속된 교훈 외에 이 장에서 그리스도인의 삶과 섬김에 어떤 다른 적용점이 보이는가?

다니엘 5:1-16

홍청거리는 연회에서 일어난 기이한 일

"성공은 숭배되어야 할 신성한 목표가 아니라 사용되어야 하는 도구에 지나지 않는다."

- 캘빈 쿨리지(Calvin Coolidge)

느부갓네살로부터 네로, 벨사살에서 마오쩌둥에 이르기까지 이방 통치자들은 하나님께 도전했다. 하지만 하늘의 주님이 항상 승리하신다.

지리적 개요: 메대

- 바벨론과 티그리스 강 북동쪽 지역
- 일반적으로 자그로스 산맥, 아락세스와 키루스 강과 히르카니아, 엘람이 경계를 이루는 곳
- 야벳의 아들 마대를 기념하여 지은 이름일 수도 있다.
- 말(horses)로 유명하다.

지리적 개요: 페르시아

- 대략적으로 현재의 이라크
- 주전 550년 메대의 통치를 받음
- 결국 아시아에서 지중해와 발트해에서 페르시아만에 이르는 제국으로 영토가 확장되었다.
- 다니엘서와 에스더서에 두드러지게 등장함

인물 개요: 벨사살

- 바벨론의 일곱 번째이자 마지막 왕, 나보니도스(Nabonidus)의 아들이자 섭정왕
- 역사적 인물인지에 대한 많은 논쟁이 있지만 여러 고고학적 연구를 통해 실존 인물로 확인됨
- 성경적 자료와 성경 외적 자료에서 모두 약하고 무능력한 왕으로 인식됨

인물 개요: 메대 사람 다리우스

- 다리우스는 이름이라기보다 직책(시저처럼)이었을 가능성이 아주 높다.
- 고레스 왕 군대의 고위직 장군
- 아마 바벨론 근처의 페르시아 지방의 통치자
- 에스더 1장 1절의 아하수에로의 아들

들어가는 글

불길한 전화벨 소리가 울린 밤

2000년 미국 대통령 선거를 치른 지 여러 주가 지났지만, 미국인들은 차기 대통령이 누구인지 알지 못했다. 손으로 하는 재검표 작업 소동, 해외 거주민들의 부재자 투표 현황 파악, 법정에서의 끝없는 공방으로 당선자 발표가 지체되었고, 결국 막상막하의 백중세로 결과가 보도되었다. 도무지 기다릴 수 없는 미디어들은 성급한 추측을 앞다투어 내놓았고, 모든 거대 통신사들은 11월 8일 이른 아침에 여러 곳에서 조지 부시(George Bush)와 앨 고어(Al Gore)를 동시에 승자로 발표하는 일이 벌어졌다. 그 다음 날 여러 신문사들은 그 대단한 뉴스를 헤드라인으로 가장 먼저 싣기 위해 필사적인 노력을 하며 기사를 남발했다. 그들이 결과적으로 옳았다는 사실 때문에 그들의 정당화될 수 없는 성급함을 눈감아줄 수는 없다.

- "부시가 간발의 차로 이기다" 〈보스턴 글로브(Boston Glove)〉
- "부시 승!" 〈보스턴 헤럴드(Boston Herald)〉
- "부시!" 〈오스틴 아메리칸 스테이츠맨(Austin American-Statesman)〉
- "부시가 이기다" 〈뉴욕 포스트(New York Post)〉

마크 호센볼(Mark Hosenball)은 〈뉴스위크(Newsweek)〉지의 해설 기사를 통해 이 소동을 논평하며, 그것을 '불길한 전화벨 소리가 울린 밤' (2000. 11. 17)이라고 제목을 달았다.

벨사살이 바로 그러한 밤을 경험했다. 이번에는 선거와 관련해서가 아니라 그의 축출과 관련된 것이었다. 그것은 적의 군대가 바벨론을 에워싼 가운데 잔치를 열고 있다는 불길한 전화였다. 그것은 이방 신들을 찬양하기 위해 유대 성전의 거룩한 그릇들을 가져오게 했다는 불길한 전화였다. 불가해한 암호를 해독하기 위해 무능력한 마술사들로 구성된 자문단을 소환하는 불길한 전화였다. 그리고 그것은 하나님의 선지자가 그 의미를 일러준 후에 회개하며 엎드리지 않았다는 불길한 전화였다.

이 본문은 다니엘 4장의 마무리 단락과는 신학적으로 매우 동떨어진 내용이다. 느부갓네살은 주전 562년에 사망했고, 다니엘 5장 첫 단락이 시작되기 전까지 23년이 흘렀다. 바벨론인들은 무능력한 여러 왕들이 오고 가는 것을 지켜보았다. 에윌므로닥(주전 562-560년), 네리글리살(주전 560-556년), 재위 기간이 채 일 년이 안 되는 라바쉬마르둑, 나보니도스는 556년에 왕이 되어 이 장에 기록된 바로 이 밤인 주전 539년 10월 29일까지 통치했다.

다니엘은 이 두 장 사이에서 골프를 치고 있었던 것이 아니다. 그는 이 장의 후반부에서 읽게 될 예언들을 하나님께 받고 기록하는 데 골몰하고 있었다. 존 월부어드는 이렇게 말한다. "4장과 5장 사이에는 25년이라는 시간이 흐르고, 7장과 8장에서는 다니엘에게 더 심오한 계시가 주어진다. 7장의 계시는 '바벨론 왕 벨사살 원년에'(단 7:1) 주어졌고, 8장의 수양과 숫염소에 대한 환상은 '벨사살 왕 삼 년에'(단 8:1) 주어졌다"(존 월부어드, 「Daniel」, 116).

본문 이해

흥청거리는 연회에서 일어난 기이한 일

Main Idea	하나님의 우선순위 목록에서는 영성이 역사보다 더 중요하다. 편하게 성경을 읽는 독자는 이 장이 고대 제국들에 대한 소중한 정보라고 생각할 수 있고, 장의 시작과 끝은 확실히 그러한 정보를 제공하는 면이 있다. 하지만 대다수의 지면은 이방 왕의 어리석음과 악함에 집중적으로 할애되고 하나님의 하늘의 심판이 그의 왕국을 어떻게 파멸시키는지에 집중하고 있다.

A. 큰 잔치 자리에서 벌어진 악행(5:1-4)

Supporting Idea	참되신 하나님은 언제나 이방의 흥청거리는 환락을 반대하신다. 특히 그것이 우상 숭배와 관련될 때 더욱 그렇게 하신다.

5:1. 이 구절이 느부갓네살과 말년의 벨사살을 명확하게 구분하기는 하지만, 고대의 역사를 배운 사람이라면 이로 인해 놀라지 않는다. 「NIV 스터디 바이블」은 "그러한 잔치가 벌어지면 떠들썩한 흥청거림과 신성 모독 행위가 벌어졌음을 고대 그리스 역사학자 헤로도토스(Herodotus)와 크세노폰(Xenophon)이 확인해주고 있다" (p.1668)라고 알려준다. 부친 나보니도스가 페르시아 군대와 싸우고 있을 때 벨사살(그의 이름의 뜻은 '벨이여, 왕을 보호해주소서')은 바벨론을 통치했다. 하지만 그의 부친은 이미 포로로 잡혀 있는 상태였고, 바로 그 순간 메대와 바사(페르시아)의 연합 군대가 바벨론 영토를 에워싸고 이미 외곽 지역들을 차지한 상태였다.

왜 그토록 충격적인 저녁에 왕은 잔치를 열 결정을 내렸을까? 많은 이유가 제기되었다. 아마 왕궁의 지도자들의 용기를 북돋워주기 위해 이방 신들의 재확인을 받는 것이 그 순간에 훌륭한 생각으로 보였을 것이다. 혹은 바벨론의 거대한 성벽이 모든 침략군들에게서 그들을 무한히 보호해줄 것이라고 순진하게 믿었을 수도 있다. 그래서 우리는 바벨론 왕국의 우두머리가 예루살렘을 향한 이사야의 정죄를 실천하기로 결정한 파티에 초청받지 않았지만 참석하고자 한다. "너희가 기뻐하며 즐거워하여 소를 잡고 양을 죽여 고기를 먹고 포도주를 마시면서 내일 죽으리니 먹고 마시자 하도다" (사 22:13). 이것은 부활의 소망이 전혀 없다면 매우 합리적인 것이라고 생각한 철학이다(고전 15:32).

우리는 이것을 찻잔과 은식기, 촛불이 있는 우아한 연회로 생각해서는 안 된다. 이 사람들은 먹다가 지쳐 더 이상 먹지 못할 지경이 될 때까지 게걸스럽게 먹어댔다. 그러고 나서 그들은 거의 앉거나 설 수 없는 지경이 될 때까지 마셔댔다. 이런 종류의 진탕 마시고 떠드는 잔치는 고대 왕국에서 흔한 것으로, 사려 깊은 소크라테스에 의해 자세히 기록되었다.

그 귀인 일천 명이라는 표현은 그 잔치에 참석할 수 있는 관리들의 구체적인 수를 우리가 전혀 모르기 때문에 단순히 일반적인 표현일 수도 있다. 하지만 **그 일천 명 앞에서**(일천 명과 함께)라는 표현은 해석하는 데 다소 어려움이 있다. KJV 성경은 벨사살이 "그 일천 명 앞에서 포도주를 마셨다" 라고 말함으로 모든 손님들이 지켜보는 가운데 주빈상이 차려진 단이나 상단에서 술을 마시고 취하는 모범을 보였음을 암시하고 있다. 우리에게는 이것이 아주 흔한 모습으로 보이지만, 고대 왕들은 이러한 연회 자리에서 다른 이들과 따로 먹고 마시는 것이 더 일반적이었다.

레온 우드는 이렇게 지적한다. "동양적 관습에 의하면, 그러한 연회가 벌어질 때 왕은 따로 마련된 테이블에 앉았다. 그 자리에서 그는 그 잔치의 분위기와 태도 혹은 속도를 조절할 수 있었다. 여기서 벨사살이 다른 이들 앞에서 술을 마셨다는 지적은 그가 홍청망청 먹고 마시며 즐기도록 분위기를 주도하고 있었다는 말이다. 그러면 모든 참석자들은 그의 뒤를 따라 마음껏 즐길 수 있을 뿐 아니라 또한 반드시 그렇게 해야만 했다"(레온 우드, 「Daniel」, 68).

5:2-3. 벨사살은 이제 이런 홍청거림에 신성 모독을 추가한다. 느부갓네살은 아무리 악을 저지를 때도 다른 신들을 섬기던 거룩한 그릇을 결코 가벼이 다룬 적이 없었고, 정부 조직의 고위 관료가 된 이스라엘 젊은이들의 하나님의 거룩한 기명들은 더욱 확실히 그러했다. 우리는 느부갓네살이 벨사살을 양육했을 것이라고 생각해서는 안 된다(벨사살은 그의 아들이라기보다 그의 손자일 가능성이 더 많다, '심층 연구' 참고). 히브리어나 아람어는 할아버지나 손자에 해당하는 표현이 없다. '아버지들(fathers, 조상들)'이라는 이 단어가 복수로 사용될 경우 성경에서 여러 차례 볼 수 있듯이 아브라함과 이삭과 야곱으로 거슬러 올라가는 모든 조상들을 가리킬 수 있다. 조부가 '아버지의 아버지'라 불린 적은 한 번도 없었고, 항상 단순히 부친이라고 표현되었다.

어떤 주석가들은 벨사살이 술에 취하지 않았더라면 절대 이 거룩한 그릇들을 함부로 사용하지 않았을 것이라고 믿는다. 그러한 이유로 벨사살이 술을 마실 때에라는 구절은 시간을 가리키는 표현이라기보다 그의 행동의 동기나 충동으로 해석하며, 그러한 해석이 가능할 수 있다. 하지만 그 행동이 술에 의한 동기를 가리키는 것에 못지않게 당시 그의 처절한 두려움과 실패 혹은 그 사람의 심술궂은 성격을 드러낸 것일 수도 있다.

벨사살의 부친 나보니도스는 엄격한 의의 모범이라고 보기 어렵지만 세속 역사에서는 사제이며, 학자로 등장하는 경우가 있다. 그러나 국사를 돌보도록 그가 바벨론에 남겨둔 아들의 허약한 모습이 다니엘 5장 첫 4절부터 적나라하게 드러나고 있다. 헤르만 벨드캄프는 이와 관련해 현대적인 메타포를 제공한다. "우리는 그것을 자신들이 좋아하는 술집에서 그 유리잔을 사용해 술을 마시려고 교회의 성만찬 집기를 훔쳐내는 알코올 중독자들의 무리에 비유할 수 있다. 벨사살과 나머지 난봉꾼들이 술을 마시다가 질식하지 않았다는 것과 한 사람도 급사하지 않았다는 것이 놀랍다"(헤르만 벨드캄프, 92).

이것을 부주의하거나 단순히 어리석은 행동으로 보는 것은 잘못된 것이다. 확실히 벨사살은 부주의하고 어리석은 행동을 했다. 하지만 다니엘서의 기록은 잔치 자리에서 예배를 받고 있는 신들(신을 위한 성스러운 잔치와 대비되는 세속적인 바벨론 축제와 같은 것은 전혀 존재하지 않았다)과 거짓 신들을 찬양하고 섬기기 위해 살아 계신 하나님의 거룩한 성전 기명이 사용되고 있는 사실의 뚜렷한 대조를 묘사하고 있는 것 같다. 다시 말해서, 이것은 단순한 잔치가 아니라 노골적인 우상 숭배였고, 느부갓네살이 "하늘의 왕"(4:37)이라고 불렀던 하나님에 대한 도전이었다. 5장은 4장 37절의 "무릇 교만하게 행하는 자를 그가 능히 낮추심이니라"라는 말씀의 예시를 보여주고 있다.

벨사살이 시간을 내어 예레미야서를 읽었더라면 그 운명의 10월 어느 날 자신의 행동에 대해 달리 생각했을 수도 있다. 페르시아인들이 그 지역을 통치하기 전에 이미 예레미야는 "한 나라가 북방에서 나와서"(렘 50:3) 바벨론을 칠 것이라고 예언했다. 예레미야 선지자는 긴 두 장을 전부 할애해 바벨론의 멸망을 다루었고(렘 50-51장), 그 예언은 흥미로운 구체적인 내용까지 포함하고 있다. 이 단락을 풀어 쓴 유진 피터슨의 책 「메시지 성경(The Message)」을 살펴보라.

> "그러고나서 나 하나님이 개입하여 말한다.
> '나는 너희 편이다. 네 소송을 처리할 것이다.
> 나는 너의 원수를 갚아줄 것이다. 너희는 원수를 갚게 될 것이다.
> 그들의 강을 말리고 그들의 샘을 막아버리겠다.
> 바벨론은 폐허더미가 되어 집 없는 개와 고양이들이 먹이를 찾아 어슬렁거릴 것이다.
> 쓰레기 처리장이 되어 신의 저주를 받은 유령 마을이 될 것이다.
> 바벨론 사람들은 사자와 어린 사자 새끼들처럼 굶주림에 지쳐
> 먹이를 찾아 으르렁거릴 것이다.
> 내가 그들에게 식사를 마련해줄 것이다. 사실 잔칫상을 차려줄 것이다.
> 그들은 취해 쓰러질 정도로 마셔댈 것이다.
> 취해 인사불성이 된 채 그들은 잠들 것이다. 계속 잠잘 것이다…

그리고 그들은 결코 깨어나지 않을 것이다." 하나님의 명령이다
(렘 51:36-39, 「메시지 성경」).

"내가 그들로 취하게 할 것이다. 방백들, 현자들, 통치자들, 군인들, 그들 모두를.
취해 인사불성이 된 채 그들은 잠들 것이다. 계속 잠잘 것이다…
그리고 그들은 결코 깨어나지 않을 것이다." 하나님의 명령이다.
그의 이름은? 천군 천사들의 군대의 하나님이시다.

천군 천사들의 하나님이 말씀하신다.

"바벨론 성벽들, 그 육중한 성벽들이 바닥으로 완전히 무너질 것이다.
그리고 그 성문들, 그 거대한 성문들이
불탈 것이다.
이 공허한 인생을 위해 애를 쓸수록
더 공허해질 것이다.
이와 같은 야심은 한 줌 재 외에는 아무것도 남지 않을 것이다
(렘 51:57-58, 「메시지 성경」).

5:4. 다니엘이 첫 네 구절에서 절마다 술을 마신 것을 언급하고 있기 때문에 우리는 술의 중요성을 오해할 수가 없다. 이 구절에서 그는 술 마시는 행위를 그 금, 은, 동, 철, 목, 석으로 만든 신들에 대한 이교적 숭배와 연결시킨다. 신명기 32장 15절의 저주가 우상 숭배를 행하는 모든 자들에게 내려진다. 당대의 해석학을 수용한 제롬은 본문을 이교도적 사상에 비유적으로 적용한다.

우리는 자기 자신의 성향에 맞추기 위해 성경의 선지자들의 말을 이용하고 성경의 증거를 오용하는 진리와 반대된 모든 교리나 모든 이단들에게 그것이 적용된다고 말해야만 한다. 그것은 거기에 속고 함께 간음죄를 지은 자들에게 술을 제공한다. 그것은 하나님의 성전의 기명들을 가져가며 그것들에 술을 부어 단숨에 마

> 심으로 술에 취한다. 그 그릇들이 하나님의 그릇임에도 불구하고 그것은 하나님께 찬양을 드리지 않으며, 오히려 금과 은과 놋과 철과 나무와 돌의 신들을 찬양한다(제롬, 56-57).

분명히 다니엘은 이 본문에서 세속 철학에 대해 기술하고 있지 않다. 하지만 제롬의 설명도 일리가 있다. 우리 시대에, 특히 서구 문명에서는 '사고 숭배(ideaolatry)'가 가장 좋아하는 우상 숭배 형태가 되었다. 우리는 너무나 문명화되어서 금과 은 그릇들을 사용해 나무와 돌로 된 신들을 섬기지 않는다. 대신 우리는 우리 자신의 마음의 신, 보좌에서 쫓겨나 신성이 박탈당한 지상의 예수, 신비하지만 거세된 하나님, 그에 대한 구약의 기록들은 흥미로운 이야기 모음에 불과한 하나님을 섬긴다. 벽에 또다시 글자를 쓰는 손가락이 나타나야 할 시간이 된 것인지도 모른다.

B. 분벽에 쓰인 글자(5:5-9)

Supporting Idea	때로 우리는 하나님의 경고를 너무나 오래 무시한다. 그리고 우리가 남긴 모든 것은 운명의 통지서가 되어 날아온다.

5:5. 벨사살이 앉아 있었을 연회실은 폭이 17미터에 길이가 53미터에 달했다. 적어도 고고학자들은 느부갓네살의 궁궐 터에서 이러한 크기의 알현실(throne room)을 발견했다. 긴 벽의 중앙 부위는 일종의 흰 회반죽이 칠해져 있어서 이 매체 사건을 위한 하나님의 화면이 되기에 충분했다. **촛대**(lampstand)에 해당하는 단어는 여기 외에 등장하지 않지만, 대부분의 학자들은 그것을 수많은 촛불이나 횃불을 꽂은 일종의 커다란 샹들리에를 가리킨다고 생각한다. 다시 말해서, 글자 쓰는 손가락은 그 방에서 조명이 아주 잘되는 곳에 나타난 것이다. 또다시 하나님은 공개적으로 파워포인트 프리젠테이션을 하신 것이다. 25년 전 느부갓네살의 경우는 "이 말이 오히려 입에 있을 때"(4:31) 심판이 임했다. 이제 하늘의 손이 갑자기(**그때에**) 글씨를 쓰기 시작하고, 왕은 그것을 보게 되었다.

개인적으로 경험해본 적은 없지만, 충격을 받으면 술에서 깬다는 이야기를 들은 적이 있다. 이 구절은 손목 아래만 있는 인간 손이 나타나 실제로 손가락으로 글자를 쓴 행위를 했음을 묘사한다. 더 이상 꿈과 환상으로 나타난 것이 아니다. 이제 모든 사람들이 보는 가운데 메시지가 벽면에 나타난다. 레온 우드는 이렇게 말한다. "이것은 그 사실이 뇌리에 더 확실하게 각인되게 했을 것이다. 또한 나중에, 찰나의 순간에 기적적인 무엇인가를 본 생각만 있다고 말을 바꿀 사람이 아무도 없었을 것이다. 게다가 그 벽면의 글은 왕이 어떤 식으로든 자신에게 유리하게 바꾸거나 조작할 수 없는 객관적인 증거를 제공했다"(레온 우드, 「Daniel」, 70).

이것은 성경을 전혀 읽지 않는 사람들 사이에서도 화제가 되어온 성경 구절 중 하나이다. '벽면에 손이 나타나 쓴 글'을 보면 뭔가 극적인 사건, 보통 부정적이고 불길한 사건이 곧 일어날 것을 안다. 사람들은 자신이 실직을 하게 될지 모른다는 생각이 들면 나중에 종종 "그래, 그건 불가피한 일이었어. 몇 주 전에 불길한 조짐(벽에 손이 나타나 쓴 글)이 보였거든" 하고 말한다. 혹은 십대 자녀가 마약을 복용한 죄로 체포되면 부모들은 때로 그들의 손목을 비틀며 "벽에 나타난 조짐(손이 나타나 쓴 글)을 읽었어야 했는데"라고 말할 것이다.

5:6. 다니엘은 왕의 심리적이고 실제적인 두려움을 생생하게 묘사하고 있다. 하나님께서 그 잔치에 끼어드시자 갑자기 소란스럽던 웃음과 술에 취해 고함지르던 소리가 죽은 듯이 조용해졌다. 그 메시지는 잔치에 참석한 천 명에 달하는 귀인들이 아니라 왕 자신에게 임한 것이었고, 하나님은 그가 그것을 분명하게 볼 수 있게 하셨다. 드와이트 펜테코스트는 충격을 받은 왕이 했을 행동을 상세하게 묘사한다. "왕은 연회를 주도하며 앉아 있던 자리에서 몸을 일으켜 그 글씨를 보려고 섰다. 그는 그 생각이 번민하여… 그 무릎이 서로 부딪혀 바닥에 주저앉고 말았다"(드와이트 펜테코스트, 1,345).

5:7. 지난 25년 동안 수많은 변화가 있었지만 왕의 명령에 자문단이 소집되는 것은 변함없었다. 왕이 협박을 하던 앞의 장들과 달리 벨사살은 후한 보상을 약속한다. 그의 요구는 이중적이다. 이 글자를 읽고 그 해석을 내게 이야기해달라는 것이다. 귀납적 성경 공부의 첫 두 단계와 같다. 그렇게 하면 자주색 옷(바벨론, 메대, 페르시아, 그리스에서 왕권과 권력의 상징)을 입혀주고 금사슬(고위직의 상징)을 목에 걸어줄 것이다.

그로 나라의 셋째 치리자를 삼으리라 하니라라는 세 번째 제안에 대한 해석을 두고 많은 논쟁이 이루어져왔다. 어떤 이들은 세 번째에 해당하는 아람어가 명확하지 않다고 주장한다. 아마 벨사살은 단순히 높은 직책을 주겠다는 의도에서 이런 말을 했을 것이다. '살리쉬(shalish)' 라는 단어는 열왕기하 7장 2절에서 '장관(officer)' 으로 번역되어 있다. 그러므로 이러한 주장은 확실히 설득력이 있다. 하지만 구체적인 확인이 요구되는 것 같다. 벨사살은 제1인자가 아니었다. 그러므로 그가 보상으로 주고자 하는 지위는 서열 2위가 될 수 없다. 그러한 서열은 바벨론 제국의 실제 왕인 나보니도스를 무시하는 것이다. 페르시아 군대가 문 앞에 와 있는 상황에서 벨사살은 사실상의 군주였다. 위기의 시간에 그는 가능한 가장 높은 직책을 제안한 것이다.

5:8-9. 참으로 뜻밖이다. 그 박사들은 또다시 실패했다. 두 가지 과제에 직면했지만, 그들은 어떤 것도 해결할 수 없었다. 문제는 해석이 아니라 암호이다. 우리는 26-28절에 대한 연구에서 그것을 다룰 것이다. 우리는 그 암호문 자체의 성격을 분석해야 하지만, 특별히 의미에 초점을 맞추어야 한다. 스테판 밀러는 그것을 다음과 같이 잘 요약하고 있다.

> 이 박사들이 혹은 이 문제의 경우, 왕과 그의 귀인들이 그 글자를 읽을 수 없었던 이유가 무엇인지 의문이 들 수 있다. 그 글은 25-28절이 분명히 밝히고 있듯이 아람어로 쓰였고, 그 언어는 바벨론에서 잘 알려져 있었다. 유대 전승에 의하면, 그 글자들은 가로가 아니라 세로로 쓰였기 때문에 이해할 수 없었다고 한다. 레온 우드는 이것이 특이한 모양의 문자였다고 주장한다. 물론 아람어 자음은 있는데 모음이 쓰여 있지 않았기 때문에 그 글자를 읽을 수 있다 해도 그 의미는 여전히 명확하지 않았을 수 있다. 가장 가능성이 있는 해석은 그 글자는 읽었지만, 이해할 수 있는 어떤 의미도 전달해주지 않는 글자였으리라는 것이다(스테판 밀러, 158-159).

조금 전에도 공포를 느꼈지만, 이제 왕은 더 크게 번민하여 그 낯빛이 변하였다. 허영심이 강하고 불경스러운 벨사살은 시편 2편 4-5절의 가장 최근의 제물이 된 것이다. "하늘에 계신 자가 웃으심이여 주께서 저희를 비웃으시리로다 그 때에 분을 발하며 진노하사 저희를 놀래어 이르시기를."

본문의 흐름과 그 시대의 역사를 통해 다니엘이 이미 은퇴한 후라는 것을 알기 때문에 그가 아직 등장하지 않는 이유가 무엇인지 궁금해할 필요가 없다. 그는 느부갓네살의 사람이었고, 그 위대한 왕이 말년에 바벨론 종교를 버리게 한 원인 제공자였기 때문에 느부갓네살 사후에 바벨론 제국을 다스린 왕들에게 호의를 받지 못했을 것이 분명하다. 그러나 이미 살펴보았고, 곧 다시 살펴보겠지만 다니엘은 은퇴한 후에도 하나님을 섬기고 있었고, 지극히 높으신 하나님이 자신에게 요구하시는 것은 무엇이든 감당할 자세가 되어 있었다.

C. 노선지자의 지혜(5:10-16)

Supporting Idea	정규 교육을 전혀 받지 않은 일자 무식의 농부도 성령의 능력을 통해, 최고급 교육을 받았으나 신적 계시를 받는 데 아무 관심이 없는 이방인보다 하나님의 진리를 더 잘 이해한다. 그러나 노년의 지혜와 인생의 풍부한 경험으로 훈련된 선지자는 하나님의 말씀을 설명하고 적용할 수 있다는 가장 놀라운 희망을 제공한다.

5:10. 태후(the queen)가 등장한다. 현대인들은 이 표현을 대할 때 이 여성이 벨사살의 아내라고 바로 단정하겠지만, 우리는 그의 아내들과 후궁들이 이미 연회장 안에 있음을 알고 있다(5:2 참고). 이 점과 관련해 세 가지 합리적인 가능성이 제시된다. 그녀는 느부갓네살의 딸, 느부갓네살의 아내, 혹은 나보니도스의 아내일 수 있다는 것이다. 글리슨 아처는 그녀가 "그 왕의 아내로서 느부갓네살의 딸일 가능성이 있다"고 주장한다(글리슨 아처, 72).

그의 제안이 가장 설득력 있는 선택으로 보인다. 우리는 여기서 한 걸음 더 나아가 그녀가 세속 역사에서는 야심만만하고 지략이 뛰어난 여왕으로 알려진 니토크리스(Nitocris)라고 추측해볼 수 있다. 제지를 받지 않고 직접 잔치하는 궁에 들어온 것으로 보아 그녀는 궁내에서 특별한 권위와 존경을 받고 있었음이 분명하다. 의례적인 인사를 표시한 그녀는 여느 어머니처럼 말한다. 왕의 생각을 번민케 말며 낯빛을 변할 것이 아니니이다(놀라지 마세요! 그렇게 낯빛이 창백해질 필요가 없습니다!).

5:11. 그러므로 결국 다니엘은 완전히 잊혀지지 않고 있는 셈이었다. 니토크리스는 남편이 다니엘을 거룩한 신들의 영이 있는 사람이라고 생각한 것을 기억하고 있었다(4:8-9, 18 참고). 우리는 이미 느부갓네살과 벨사살의 관계를 다룬 적이 있다. '심층 연구'에서 이 점에 대해서 다시 한 번 살펴볼 것이다. 실제로 10절의 어조가 11절에서 그

대로 이어지고 있다(어머니가 아들에게 좋았던 옛날을 떠올려주고 있다). 그녀는 왕의 부친이라는 표현을 세 번이나 언급하고 있으며, 마지막 언급 때에는 벨사살에게 느부갓네살이 왕의 부친 그 왕(your father the king - 개역 성경에는 표현되지 않음)이라고 일러줌으로써 느부갓네살은 왕답게 처신했지만 벨사살은 그렇지 않았음을 암시하는 것 같다. 박사들의 수장이었던 다니엘은 이제 명예 수장이 되어 있을지도 모른다. 하지만 여전히 그는 그 전문가 그룹보다 더 뛰어난 해석을 할 수 있다.

5:12. 태후가 다니엘의 이름을 먼저 거론하고 갈대아식 이름을 떠올린 것이 얼마나 흥미로운가(개역 성경에는 이 점이 드러나지 않음)! 그녀는 그가 매우 지혜롭고 총명하다고 생각하며, 그가 그토록 많은 사람들을 극심한 공포로 몰아넣은 벽 위의 글자라는 이 문제를 해결할 수 있다는 강력한 확신을 갖고 있다. 이제 다니엘을 부르소서 그리하시면 그가 그 해석을 알려드리리이다. 지금까지 두 번이나 학장으로 일해본 나는 학장이 얽힌 난마들을 풀고 문제들을 해결하는 데 엄청난 시간을 투자한다는 사실을 증언할 수 있다.

5:13-14. 젊은 왕 벨사살은 노 선지자 다니엘이 실제로 무슨 일을 할 수 있는지 확인할 기회가 전혀 없었지만, 그를 전혀 모르고 있었던 것은 아니었다. 그러나 그 유명한 전직 총리를 우리 부왕이 유다에서 사로잡아 온 유다 자손 중의 하나라고 언급한 것은 전혀 칭찬 같아 보이지 않는다. 그럼에도 불구하고 왕은 이 노 선지자(80세가 된)에게 하나님이 명철과 총명과 비상한 지혜를 주셨음을 인정하고 있다.

5:15-16. 벨사살은 이 장의 앞부분을 통해 우리가 이미 알고 있는 혜택을 다니엘에게 인용하고, 앞의 박사들에게 제안한 세 가지 보상을 동일하게 제안한다. 역시 과제는 이중적이다. 이 글을 읽고 그 해석을 내게 알게 하면. 크리스웰은 다음과 같이 말한다.

> 우리는 오직 인생의 위기를 당할 때에 우리가 있어야 할 합당한 자리를 발견한다. 잔칫상에 앉은 사람들은 큿소리로 대화를 하며 하루의 일상적인 일들을 하느라 바쁘다. 큰 자나 작은 자나, 유명한 사람이나 유명하지 않은 사람이나, 착한 사람이나 나쁜 사람이나 모두 마찬가지로 비슷하게 말하고, 비슷한 웃음을 흘리며, 비슷한 일을 하고 있다. 하지만 위기가 찾아오면 사람들이 각자 자신들의 합당한 자리를 찾는 표현되지 않은 법칙이 있다. 천국의 열쇠를 가진 사람이 과감히 일어

나 외칠 때가 바로 그때이다(크리스웰, 89).

Main Idea 복 습	하나님의 우선순위 목록에서는 영성이 역사보다 더 중요하다. 편하게 성경을 읽는 독자는 이 장이 고대 제국들에 대한 소중한 정보라고 생각할 수 있고, 장의 시작과 끝은 확실히 그러한 정보를 제공하는 면이 있다. 하지만 대다수의 지면은 이방 왕의 어리석음과 악함에 집중적으로 할애되고 하나님의 하늘의 심판이 그의 왕국을 어떻게 파멸시키는지에 집중하고 있다.

결론

하나님은 당신을 찾아내신다

40년 동안 기독교 고등 교육을 맡아 사역하면서 나는 성경 대학과 신학교에 각기 절반의 시간을 나누어 투자하였다. 사역의 초창기와 1950년대의 학생 시절에도 우리는 지리에 관련된 문제에 있어서 하나님이 우리가 섬기기를 원하시는 곳이 어디인가 하는 데 항상 관심이 집중되었다. 하나님의 선택과 하나님의 뜻과 관련된 경우를 제외하면 섬김의 '장소' 가 어딘지는 중요한 문제가 아님을 우리는 분명히 이해했다. 종종 우리는 서로에게와 그리고 채플 강사와 교수들에게 "하나님이 원하시는 곳이 어디든 여러분은 섬길 준비가 되어 있습니까?" 라고 묻거나 질문을 받곤 했다.

시간이 흐르면서 사역의 기회를 찾는 너무나 많은 학생들에게 '하나님의 선택' 보다 '나의 선택' 이 더 중요해졌다. 아마 내가 그들의 의도를 오해했을 수도 있지만, 지난 수십 년 동안 학생들은 기후, 문화, 가족이나 고향 그리고 개인적 선호와 집중적으로 관련된 다른 수많은 요인들에 훨씬 더 많은 관심을 갖게 된 것으로 보인다.

그러나 성경은 그 어떤 것도 허락하지 않는다. 분명히 다니엘은 이스라엘에서 하나님을 섬기기를 원했을 것이다. 하지만 그는 바벨론에 있었다. 그는 왕의 부름을 더 빨리

받기를 원했겠지만 가장 나중에 호출을 받았다. 그러나 이 이야기에서 한 가지는 분명하게 드러난다. 하나님은 그가 어디에 있는지 알고 계시며 (요나처럼), 그가 필요할 때 어디서 그를 찾아야 하는지 알고 계셨다는 점이다. 우리에게 얼마나 소중한 교훈인가. 우리가 어떤 지위를 차지하거나, 자격증을 얻거나, 유명세를 얻기 위해 인간적인 노력을 허비할 필요가 없다. 우리가 어디에 있든 하나님은 우리를 필요로 하실 때마다 우리를 찾아내신다. 존 옥센함(John Oxenham)은 〈당신의 자리(Your Place)〉라는 시에서 유익한 교훈을 제공한다.

> 여러분이 서 있는 곳이 작은 곳입니까?
> 소중하게 돌보십시오!
> 그분이 당신을 그곳에 두셨습니다.
> 여러분이 서 있는 곳이 넓은 곳입니까?
> 소중하게 지켜내십시오!
> 그분이 당신을 그곳에 두셨습니다.
> 여러분이 어느 곳에 있던지 그곳은 당신 혼자만의 것이 아니고,
> 당신을 그곳에 두신 그분의 것이랍니다.
> (제임스 로버트슨, 163에서 인용)

▣ 진리 알기

- 벨사살의 인생은 부모들이 미리 예방의 노력을 하지 않을 때 성인이 된 자녀들로 인해 혼란을 추수의 열매로 거둘 수 있음을 보여준다.
- 구원받지 않은 사람들은 위기의 순간이 찾아오면 종종 하나님과 밀접한 관계를 누리는 사람들을 의지하려고 한다.
- 정치 제도가 사방에서 허무하게 무너져내릴 때라도 성숙한 신자들은 여전히 하나님을 신뢰할 수 있다.
- 노년이 되어 젊은 지도자들에게 배척당한다는 소외감이 들 때에도 하나님은 필요하시면 그들을 섬김의 자리로 부르신다.

■ 적용하기

- 성경은 모든 형태의 우상 숭배를 피할 것을 우리에게 반복해서 말한다.
- 다니엘처럼 우리는 하나님이 부르시면 언제 어디서나 순종할 준비가 되어 있어야 한다.
- 우리가 하나님의 도구로서 이방인들 속에 있다 해도 그것은 오직 하나님의 뜻으로 그곳에 있게 된 것이다.
- 하나님께서 어떤 대안도 없이 오직 그분께 우리 자신을 온전히 맡기는 길밖에 없는 상황에 우리를 밀어넣으실 수 있음을 기억하자.

삶의 적용

"우리로 망각하지 않게 하소서!"

루드야드 키플링(Rudyard Kipling)은 1865년 12월 30일 인도의 뭄바이에서 출생했고, 인도와 당시 대영 제국의 교육을 동시에 받았다. 그는 영국에서 열일곱 살까지 학창 시절을 보냈고, 그후 다시 인도로 돌아와 저널리스트가 되었다. 1894년 그는 유명한 「정글북(The Jungle Book)」을 썼고, 1907년 노벨 문학상을 받았다.

빅토리아 여왕 통치 16년에 그는 작품을 하나 써달라는 의뢰를 받고「퇴장 성가(Recessional)」를 내놓았다. 다음의 시는 이 성가에서 인용한 것이다. 루드야드 키플링이 이 시를 발표했을 때 대영 제국이 세계에서 최고의 전성기를 누렸던 때임을 기억할 필요가 있다. 두 연만 소개한다.

먼 곳에서 우리의 해군은 사라졌네
모래 언덕과 바다의 곶 위로 불꽃이 가라앉누나
화려하고 장엄했던 어제를 보라

니느웨와 두로 성 같지 않은가
열국의 재판관이 아직 우리를 아껴두었도다
우리가 망각하지 않도록
망각하지 않도록

권력의 단꿈에 취해 당신에 대한 경외감이 없는
방탕한 혀를 놀린다면
이방인들이나 율법 없는 미개한 종족들이
늘어놓는 그러한 자랑이도다
만군의 주 하나님이 우리와 아직 함께하시도다
우리가 망각하지 않도록
망각하지 않도록
(제임스 로버트슨, 128-129에서 인용)

우리는 다니엘 5장을 현재의 우리 생활에 적용하는 것이 별로 어려운 일이 아님을 알아야 한다. 우리는 우리의 발전된 문명을 자랑할 수 있지만, 우리 시대를 고대 제국과 비교하면(확실하게는 로마, 어떤 면에서는 바벨론) 벨사살이 주전 539년 경험한 것과 유사한 재앙이 우리에게도 예외가 아님을 본다. 벨사살의 난잡한 연회를 비난하고 비교해보면 우리가 더 낫다고 여길지도 모른다. 하지만 21세기의 미국만큼 경제적 번영에 철저히 몰두하고 있는 나라는 결코 없었다고 감히 말할 수 있다. 다른 나라의 우리 친구들은 '미국적 생활 방식' 이 더 이상 경영, 이윤, 은행 계좌에 비해, 정의와 자유, 하나 됨에 대한 명백한 표준을 제시하지 못함을 알고 있다. 많은 미국인들의 관심사를 표현하는 두 가지 단어는 다우 존스(Dow Jones)이다.

그래서 다니엘서의 영적 교훈은 그 역사보다 우리에게 훨씬 더 중요하다. 한 명의 벨사살만으로도 충분히 문제인 것 같다. 천 명 혹은 그 이상의 사람들로 가득한 연회장은 그 위험을 악화시켰을 뿐이다. 그러나 온 나라가 쾌락에 빠진 데 대해 우리는 모두 두려움과 경각심을 가져야 한다. 우리는 루드야드 키플링의 "우리로 망각하지 않게 하소서! 망각하지 않게 하소서!" 라는 기도를 드려야 마땅하다.

기도

하나님 아버지, 우리의 생활 가운데 닥친 위험이나 위협에도 불구하고 항상 당신을 섬기고자 했던 다니엘의 기품과 용기와 즉각성을 우리에게도 주십시오. 아멘.

심층 연구

A. 바벨론 왕조

우리는 우리 연구의 주석 부분에서 이것에 대해 간단히 살펴보았다. 하지만 여기서 우리는 더 자세한 사실을 추가로 설명할 수 있다. 느부갓네살은 주전 563년에 사망했고, 그의 아들 에윌므로닥(때로 아멜마르둑이라 불리기도 한다)이 보위를 계승하고 유대 왕(여호야긴)을 옥에서 풀어준다(왕하 25:27-30). 에윌므로닥은 그의 처남인 네리글리살에게 암살당했고, 네리글리살은 4년 후 사망한다. 그러고나서 라바쉬마르둑이 9개월을 통치한 후 나보니도스가 왕위를 넘겨받는다. 그는 왕의 적장자가 아니라 결혼을 통해 왕가의 일원이 되었기 때문에 왕위에 대한 정통성을 확보하고자 시도했다. 글리슨 아처는 그를 이렇게 묘사한다. "달의 신, 신(Sin, 수메르의 난나)을 숭배한 그는 그 종파에 속한 여대사제의 아들이었다. 메소포타미아의 역사에 깊은 관심을 가진 그는 부분적으로 지난 왕조들의 봉헌 비문들과 건물 비문들이 포함되고 부분적으로 자신의 통치 기간 동안 여러 신전에서 가져온 초기 조상들로 이루어진 이전 시대의 유물들을 수집했던 것 같다"(글리슨 아처, 69).

다니엘서의 역사적 배경을 이해하는 데 도움이 되는 중요한 문서들 중에 「나보니도스 연대기(Nabonidus Chronicle)」가 있다. 이 연대기는 고레스의 정복 전쟁과 페르시아와의 전쟁에서 나보니도스의 역할에 대해 상당 부분 기록하고 있다. 이 문서는 또한 이 장에 기록된 바로 그 메대 군대의 공격이 있던 날 밤 바벨론인들의 태도에 대한 정보를 제공한다. "성벽 꼭대기의 흉벽을 타고 앉아 그들은 다리우스와 그의 강력한 군대를 모욕하고 조롱했다. 어떤 이는 심지어 그들에게 고함지르며 '페르시아인들이여 왜 그곳에 앉아 있는가? 왜 그대들의 고향으로 돌아가지 않는가? 노새가 새끼를 낳을 때까지 너희들은 우리 성을 빼앗지 못할 것이다' 라고 말하기도 했다"(글리슨 아처, 69).

B. "왕의 부친 느부갓네살"(5:2, 11)

수세기 동안 학자들은 느부갓네살과 벨사살의 관계에 대해 호기심을 가졌다. 우리가 살펴보았듯이 확실히 그들의 관계는 부자 관계가 아니었다. 그러나 일부 주석가들은 할아버지/손자(이 책에서 취하는 입장)의 개념을 거부하고, 벨사살은 법적인 의미에서 유일한 느부갓네살의 아들이라고 주장한다. 이는 예수님이 다윗의 아들이라고 하는 것과 유사하다. 확실히 벨사살을 아주 흔하게 느부갓네살의 아들로 언급한 것은 궁정 예법의 문제였다.

하지만 나보니도스와의 관계 역시 여기서 문제가 된다. 로버트 앤더슨(Robert Anderson) 경은 이렇게 기록하고 있다. "무그하일과 다른 바벨론 유적 지대에서 헨리 롤린슨(Henry Rawlinson) 경이 발견한 비문에 나보니도스는 벨사살을 자신의 장자로 언급하고 있다. 부친의 통치 후반기에 벨사살은 바벨론의 섭정왕으로 있었다는 추론이 명확하게 도출된다"(로버트 앤더슨, 221).

로버트 딕 윌슨(Robert Dick Wilson)은 긴 장을 할애해 벨사살에 대해 다루고 우리와는 다른 의견을 제시한다. "혹은 벨사살은 느부갓네살의 양자로 입양되었을 수도 있으며 나부나이드(Nabunaid)의 독자였을 수도 있다. 양자는 양부를 '아버지'로 부를 수 있을 것이다. 아니면 느부갓네살이 벨사살의 할아버지이고, 나부나이드 역시 벨사살의 할아버지였을 수도 있다. 혹은 마지막으로 나부나이드가 느부갓네살의 직계 후손일 수도 있다(로버트 딕 윌슨, 121).

다양한 의견이 있지만 나는 벨사살이 나보니도스의 아들로 그의 모친이자 위대한 왕의 딸을 통해 느부갓네살과 연결되었다고 추정하는 것이 단순하면서도 합리적인 해석이라고 생각한다.

C. 신성 모독(Sacrilege, 5:3-4)

신성 모독은 성경적인 용어가 아니라 중세 영어를 거쳐 우리에게 전해진 현대 영어이다. 이 단어는 라틴어 'sacrilegium'에서 파생한 것이며, 성물을 훔치는 사람을 묘사한 단어이다. 이 단어는 다른 사람들이 신성하고 거룩하다고 여기는 것을 모독하고 오용하거나 철저히 무시한다는 뜻을 갖게 되었다. 벨사살은 확실히 이 죄를 지었다. 공개적인 자리에서 그는 고의적이고도 불필요하게 죄악된 목적으로 거룩한 기물들을 사용했다. 예수님은 성전에서 돈 바꾸는 자들을 쫓아내실 때 이사야 56장 7절과 예레미야 7장 11절에 기초한 본문인 "내 집은 기도하는 집이라 일컬음을 받으리라 하였거늘 너희는 강도의 굴혈을 만드는도다"(마 21:13)라고 말씀하셨다.

그러나 우리는 우리 시대와 교회 역사에서 신성 모독적 행동을 흔히 본다. 죄악된 목적으로 하나님이 내주하시는 몸을 사용하는 것은 신성 모독이다. 정치적 이득을 얻기 위해 교회 교리나 관계로 자신을 포장하는 것도 신성 모독이다. 이단(성경과 반대되는 교훈)과 거짓 교리를 전파하는 것 또한 신성 모독이다.

로널드 월리스는 그것을 다음과 같이 설명한다.

> 오늘날 우리 대부분에게 있어 위험은 벨사살이 지은 것과 같은 신성 모독을 범하는 것이 아니다. 그러한 조잡한 행동은 보통 오늘날 법에 의해 형사 처벌을 받는다. 우리가 받는 유혹은 단순히 하나님의 이러한 은혜의 수단을 부주의하게 사용하고, 무시하며, 경시하는 것이다. 우리는 교회와 예배와 성례를 커피 하우스나 술집보다 더 큰 의미가 없는 것처럼 대하고 때로 하나님께조차 그러한 것들이 의미가 없는 것처럼 말한다(로널드 월리스, 97).

교안

A. 들어가는 글

1. '불길한 전화벨 소리가 울린 밤' 이야기로 시작하라.
2. 배경 설명: 이미 살펴본 대로 다니엘은 자신의 예언이나 개인사에 관한 연대기적 흐름에 관심을 보이지 않는다. 4장 끝과 5장 초반 사이에 거의 25년의 세월이 흘렀다. 하지만 여기서는 본문의 맥락보다 역사적 배경이 훨씬 더 중요하다. 이 장이 시작될 때 다리우스가 이끄는 고레스의 군대가 이미 그 성을 에워싼 상태이기 때

문에 바벨론이 함락될 하나님의 때가 온 것이다.

3. 적용: 다음 장에서 우리는 다니엘 5장 후반부를 살펴볼 것이다. 지금까지 우리는 그날 저녁의 충격적인 사건을 살펴보았고, 노선지자에 대한 벨사살의 요청에 대해 들었다. 이제 다니엘은 그 유명한 벽 위에 손으로 쓴 글에 대해 말하고 설명할 것이다.

B. 본문 이해

1. 큰 잔치 자리에서 벌어진 악행(5:1-4)
2. 분벽에 쓰인 글자(5:5-9)
3. 노선지자의 지혜(5:10-16)

C. 결론: '하나님은 당신을 찾아내신다' 를 읽어주라.

토의 질문

1. 로마 함락 이후 이 장에서 우리가 살펴본 교훈을 반영할 다른 왕과 왕국으로 어느 나라를 거론할 수 있는가?

2. 노년에 우리 모두가 열망해야 할 영적 지도력에 대해 다니엘은 구체적으로 어떤 면에서 모델이 되고 있는가?

3. 다니엘 5장 1-16절의 중심적인 영적 주제는 무엇인가?

다니엘 5:17-31

천상의 해석

"판단받는다는 두려움은 그 기억을 더욱 뚜렷하게 만든다. 그것은 오직 일상의 표현으로 습관적으로 떠올리기는 했지만 오랫동안 건드리지 않고 묻어둔 과거에 대해 필연적으로 살펴보게 만든다."

- 조지 엘리엇(George Eliot)

권력은 부패한다. 그리고 절대 권력은 절대적으로 부패한다. 고대 세계의 모든 군주는 그 점을 잘 보여주고 있지만, 벨사살만큼 극명하게 보여주는 이도 아마 없을 것이다.

들어가는 글

악의 제국의 종말

1980년, 캘리포니아 주지사 로널드 레이건(Ronald Reagan)이 미국 대통령으로 선출되었다. 레이건은 전 대통령 지미 카터(Jimmy Carter)로부터 침체된 경기를 물려받기는 했지만, 기업에 투자를 시작하고, 세금 감면을 실시하며, 린든 존슨(Lyndon Johnson) 행정부에서 시작된 기형적일 정도로 비대해진 사회 프로그램을 축소하기 시작했다. 선거 공약에서 약속한 대로 그는 국방비를 늘이고 전세계에 미국 군대를 파견했다.

그러나 로널드 레이건은 이른바 '악의 제국'으로 불리는 나라(소비에트 사회주의 연방 공화국)와 부단한 싸움을 한 것으로 역사상 깊이 기억될 것이다. 그는 서반구 전역에서 막시스트 혁명의 물결을 뒤엎고자 했지만, 주로 유럽과 아시아 전역에서 러시아와 그들의 영향력과 싸웠다. 로널드 레이건은 1988년에 퇴임했는데, 악의 제국은 기반이 붕괴될 정도로 약화되었고, 1989년 11월 9일 동·서독 양측의 시민들은 정부의 군대나 관리들의 아무 간섭도 받지 않고 베를린 장벽을 허물기 시작했다. 만 1년 후 동독과 서독은 한 국가로 통일되어 독일 연방 공화국이 탄생했다. 그리고 오늘날 소비에트 사회주의 연방 공화국은 더 이상 존재하지 않게 되었으며, 러시아의 군사력은 이전에 비하면 초라할 정도로 축소되었다.

복음주의 지도자들과 선교사들이 1990년대 동유럽과 러시아로 쏟아져 들어가기 시작했을 때 그들은 거의 50여 년에 달하는 공산주의 통치 아래서도 결코 소망을 잃지 않았던 수천 수만의 기도하는 그리스도인들을 발견했다. 현재까지 이전의 소비에트 공화국 전역에 복음은 살아 있다. 비록 그 나라 중 많은 곳에서 그리스도인들이 여전히 박해를 받고 있기는 하지만 말이다. 악의 제국은 외부적으로는 보수적인 세계 지도자 한 사람에 의해 공격받고 무너지게 되었지만, 안으로는 신실한 신자들에 의해 붕괴되고 있다.

다니엘 5장에서 하나님은 또 다른 악의 제국을 무너뜨리신다. 바벨론은 거의 70년 동안 약탈하고, 강간하며, 사람들을 살해했다. 하나님은 충분히 그들의 악행을 보셨다. 느부갓네살의 위대한 신학적 교훈인 다니엘 4장 17절은 이제 그가 한때 다스린 제국의 역사가 되어 사라지고 있다.

본문 이해

천상의 해석

Main Idea	하나님은 모든 사람에게 죄에 대한 책임을 물으신다. 심지어 겉으로 보기에 난공불락의 요새에 숨어 있는 강력한 군주라도 마찬가지다. 바벨론은 운명이 다했고, 벨사살 왕은 이미 벽 위에 손으로 쓴 글자를 보았다.

A. 역사적 회고(5:17-21)

Supporting Idea	참된 선지자는 보상을 받기 위해 봉사하지 않는다. 그는 오직 하나님의 진리만을 다루고 귀 기울여 들을 모든 이들에게 그 진리를 알게 한다.

5:17. 혹자는 다니엘이 공식적인 예우인 "왕이여 만세수를 하옵소서"라는 말로 시작하지 않기 때문에 벨사살의 행동에 대해 경멸하는 투로 반응한다고 주장한다. 하지만 그가 이미 그러한 인사말 없이 느부갓네살을 두 번이나 대한 점을 기억해야 한다(2:27, 4:19). 또한 그것을 그 대화의 요약 내용일 수도 있다고 지적하는 것 역시 중요하다.

예물과 상급을 거절한 것은 선지자가 단순히 자신이 말하고자 하는 내용에 대해 어떤 부적절한 동기도 없음을 고수하기 위한 것이다. 이것은 엘리사가 나아만의 선물을 거부한 것(왕하 5:15-16)과 그의 선물을 받은 게하시가 심판을 받은 사실을 상기시킨다. 그리고 또한 다니엘이 바벨론에 닥칠 운명을 정확히 알고 있었기 때문에 자주색 옷을 입히고, 금사슬을 목에 걸어주고, 서열 3위에 앉혀주겠다는 제안은 전혀 무의미한 것이었다. 다니엘이 이미 은퇴한 상태라는 것을 유의하라. 벨사살의 제국이 계속된다 하더라도 어떤 조건에서든 그가 이 선물을 받아들이기는 불가능해 보인다.

5:18-19. 다니엘은 자신이 느부갓네살과 친숙한 관계였음을 벨사살이 알기를 원한다. 이 설명을 보면, 자신을 존 케네디(John Kennedy)에 견준 후보자 댄 퀘일(Dan Quayle)이 대통령 선거 유세 중에 했던 말이 기억난다. "저는 존 케네디를 압니다. 그러나 당신은 존 케네디가 절대 아닙니다." 물론 그것은 말을 바꾼 것이지만 확실히 벨사살은 절대 느부갓네살이 아니었던 것이다.

하지만 이것이 전부는 아니다. 다니엘은 벨사살의 조부의 절대적 지상 권력을 지극히 높으신 하나님의 절대적 천상의 권력과 대조하며 후자와 비교할 때 전자는 아무것도 아니라는 사실을 보여줄 것이다. 이것은 사실상 다니엘의 설교 서론이며 따라서 바벨론이 곧 경험할 심판의 이유를 설명해준다. 술에 취한 지도자들이 가득한 연회실에서 곧 한 편의 설교로 그들의 밤을(그리고 아마도 그들의 목숨을) 끝내게 된다는 것이 흥미롭게 보인다.

5:20-21. 벨사살의 죄를 밝힐 준비를 하면서 다니엘은 느부갓네살의 죄를 다시 회상시킨다. 그가 마음이 높아지며 뜻이 강퍅하여 교만을 행하므로. 느부갓네살에게 선물을 주신 분이 하나님이시므로 그 위대한 왕은 합당하고 올바른 방법으로 그것들을 다루어야 할 책임이 있었고, 그렇게 하지 못한 그는 심판을 자초했다. 그래서 최종적으로 분석할 때 다니엘 5장 19절의 느부갓네살에 대한 묘사는 실제로 오직 하나님께만 적용된다. 다니엘은 이 책의 중요한 주제로 그의 첫 단락(그의 서론)을 마무리한다. 지극히 높으신 하나님이 인간 나라를 다스리시며 자기의 뜻대로 누구든지 그 위에 세우시는 줄을 알기까지 이르게 되었었나이다.

B. 다시 반복되는 실수(5:22-24)

Supporting Idea	우상 숭배와 신성 모독은 무서운 죄악으로 하나님의 거룩한 면전에서 자행되면 그 죄가 더욱 무겁다.

5:22. 그의 설교는 죄에 대한 것이다. 내가 가진 「엔카타 컴퓨터 사전(Encarta Computer Encyclopedia)」은 "성경보다 죄에 대한 개념을 그토록 철저히 발전시킨 경

전은 없다. 성경 전반에서 죄는 인간이 하나님과 적대 관계에 있을 수밖에 없는 인간성의 한 요소로 나타나며, 회개와 하나님의 용서를 필요로 한다"라고 기술하고 있다. 그것은 정확한 지적이며, 본문에서 일어나고 있는 것이 바로 이것이다. 고대 이스라엘에서 유대인들은 그들의 땅에 대한 한 가지 잠언을 인용했다. "그 때에 그들이 다시는 이르기를 아비가 신 포도를 먹었으므로 아들들의 이가 시다"(렘 31:29).

그러나 선지자들은 약간 다른 메시지를 전달하고 있는데, 이것이 에스겔 18장 19-20절에 아주 상세하게 열거되어 있다.

> "그런데 너희는 이르기를 아들이 어찌 아비의 죄를 담당치 않겠느뇨 하는도다 아들이 법과 의를 행하며 내 모든 율례를 지켜 행하였으면 그는 정녕 살려니와 범죄하는 그 영혼은 죽을지라 아들은 아비의 죄악을 담당치 아니할 것이요 아비는 아들의 죄악을 담당치 아니하리니 의인의 의도 자기에게로 돌아가고 악인의 악도 자기에게로 돌아가리라."

벨사살은 느부갓네살의 죄로 인해 심판을 받지 않을 것이다. 그의 조부는 결국 "지극히 높으신 하나님이 인간 나라를 다스리시며 자기의 뜻대로 누구든지 그 위에 세우시는 줄을 알기까지 이르게 되었기"(5:21) 때문이다. 벨사살은 그 자신이 지은 죄의 대가를 치를 것이며, 모든 바벨론은 그와 함께 대가를 치를 것이다. 더욱이 벨사살은 하나님이 느부갓네살을 다루신 사건을 이미 알고 있었고, 지극히 높으신 하나님이 교만과 우상숭배의 죄악을 미워하신다는 것(롬 1:21, 24)을 알고 있었기 때문에 그 죄가 더 크다.

5:23. 선지자는 교만과 고의적 거부와 우상 숭배, 신성 모독, 술취함에 대해 벨사살을 정죄한다. 글리슨 아처는 이렇게 말한다. "그는 하나님의 거룩한 그릇들을 술 마시고 흥청거리는 잔치의 일반 집기처럼 사용함으로써 신성 모독의 죄를 지었다(23절). 그가 미약한 인간의 힘으로 어떻게 전능자의 능력에 맞서고자 할 수 있는가? 그의 목숨은 바로 그분에게 달려 있고, 그분은 그의 모든 재물에 대한 완전한 주권을 가진 분이 아니신가?"(글리슨 아처, 73)

이 구절의 끝은 우리 모두가 자주 묵상할 가치가 있는 짧지만 통렬한 문장을 제공하고 있다. 왕의 호흡을 주장하시고 왕의 모든 길을 작정하시는 하나님께는 영광을 돌리지 아니한지라. 연회실 안에 있는 모든 사람들이 그의 설교를 들었을 것으로 보인다. 명예 학장이 왕에게 말하는 동안 잔치를 즐기던 사람들은 숨죽인 채 그의 말을 들었을 것이라고 어렵지 않게 상상할 수 있다. 이것은 다니엘이 느부갓네살에게 제시한 것과 같이(4:27) 복음 전도를 위한 호소도 아니었다. 로널드 윌리스는 그 순간의 엄중함을 이해하고 있다. "벨사살에게 (다니엘은) 거대한 틈의 맞은편에 선 사람처럼 설교한다… 그의 선포에는 상대방에게 호소하거나 권면하는 어떤 흔적도 없다. 그는 오직 벽 위에 쓰인 글자로 선언된 유죄 판결을 정당화하는 사실들을 언급할 뿐이다. 벨사살은 진리를 알았고, 그 진리를 통해 구원을 받을 수도 있었지만 그것에 순종하지 않았다"(로널드 윌리스, 100).

5:24. 이 구절은 어떤 설명도 필요 없을 정도로 명확하지만, 벽에 손이 나타나 글자를 쓴 지 여러 시간이 흘렀음을 기억해야 한다. 우리는 벽 위의 글자를 읽고자 하는 첫 번째 시도, 박사들의 호출과 왕의 고심, 모후의 입장, 다니엘의 도착, 벨사살이 하나님의 선지자에게 설명함으로 이어진 시간을 고려해야 한다. 이것은 경기 종료 2분을 남겨두고 홈 팀이 30점 차로 앞서는 가운데 군중들이 주차장으로 몰려가고 있는 게임과 같은 상황이 아니다. 신비한 손이 벽면에 나타난 이후 그 연회실을 떠난 사람은 단 한 명도 없을 것이라고 장담할 수 있다.

C. 신적 보복(5:25-31)

Supporting Idea	하나님은 구세주이실 뿐 아니라 심판자이시다. 우리는 그분의 전능하신 손길로 인해 그분의 두 역할 중 어떤 역할을 경험할 것인지 선택해야 한다.

5:25. 바로 이 시점에서 우리는 이 메시지의 독특성과 하나님이 이 메시지를 주신 맥락을 파악해야 한다. 먼저, 벽면의 메시지가 어떤 언어로 쓰였는지 다뤄보도록 하자. 우리의 성경들은 단순히 아람어를 영어로 음역해놓고 있다. 어떤 학자들은 그 문자들이 실제로 쐐기문자였다고 주장하기도 한다. 그 차이는 그날 저녁을 이해하는 데 필수적이다. 이는 아람어 사본이 모음을 전혀 제공하지 않았을 것이기 때문이다(쐐기문자로는 모음이 있었을 것이다). 일반적인 대화에서는 모음이 없다고 해도 아무 문제가 없지

만, 이같이 신비한 암호일 경우 대부분의 보수주의 학자들은 벽 위의 글씨가 아람어로 나타났다고 주장한다. 나는 그들의 주장을 반박할 아무런 이유도 갖고 있지 않다.

둘째, 그 글자들은 우리가 보는 것과는 역순으로 나타났다. 이는 셈 계열의 언어를 읽는 방식이 그러하기 때문이다. 게다가 바르신(Parsin)의 앞부분의 '우(u)' 는 단순히 '그리고' 를 의미하는 것으로 아마 다니엘이 해석을 돕기 위해 끼어넣은 것으로 보인다. 그 점을 염두에 두고 영어 철자로 음역했을 경우 "SRP LQT NM NM" 으로 번역되는 메시지를 벨사살이 어떻게 읽었을지 살펴보도록 하자.

우리는 이제 박사들의 당혹스러움을 어느 정도 이해할 수 있다. 모음을 삽입한다 하더라도 여전히 메네, 메네, 데겔, 바르신이란 결과밖에 얻을 수 없고, 이것은 다양한 의미로 해석할 수 있는 구절이다.

이 메시지는 무게나 가격을 나타내는 용어로 읽을 수도 있다. 가령 "메네, 메네, 세겔, 반세겔[베레스(peres)는 단순히 '나뉘어진' 이라는 뜻을 가진다]." 혹자는 마지막 단어가 페르시아(아람어로 파라스, Paras)와 약간 유사한 발음으로 소리나므로 바로 그 순간 성벽을 에워싸고 있는 군대를 가리킬 수 있다는 결론으로 비약하기도 했을 것이다. 그러나 여기서 말하고자 하는 핵심은 우리 시대의 최고의 복음주의 구약 학자들이라 해도 이 암호의 의미를 해석할 수 없으리라는 것이다. 그것은 오직 하나님의 택하심을 받은 선지자에게 주시는 하나님의 계시로만 해석할 수 있는 것이었다.

5:26-28. 다니엘은 가장 엄격하고 문자적인 형태로 그 이상한 단어들을 해석하여 '세어지다, 세어지다, (무게가) 달아지다, 나누어지다' 라는 의미라고 해석한다.

두 번 언급된 메네는 '계수되다' , '세어지다' 혹은 '측정되다' 라는 의미를 지닐 수 있다. KJV 성경은 '하나님이 그대의 왕국을 계수하셨다' 라고 번역하지만, NIV 성경은 하나님이 왕의 나라의 시대를 세었다라고 말함으로 그것을 한 단계 향상시킨다. 어떤 경우든 벨사살은 역사가 되었다(끝났다).

다니엘은 데겔을 '무게가 달아지다' 에 해당하는 단어의 수동태 분사로 서술한다. 벨사살은 계수를 받았을 뿐 아니라 저울에 달려졌다. 하나님의 저울에 달린 그는 부족함이 뵈었다. 이것은 사무엘상 2장 3절을 상기시킨다. "심히 교만한 말을 다시 하지 말 것이며 오만한 말을 너희 입에서 내지 말지어다 여호와는 지식의 하나님이시라 행동을 달아 보시느니라." 우리는 옛날 영화에서 약사나 식료품 가게 주인이 저울의 한쪽에는 금속

추를 달고 다른 한쪽에는 구입한 물건을 올려놓는 장면을 본다. 중요한 것은 저울의 추가 균형을 잡도록, 평평하게 되도록 하는 것이다. 하지만 하나님께서 거울의 한쪽에는 하나님의 의의 기준을 올려놓으시고, 다른 한쪽에는 벨사살의 행실을 올려놓으셨을 때 벨사살은 그 기준에 미달했다. 그는 저울대를 움직이지도 못했을 것이다.

베레스는 '나뉘어지다' 라는 뜻을 지닌다. 글리슨 아처에 의하면, "다니엘은 그것을 수동태 분사로 읽고… 바벨론 제국의 벨사살의 왕국이 그로부터 나뉘어지거나 분리되어 성을 포위 중인 메대와 페르시아인들에게 넘어갔다는 의미로 해석했다" (글리슨 아처, 73)고 한다. 앞에서 지적한 바 있듯이, 이 단어의 앞부분에 있는 '우(U)' 는 '그리고' 라는 의미로 사용된 것이며, 끝부분의 '인(IN)' 의 사용으로 인해 이 단어는 복수형이 되고 있다.

그러므로 바벨론 제국의 여러 지역은 다시 분리될 것이다(렘 51:44). 계수하고 무게를 다는 작업이 이미 마무리되었기 때문에 현재 동사가 사용된 것은 즉각적인 심판의 선언을 의미한다. 존 월부어드는 그것을 이렇게 요약하고 있다. "다니엘의 해석은 명확하고 어떤 주석가들이 제시하는 해석보다 더 만족스럽다. 벨사살은 바벨론이 메대와 페르시아에게 넘어갈 것임을 깨닫게 될 것이다. 다니엘이 벽에 쓰인 글자를 해석하고 있는 와중에도 메대인들과 페르시아인들이 성 안으로 쏟아져 들어오고 있었으므로 그 예언은 성취되고 있었다" (존 월부어드, 「Daniel」, 128-129).

5:29. 잠깐 멈추라! 지금 무슨 일이 일어나고 있는가? 다니엘이 선물을 주겠다는 왕의 계획을 철저히 무시한 것을 보았는데 이제 그가 그것을 받아들이는 내용을 접하고 있다. 왜 이런 당혹스러운 일이 일어난 것인가? 벨사살과 바벨론은 이미 망한 것이나 진배 없고, 이것은 아무런 차이도 만들어내지 않는다.

나는 박사 학위를 이수한 후에 일반적으로 명성 있는 공인된 교육 기관에서 수여하는 명예 박사 학위를 세 번이나 받았다. 그 증서들은 대충 다음과 같은 내용을 담고 있다. '거기에 적합한 모든 명예와 권리와 특권을 누릴 자격이 있다.' 이것은 아마 내가 적합한 신분증을 구비하고 학위 수여증을 갖고 들어가기만 하면 그 학교에 부속된 도서관에서 책을 빌릴 수 있다는 뜻일 것이다. 나는 단지 그 학위 증서가 가진 가치의 한계를 설명하고 있을 뿐이다. 실제로 이 학교 중 한 곳이나 모두가 하룻밤 사이에 폐교되어버리면 내 서재에 걸린 그 박사 학위증들을 문서 보관함으로 이동해야 할 것이다.

5:30-31. 다니엘은 전기적 기록이 추가된 매우 중요한 역사적 관찰 결과를 기록하는 것으로 이 장을 마무리한다. 우리는 '심층 연구' 에서 메대 사람 다리오를 다룰 것이다. 하지만 이미 살펴본 대로 바벨론 제국은 바벨론의 몰락으로 그날 밤에 그 운명을 다했다. 바울은 고린도전서 3장 17절에서 하나님이 자기 성전(문맥상으로 인간의 몸을 가리킴)을 더럽히는 자들을 멸하실 것이라고 말하고 있다. 벨사살과 그의 손님들은 몇 시간 동안 그리고 어쩌면 수년 동안 하나님의 성전을 더럽히는 악행을 저질러왔다. 갈대아인들 대신 메대와 페르시아가 세계의 주인으로 등극함으로써 다니엘 2장 39절의 더 열등한 왕국이 금의 머리에 해당하는 나라를 무너뜨렸다.

모든 사람들은 이 사건과 관련된 역사적 기록에 대해 헤로도토스의 글을 인용한다. 나보니도스가 패배하여 보르시파에서 죄수로 잡혀 있는 동안 메대와 페르시아의 군대들은 유프라테스 강의 물줄기를 바벨론 성에서 다른 방향으로 바꾸고 수문들을 들어올린 후, 아무 저항도 없이 성 안으로 조용히 들어갔다. 성경 외적 역사는 그 사건에 대한 풍부한 증거를 제공하지만, 성경 본문이 우리에게 훨씬 더 중요한 의미가 있다(사 13:17-22, 21:1-10, 렘 51:33-58).

우리는 하나님의 심판을 받은 한 나라로서의 바벨론의 멸망뿐 아니라 하나님이 노골적인 방탕과 의도적인 우상 숭배를 어떻게 처리하시는가에 대한 한 실례를 인식하는 것으로 이 장을 마무리하고자 한다. 그러나 다니엘은 그 이후로 계속 살아 남았고, 이후의 장들을 통해 해야 할 많은 이야기들이 있다.

Main Idea 복 습	하나님은 모든 사람에게 죄에 대한 책임을 물으신다. 심지어 겉으로 보기에 난공불락의 요새에 숨어 있는 강력한 군주라도 마찬가지다. 바벨론은 운명이 다했고, 벨사살 왕은 이미 벽 위에 손으로 쓴 글자를 보았다.

결론

"창백한 얼굴"

이 장에서 우리는 벨사살의 얼굴이 두 번이나 '창백해졌다' 는 기사를 보았다. 그리고 어떤 이유로 나는 〈창백한 얼굴(The Paleface)〉이라는 밥 호프(Bob Hope)의 오래된 영화가 떠올랐다. 호프는 풋내기 총잡이로 열연하는데 총을 빼고 총알을 피하는 법에 대해 너무나 상반된 조언을 받는 바람에 상황에 대처하는 법에 대해 완전히 혼란에 빠지게 된다. 평생이 무질서로 점철되어 이제 이 운명의 밤에 파멸을 앞두고 있는 벨사살의 경우도 마찬가지였다. 거짓된 조언에 귀 기울이고, 하나님의 뜻에 주의하지 않는 사람들에게 하나님의 심판이 임한다. 우리는 다니엘이 벨사살에게 "이것을 다 알고도"라고 말하는 22절을 절대 경시하면 안 된다. 얼마나 많은 사람들이 반복해서 복음에 대해 듣지만 반응하기를 거부하고 있는가. 얼마나 많은 사람들이 진리에 근거한 설교를 들을 수 있음에도 불구하고 우리 시대의 온갖 대중 매체를 지배하는 세속적인 철학에 관심을 기울임으로 그 영향력이 삶에 미치지 못하도록 방치하고 있는가. 1923년에 호머 로드히버(Homer Rodeheaver)는 남성 4중창으로 이전에 부르곤 했던 단순한 노래를 지었다.

> 바벨론이 함락되었도다, 함락되었도다, 함락되었도다.
> 바벨론이 함락되어 더 이상 일어나지 못하게 되었도다.
> 함락되어 함락되어
> 바벨론이 함락되어 더 이상 일어나지 못하게 되었도다.

실제로 그랬다. 그리고 창백한 얼굴의 마지막 왕은 바벨론 함락과 더불어 죽었다. 도널드 캠벨은 다음과 같이 말한다.

> 죄를 짓는 대부분의 사람들은 벽에 그것을 기록하지 않는다. 하지만 그것은 하

나님의 책에 아주 분명하게 기록되어 있고, 그의 거룩한 뜻은 또 다른 벽에 기록되어 있다. "왕이 저울에 달려서 부족함이 뵈었다 함이요"(단 5:27). 그들은 그들의 죄를 언젠가 직면하게 될 것이다. 이는 빛으로 드러나게 될 곳에 그것들을 기록해 두었기 때문이다. 벗어날 유일한 길은 예수 그리스도 안에서 용서함을 받는 것이다. "우리가 그리스도 안에서 그의 은혜의 풍성함을 따라 그의 피로 말미암아 구속 곧 죄 사함을 받았으니"(엡 1:7, 도널드 캠벨, 86).

■ 진리 알기

- 육으로 뿌리는 자들은 육에서 썩은 것을 거두게 될 것이다.
- 하나님의 말씀을 모르는 자들은 종종 다른 이들의 경험 속에서 그것을 알 수 있다.
- 하나님은 하나님 자신만이 받으셔야 하는 예배가 끊임없이 우상으로 향하는 것을 허락하실 수 없으시고, 또한 허락하시지 않을 것이다.
- 처벌받지 않는 죄는 없다. 하지만 죄인이 그 죄에 대해 더 많이 알수록 형벌은 더욱 커질 것이다.

■ 적용하기

- 성경적인 목적 의식과 세상 속에서 자기 계획을 이루어가시는 전능하신 하나님에 대한 이해를 결코 놓치지 말라.
- 예언은 진실하고 신뢰할 수 있을 뿐 아니라 영적 성장에 유익함을 인식하라.
- 하나님이 불신자들의 죄를 다루시는 방식과 신자들의 죄를 다루시는 방식의 차이를 이해하라.

삶의 적용

"이곳은 내 아버지의 세계입니다"

말트비 데이븐포트 뱁콕(Maltbie Davenport Babcock)은 1858년 8월 3일 뉴욕의 시라큐스에서 사회적으로 명망이 높은 집안에서 태어났다. 그는 시라큐스 대학(Syracuse University)과 오번 신학교(Auburn Theological Seminary)를 졸업하였고, 모범적인 학교 생활과 훌륭한 운동 선수, 유능한 음악가로서 인정을 받았다. 그의 첫 목회지는 뉴욕 록포트 장로교회였고, 그는 우리 중 많은 이들이 수십 번도 넘게 부른 익숙한 찬양을 그곳에서 지었다.

뱁콕은 이른 아침에 산책을 하면서 '내 아버지의 세계를 보기 위해' 산책하러 간다고 말하곤 했다. 뱁콕은 1901년 성지 여행 중 사망했고, 그 찬송가는 「매일의 삶을 위한 사색(Thoughts for Everyday Living)」이라는 제목의 책을 통해 발표되었다. 그 감동적인 찬송가의 3절을 다음에 소개한다. 이것은 뱁콕이 작곡한 완벽한 그 시의 일부일 뿐이다.

> 이곳은 내 아버지의 세계이니, 절대 잊지 않으리라.
> 악이 아무리 강해 보인다 해도
> 주님이 통치하심을.
> 이곳은 내 아버지의 세계이니
> 내 마음이 어찌 슬퍼하리요?
> 주는 왕이시니 하늘이여 울리게 하라!
> 하나님이 통치하시니 땅이여 기뻐하라!

다니엘 5장을 노래로 표현할 수 있는 극적인 방법이다. 느부갓네살이 모든 위대함과 절대적인 세상의 권력을 가졌음에도 불구하고 그의 왕국은 멸망할 운명이었다. 그러나 생애 말년에 그는 '지극히 높으신 하나님은 인간들의 왕국의 주권자시며 원하시는 뜻대로 그들의 통치자를 세우신다'는 깨달음을 얻게 되었다. 슬프게도 그의 뒤를 이은 후계자들은 그러한 영적 통찰력이 전혀 없었고, 바벨론은 말세에 관한 예언에서는 등장하지만 역사적으로는 무대에서 사라지게 되었다.

그러나 우리는 그러한 운명에 직면하지 않는다. 우리 주변의 문화가 무의미한 도덕적 악영향에 허무하게 굴복하며 무너져내릴 때 우리는 기도하며 찬양할 수 있고, 심지어 이렇게 외칠 수 있다. "이곳은 내 아버지의 세계라. 전쟁은 끝나지 않았다. 죽임을 당하신 예수님이 만족하실 것이며 하늘은 하나가 될 것이다."

기도

하나님 아버지, 그러한 정의로움과 의로 당신의 세계를 통치하시니 감사합니다. 오늘날 벨사살의 악을 어디서 보든, 그 악이 아무리 강하든 우리가 흔들리지 않고 다니엘의 편에 굳게 서 있도록 도와주십시오. 아멘.

심층 연구

A. 바벨론의 멸망

고레스 대제는 주전 550년에 페르시아의 왕이 되어 21년 동안 통치했다. 캄비세스(Cambyses) 1세의 아들인 그는 안샨(Anshan)의 페르시아 지구를 통치하면서 메대에 대한 반역을 주도함으로써 군사적인 우위를 갖게 되었다. 페르시아의 왕으로서 그는 소아시아의 할리스 강에서부터 바벨론 제국에 이르는 영토를 다스렸다. 주전 539년까지 바벨론, 이집트, 리디아, 그리스의 신흥 도시 국가 스파르타 연합국이 고레스의 진격을 겨우 저지하기는 했지만, 주전 546년에 리디아가 함락되었고, 주전 539년에 바벨론이 멸망했다.

바벨론 문명은 주전 18세기부터 6세기까지 지속되었다. 이것은 바로 앞선 문명인 수메르 사회와 아카드 사회보다 더 긴 기간이다. 바벨론에 앞서 세계를 지배한 강력한 앗수르 왕조는 로마가 그리스 문명을 차용한 것과 마찬가지로 바벨론 문명을 수용했다.

바벨론은 주전 539년 10월 16일에 멸망했다. 왕의 대리 역할을 하던 메대인 다리우스와 페르시아의 고레스가 바벨론 성을 무너뜨렸다. 그러고나서 바벨론은 페르시아에 병합되었다. 바벨론 멸망에 관한 세속 기사들은 메대인 다리우스에 대한 기록을 전혀 포함시키지 않고 그 승리를 페르시아의 고레스의 공으로 돌린다. '심층 연구'의 다음 부분이 그토록 중요한 이유가 이 때문이다.

B. 메대 사람 다리오(5:31)

다리우스 1세〔히스타스페스(Hystaspes)〕와 매우 자주 혼동되는 메대 사람 다리우스(다리오)는 세속 역사에서 실재하지 않는 인물이기 때문에 다니엘서의 비평가들이 즐겨 비판하는 대상이다. 다니엘은 구체적으로 그의 나이를 '육십이 세'로 지적하고 있다

(이 책의 본문에서는 매우 특이한 일). 그러므로 다리우스 히스타스페스를 가리킬 가능성은 전혀 없다. 그는 36년을 통치했기 때문에 주전 539년에 통치를 시작했다면 98세까지 살았어야 했기 때문이다.

메대 사람 다리오에 대한 나의 생각은 존 휘트콤(John C. Whitcomb) 박사의 지도 아래 다니엘서를 공부했던 교실에서 형성되었다. 그의 저서「메대 사람 다리오(Darius the Mede)」는 이 주제에 관한 최고의 연구 결과 중 하나를 제공한다. 그는 후에 다음과 같이 저술한 내용을 우리에게 가르쳐주었다. "다니엘서는 벨사살이나 심지어 느부갓네살보다 다리오의 개인적 배경에 관해 훨씬 더 많은 정보를 제공하고 있다. 그는 다니엘서에서 나이, 부모, 국적이 기록된 유일한 왕이기 때문이다"(존 휘트콤, 8).

그러나 성경 외적 자료들도 풍부하다. 다니엘서의 메대 사람 다리우스는 바벨론의 총독으로 자주 언급되는 구바루(Gubaru)와 연결시키는 것이 논리적인 결론이다(고브리야스라 불리기도 함). 사실 그는 왕이 아니었다. 그러므로 우리는 그가 다니엘 6장에서 28회에 걸쳐 그런 명칭으로 불린 이유가 무엇인가 의문이 생긴다. 존 휘트콤은 그러한 차이가 아람어와 페르시아어의 언어학적 관계와 관련이 있다고 주장한다.

확실히 구바루는 가능한 유일한 선택이 아니다. 조이스 볼드윈은 메대 사람 다리오가 고레스 자신을 가리킨 것은 아닌지 의문을 제기한다. "고레스는 메대 사람과 관련이 있었다고 알려져 있고, '메대인들의 왕'으로 불려졌으며, 바벨론의 왕이 될 때 60세였다고 한다. 이러한 주장을 따르면 6장 28절은 '이 다니엘이 다리오 왕의 시대 즉 바사 사람 고레스 왕의 시대에 형통하였더라'라고 번역되어야 한다"(조이스 볼드윈, 26).

조이스 볼드윈은 이 주장을 절대적으로 고집하지는 않지만, 나는 그것이 가능성이 있는 또 하나의 주장이라고 생각한다. 우리가 앞에서도 언급한 바 있는 로버트 딕 윌슨은 메대 사람 다리오를 설명하기 위해 한 장을 모두 할애하여 다루면서 존 휘트콤이 지지하는 견해들을 학문적으로 상당히 인정하고 있다. 실제로 그는 존 휘트콤의 사상에 가장 영향력을 미친 사람일 것이다. 로버트 딕 윌슨은 역사적이고 언어학적인 문제들을 상세히 논의한 후 다음과 같이 말한다. "그러한 예들이 고브리야스가 다리오로 불리기도 했다는 것을 증명하지는 않지만, 그러한 가능성을 지지할 수 있는 추정을 낳게 한다. 이 주장을 지지하는 나머지 암시들을 고려해볼 때 고브리야스와 메대 사람 다리오가 동일인이 아니라고 주장하지 못하게 막아서는 안 된다"(로버트 딕 윌슨, 1권, 141).

약간 뜻밖의 사실이지만 존 월부어드는 D. J. 와이즈만(D. J. Wiseman)이 발전시킨 고레스 논증을 지지한다. 그는 그것이 가장 확실한 해결책이라고 생각하며 이렇게 지적한다. "군주가 하나 이상의 이름을 갖는다는 사실은 고대 문학에서 흔하게 나타나며, 와이즈만의 견해는 다니엘서의 이 문제에 대한 또 다른 보수적 설명을 제공한다"(존 월부어드, 「Daniel」, 134).

일반적으로 나는 이와 같이 역사적이거나 본문상의 문제에 대한 가장 단순한 해결책에 끌리는 편이지만, 존 휘트콤의 지도 아래 그 문제에 관해 오랜 시간 연구한 결과 나는 그를 구바루로 보는 학파를 지지한다. 로버트 앤더슨과 레온 우드도 동일한 견해를 지지한다. 또 다른 주장을 하는 글리슨 아처는 구바루(Gubaru)와 우그바루(Ugbaru)의 차이점을 상세히 지적한다. 이는 여기서 소개할 가치가 있는 설명이다.

> 그러므로 막 인용된 구절을 볼 때 바벨론 함락을 주도한 이가 우그바루였지만 그가 채 한 달도 못 되어 치명적인 병으로 목숨을 잃었다는 것이 분명해진다… 그렇다면 고레스가 10월 29일 갈대아인들의 영토의 부섭정으로 임명한 이는 우그바루가 아니라 구바루였다. 나보니도스 연대기와 그 시기의 다른 쐐기문자 본문들은, 고레스가 2년 후에 공개적인 장엄한 대관식 의식에서 왕의 명칭을 정식으로 양도받았다 하더라도, 적어도 14년간 바벨론의 총독으로 계속 통치했음을 암시한다… 다니엘 9장 1절은 그가 "갈대아 나라 왕(히. homlak)으로 세움을 입었다"고 언급하고 있다. 이 용어는 군사력을 동원해 왕위를 차지한 자가 아니라 더 위의 권세자에 의해 왕으로 임명된 사람에게 적용되는 용어이다. 이 모든 것은 그가 구바루라는 주장과 완벽하게 일치하며, 그가 다니엘 5장 31절에서 "메대 사람 다리오"로 언급된 사람이라는 주장이 유일하게 합리적인 결론이다(글리슨 아처, 76-77).

교안

A. 들어가는 글

1. '악한 제국의 종말' 이야기로 시작하라.
2. 배경 설명: 벨사살의 마지막 밤과 바벨론 멸망에 대한 기록을 담은 다니엘 5장은 다니엘 이야기에서 느부갓네살의 왕국과 고레스 왕국의 필수적인 다리 역할을 한다. 우리는 이제 신상 중 금의 머리 시대를 떠나 메대와 바사의 연합 강대국인 '놋으로 된 배와 넓적 다리' 시대로 들어간다. 이 시대는 고레스 대왕이 다스리는 시대였다.
3. 적용: 이 책이 시작되고나서 대략 70년이 흐르고 4장 끝 이후로 23년이 흘렀다. 벨사살의 통치는 그다지 중요한 비중을 차지하지 않는다. 이는 느부갓네살과 다리오 사이의 25년은 다니엘서에 있어서 예언이나 역사적으로 중요한 부분이 아니기 때문이다. 그러나 다니엘은 은퇴하지 않고, 다시 궁정에서 중요한 지위를 갖게 된다. 6장에서 그는 그 모든 것에 대해 우리에게 이야기해줄 것이다.

B. 본문 이해

1. 역사적 회고(5:17-21)
2. 다시 반복되는 실수(5:22-24)
3. 신적 보복(5:25-31)

C. 결론: '창백한 얼굴'을 읽어주라.

토의 질문

1. 우리 자신보다 더 높은 사람들에게서 선물을 받아야 할 때와 그것들을 거절해야 할 때를 어떻게 구별할 수 있는가?

2. 지상의 '절대 권력'과 천상의 '절대 권력'의 중대한 차이를 설명하라.

3. 하나님이 워싱턴 DC 상원 의원실의 벽에 글을 쓰신다면 어떤 내용으로 쓰시겠는가?

다니엘 6:1-28

사자 굴

"기도는 마음으로 생존을 위한 전투에서 벗어나 승리와 소망을 주는 하나님의 자원을 볼 수 있게 한다."

- C. 닐 스트레이트(C. Neil Strait)

모든 신적인 구원 역사는 기도로 시작되며, 기도는 구원받을 빌미를 제공하기도 한다. 존 번연(John Bunyan)의 말을 빌리면, "기도할 때 말 없이 마음으로 드리는 기도가 마음 없이 말로만 하는 기도보다 낫다."

인물 개요: 바사 사람 고레스

- 캄비세스 1세의 아들, 고레스 2세(대제)
- 유능하며 큰 존경을 받은 통치자
- 페르세폴리스 북쪽의 파사르가다에 페르시아 수도를 건설한 인물
- 유대인들에게 이스라엘로 귀환하도록 허락한 인물('심층 연구' 참고).

들어가는 글

곰과 용

온갖 풍요로운 시설이 주변에 즐비하고 안락한 가정에서 사는 우리는 오늘날과 같은 세상에서 수백 만 명의 그리스도인들이 박해를 받고 있다는 사실을 이해하기가 어렵다. 어떤 나라에서는 그리스도를 믿는 어린이들이 납치되어 노예로 팔리는 일이 허다하고, 그리스도인 여성들이 강간을 당하며, 그리스도인들이 집과 땅을 도둑맞고, 감옥에 투옥되는 일이 흔하게 벌어지고 있다.

중국의 신생 교회는 복음의 공개적 선포를 금하는 압제적인 정부의 강력한 노력에도 불구하고 번성하고 있다. 중국의 어떤 목사님들은 반복적으로 체포당해왔고, 어떤 이들은 성인기의 대부분을 감옥에서 보냈다. 북아프리카에서는 모든 국가들이 여전히 기독교 신앙을 금하는 법을 집행하고 있다. 따라서 믿음을 지킨다고 알려지면 끊임없는 괴롭힘과 심지어 죽음에 직면하기까지 한다.

이것은 너무나 잘 알려진 문제이기 때문에 베스트셀러 작가인 톰 클랜시(Tom Clancy)는 2000년도 베스트셀러인 「곰과 용(The Bear and the Dragon)」에서 중요한 하위 주제로 이 문제를 다루었다. 그는 젊은 복음주의 목사 한 명과 가톨릭 사제가 낙태를 막으려다 둘 다 총에 맞는 사건을 이야기로 서술한다. 물론 이 특별한 사건은 허구이지만, 그 장면은 여러 압제적인 국가들에서 일상적으로 벌어지는 일이다.

이 장은 박해와 기도에 관한 것이다. 광범위하게 박해가 일어난 것이 아니라 주로 다니엘을 겨냥한 것이다. 다니엘이 위기에 대처하는 방식은 히브리서의 믿음의 장을 다시 살펴보게 한다. "저희가 믿음으로 나라들을 이기기도 하며 의를 행하기도 하며 약속을 받기도 하며 사자들의 입을 막기도 하며 불의 세력을 멸하기도 하며 칼날을 피하기도 하며 연약한 가운데서 강하게 되기도 하며 전쟁에 용맹되어 이방 사람들의 진을 물리치기도 하며"(히 11:33-34).

실제로 신약은 하나님의 백성들에 대해 이러한 사실들을 일깨워주는 기록으로 가득하다. 그 모든 것은 가인이 아벨을 살해한 것으로 시작되었고, 예수님이 세상을 다스리시기 위해 다시 오실 때까지 멈추지 않을 것이다. 예수님은 바리새인들에게 이렇게 말씀하셨다. "그러므로 내가 너희에게 선지자들과 지혜 있는 자들과 서기관들을 보내매 너희가 그 중에서 더러는 죽이고 십자가에 못 박고 그 중에 더러는 너희 회당에서 채찍질하고 이 동네에서 저 동네로 구박하리라"(마 23:34). 사실 여기서 맥락은 다르다. 다니엘은 개인적인 고난에서 건짐을 받았다. 하지만 주제는 동일하다.

많은 교회들은 해마다 11월 둘째 주일을 박해받는 그리스도인의 주일로 지킨다. 우리가 그 기념일을 그리스도에 대한 신앙을 지키려고 끝없는 위험에 맞서 견디고 있는 이들을 위해 계속적인 기도로 뒷받침한다면 그런 기념일을 지키는 것은 훌륭한 생각이다.

본문 이해

사자 굴

Main Idea	인생의 위기가 우리를 위협할 때, 그리고 우리의 생명이 위기에 처할 때 고요하고 침착하게 하나님을 신뢰하는 것이 우리가 의지할 유일한 길이다.

A. 정치 참여(6:1-9)

Supporting Idea	예수님은 "이 세상의 자녀들이 빛의 자녀들보다 더 현명하다"라고 말씀하셨다. 그리스도인들은 정치 지도자를 의지할 때 악에 대한 싸움에서 결코 이길 수 없다.

6:1-2. 바벨론이 함락되고 어느 정도 세월이 흐른 후 다리오는 관할 지역의 행정 조직을 정비한다. 한때 바벨론 왕국이었던 페르시아 왕국의 전역을 다스리는 이 지방 관리들은 서열상으로는 동등해 보이는 세 명의 연방 관리 아래 속한 자들로서 지방 장관

들이나 주지사 역할을 했다. 이것은 페르시아의 127도에 대한 내용이 기록된 에스더 1장 1절을 떠오르게 한다. 우리는 이 구절과 에스더서의 수치를 혼동해서는 안 된다. 이것은 합리적인 사람이 기획한 합리적인 제도이다. 다리오는 느부갓네살과 벨사살과 대조적이다. 그는 바벨론의 가장 위대한 왕보다 강한 권력은 소유하지 못했지만, 그의 손자보다 더 민감하고 예리했다. 방백들은 각자 맡은 임무가 있었고, 또한 왕에게 손해가 없게 하려 손실에 대한 책임을 져야 했다.

다니엘서의 이 유명하고 흥미로운 장은, 예언의 내용은 전혀 담고 있지 않으며, 상대적으로 역사적 기록도 거의 갖고 있지 않다. 그러나 비율이라는 해석학적 원리에 비추어볼 때 우리는 이 장의 중요성을 인정하지 않을 수 없다. 이것이 성경에 기록되어 있기 때문이 아니라 예언을 연구하는 학도들이 수세기 동안 열정적으로 씨름해온 7장과 동일한 양으로 이 장이 기록되게 하나님이 허락하셨기 때문이다. 다시 말해서, 이교적인 환경에서 의롭게 살고, 위험에서 우리를 건져주실 하나님을 의지하는 모습은 미래 사건에 기록한 분석 못지않게 중요한 성경적 교훈을 제공한다.

6:3. 다니엘에 대한 우리의 지식으로 볼 때 우리는 정확히 여기에 기록된 내용을 예상할 수 있다. 이제 대략 83세가 된 이 선하고 경건한 선지자는 관리로 지내는 동안 항상 뛰어났다. 이제 다리오는 조직을 재정비하고 다니엘을 세 명의 총리 중 한 명이 아니라 수석 총리로 삼기 위한 계획을 세웠다. 이 책의 여러 부분에서 우리는 다니엘의 생애와 경력이 요셉과 매우 유사한 것을 보았고, 이것은 또 다른 좋은 예가 되고 있다. 즉, 왕에 이은 서열 제2위의 직위를 갖게 되는 것이다.

중요한 것은 재정 관리였으므로 관료제 전체에 책임을 지는 체계는 중요한 의미를 지녔다. 그러나 다니엘의 생애는 어떤 점에서도 인간의 이성의 지배 아래 있지 않았다. 그러므로 우리는 메대 - 바사 제국을 위하여 고안된 체제를 정비하시려고 다리오를 다루시는 하나님의 손길을 알아야 한다. 레온 우드는 다음과 같이 말한다. "하나님의 약속은 하나님의 직접적인 감독을 근거할 때 비로소 설명될 수 있다"(레온 우드, 「Daniel」, 79)

6:4-5. 장점이 크다고 인정받는 민주주의 사회에서도 그리스도인들은 정치인들의 부패를 잘 알고 있다. 그러므로 이러한 음모는 우리에게 그다지 놀라운 일이 아니다. 공격의 첫 번째 핵심은 당연히 그의 전문가적 역량이 될 것이다. 다니엘의 실적을 고려할

때, 이것은 처음부터 질 수밖에 없는 명제였다. 하지만 시기심에 가득 차서 정치적 숙적을 제거하고자 시도하는 이들은 온갖 노력을 다해 흠을 찾아내려고 할 것이다. 하지만 다니엘은 특별한 정치인이었다. 그가 충성되어 아무 그릇함도 없고 아무 허물도 없음이었더라.

하지만 그에게 약점이 전혀 없는 것은 아니었다. 다신론을 신봉하는 나라에서 이 사람은 유일신론자였다. 어떤 사람들은 보다 현대적인 사고에 맞추어 이 장의 초반부터 인종 차별과 나이 차별을 주장할 것이다. 실제로 다니엘은 이국 땅에서 여전히 유대인의 신분을 유지했다. 하지만 능숙한 언어 구사, 문화와 법 그리고 문학에 탁월한 능력을 가지고 있었기 때문에 그의 나이와 민족적 배경이 전혀 걸림돌이 되지 않을 것이다. 다니엘이 "사로잡혀 온 유다 자손"(6:13) 중의 한 명이라고 불리고 있는 이 장 뒷부분의 공격조차 다니엘의 민족적 배경이 그의 약점으로 작용했음을 의미하지는 않는다. 오히려 다니엘의 대적들은 한 가지 문제를 직접적으로 겨냥했다. 그것은 그의 하나님과의 관계였다.

그러나 이 사람들은 신학적 장벽에 부딪혔다. 페르시아는 유일신론적 숭배를 금지하는 법이 전혀 없었다. 그럼에도 불구하고 교활한 그 정치인들은 뭔가 쓸 만한 결과가 나올 때까지 왕에게 아부하여 그를 흡족하게 해줄 수 있다는 것을 알았다. 이런 형태의 경연에서는 악의적인 의도를 가진 사람이 유리하다는 사실을 유념할 필요가 있다.

6:6-7. 이 사건 내내 다니엘은 음모를 꾸미는 그 사람들을 총리들과 방백들이라고 기술하고 있다. 그러므로 이것은 단순히 다니엘이 승진함으로써 왕의 계획에서 제외된 나머지 두 총리만의 음모는 아니었다. 반면에 나는 온갖 정치인들이 어떻게 이 일에 가담할 수 있었는지 상상하기가 어려우므로 이것이 한 지역에서 벌어진 음모가 아니었을까 하는 의심이 든다. 바벨론은 바벨론 제국의 워싱턴 DC였기 때문에 이 악명 높은 무리에 가담할 정치적 모리배들이 충분히 있었을 것이다.

이 장에서 다리오가 다니엘에게 보여준 존경과 호의가 많이 강조되었지만, 우리는 그것을 필요 이상으로 과장하여 해석해서는 안 된다. 다리오는 신학적인 면에서 거인이 절대 아니었다. 그리고 그는 이 가짜 칙령이 자신이 가장 아끼는 충신을 직접적으로 겨냥한 것임을 짐작하지 못했다. 표면적으로는 모든 일이 전혀 무해해 보였다. 글리슨 아처는 그것을 이렇게 요약한다. "옛 바벨론 영토 내의 모든 백성들로 하여금 페르시아의 권위를 인정하게 만들자는 주장은 정치가다운 조치로서 중동과 근동의 통일에 기여할 것처럼 보였다. 한 달이라는 시간 제한도 합리적으로 보였다. 그후에 백성들은 의례적으로 행해오던 예배 의식을 다시 할 수 있을 것이다"(글리슨 아처, 79).

6:8-9. 비열한 정치인들은 말로만 선언하는 것으로 만족하지 않으려 했다. 그들은 그 조서에 어인을 찍어서 메대와 바사의 변개치 아니하는 규례를 따라 그것을 다시 고치지 못하게 하기를 원했다. 여기서 우리는 수세기를 거쳐오면서 일상적인 어휘로 당당히 자리잡은 구절 중 하나를 다시 보게 된다. 우리는 절대 바뀔 수 없는 무엇인가에 대해 말할 때 메대와 바사의 규례에 의해 결정된 것이라는 표현을 쓸 수 있다. 동일한 구절이 에스더 1장 19절과 8장 8절에 나타나고 있다. 일단 그것에 어인을 찍게 되면 왕의 조서는 철회될 수 없었다. 그러므로 9절에 이르면 다니엘의 대적들은 덫을 작동시킬 만반의 준비를 갖춘 셈이 된다.

이 모든 것을 가능하게 만든 그들의 거짓말을 간과해서는 안 된다. 그들은 왕에게 이 계획에 대해 모든 총리와 방백들이 '의논했다'(6:7)고 말했고, 왕은 그들이 그 의논에서 다니엘을 배제했다고 생각할 아무 이유가 없었다. 그럼에도 불구하고 교만, 불의, 왕의 오만은 앞으로 일어날 모든 일의 기반을 조성했다.

B. 신학적 올가미(6:10-16)

Supporting Idea	세상의 모든 사람들이 당신을 대적하는 것처럼 보이고, 직장의 동료들이 당신을 배신할 때 하나님 앞에 무릎을 꿇라.

6:10. 이 장이 전하고자 하는 메시지의 핵심인 이 구절은 하나님의 종이 가진 영적 힘을 확인시켜주고 있다. 여기서 우리는 신뢰할 수 있는 영적 자질의 소유자를 만난다. 하나님은 그 사람에 대해 또 다른 선지자에게 이렇게 말씀하셨다. "인자야 가령 어느 나라가 불법하여 내게 범죄하므로 내가 손을 그 위에 펴서 그 의뢰하는 양식을 끊어 기근을 내려서 사람과 짐승을 그 나라에서 끊는다 하자 비록 노아, 다니엘, 욥, 이 세 사람이 거기 있을지라도 그들은 자기의 의로 자기의 생명만 건지리라 나 주 여호와의 말이니라"(겔 14:13-14).

하나님이 평가하시기에 다니엘은 모든 시대를 통틀어 가장 위대하고 용감한 성도 두 사람과 한 등급에 속하는 인물이었다. 그 사건에 대한 그의 기록은 매우 구체적이다. 그는 집으로 돌아가서 기도만 한 것이 아니었다. 그는 집으로 가서 예루살렘으로 향하여 열린 창이 있는 방으로 올라갔다. 그리스도인들은 법을 지켜야 하는가? 당연히 지켜야 한다. 하지만 다리오의 경우처럼 인간의 법이 하나님의 법과 직접적으로 위배되는 경우는 예외이다. 그래서 다니엘은 전에 행하던 대로 조국이 있는 서쪽을 바라보며 그 하나님께 감사의 기도를 드렸다. 그는 거의 75년간이나 조국을 보지 못했다.

성전 쪽을 바라보며 기도하는 이 관습은 솔로몬에 의해 처음 채택된 것이 분명하며(대하 6:34-39), 왕조 시대, 포로기 그리고 회복기를 거쳐 신약 시대까지 줄기차게 유대인의 예배를 지배한 관습이다. 이 기도는 갈릴리 바다에서 물에 빠져 죽을까 공포에 질린 베드로의 기도처럼 최후의 필사적인 기도가 아니었다. 이 구절에 관한 모든 것은 다니엘이 창가에서 정기적으로 무릎을 꿇고 기도했고, 모든 사람들이 그것을 알고 있었음을 말해준다.

다니엘이 자신의 목숨을 구하기 위해서 하나님에 대한 자신의 예배를 타협하는 것이 얼마나 쉬운 일이었을지 간과하지 않도록 하자. 왕의 칙령은 단 3개월짜리였다. 공개적인 이 기도 방식을 몇 주간만 미룬 후에 다시 그것을 시작하지 않을 이유가 무엇인가? 하나님은 그것을 분명히 이해하셨을 것이다. 혹은 그냥 창문만 닫고 은밀하게 기도할 수도 있었다. 그들은 그가 기도했다고 정죄할 수는 있지만 그것을 증명할 수는 없었을 것이다. 또 다른 한편으로, 다리오가 다니엘에게 칙령을 위반했는지 직접적으로 질문한다면 다니엘이 진실을 이야기했을 것이라는 점도 의심의 여지가 없다.

글리슨 아처는 이렇게 말한다.

> 다니엘은 예루살렘을 향하여 기도하는 습관이 있었다. 여호와의 영광스러운 임재가 임한 곳이 솔로몬의 성전이었기 때문이다(왕상 8:10-11). 이 쉐키나(Shekinah, 하나님의 함께하심)의 구름이 주전 587년 예루살렘 함락 전에 예루살렘을 떠났음에도 불구하고(겔 11:23) 다니엘은 여호와께서 그곳으로 돌아오셔서(겔 43:2) 예루살렘을 회복하실 것(렘 29:10, 14)을 알고 있었다(그가 기도하고 있을 때에도). 고레스의 귀환 칙령이 이미 공포되었을 것이기 때문이다. 다니엘이 거룩한 성, 그의 마음으로 소원하는 곳, 하나님 나라의 진보를 구하는 그의 소망과

기도의 초점이 아닌 다른 어떤 방향으로 향하겠는가?(글리슨 아처, 80).

6:11-12. 우리는 음모를 꾸미는 이 무리들이 길에 서서 다니엘의 창문을 올려다보고 있는 장면을 어렵지 않게 상상할 수 있다. 그들은 그의 모습을 확인했고, 그가 무엇을 하고 있는지 정확히 알았다. 그래서 그들이 나아가서 왕의 금령에 대하여 왕께 아뢰되. 그러나 이 구절은 그 기도에 관한 새로운 사실을 알려주고 있다. 10절에서 우리는 이것이 하루에 세 번씩 다니엘이 늘 드리던 감사 기도였음을 알았다. 이제 우리는 다니엘이 또한 하나님 앞에 (도움을) 기도하며 간구하고 있었음을 알게 된다.

이 본문을 주제로 다양한 개요의 여러 설교를 할 수 있다. 그러나 그에 앞서 이 기도와 관련된 성경 기록에서 표면적으로 드러나 있는 여섯 가지 요소를 소개하고자 한다.

1. 기도의 장소
2. 기도의 지속성
3. 기도의 자세
4. 기도를 통한 찬양
5. 기도의 방식
6. 기도의 간구

기도의 자세에 대해서는 '심층 연구'에서 다시 살펴볼 것이다. 이제 악한 총리들과 방백들에게로 돌아가자.

6:13-14. 다니엘의 대적들은 드디어 절호의 기회를 잡았다. 덫을 작동해 이 거만하고 분수를 모르는 방해꾼을 끌어내릴 때가 온 것이다. 무엇보다 그는 사로잡혀 온 유다 자손 중 한 사람일 뿐이었다. 이것은 5장 13절의 벨사살의 질문을 떠오르게 한다. 이 다니엘이 금령을 돌아보지 아니하기 때문에 그들은 확실히 이렇게 정죄할 충분한 권리가 있었다.

이것은 모두 어디선가 들어본 듯한 말이다. 2세대 전에 유사한 무리들이 느부갓네살에게 나아가 다니엘의 세 친구에 대해 정확히 동일한 고발을 하였던 것이다(3:12). 다니엘서 전반에 걸쳐서 한 가지는 절대적으로 분명한 것 같다. 하나님의 사람들은 하나님 외에 다른 신을 절대 섬기지 않는 것이다.

왕의 반응은 예상하지 못했던 것으로 보인다. 그는 심히 근심하였다. 이는 누군가가 그의 칙령을 위반하였기 때문이 아니라 신뢰하고 존경하는 자신의 총리가 올무에 걸렸기 때문이었다. 이미 공포한 조서에 관해 그가 할 수 있는 일은 아무것도 없었지만, 그는 마음을 쓰며 그를 건져 내려고 힘을 다하여 해가 질 때까지 애썼다. 이것은 변호사들이 해야 할 일이었다. 분명히 그들은 법률적 허점을 찾아낼 수 있었을 것이며, 왕은 그것을 이용해 악한 정치인들이 쳐놓은 이 계략에서 벗어날 수 있었을 것이다. 그가 미국에 살았었다면! 그러나 바사에서는 아무 기회가 없었다.

조이스 볼드윈은 이렇게 지적한다.

> 절대 권력자라도 일치 단결한 여론이라는 거대한 힘 앞에서는 다니엘을 올무에서 건져낼 수 없었다. 이것은 느부갓네살이나 벨사살이 직면한 딜레마와는 완전히 성격이 다른 것이며, 인간 통치자의 한계에 대한 또 다른 측면을 보여준다 … 이것은 절대화되어 엄격히 집행되는 법의 경직성(개별 시민에 대한 부당한 횡포를 낳는)을 엿본다는 차원 이상의 것이다(조이스 볼드윈, 130).

6:15-16. 이 문제에 관한 한 왕의 선택권이 전혀 없음을 한 번 더 일깨워주기 위해 그들은 다시 왕을 찾아온다. 그것은 왕이 이미 너무나 잘 알고 있는 사실이었다. 이에 왕이 명하매 다니엘을 끌어다가 사자 굴에 던져 넣는지라. 7절에서 사자들이 처음 언급되었을 때 우리는 그 사자들에 대해 구체적으로 언급하지 않았다. 하지만 여기서 우리는 "극렬히 타는 풀무를 사용하는 처형법은 어떻게 되었는가?" 라고 질문해보아야 한다. 우리는 우리 문화 속의 다양한 사형 방법에 대해 잘 알고 있다. 독극물 주사 방식, 전기 의자, 가스, 총살. 하지만 산 채로 화형을 당하거나 맹수에게 잡아 먹혀 죽는 방법의 차이는 야만적일 뿐 아니라 특이하게 보인다.

악한 한 제국이 또 다른 악한 제국으로 대체되었음을 명심하라. 페르시아인들은 조로아스터교 신앙의 일부로 불을 숭배했으므로 그것을 처벌의 수단으로 결코 이용하지 않았을 것이다. 불, 사자, 십자가에 의한 처형법을 비교하다보면 세상 속에서 죄악으로 야기된 더 무서운 잔학성만 부각시켜줄 뿐이다. 정치적 구조, 철학, 종교 면에서 많은 차이가 있다 하더라도 악한 제국들은 일반적으로 잔혹성이라는 공통된 길을 따른다.

왕은 그 처형을 집행하지 않을 수 없었지만, 그 문제를 냉혹하게 비인격적으로 처리할 필요는 없었다. 그는 분명히 사자 굴 앞까지 다니엘을 따라갔고, 그의 마지막 말은 희망 섞인 기대를 드러낸다. 너의 항상 섬기는 네 하나님이 너를 구원하시리라. 다니엘이 하나님을 섬기는 것에 대한 참으로 놀라운 칭찬이다. 그것은 동사가 현재 우언적 시제(present periphrastic tense)로 사용되어 다니엘이 항상 하나님을 섬겼음을 왕이 확신했다는 암시를 주고 있기 때문이다. 다리오는 다니엘을 구하고자 인간적인 노력을 다했지만 실패했다. 이제 다니엘의 운명이 그가 섬기는 하나님의 손에 달려 있음을 그는 철저히 인정한다. 여기서 구원하다에 해당하는 동사는 시제가 달라져서 불완전한 의미를 띠고 있다. 이것은 의무나 최소한 희망하는 사건이 일어날 것이라는 기대를 암시하고 있다.

C. 하나님의 구원(6:17-24)

Supporting Idea	스스로 자초한 일이라 할지라도 하나님은 종종 자신의 계획에 따라 기적을 통해 자기 백성들을 질병과 죽음에서 건져주신다.

6:17. 동물원과 돌로 된 담이나 철창으로 만든 우리에 익숙한 우리가 이 장면을 상상하기는 쉽지 않다. 분명히 그 사자 굴은 지하에 있었을 것이며, 여러 방으로 나뉘어 있었을 가능성이 높다. 입구를 막은 돌에는 뜨거운 왁스를 붓고 왕과 귀족들의 인장 반지를 찍어 아무도 그것을 움직이지 못하게 했다. 이 구절의 마지막 묘사는 특이하게 보인다. 이는 다니엘 처치한 것을 변개함이 없게 하려 함이었더라.

이 구절의 해석은 그들이 걱정할 유일한 대상이 왕이라는 것을 암시한다. 그래서 그는 음모를 꾸민 자들에게 돌을 옮기지 못하게 하겠다는 보장을 해주었고, 이로 인해 그들은 왕이 밤중에 구출 시도를 하지 않으리라는 것을 알았다. 다리오는 속으로 분노를 삭이고 있었겠지만 고레스의 신하였으므로 바사의 법에 철저히 구속되었다. 조이스 볼드윈은 그 우리를 이렇게 묘사한다. "본문은 사자 굴이 두 개의 입구, 즉 동물들이 출입하는 경사로와 일반적으로 먹이를 던져주기 위한 지붕의 구멍이 있었음을 암시한다. 다니엘이 지붕의 구멍으로 던져졌든, 혹은 옆의 경사로로 던져졌든 간에 누군가가 줄을 내려주지 않으면 빠져나올 길은 단 하나밖에 없었다"(조이스 볼드윈, 130).

6:18. 불면의 긴 밤이 시작되었다. 다리오는 보통 때였으면 기름기 흐르는 성대한 음

식으로 식사를 하고 잠들기에 앞서 기악을 즐겼을 것이다. 현대어 성경(Modern Language Bible)은 이 구절을 명쾌하게 번역하고 있다. "그러고나서 왕은 궁궐로 갔고 평상시의 오락을 즐기는 대신 깊은 생각에 잠겨 금식하며 밤을 보냈다. 도무지 잠이 오지 않았다".

6:19-20. 아침 식사를 할 틈도 없었다. 새벽에 다리오는 급히 사자 굴로 달려가서 사자 굴 앞에 미처 다다르기도 전에 슬피 소리질러 다니엘을 불렀다. 여전히 그의 목소리에는 기대의 분위기가 묻어 있었다. 다니엘은 악한 고관들에게 유다에서 잡혀온 포로 중 한 명이었을지 모르지만, 이 왕에게는 하나님의 종이었다. 이것은 한 친구를 구조하는 것 이상의 의미를 지닌 신에 대한 테스트였다. 다리오는 사자의 입을 막을 수 있는 신들을 전혀 몰랐다. 다니엘의 하나님이 그것을 할 수 있다면 왕의 신학은 수정이 필요했다. 그럼에도 불구하고 슬피 소리질렀던 것으로 볼 때 그의 영혼의 고통은 사라지지 않고 그대로였다. 이 표현에 대한 단어는 '아십(asib)'으로 통렬한 슬픔을 묘사하는 단어이다.

6:21-22. 사자 굴의 밑바닥에서 되돌아온 말은 너무나 놀라운 아침 소식이었다! 나의 하나님이 이미 그 천사를 보내어 사자들의 입을 봉하셨으므로. 극렬한 풀무 속의 네 번째 사람과 사자 굴 속의 천사가 관계가 있는가? 다른 방식으로 표현해서, 다니엘이 그 천사라고 말했을 때 그가 단순한 한 천사라는 의미인가, 아니면 그 천사라는 의미인가? 아무리 해도 추측밖에 되지 않지만 성육신 이전의 그리스도가 그의 종 옆에 다시 나타나셨다는 생각이 완전히 불가능한 것은 아니다.

도널드 캠벨도 이러한 생각에 동의한다. "세 히브리인 청년을 구한 자(3:25, 28)와 다니엘을 구한 자(6:22)가 동일한 여호와의 천사일 가능성이 있다. 다니엘은 사자들과 함께 그 밤을 지냈을 뿐 아니라 성육신 이전의 하나님의 아들과 함께하는 놀라운 경험을 했다! 그 날 밤이 새도록 나눈 대화에 호기심을 갖지 않기는 어렵다"(도널드 캠벨, 98).

다니엘은 자신이 구원받은 두 가지 이유를 제시한다. 나의 무죄함이 그 앞에 명백함이오며 또 왕이여 나는 왕의 앞에도 해를 끼치지 아니하였나이다.

6:23-24. 자기 하나님을 의뢰함으로 다니엘이 상처 하나 없이 사자 굴 밖으로 나오자 왕의 슬픔은 기쁨으로 변한다. 하나님이 그의 친구들을 느부갓네살의 풀무에서 건져내셨을 때 그들에게는 연기 냄새도 하나 없었고 옷이나 머리카락 하나 상하지 않았다. 하

나님의 구원은 완벽하다. 그러고나서 믿음의 언저리에 다가갈 수 있었던 이 이방인 왕은 다시 악한 마음의 분노를 드러내며 다니엘을 음해한 자들을 그 처자들과 함께 사자 굴 속으로 던져넣었다. 고대 세계의 야만성이 우리에게 충격스럽기는 하지만, 이런 종류의 심판은 유대인들에게도 있었으며, 때로 하나님 자신이 이런 심판을 내리기도 하셨다(민 16장, 신 19장). 정치인 120명의 가족들이 사자의 먹이로 주어진 것이 아니라, 왕을 이런 끔찍한 딜레마에 빠뜨린 악한 음모자들과 그 가족이 대상이었다는 점을 주목하도록 하자.

어떤 경우든 그들이 굴 밑에 닿기 전에 사자가 곧 그들을 움켜서 그 뼈까지도 부숴뜨렸기 때문에 그들은 아무 고통이 없었다.

D. 왕의 증언(6:25-28)

Supporting Idea	하늘의 위대하신 왕은 이 세상 왕국들을 다스리시기 때문에 그분의 영원한 계획에 맞게 왕들의 마음과 뜻을 바꾸실 수 있다.

6:25-27. 조서에 어인을 찍는 일에 능숙한 다리오는 다시 손에 펜을 들어 온 땅에 있는 모든 백성과 나라들과 각 방언하는 자들에게 조서를 내린다. 4장 말미의 느부갓네살의 증언과 유사한 다리오의 증언은 하나님의 주권의 교리를 확장시켜주었고, 구체적으로 이렇게 확인해주고 있다. 그는 구원도 하시며 건져내기도 하시며 하늘에서든지 땅에서든지 이적과 기사를 행하시는 자로서. 존 월부어드는 이렇게 지적한다. "26-27절은 원문상으로는 찬송의 형태로 되어 있다. 살아 계시고, 강하시며, 영원하시고, 이방인들의 신들보다 더 위대하신 하나님에 대한 통지문이 다니엘 시대의 온 땅에 다시 한 번 공포되고 있다"(존 월부어드, 「Daniel」, 144).

6:28. 이 장은 다리오와 고레스를 명확히 별개의 인물로 구분한 점을 포함한 내용으로 마무리하고 있다. 그러므로 그들이 여러 이름을 가진 동일 인물이라는 모든 주장은 중지되어야 할 것이다. 다니엘은 느부갓네살의 통치기 동안 형통함을 누렸던 것처럼 다리오 왕의 시대와 바사 사람 고레스 왕의 시대에 형통하였더라. 그는 여러 해를 더 살면서 자신의 회고록을 수정할 뿐 아니라 성경을 연구하고 기도하는 생활을 할 것이다. 글리슨 아처는 그의 회고록이 주전 약 532년에 출간되었을 가능성이 있다고 한다(글리슨 아

처, 84).

레온 우드는 이렇게 지적한다.

> 이 일이 고레스 통치기에도 해당된다는 추가된 언급이 다리오의 후임이 고레스였다는 의미는 아니다. 이미 지적한 바 있듯이, 두 사람은 동시대 인물이었다. 두 사람이 동시에 통치했기 때문에 다니엘은 두 사람의 통치기에 계속 형통하였던 것이다. 이 문장의 의미는 다니엘의 대적들이 사자 굴 속에서 모두 죽임을 당했지만, 그들의 모략에도 끝까지 하나님께 신실했던 다니엘은 목숨을 건졌고 형통했다는 뜻이다. 사실상 그는 아마 다리오가 그를 위해 계획했던 지위로 승진했을 것이며, 그를 보좌하도록 새로운 인물들이 임명되었을 것이다. 확실히 이것은 자신에게 신실한 자들에 대한 하나님의 신실하심을 다시 한 번 증명하고 있다(레온 우드, 「Daniel」, 87).

Main Idea 복 습	인생의 위기가 우리를 위협할 때, 그리고 우리의 생명이 위기에 처할 때 고요하고 침착하게 하나님을 신뢰하는 것이 우리가 의지할 유일한 길이다.

결론

기도 가운데

은퇴한 후 나는 애틀랜타 북쪽 144킬로미터 지점에 위치한 조지아 북동부의 토코아 폴스 대학(Toccoa Falls College)에서 매년 몇 개월을 보낸다. 거의 모든 스포츠 종목에서 우리와 경쟁 관계에 있는 한 팀은 애틀랜타 기독교 대학(Atlanta Christian College)이다. 나는 그 대학 소속 팀들이 수많은 경기에서 농구와 축구 시합을 하는 것을 보았다.

그 학교 캠퍼스에는 10년 혹은 15년 전의 멋진 이야기가 떠돌고 있다. 애틀랜타 기독교 대학 합창단은 버스로 콘서트 투어를 다닌다. 그것은 거의 모든 기독교 교육 기관에서는 흔한 모습이다. 한번은 그 합창단이 어느 지역에서 명성이 자자한(피칸 와플로) 한 레스토랑에 들렀다. 한 테이블에 앉은 모든 학생이 그 집의 특별 요리를 주문했다. 종업원이 그들 앞에 와플을 내오자 그들이 감사 기도를 드리기 위해 머리를 숙이고 몸을 낮췄다. 이 상황에 어떻게 반응해야 하는지 잘 몰랐던 그 종업원은 함께 몸을 숙인 후 그중 한 학생에게 이렇게 속삭였다. "피칸 와플을 찾고 있다면 맨 아래쪽에 있어요."

공적인 기도는 하나님의 은혜에 대한 우리 신앙을 증언한다. 이 장에서 우리는 그것이 믿음, 감사, 예배 그리고 자기 자녀들을 보호하시고 돌보시는 하나님의 능력에 대한 굳건한 신뢰를 증거하는 것을 본다. 우리가 아직 요한복음 4장에 이르지 않았다는 것과 장소와 기도 자세가 하나님 보시기에 중요한 것이 아니라는 인식이 아직 나타나지 않았음을 기억하라. 다니엘은 저 너머 어딘가에 예루살렘이 있다는 것을, 아마 폐허 상태로 있겠지만 여전히 하나님의 성이라는 것을 알고 있었다. 그의 믿음은 배타적인 믿음이었다. 오직 여호와만을, 예루살렘만을 믿는 믿음이었다. 우리는 예루살렘이라는 장소에 대한 애착을 제외한 그 배타적 믿음을 공유한다. "몸이 하나이요 성령이 하나이니 이와 같이 너희가 부르심의 한 소망 안에서 부르심을 입었느니라 주도 하나이요 믿음도 하나이요 세례도 하나이요 하나님도 하나이시니 곧 만유의 아버지시라 만유 위에 계시고 만유를 통일하시고 만유 가운데 계시도다"(엡 4:4-6).

다니엘은 성경의 가장 위대한 모델 중 한 사람으로서 어려서부터 죽을 때까지 한결같은 용기와 헌신의 모범을 보여주고 있다. 별들이 떨어진다 해도 그는 자신이 믿는 바를 대변했고, 아무리 강력한 지상의 왕이라도 하늘 왕을 향한 그의 일편단심을 버리게 할 수는 없었다. 그는 유럽에 종교 개혁의 물결이 확산되던 때에 랜슬럿 앤드류스(Lancelot Andrewes)가 작곡한 짧은 기도를 즐겨 드렸을 것이다. "오, 내 삶이 당신의 계명으로 향하도록 하시고, 내 영혼을 거룩하게 해주시며, 내 몸을 순결하게 하시고, 생각을 바르게 고쳐주시며, 저의 욕망과, 영과, 몸과, 뜻과, 마음을 깨끗하게 해주소서. 오 주님이시여, 저를 철저하게 새롭게 해주소서. 당신이 하고자 하시면 하실 수 있나이다."

▣ 진리 알기

- 나이와 함께 지혜가 생긴다. 특별히 하나님의 백성일 경우 더욱 그러하다.
- 지도력과 행정 능력은 하나님이 주시는 선물이며, 인간적인 훈련으로는 강화되고 다듬어질 뿐이다.
- 공무원들의 악한 행동의 동기가 밝혀지지 않는 때가 너무나 많다.
- 사람이 말과 삶으로 하나님에 대한 믿음을 순수하게 증거할 때 말과 삶 어느 것에서도 공격의 빌미가 될 흠이 없어야 한다.

▣ 적용하기

- 우리가 사랑과 믿음의 정신으로 행동한다면 합리적인 사람들에게는 조금도 불쾌감을 주지 않을 것이다.
- 규칙적인 기도는 경건한 삶에 필수적인 훈련이다.
- 혼란과 악뿐 아니라 법과 질서라는 가면을 쓴 사단의 역사를 주의하라.
- 공격을 받을 때 자신을 방어하려고 애쓰지 말라. 당신의 삶을 하나님의 손에 맡기라.
- 하나님에 대한 신실함에 대해 누군가가 우리를 비난한다면 우리가 유죄일 수밖에 없도록 하라.

삶의 적용

합창 28번

조지 프레드릭 헨델(George Frederick Handel)은 1743년 〈메시아(Messiah)〉 런던 초연을 불안한 마음으로 준비했다. 이 곡을 연주하는 데 극장이 합당한 장소인가? 공연에 온 사람들이 그토록 세속적인 음악에 너무 거룩한 가사를 붙였다고 생각하지 않겠는가? 관계자들은 심지어 그날 밤의 공연을 위해 곡명을 바꾸어 그의 작품을 〈신성한 새

오라토리오(New Sacred Oratorio)〉로 광고했다. 헨델의 곡에 사용된 성경 본문은 그의 친구 찰스 제넨스(Charles Jennens)에 의해 대본으로 정리된 것이다. 그는 본문을 탄생에서 부활, 마지막 천상의 찬양으로 이어지는 우리 주님의 이야기 순서를 따라 정리했다. 마지막 '할렐루야' 합창이 시작되면 전세계 관중들은 그 이유를 다 알지 못한 채 자리에서 일어난다. 첫 관중들이 보인 반응에 대한 이야기는 1743년 그 첫 공연 때 조이 2세가 보였던 반응을 중심으로 하지만 여러 이야기들이 뒤섞여 있는 것으로 보인다.

도나 페인(Donna Payne)과 프란 렌조(Fran Lenzo)는 오늘날 그러한 관례의 의미를 다음과 같이 강조한다.

> 그 시작이 어떠했든 기립하는 관례는 헨델의 평생에 계속된 것이었고, 오늘날까지 여전히 지속되고 있다. 그 첫 관중들은 단순히〈메시아〉라는 음악 이상의 것에 감동을 받았다. 그들은 〈메시아〉가 들려주는 이야기가 구세주의 이야기라는 사실을 이해했다. 그들은 하나님의 아들을 높이기 위해 자리에서 일어났다. 그들에게 그 이야기는 참으로 중요했기 때문에 메시아에 관한 공연을 보러 극장으로 가기를 원치 않았다. 그들은 그러한 음악은 교회에서만 들어야 한다고 생각했다(도나 페인과 프란 렌조, 99).

그러나 합창 28번은 어떤가? 〈메시아〉의 전체 합창 본문은 약 252페이지에 달한다. 거의 중간(122페이지)에서 합창대는 "우리는 양 떼같이 헤매었네"라는 합창을 부른다. 그리고 "그를 보는 자는 비웃으며"라는 테너 서창이 이어진다(27번). 그러나 테너 솔로는 겨우 한 페이지밖에 되지 않는다. 이는 그가 마태복음 27장 43절에서 따온 "그가 구원하실 것을 믿었네"라는 합창 28번을 소개하는 역할만 하기 때문이다.

다니엘 6장을 읽을 때 나는 내가 자주 부르는 그 합창이 마음속에 떠오른다. 예수님처럼 다니엘은 정치적이고 종교적인 권력을 지닌 악한 사람들의 공격을 받았다. 예수님처럼 그를 정죄한 자들은 그가 죽기를 원했고, 모든 기적적인 구원의 가능성을 비웃었다. 사실 다니엘은 죽음과 부활을 경험하지 않았지만, 위기에 직면했을 때 그가 보여준 태도는 십자가상의 예수님의 태도를 반영하고 있다. 다니엘은 하나님을 신뢰했고, 하나님은 그를 건져주셨다.

글리슨 아처는 다음과 같이 말한다.

> 이 구절에서는 세 가지 점이 강하게 두드러진다. (1) 다니엘의 하나님은 살아 계시며, 실제 사람처럼 정의의 요구와 자기 백성들의 필요에 반응하시면서 그분이 역사에서 행동하시는 방식대로 살아 계심을 보여주신다. (2) 하나님의 통치는 영원하며, 히브리 왕조는 배교로 인해 지속되지 못했지만, 그분의 통치는 결코 중단되지 않을 것이다(인간 권력자들이 세운 제국들과는 달리). (3) 하나님은 자신을 진정으로 섬기는 자들을 기적적으로 구원하시며 하늘과 땅에서 기적을 행하신다. 그분은 다른 모든 신들과 대조적으로 자신의 영원한 능력과 하나님 되심의 객관적 증거를 제시해오셨다. 하지만 다른 모든 신들은 기껏해야 상상의 결과이며 전설이다(글리슨 아처, 83).

기도

하나님 아버지, 다니엘의 용기와 믿음에 대해 감사를 드립니다. 우리의 삶이 사적으로나 공적으로나 당신에 대한 동일한 헌신을 반영하도록 도와주십시오. 아멘.

심층 연구

A. 기도의 자세(6:10)

용어 색인집을 훑어보면 무릎을 꿇고 기도드리는 자세는 우리가 생각한 것만큼 일반적이지 않음을 알 수 있다. 시편 95편 6절은 우리에게 "오라 우리가 굽혀 경배하며 우리를 지으신 여호와 앞에 무릎을 꿇자"라고 요청한다. 이사야 45장 23절(바벨론 유수와 구원이라는 맥락에서)은 "내가 나를 두고 맹세하기를 내 입에서 공의로운 말이 나갔은즉 돌아오지 아니하나니 내게 모든 무릎이 꿇겠고 모든 혀가 맹세하리라 하였노라"라는 하나님의 말씀을 우리에게 들려준다. 우리는 또한 바울이 에베소 교회 장로들과 무릎을 꿇고 기도한 것(행 20:36)과 사도행전 21장 5절에서 다시 다른 성도들과 함께 무릎을 꿇고 기도한 것을 볼 수 있다.

어떤 교회들은 성만찬이나 결혼식, 임직식, 혹은 선교사 위임식에서 무릎을 꿇는 것을 관례적으로 행하고 있다. 무릎을 꿇는 것은 강요하기 어렵고, 또 어떤 이들에게는 힘들고 고통스러울 수도 있지만, 하나님 앞에서 우리의 비천함을 인정하는 하나의 방식이다. 내 친구 폴 세달(Paul Cedar)은 그것을 다음과 같은 따뜻한 문장으로 요약하고 있다.

> 무릎을 꿇는 것이 기도를 위한 유일한 자세는 아니다. 하지만 그것은 우리가 기도로 하나님 앞에 나아갈 때 이용할 수 있는 훌륭한 자세이다. 기도할 때 무릎을 꿇는 태도는 발전시킬 가치가 있는 습관이다. 그것은 하나님의 존전으로 나아간다는 우리의 의식과 하나님 앞에서 우리를 겸손히 낮춘다는 우리의 지각을 강화시키는 자세이다. 무릎을 꿇는 것은 하나님이 누구시며, 우리가 어떤 존재인가를 생생하게 일깨워줄 수 있다. 물론 어떤 사람들은 신체적 한계로 무릎을 꿇을 수 없다. 그러나 우리는 모두 하나님의 존전에서 무릎을 꿇는 태도를 선택할 수 있다(폴

세달, 60).

B. 조로아스터교

검은 망토를 두르고 가면을 쓴 기수를 숭배하는 종교와 혼동해서는 안 되는 조로아스터교(Zoroastrianism)는 고대 종교와 현대 종교의 경계선에 자리잡고 있다. 조로아스터교는 고대에 등장했지만(주전 약 660년), 21세기에도 사교와 종파들을 통해 여전히 명맥을 유지하고 있다. 초기 형태의 조로아스터교는 페르시아적 특색이 매우 뚜렷했고, 현재의 이란 평지에서 발생하여 앗수르와 바벨론의 종교들과 마찬가지로 고대 종교들의 전형적인 다신론을 대체하였다. 실제로 조로아스터(Zoroaster, 짜라투스트라)에 관한 모든 것은 신비에 싸여 있는 것 같다. 그의 출생과 심지어 그의 실존과 관련된 실제적인 자료들도 분명하지 않다. 우리가 알고 있는 내용은 조로아스터교의 경전인 아베스타(Avesta)의 고대 시들을 통해 우리에게 전해진 것이다. 확실히 그는 방랑 예언자였고, 부처, 공자, 예레미야와 동시대인이었다.

다신론을 거부한 조로아스터는 추종자들이 아후라 마즈다(Ahura Mazda)를 섬기도록 했고, 그 신의 선함을 선언했다. 그는 임박한 심판의 날에 대해 경고하며, 그날에 모든 사람들이 지상에서 행한 행위의 기록대로 처벌받을 것이라고 했다. 물질은 악한 것으로 간주되었고, 시체는 세상의 모든 것 중 가장 부정한 것으로 인식되었다. 비가 부정한 시체에 닿아서는 안 되기 때문에 장례식은 맑은 날에만 거행될 수 있었고, 불은 신성하므로 시체를 화장할 수도 없었다.

이것은 다니엘 6장과 관련해 이 종교에 대해 우리가 관심을 두는 핵심이므로 종교 사학자 찰스 S. 브래든(Charles S. Braden)의 글을 소개한다.

> 현대 조로아스터교의 주된 특징은 불을 숭배하는 것이다. 이 의식은 은밀하게 거행되며 외부인들은 단 한 사람도 참관을 목적으로 한 입장이 허용되지 않는다. 그것은 불의 신전 한가운데서 거행되며 엄격하게 대대로 이어져온 파시스(Parsis) 중, 적법한 절차를 거쳐 임명되고 의식을 통해 준비된 제사장들의 대표들에 의해 주관된다. 신전의 불을 피우는 데 필수적인 의식은 매우 정교하다. 그것은 각기 관련된 의식을 통해 정결하게 된 16개의 불이 혼합하는 방식으로 진행된다. 예를 들

면, 하나의 불을 붙이기 위해서는 기도에 맞추어 한 불로 다른 불을 밝히는 일을 연속적으로 91번에 걸쳐 진행해야만 한다(찰스 브래든, 84-85).

우리는 더 이상 이 주제를 연구할 필요가 없지만 다니엘서의 사형 방법이 불에서 사자로 그토록 빨리 이동한 방법을 설명하기 위해 여기서 이 문제를 제기한 것이다.

C. 강요된 믿음(6:26)

통치자가 백성들의 마음의 변화를 강요할 수 있다는 터무니없는 생각은 새로울 것도 없고 이미 흘러간 옛 시대의 모습도 아니다. 그 생각은 아직까지 여전히 사라지지 않고 있다. 다리오가 내린 조서의 중요성을 인정하기는 하지만, 왕이 명령했다고 해서 전 왕국이 예루살렘의 여호와를 예배하기 시작했다고 생각해서는 안 된다. 외관상으로는 왕에게 반항할 수 없었지만, 참된 믿음은 마음의 문제이다. 왕의 명령에 복종하는 문제가 아닌 것이다.

그리스도인들은 이 질병에 면역되어 있지 않다. 콘스탄틴 대제는 전 군대가 강을 건너 행진하게 하여 그들에게 '세례를 줌으로써' 그리스도인으로 개종시키고자 했다. 종교 개혁 기간과 후에 모든 국가들은 그들의 통치자의 종교 때문에 '개신교' 나 '가톨릭'이 되어야 했다. 우리가 강요된 믿음이란 있을 수 없다고 인정한다고 해서 다니엘서의 본문을 폄하하거나 다리오의 의도를 폄하할 의도는 없다.

D. 바사 사람 고레스(6:28)

안샨의 왕, 캄비세스의 아들인 고레스는 바벨론 함락 몇 년 전 시작된 페르시아 제국의 실제적인 건국 조상이었다. 페르시아인들은 이전의 수메르 문명과 아카드 문명을 토대로 하였다. 고레스는 주전 539년 10월 29일에 바벨론으로 입성했고, 백성들의 해방자로 보좌를 차지했다. 7장에서 살펴보겠지만, 고레스의 바벨론 통치 제3년에 다니엘 10-12장이 기록되었다.

일반적으로 고레스는 각 지역의 신들을 인정하고, 포로들을 본국으로 귀환시킨 아량이 넓은 정복자였다. 결국 그는 유대인들이 그들의 성전과 성을 재건할 수 있도록 이스라엘 귀환을 장려했다(대하 36장, 스 1장, 사 44장). 그는 알렉산더 대제에 의해 폐위될 때까지 중동 전체를 통치했다. 고레스의 뒤를 계승한 이는 다리우스 1세로 그는 주전 518년 페르세폴리스에 거대한 궁전을 건축했다. 조각과 그림들이 많이 남아 있기는 하지만, 알렉산더는 주전 330년에 그 궁전을 완전히 불태워버렸다. 페르시아 제국은 주전 약 500년경에 쇠퇴하기 시작했고, 그들의 군대는 주전 490년 마라톤 전투에서 그리스인들에게 패배했다. 다리우스의 아들인 크세르크세스(Xerxes) 1세는 알렉산더가 페르세폴리스의 신전을 불태우기 150년 전인 주전 480년 살라미에서 패배했다.

교안

A. 들어가는 글

1. '곰과 용' 이야기로 시작하라.
2. 배경 설명: 다니엘 6장은 바벨론 제국의 종말과 페르시아 사람 고레스의 통치 사이의 간격을 연결해주는 역할을 한다. 이것으로 다니엘서의 역사 단락이 마무리되고 있다. 이제 다니엘은 "벨사살 왕 원년"에 시작된 자신의 꿈으로 되돌아갈 것이다.
3. 적용: 다니엘은 장 사이에 전환적 단락을 전혀 제공하지 않는다. 우리는 4장과 5장 사이에 거의 25년이 생략되어 있음을 이미 지적하였다. 다니엘은 "메대 사람 다리오가 나라를 얻었는데 때에 다리오는 육십이 세였더라"라는 내용으로 5장을 마무리하고, 그가 "다리오 왕의 시대와 바사 사람 고레스 왕의 시대에 형통하였더라"라는 내용으로 6장을 마무리한다.

B. 본문 이해

1. 정치 참여(6:1-9)
2. 신학적 올가미(6:10-16)
3. 하나님의 구원(6:17-24)
4. 왕의 증언(6:25-28)

C. 결론: '기도 가운데' 를 읽어주라.

토의 질문

1. 이 장은 고령의 그리스도인들을 존경하는 것과 관련해 어떤 교훈을 주고 있는가?

2. 다니엘 6장에서 기도에 관해 배운 세 가지를 설명해보라.

3. 실제로 굶주린 사자 굴에 던져질 일이 절대 없을 것이라고 생각한다면, 그리스도인으로서 당신이 삶 속에서 만날 수 있는 '사자' 는 무엇인가?

다니엘 7:1-14

예부터 계신 이

"큰 우렛소리로 주 노하시고 폭풍의 날개로 주 달리신다(그의 진노의 전차는 깊은 천둥 구름 형태이고, 폭풍의 날개로 달리는 길은 캄캄하도다)."

- 로버트 그랜트(Robert Grant)

다니엘 7장을 이전의 여섯 장과 비교하면 공통점보다는 차이점이 더 보인다. 하나님은 계시의 방법을 바꾸시고, 다니엘은 이제 꿈을 통해서가 아니라 천사라는 중재자를 통해 계시를 받는다. 이것은 이 책의 후반부에서 계속되는 과정이다. 그의 보고 체계 역시 하나님이 '미래의 세계'에서 하실 일의 목격자가 되므로 3인칭에서 1인칭으로 바뀐다.

들어가는 글

뭄바이의 영국인

미국 조상들이 독립 선언문에 서명한 지 만 3년에 태어난 로버트 그랜트(Robert Grant)는 스코틀랜드 의회의 일원이 되었고, 뭄바이 총독을 역임했다. 오스벡(Osbeck)에 의하면, "전 생애 동안 그랜트는 교회의 선교 활동을 강력히 후원하고 뭄바이에 의과대학을 세움으로써 인도 국민들에게 사랑을 받았던 독실한 복음주의 그리스도인이었다"(오스벡, 275).

그러나 우리는 그가 지은 찬송가 때문에 그를 기억한다. 그 찬송가는 우리가 하나님에 대해 생각하는 방식의 모델이 되어주었다. 그는 다니엘이 하늘의 왕을 만난 일을 떠오르게 하는 구절들을 사용해 전능자의 위대함을 반복해서 찬양한다.

> 영광의 왕께 다 경배하며
> 그 크신 사랑 늘 찬송하라.
> 영원히 방패요 또 산성이신
> 그 영광의 주를 다 찬송하라.

성경에 대한 개인의 해석은 그 자신의 신학을 형성한다. 하지만 일단 정리된 신학 체계는 또한 성경 해석에 중요한 역할을 한다. 2장에서 우리는 자기 백성들 가운데 계시는 하나님의 현재적 영적 왕국의 실체와 그리스도의 재림 후 천년왕국이라는 궁극적인 실제 왕국을 모두 인정하는 것의 중요성을 살펴보았다. 2장과 7장에서 이 주석은 그리스도의 초림이 아니라 그리스도의 재림에 강조점이 있다는 관점을 취하고 있다. 그러므로 우리가 읽는 내용의 많은 부분이 앞으로 성취되어야 한다. 이것은 본문에 대한 전천년주의적 해석으로 알려져 있다.

2장과 7장 사이의 비교점들에 대해서는 조금 더 살펴보고자 한다. 이는 그러한 작업이 꼭 필요할 뿐 아니라 심지어 피할 수 없는 것이기 때문이다. 로버트 컬버(Robert

Culver)는 그것을 다음과 같이 간략하게 요약하였다.

> 2장에 나오는 꿈의 예언과 7장에 나오는 환상의 예언은 다음과 같은 차이가 있다. (1) '꿈' 은 원래 하나님의 사람이 아니라 이방 군주에게 나타난 것이었다. 그러므로 꿈은 그러한 사람에게 설득력이 있고, 그의 생각으로 쉽게 이해될 수 있는 것이었다. '환상' 은 하나님의 거룩한 사람이 본 것이다. 그러므로 명확히 그의 생각에 더 쉽게 이해될 수 있는 것이었다. (2) 첫 번째 꿈은 민족들의 역사와 외적인 측면(웅장하고 화려한)을 나타내고, 후자는 탐욕스러운 들짐승들로서 그들의 내적인 측면을 나타내고 있다. 이것을 자세히 설명한다면, 전자가 인간의 눈으로 본 민족들의 역사에 대한 내용이라면, 후자는 하나님의 눈으로 본 민족들의 역사에 대한 내용이라고 말할 수 있다(로버트 컬버, 126).

어떤 이들은 2장이 민족들에 대한 천문학적인 시각, 아마도 우리가 볼 수 있는 자연적인 관점인 반면에, 7장은 이교도적인 우주의 좀 더 본질적인 실체를 증명하는 영적 시각을 제공한다고 주장했다. 우리는 종종 어구에 충실한 본문 접근 방식이라 불리는 방식으로 본문에 접근할 것이다.

본문 이해

예부터 계신 이

Main Idea	인간 왕국은 나타났다가 사라지며, 흔히 자비보다는 잔인성을 드러내고, 정의보다는 불의를 행한다. 그러나 모든 인간의 무질서에도 불구하고 하나님은 옛적부터 계시는 권능과 은혜로 자신의 세상을 다스리신다.

A. 네 짐승에 대한 환상(7:1-7)

Supporting Idea	다니엘은 앞의 여섯 장에서 역사와 예언이 가미된 이야기를 들려주었다. 이제 그는 자신이 본 환상에 대해 이야기할 것이다. 지금까지 일반 정보 차원으로 기록되었던 내용이 이제 예언으로 바뀔 것이다.

7:1. 이 장은 주전 약 553년, 느부갓네살이 사망한 지 약 9년 후인 바벨론 벨사살 왕 원년으로 되돌아간 시점에서 시작하고 있다. 이것은 다니엘이 직접 받은 최초의 기록된 환상이며, 그는 다니엘서의 후반부를 이 내용으로 시작하고 있다. 존 월부어드는 "보수주의적 학자들은 7장을 성경의 놀라운 예언 중 하나로 인정해왔고, 바벨론에서 그리스도의 재림에 이르는 하나님의 전체 계획의 열쇠라고 인정해왔다"고 말한다(존 월부어드, 「Daniel」, 151).

7:2. 하늘의 네 바람과 같은 은유적인 표현을 우리는 어떻게 이해해야 하는가? 다니엘서에 나타난 바람의 심상은 하나님의 주권적 통치를 가리키는 경향이 있기 때문에 천상의 군대에 대한 그림을 암시할 수 있다. 어떤 이들은 '4'라는 수가 전체 지구의 완전성을 상징한다고 주장한다. 심지어 오늘날도 '지구의 네 모퉁이'라는 표현이 쓰이고 있다.

다니엘은 또한 큰 바다를 보았다. 이것은 바로 지중해를 가리키는 것으로 오늘날 우리가 흔히 사용하는 또 다른 표현인 '인간의 바다'에 훨씬 더 폭넓게 적용되는 것이다(눅 21:25, 마 13:47, 계 13:1). 성경은 세상 나라들을 언급할 때 결코 호의적이지 않다. 여기서 나타난 그림은 하늘의 바람이 때리자 바다가 하얀 포말을 일으키며 출렁이듯이 우주가 일렁거리는, 불안과 혼돈을 암시하고 있다. 전세계에는 수십 개의 '바다'가 있지만 해마다 뉴스의 초점은 중동에 집중되고 있다. 글리슨 아처는 새 땅에는 바다(쌀라사, thalassa)가 더 이상 없다는 것(계 21:1)과 "네 바람은 사방에서 불경건한 나라들 위로 돌진하며 덮치는 하나님의 심판을 상징한다"는 흥미로운 지적을 한다. "바벨론, 메대-페르시아, 그리스, 로마라는 네 제국이 잇따라 흥망 성쇠를 거듭하는 가운데 이 파괴적인 세력들은 앞으로 수세기 동안 인자가 최후의 승리를 거두실 때까지 그들의 힘을 행사할 것이다"(글리슨 아처, 85). 성경에서 바람은 120번 이상 언급되어 있다. 그 중 절반 이상이 하나님의 주권과 권능을 상징한다. 실제로 다니엘이 이 단어를 사용한 유일한 용도가 바로 이것이다.

7:3. 이 장에서 자주 반복되는 맹수들과 맹금류들의 메타포로 인해 당황할 필요는 없다. 많은 고대 제국들은 방패와 깃발에 그러한 짐승들의 표식과 기호를 사용했다. 나아가 첫 세 짐승들(사자, 곰, 표범)은 확실히 중동 사람들에게 잘 알려져 있었다. 3절을 보면, 그들은 바다에서 나오고 있다. 그러나 7장 17절의 다니엘의 해석을 보면, 그들은 "세상에 일어날" 것이라고 되어 있다. 이것은 지중해라는 주제의 중요성을 축소시키고, 그 메타포들 자체의 의미를 강화시킨다. 누가복음 21장 25절은 그 모든 것을 하나로 종합하고 있다. "일월 성신에는 징조가 있겠고 땅에서는 민족들이 바다와 파도의 우는 소리를 인하여 혼란한 중에 곤고하리라."

바다를 메타포로 하든, 땅을 메타포로 하든 이것들은 세상 나라들로 신약에서 공통된 개념이며, 항상 사단의 최종 지배를 받는 악한 인간의 영역과 관련되어 있다. 세상은 요한복음의 핵심 단어이며, 신자들에게 세상을 사랑하지 말라고 경고한 그의 첫 서신서에 다시 나타나고 있다(요일 2:15-17).

7:4. 독수리의 날개를 가진 사자는 2장 37-38절의 신상의 황금 머리와 평행을 이루며 힘과 신속성에 초점이 집중되어 있는 것 같다. 그 사자는 날개가 뽑혀 신속한 기동성을 빼앗기고 이제 사람처럼 두 발로 서게 된다. 사람의 마음이라는 언급은 바벨론 왕국의 핵심 그 자체이며, 영혼인 느부갓네살 자신을 가리킬 가능성이 매우 높다(렘 49:19-22). 이 책 전반에서 하나님은 위대한 느부갓네살에게 그 권위의 원천이 어디이며, 바벨론과 다른 모든 왕국들이 하늘의 절대적 신정과 대적할 때 어떻게 멸망하는지 일관되게 보여주고 계시다.

그러므로 사자는 바벨론을 상징한다(렘 4:6-7). 주석가들은 이 구절이 느부갓네살의 제국에 대해 관심을 갖는 만큼 개인 느부갓네살에 대해 관심을 갖고 있는지에 궁금증을 갖고 있다. 그러므로 둘은 아주 밀접하게 연관되어 있다. 성경은 창세기 11장부터 대선지서까지 바벨론에 대해 거론하지 않았지만 중요하게 다뤄지고 있다. 이사야는 바벨론의 파멸을 이사야 13장에서 기술하고 있고, 예레미야는 바벨론에 대해 자주 언급하며, 특히 예레미야 25장에서 두드러지게 거론하는데, 예레미야서 말미에 긴 세 장을 다시 할애해 다루고 있다(렘 50-52장). 또한 에스겔서에도 바벨론에 대한 예언들이 기록되어 있다(겔 17, 29, 30, 32장).

7:5. 두 번째 짐승은 곰과 같았다. 곰은 성경에서 약 13번 정도 나타난다. 이 문맥에서 직유법의 사용은 2장 39절의 신상의 은으로 된 가슴인 페르시아 왕국을 가리키는 것 같다. 짐승의 큰 크기는 어떤 전투의 경우 페르시아 군대가 250만 명이나 되었다는 사실을 상기시킨다(특히 그리스에 대한 크세르크세스의 전쟁에서). 몸 한 편을 든 자세는 약탈하기 위한 준비 태세를 암시할 수도 있지만, 메대- 페르시아 연합군에서 페르시아의 우위를 상징할 가능성이 더 높다. 레온 우드는 제3의 가능성을 제안한다. "그들은 걸어서 앞으로 나갈 것처럼 다리를 들고 있음을 보여준 것일 수도 있다. 이것은 메대와 페르시아의 거대한 정복욕, 특히 고레스가 진행하는 정복 전쟁을 가리킨다" (레온 우드, 「Daniel」, 93). 일부 비평주의 학자들은 두 번째 왕국으로 오직 메대만 해당한다고 생각했다. 우리는 '심층 연구' 에서 그것을 다룰 것이다.

그 입의 잇사이에는 세 갈빗대라는 구절을 어떻게 해석해야 하는가? 이 세 갈빗대를 이전에 정복된 세 제국을 가리킨다고 보는 해석은 제롬(주후 345-420년)이 시초이며, 오늘날의 많은 복음주의 학자들(아마 대부분의 복음주의 학자들)이 이 해석을 지지하고 있다. 그러나 그들이 구체적으로 어떤 왕국인지에 관해서는 약간의 차이가 있다. 글리슨 아처는 자신의 해석에 대해 확신을 갖고 있는 것 같다.

글리슨 아처는 다음과 같이 말한다.

> 이것은 고레스 왕과 그의 아들 캄비세스의 지도 아래 메대와 페르시아 군에 의해 정복당한 세 나라와 완벽히 일치한다. 즉, 소아시아의 리디아 왕국(주전 546년에 고레스에게 멸망함), 바벨론 제국(주전 539년 합병됨), 애굽 왕국(주전 525년 캄비세스에 의해 정복됨). 말할 필요도 없겠지만 고레스 시대 이전의 메대 제국의 역사에 대한 어떤 내용도 이 세 갈빗대와 부합하는 부분은 없다. 이 점을 고려할 때 아스티아게스(Astyages)에 대한 고레스의 승리 이전의, 메대 제국과 이 곰을 연관 짓고자 하는 노력은 무의미하다(글리슨 아처, 86).

허버트 류폴드(Herbert Leupold)는 이러한 주장을 수용하지 못하고 그 숫자를 정복 전쟁의 상징이라고 일반화시킨다.

> 3은 다소 실제적인 정복 전쟁을 의미하는 숫자로 보이므로 문자 그대로 해석해서는 안 된다. 메대 - 바사 제국은 바벨론, 리디아, 애굽 세 나라 외에 더 많은 나라들을 정복했다. 그렇게 세 나라에 한정해 언급하는 것은 다소 임의적이다. 3은 때로 단순히 상당히 큰 수를 의미하며, 하나님이나 거룩한 삼위일체를 가리키는 것은 아니다. 특별히 이와 같은 경우는 그러하다. "세 개의 갈비뼈는 먹을 것을 가득히 넣은 큰 입을 가리킨다"라는 어떤 이의 지적은 타당하다(허버트 류폴드, 292).

나는 허버트 류폴드보다는 글리슨 아처의 주장에 동의하는 편이지만, 갈빗대에 관한 해석은 그 제국(메대 - 바사 제국)과 그것의 불균형한 연합(2장의 두 팔에 대해 일치하는 것처럼 일치하는)에 대한 인식만큼 중요하지 않다.

7:6. 세 번째 짐승은 표범과 같은 짐승이었다. 다니엘은 그 짐승의 등에는 새의 날개 넷이 있다고 말한다. 또한 그 짐승에게 머리 넷이 있으며 또 권세를 받았다. 바벨론은 주전 612년에 앗수르를 멸망시켰지만, 주전 539년에 메대 - 페르시아에게 그 권세를 빼앗기고 말았다. 그러고나서 주전 336년에 그리스에서 표범과 같은 알렉산더가 등장했고, 그의 군대는 네 명의 장군이 이끌었지만 페르시아와 같은 군대의 규모가 아니라(알렉산더는 겨우 3만 5천 명의 군사들을 데리고 싸웠다) 그 신속성으로 유명했다. 알렉산더는 아리스토텔레스에게 학문을 배웠고, 전쟁사에서 가장 위대한 위업 중 몇 가지를 단기간에 달성했다. 주전 334년에서 322년까지 그의 군대는 아무 저항도 받지 않고 동쪽으로 진군했고, 결국 그는 지중해와 현재의 아프가니스탄 국경 사이의 모든 땅을 지배하게 되었다.

머리 넷은 한때 톨레미(Ptolemy), 셀류커스(Seleucus), 필립(Phillip), 안티고노스(Antigonus)를 가리키는 것으로 해석되었다(제롬, 칼빈). 현대의 주석가들은 주전 약 301년의 제국의 분할된 형태, 즉 리시마쿠스(Lysimachus), 카산더(Cassander), 셀류커스, 톨레미에 대한 언급이라는 해석을 더 선호한다. 앞에서 지적하였고 '심층 연구'에서 다시 다루겠지만 일부 학자들은 선입견 때문에 다니엘서의 초기 저작설을 부인하고, 따라서 다니엘서가 안티오쿠스 에피파네스(Antiochus Epipahanes)를 향한 독설 이상의 것은 아니라고 주장하며 역사적 저작설을 부정한다.

이 구절을 흥미로운 방식으로 접근한 K. 한하르트(K. Hanhart)는 풍부한 상상력으로 표범이 로마를 가리킨다는 개념을 발전시키며, 이후의 왕국들보다는 동시대에 공존한 나라들을 가리킨다는 해석을 채택한다.

> 요한계시록 13장 2절에 숨겨진 단서, 즉 다니엘 7장 6절의 표범이 바대인들이 아닌 로마인들을 상징함이 분명하다는 단서는 다니엘서 7장의 네 짐승이 현재 존재하는 동시대적인 네 왕국을 나타낸다는 이전의 견해를 강화시켜준다. 이 두 자료는, 다니엘 2장 31절 하반절과 7장 2절 하반절은 동일한 제국들을 염두에 둔 것이라는 이전의 전통적 견해를 뒤집어버린다. 이는 순차적으로 등장한 왕국들의 순서로 볼 때 로마 제국은 헬레네인(그리스인들)의 제국보다 앞서 나타날 가능성이 없기 때문이다. "하늘의 네 바람이 큰 바다로 몰려 불더니"라는 서론적 도입 구절은 다니엘 7장의 네 왕국이 동서남북 4방위에 따라 지중해 주변에 위치하고 있다는 결론에 도달하게 한다. 즉, 남쪽으로는 사자인 이집트, 동쪽으로는 곰인 페르시아, 서쪽으로는 표범인 로마, 북쪽으로는 정체가 불분명한 짐승인 시리아이다. 아마 이 짐승은 코끼리일 것이다(한하르트, 580-581).

한하르트의 인용문을 소개한 까닭은 단순히 하나님의 말씀이 정확하지 않으며, 예언적 예언이 불가능하다는 가정에 근거할 때 구조가 얼마나 우스꽝스러워질 수 있는지 보여주기 위한 것이다. 그럼에도 불구하고 이 점에 관해 논의할 여지는 어느 정도 있다. 에드워드 영(Edward Young)은 머리 넷이 단순히 "그 왕국들의 하나 됨(을 상징하는), 땅의 사방을 의미한다"고 본다(에드워드 영, 146).

7:7. 그러나 아직 또 다른 짐승이 있다. 그것은 **무섭고 놀라우며 또 극히 강하며** 포악하고 잔인하며 무자비했다. 그 짐승은 **그 나머지를 발로 밟았다**. 우리는 이 장의 후반부에서 이것에 대해 더 구체적으로 다룰 것이다. 하지만 여기서는 실제로 모든 복음주의 학자들이 다니엘 7장 7절과 다니엘 2장 40절을 연관시키고 있다고 지적하는 것만으로 충분하다. "마지막으로, 쇠처럼 강한 네 번째 왕국이 있을 것이며(철은 모든 것을 부수고 깨뜨린다), 쇠가 닥치는 대로 부수고 깨뜨리듯 나머지 모든 것들을 짓밟고 부서뜨릴 것이다."

다니엘의 환상 속에서 이 공포스러운 네 번째 짐승은 열 뿔이 있으므로 지금까지의 짐승과는 매우 달랐다. 다니엘 2장과 7장을 비교하면 열 뿔은 열 발가락과 연결될 수밖에 없고, 다니엘은 그 관련성을 놓치지 않았을 것이다. 로마는 주전 250년부터 407년까지 700년이 넘는 기간 동안 세계를 통치했고, 로마가 약탈당한 이후에도 계속 유지되어 르네상스 시대에도 여전히 로마 통치자들이 존재했다. 심지어 21세기에 들어서까지 우리는 '로마의 언어들' 에 대해 이야기하고 있다.

네 번째 짐승에 대한 확인은 다니엘서에 대한 우리의 이해에 더 이상 극적일 수 없다. 하지만 그것이 복잡하고 불가해한 것은 아니다. 다니엘서 저작 연대를 주전 6세기로 받아들이고 예언적 예언의 실체를 인정한다면 네 번째 짐승을 로마로 보는 것은 전혀 문제될 것이 없고, 대부분의 보수주의 학자들은 이러한 견해에 동의한다. 그러나 예언적 예언을 선험적으로 거부할 경우 먼저 다니엘서가 주전 2세기에 저술되었다는 주장이 성립되고, 이어서 네 번째 짐승에 대한 해석에서 로마를 제외시킬 수밖에 없게 된다. 이는 다니엘이 그 악한 제국에 대해 알 수 없었을 것이기 때문이다.

존 월부어드는 그 주장에 대해 흥미로운 전개를 펼친다.

> 네 번째 짐승을 로마로 해석하는 입장을 지지하는 가장 결정적인 주장은 아마 신약 성경이 이 해석을 따르는 것처럼 보인다는 사실에서 찾을 수 있다. "멸망의 가증한 것"(마 24:15)이라는 언급을 통해 그리스도는 여기서 미래 사건으로 예언된 성전 모독을 명확하게 묘사하신다… 신약 성경은 또한 성전 멸망 이후의 미래적 사건으로 제시된 요한계시록에서 다니엘서의 상징주의를 채택하고 있는 것 같다. 네 번째 제국을 로마로 해석할 것을 요구하는, 다니엘서를 암시하는 이러한 신약적 구절들은… 열 뿔이나 적어도 그 중 일곱 뿔을 셀류키드(Seleucid) 왕들로 해석하고자 하는 로울리(Rowley)와 다른 학자들의 혼란스러운 설명들을 불필요하게 만든다(존 월부어드, 「Daniel」, 161-162).

B. 작은 뿔에 대한 환상(7:8, 11-12)

Supporting Idea	가장 잔인하고 폭압적인 세계의 정권들이 하나님의 권능으로 여전히 그 체제를 유지하고 있다.

7:8. 이 주석에서 나는 구절들을 거의 분리하지 않았지만, 여기서 열 뿔과 작은 뿔을 언급한 이 구절은 예부터 계신 이의 환상으로 인해 잠시 중단되고 있다. 그에 대해서는 잠시 후에 다시 다루게 될 것이다. 철에서 흙으로 약화되는 것으로 상징되는 로마 제국의 쇠퇴는 알렉산더 직후에뿐 아니라 종말이 올 때까지 모든 세대에서 로마보다 약한 지도력이 등장할 기회를 제공한다. 그러나 다니엘은 실제로 무엇을 보았는가?

그로 약간 주저하게 한 7절의 '열 뿔' 외에 그는 다른 작은 뿔이 그 사이에서 나더니 먼저 뿔 중에 셋이 그 앞에 뿌리까지 뽑히는 것을 보았다. 이 구절과 11-12절, 그리고 23-25절의 해설 내용이 구체적임에도 불구하고 무천년주의를 주장하는 학자들은 이 뿔들과 작은 뿔을 단순히 일반적인 권력이나 로마 제국에 대한 과거의 기록을 통한 역사적 성취로 해석한다. 더욱이 우리는 7장의 작은 뿔과 안티오쿠스 에피파네스를 가리키는 것이 분명한 듯한 8장의 작은 뿔(8장에서 다루겠지만)을 혼동할 수밖에 없다.

글리슨 아처는 열 발가락과 열 뿔이 동일한 것이며, 열 나라 또한 동시대에 통치한 나라라고 강력히 주장한다(나도 동의함). 그러므로 이 환상은 고대 로마 제국의 경계를 훨씬 넘어 우리 세계의 미래에까지 적용된다. 사람의 눈 같은 눈이 있고 또 입이 있어 큰 말을 하였느니라라는 구절에 대해 그는 다음과 같이 말한다.

> 이러한 특징들은 이 작은 뿔이 전체 한 왕국보다는 교만하고 허영심이 강한 한 통치자를 암시하는 것 같다… 이것은 우리에게 처음으로 데살로니가후서 2장 3, 8절에서 '불법의 사람(아노미나스, anominas)' 혹은 '불법한 자(아노모스, anomos)'로 "범사에 일컫는 하나님이나 숭배함을 받는 자 위에 뛰어나 자존하여 하나님 성전에 앉아 자기를 보여 하나님이라 하느니라"(살후 2:4)라고 언급된 말세의 무자비한 세계적 독재자를 소개한다. 세 번째 제국에서 등장한… 8장의 작은 뿔과 대조적으로 이 작은 뿔은 네 번째 제국에서 등장하고 있다는 점을 깊이 유의해야 할 것이다(글리슨 아처, 87).

7:11. 이야기의 전개 속에서 다니엘은 세대 간의 갈등을 예고한다. "옛적부터 항상 계신 이가 좌정하셨을 때"(7:9)도 자랑하며 교만한 그 작은 뿔은 자기 자신의 권세에 대해 계속 떠들어댄다. 그러던 중 그것을 눈여겨보던 다니엘은 짐승이 죽임을 당하고 그

시체가 상한 바 되어 붙는 불에 던진 바 된 것을 보게 된다. 유의해 보지 않으면 우리는 이 구절의 바로 중간에서 다니엘이 뿔을 짐승으로 바꿈으로 인해 이 구절을 제대로 이해할 수 없게 될 것이다. 분명히 그 작은 뿔은 짐승이며, 그 파멸은 요한계시록 19장 19-21절에 상세하게 묘사되어 있다. 열 개의 나머지 뿔뿐 아니라 그 작은 뿔도 네 번째 짐승의 일부이기 때문에 짐승의 죽음으로 그 뿔들도 모두 세상에서 사라지게 된다. 그러나 그 환상은 아직 사자와 곰과 표범에 대한 정보를 담고 있다.

7:12. 짐승들은 모두 그 권세를 빼앗겼지만 각기 그 생명은 보존되어 정한 시기가 이르기를 기다리게 되었다. 어떤 이들은 이 구절이 각 짐승이 하나님이 정하신 때까지 살아남았다는 의미라고 주장한다. 확실히 또 다른 가능성은 헬라 문화가 로마 시대에 지속되는 방식으로 각 짐승이 다음 시대까지 생존했다고 보는 것이다. 어떤 경우든 옛적부터 계신 이가 그들을 처리하시면 그들은 멸망하게 된다.

로버트 앤더슨 경(Sir Robert Anderson)은 느부갓네살의 꿈과 다니엘의 환상을 비교한다.

> '이방인들의 때'에 주권적 권세를 순차적으로 휘두르게 되어 있는 네 제국이 느부갓네살의 꿈에서 거대한 신상의 네 부위로 상징되었듯이 여기서 그들은 네 마리의 짐승으로 상징되어 있다. 2장의 신상의 열 발가락은 7장의 네 번째 짐승의 열 뿔과 상호 관련되어 있다. 네 번째 제국의 성격과 진로는 후자의 두드러진 환상의 주제이지만 두 예언 모두 동일하게 분명하다. 그러나 최종 단계의 그 제국은 지상에서 신적 권세의 현현으로 확실하고 갑작스럽게 종말을 맞을 것이다(로버트 앤더슨, 「Prince」, 36-37).

첫 세 짐승에 관한 의미를 깊이 연구한 후 "기한과 때(a season and a time)가 제한된 미래를 암시한다 해도, 하나님의 심판에 의한 개입에도 불구하고 역사는 아직 끝나지 않았다"는 것을 그 구절이 명확하게 주장하고 있다는 조이스 볼드윈의 지적은 정확히 옳다(조이스 볼드윈, 142).

C. 옛적부터 항상 계신 이에 대한 환상(7:9-10)

Supporting Idea	왕과 판관들은 오고 가지만 하늘에서는 궁극적으로 오직 하나의 왕과 하나의 의로운 재판장이 있어서 영원히 모든 왕을 멸하실 것이다.

7:9. 다니엘의 환상이 연극이라고 한다면 이것은 중요한 장면 전환에 해당할 것이다. 무대의 불빛이 꺼진 후 막이 내렸다가 다시 열리면 교만한 작은 뿔 대신 말세의 하늘에 대한 장면이 나타난다. 이러한 묘사는 요한계시록 4장과 5장을 상기시킨다. 어떤 이들은 옛적부터 항상 계신 이가 주 예수 그리스도라고 주장하며 요한계시록 1장 12-14절이 이것을 지지해준다고 주장한다. 그러나 7장 13절에서 "인자 같은 이"가 옛적부터 항상 계신 이 앞에 나아가는 것을 볼 때 그들은 각기 구별되는 존재이다. 이것은 천상의 아버지인 하나님에 대한 그림이며, 성경은 "옛적부터 항상 계신 이"라는 구절을 다니엘 7장 9, 13 , 22절에서만 사용하고 있다. 복수형으로 표기된 왕좌(thrones)는 또한 성자와 성령의 자리를 의미할 수도 있다. 하지만 나는 이 해석을 고집하지는 않을 것이다. 불꽃으로 이글거리는 하나님의 보좌는 확실히 의와 심판을 상징한다(시 97편, 계 1:14-15).

레온 우드는 "누가 나머지 왕좌들을 차지했는지에 관해서는 어떤 암시도 주어져 있지 않지만 이들은 아마 천사들이었을 것이다. 천사들은 하나님의 명령을 수행하기 때문이다(히 1:14). 아마 그들은 오직 수동적인 입회자들로만 행동하고 있었기 때문에 구체적으로 언급되지 않았을 것이다"라고 했다(레온 우드, 「Daniel」, 96).

다니엘이 본 여호와에 대한 이 그림은 경이로운 찬송인 "영원하신 왕, 썩지 아니하시고, 보이지 아니하시고, 홀로 지혜로우신 하나님"을 떠올리게 한다. 이 구절의 심상은 거룩함, 권세, 권능, 예배를 가리킨다.

7:10. 전능하신 하나님의 보좌에서 심판이 시작된다. 심판을 베푸는데 책들이 펴 놓였고 수백 만 명의 사람들이 그 앞에 서 있다.

우리는 이 구절과 요한계시록 5장 11절의 관계를 무시할 수 없다. "내가 또 보고 들으매 보좌와 생물들과 장로들을 둘러 선 많은 천사의 음성이 있으니 그 수가 만만이요 천천이라." 10절의 펼쳐진 책은 요한계시록 20장의 책들과 연결된다. 이 명칭(옛적부터 항상 계신 이)에 대해 칼 레이니(J. Carl Laney)는 이렇게 쓰고 있다. "문맥상으로 볼 때 그의 존재가 참으로 오래되었다는 다른 묘사들과 더불어 이 구절은 '존경받아 마땅한 고귀한 존재(noble venerability)' 라는 인상을 전달한다. 이 명칭은 '나는 처음이요 나는 마지막이라 나 외에 다른 신이 없느니라' (사 44:6)라고 말씀하신 하나님의 영원성에 관심을 갖게 한다" (칼 레이니, 39).

D. 인자에 대한 환상(7:13-14)

Supporting Idea	예수님이 결코 멸하지 않을 영원한 통치를 시작하실 때 인간 왕국의 모든 추함과 타락이 해결될 것이다.

7:13. 여기서 우리는 또 다른 장면 전환을 보게 된다. 이제 옛적부터 항상 계신 이 외에 다니엘은 인자와 같은 이를 보게 된다. 예수님은 누가복음에서만 자신을 가리켜 이 구절을 27번이나 사용하셨다(정관사와 함께). 우리가 이 구절을 다니엘서에서만 본다면 이 구절이 옛적부터 항상 계신 이에게 나아온 자가 인간과 같은 외모를 하였다는 의미라고 해석할 수도 있다. 하지만 신약에 비추어볼 때 우리는 이것이 그 이상의 중요한 의미를 함축하고 있음을 바로 알 수 있다. **구름**의 심상은 과거로는 시내 산을 떠올리고(출 16:10), 미래적으로는 아직 성취되지 않은 예언을 떠올리게 한다(마 24:30). 대럴 보크(Darrell Bock)는 '인자' 라는 용어의 신학적 발전이 다니엘에 의해 시작된 그 그림을 어떻게 완성하고 있는지 지적한다. 그것에 대한 긴 목록은 '심층 연구' 에 소개하고 있다.

성경에서 구름은 흔하게 나타나며, 이 구절에서 중요한 의미를 지닌다. 예수님은 부활하신 후 구름을 타고 하늘로 돌아가셨고(행 1:9), 천사들은 그가 동일한 모습으로 다시 오실 것이라고 약속했다(행 1:11). 구름은 종종 성경 독자들로 하여금 하나님의 계시를 생각나게 한다(출 13:1, 왕상 8장, 사 19장, 렘 4장, 겔 10장). 여기서 인자가 예수님을 가리킨다는 주장은 부활 후 채 4백 년도 되지 않았을 때 제롬이 주장한 것이다. 하지만 일부 현대 학자들은 그것이 단순히 인간을 가리키는 것이라고 주장하며 이것을 여전히 부인한다. 아리우스주의와의 싸움에서 그는 "그들이 경외하는 마음으로 이 모든 성경에 기꺼이 주의를 기울인다면 하나님과 동등한 존재가 아니라는 비방을 하나님의 아들에게 결코 하지 않을 것이다" 라고 주장했다(제롬, 80).

7:14. 인자는 옛적부터 항상 계신 이의 존전에 설 뿐 아니라 권세와 영광과 나라를 받

고 모든 백성과 나라들과 각 방언하는 자로 그를 섬기게 하였다. '왕국' 이라는 개념의 신약적 해석이 여기서 시작된다. 천년왕국은 영원한 왕국의 시작에 해당할 뿐이다. 구약의 여기서도 그 개념은 영원한 나라로 흡수된다. 하나님의 내일은 인자의 영원한 왕국을 소유할 모든 세대의 성도들을 하나로 모을 것이다.

바로 우리 눈앞에서 다니엘은 그리스도의 초림까지의 인간 역사를 기술한 후 수세기를 건너뛰어 세대의 종말과 네 번째 왕국의 부활로 향한다. 그러나 이 모든 것의 초점은 작은 뿔이나 짐승의 왕국이 아니다. 이 장의 중앙에서 우리를 주시하는 것은 옛적부터 항상 계신 이와 예수의 영원한 왕국에 대한 서술이다.

존 월부어드는 이 장과 관련해 매우 중요한 해석학적 원리를 제공한다.

> 다니엘 7장이 14절로 마감되었다면 요한계시록과 다른 성경 구절들의 도움으로 본문에 대한 적절한 설명을 할 수 있을 것이다. 그러나 예언의 복잡성과 중요성을 고려한 이 장은 이어서 독자에게 신적으로 영감된 해석을 제공하고 있다. 상징은 분명히 비유적이지만, 한 상징을 해석할 때 문자적으로 해석해야 한다는 것을 염두에 두어야 할 것이다. 따라서 환상과 관련된 진리에 대한 사실적 석의를 통해 설명이 이루어져야 한다(존 월부어드, 「Daniel」, 170).

Main Idea 복 습	인간 왕국들은 나타났다가 사라지며, 흔히 자비보다는 잔인성을 드러내고, 정의보다는 불의를 행한다. 그러나 모든 인간의 무질서에도 불구하고 하나님은 옛적부터 계시는 권능과 은혜로 자신의 세상을 다스리신다.

결론

뒤에 남겨지다

주석의 이 부분을 쓰기 불과 며칠 전에 나는 2000년 10월 31일에 출시된 영화 〈레프트 비하인드(Left Behind)〉를 보았다. 복음 전도뿐 아니라 작품성의 측면에서도 잘 만들어진 이 영화의 원작은 팀 라헤이(Tim LaHaye)와 제리 젠킨스(Jerry Jenkins)가 쓴 연작 소설로, 10권으로 완성될 예정이다. 여덟 번째 소설인 「악마의 표(the Mark)」는 2000년 11월에 발표되었다. 영화가 개봉될 당시 2천 3백만 권의 책과 오디오 북과 어린이 시리즈가 팔렸다.

이 모든 일은 아직 일어나지 않았고, 신자들은 '뒤에 남겨지지' 않을 것이다. 짐승들의 세상 왕국이 여전히 지배하고 있고, 우리가 아는 한 작은 뿔은 아직 나타나지 않았다. 하지만 우리는 "나라이 임하옵시며"라고 계속 기도하고 있다. 하나님의 직선적인 역사의 궁극적 목표는 그리스도가 통치하시는 영원한 하늘나라이다. 우리는 매년 헨델의 〈메시아〉를 부르며 그것을 찬양하고 있다. 그것에 대한 가사는 요한계시록 11장 15절의 놀라운 본문에서 인용한 것이다. "세상 나라가 우리 주와 그 그리스도의 나라가 되어 그가 세세토록 왕노릇하시리로다."

▣ 진리 알기

- 이 세상 나라들이 아무리 악하다 해도 그리스도인들은 하나님의 의로운 왕국이 임할 것이라는 사실을 결코 잊지 않는다.
- 악이 아무리 다른 모습을 띤다 해도 잔인성과 교만이라는 특징은 공통적으로 지닌다.
- 다니엘처럼 우리는 고요한 가운데 귀 기울이며 살펴보아야 한다.

▣ 적용하기

- 다니엘 7장과 같은 단락은 성경을 매우 조심스럽게 읽어야 한다는 사실을 가르쳐준다.
- 우리는 영원토록 수백만 성도들과 더불어 하나님을 예배할 것이기 때문에 그것을 어떻게

더 잘할 수 있는지 지금 배우고 싶을 수도 있다.

- 「레프트 비하인드(Left Behind)」 시리즈의 높은 판매 부수는 종말에 대한 사람들의 관심이 얼마나 큰지를 보여주며, 때문에 우리는 하나님 말씀의 진리를 더욱 적극적으로 선포해야 한다.

삶의 적용

오헤어(O' Hare)에서 온 편지

대략 1978-1983년에 해당하는 약 5년 동안 나는 피고인과 그 사건의 다른 일들과 관련된 수많은 서류들을 검토하는 연방 재판의 증인으로 출석했다. 중요한 서류 중 하나는 한 통의 전화 통화 직후 시카고의 오헤어 공항에서 구술된 편지였다. 재판 중 변호사들은 여러 차례 그 편지가 갖는 기록의 직접성 때문에 '관련 사건들에 대해 인간으로서 가능한 최고의 기억력' 으로 구술된 편지라는 사실을 강조했다. 다니엘 7장의 기록도 마찬가지다. 이 경우는 인간적인 차원보다는 성령의 영감을 통한 지도하심이 훨씬 더 영향력이 강하다는 점이 예외이기는 하다.

그분의 아들의 구원하시는 능력을 믿기 때문에 옛적부터 계신 이에게 속한 우리는 미래의 일에 대해 매우 열심히 생각해야 한다. 정치인들의 무가치한 언쟁과 거짓말, 속임수를 지켜보고, 또한 작은 뿔이 등장할 수 있도록 세계의 조건이 형성되는 것을 지켜볼 때 얼마나 낙담이 되는가. 세상이 완전히 악한 자의 지배 속에 있으므로 그리스도를 위한 증언과 그분의 재림에 대한 기대란 허무할 수밖에 없다고 생각하고 싶은 유혹을 얼마나 많이 느끼는가.

그러나 본문과 같은 구절은 우리로 하여금 정신을 바짝 차리고 영적 무기력에서 깨도록 경고하며, 앞으로 일어날 일에 대해 생각하게 한다. 다니엘 7장을 연구할 때, 짐승들과 뿔의 정체를 확인하는 데 지나치게 몰두하여 14절의 중요성을 간과하지 않도록 하라. "그에게 권세와 영광과 나라를 주고 모든 백성과 나라들과 각 방언하는 자로 그를 섬기게 하였으니 그 권세는 영원한 권세라 옮기지 아니할 것이요 그 나라는 폐하지 아니할 것이니라."

기도

하나님 아버지, 당신을 옛적부터 항상 계신 이로 인정합니다. 그리고 당신의 아들이 인자이심을 인정합니다. 생명책이 펼쳐지고 당신 앞에 수백만의 성도들과 함께 설 영원한 하늘나라를 기대합니다. 아멘.

심층 연구

A. 네 왕국에 대한 비평학적 관점

다소 차이는 있지만 일반적으로 다니엘서의 후대 저작설을 옹호하는 예언 비평가들은 2장과 7장의 네 왕국을 바벨론, 메대, 페르시아, 그리스라고 주장한다. 그렇게 함으로써 그들은 5장 31절과 6장 전체의 메대 사람 다리오에 대한 언급과 같은 여러 부분의 본문을 억지로 짜맞추어야 한다. 그러나 주전 539년 바벨론이 멸망할 때 세계적인 위세를 떨친 메대 제국은 전혀 존재하지 않았다. 더욱이 2장의 기술도, 7장의 기술도 그리스 제국을 네 번째 제국으로 보는 해석과 부합하지 않는다. 실제로 거론된 왕국들이 모두 잔인하고 악한 것은 사실이지만, 다니엘 7장의 기술 내용은 네 짐승을 바벨론, 페르시아, 그리스, 로마로 해석하는 입장과 거의 부합하지 않을 뿐 아니라 바벨론, 메대, 페르시아, 그리스로 보는 해석과도 거의 일치하지 않는다. 다니엘서의 진정성에 대한 심도 있는 논의는 이 주석의 목적이 아니다. 하지만 우리는 주전 6세기 저작설을 부정하는 것이 다니엘서의 예언들을 혼란으로 몰아넣는다는 것과 가능한 유일한 결과는 오류밖에 없다는 생각을 확실히 이해할 필요가 있다.

B. 신약의 '인자'

앞에서 나는 이 주제에 대한 대럴 보크의 입장을 언급한 적이 있다. 그는 이 주제의 해석과 관련된 아홉 가지 기본 원리를 확인해준다.

1. 예수님은 이 용어에 대한 자신의 메시아적 이해를 점진적으로 계시하셨다.
2. 예수님에 대한 이 용어의 메시아적 중요성은 결국 가이사랴 빌립보에서 베드로의 고백이 있은 후 예수님이 제자들에게 직접 밝히신 것이다.
3. 예수님은 이 용어를 자신의 사명에 대한 다른 구약적 용어들, 구체적으로 종이라는

명칭과 결합시키셨고, 그로 인해 복음서의 중간 부분에 지배적으로 나타나는 고난에 대한 말씀에서 인자가 받으실 고난의 불가피성에 대해 말씀하실 수 있었다.

4. 예수님은 십자가를 앞두시고 제자들에게 묵시론적 어록과 더불어 다니엘 7장의 관점에서 인자라는 용어의 배경과 의미를 밝히기 시작하셨다.
5. 이런 동일한 배경이 산헤드린 앞에서 재판받으실 때 공개적으로 밝혀졌다.
6. 그러므로 이 용어는 메시아라는 용어의 직접적인 정치적 함의를 피하시면서 믿는 자들에게는 자신을 계시하시는 편리한 도구였다.
7. 요한복음의 용례는 공관복음서와 다니엘 7장에 내포된 주제들의 전개를 반영하는 동시에 공관복음서의 용례와 평행을 이룬다.
8. 다니엘서의 용례에 대한 신약의 이 용어는 그의 궁극적 승리와 심판의 재림을 염두에 두고 있다. 이것은 다가오는 수난을 고려할 때 중요한 사실이다.
9. 그러므로 이 용어는 그리스도의 기독론을 요약하는 데 매우 적절하다. 그리스도의 기독론에서는 단순한 인간 이상의 존재인 한 사람이 신적인 존재로 인식될 수 있을 정도로 지배력과 권세를 행사하기 때문이다. 모든 사람들이 그의 권세를 인정하고 그의 위격을 찬양할 때 그는 새 왕국의 중심이 될 것이며, 새 시대의 왕이 될 것이다. 역사에 대한 하나님의 주권적 계획은 영원한 승리로 인자의 사명이 완성될 때 정점에 이를 것이다. 그가 십자가를 향해 나아가고 있다 해도 그의 미래의 재림과 심판으로 이것은 확실하게 성취될 것이다. 그가 십자가로 나아가셨다 하더라도 그가 주신 승리에 대한 약속으로 제자들은 소망과 기대 가운데 행할 수 있다. 그의 통치로 모든 사람들은 그리스도이신 예수, 곧 인자가 땅을 디딘 모든 이들 중 참으로 가장 위대한 분이시라는 것을 목도하며 하나님의 경이로운 은혜 앞에 숨죽이게 될 것이다(대럴 보크, 97-100).

고안

A. 들어가는 글

1. '뭄바이의 영국인' 이야기로 시작하라.
2. 배경 설명: 다니엘 7장은 다니엘서 전반부에서 사용된 연대기적 순서라는 동일한 방식으로 기록된 네 가지 환상에 대한 기록인 후반부의 첫 단락이다. 다니엘서 7장의 사건들은 다니엘서 5장보다 대략 14년 전에 일어난 사건이기 때문에 전체적이고 개괄적인 이해가 필수적이다. 실제로 벨사살 통치 1년과 3년에 일어난 것으로 제시된 7장과 8장은 역사적으로 4장과 5장 사이에 일어난 것으로 보는 것이 적절하다.
3. 적용: 이 장은 이 책의 전반부와 연결된다. 이것은 부분적으로는 이 장이 아람어로 기록되어 있어 2장 4절 - 6장 28절의 내러티브를 계속 이어받는 것처럼 보이기 때문이다. 하지만 그것은 주제적 문제, 특별히 2장과의 유사성 때문이기도 하다. 다니엘 7장에 대해 조이스 볼드윈은 이렇게 쓰고 있다. "아람어 단락과의 연관성에서 볼 때 이 장은 절정에 해당하며 전체 다니엘서와의 관계에서 핵심에 해당한다. 이후의 장들은 전체 그림의 일부만 다루고 있으며 일부의 특정한 측면에 집중하고 있다" (조이스 볼드윈, 137).

B. 본문 이해

1. 네 짐승에 대한 환상(7:1-7)
2. 작은 뿔에 대한 환상(7:8, 11-12)
3. 옛적부터 항상 계신 이에 대한 환상(7:9-10)
4. 인자에 대한 환상(7:13-14)

C. 결론: '뒤에 남겨지다' 를 읽어주라.

토의 질문

1. 다니엘이 주전 2세기가 아니라 주전 6세기에 이 책을 기록했음을 인정하는 것이 얼마나 중요한 것이며, 또 그로 인한 차이는 무엇인가?

2. 다니엘 7장을 통해 우리는 어떻게 미래에 대해 대비할 수 있는가?

3. 13절과 14절에 비추어볼 때 성부 하나님과 성자 하나님에 대한 예배가 어떻게 달라질 수 있는가?

다니엘 7:15-28

영원한 왕국

"어떤 의미에서 모든 문학 분야는 하나님 나라에 대한 역사 연구의 보조적 수단으로 인식될 수도 있다."

- 존 피터 레인지(John Peter Lange)

다니엘서의 이 단락은 예언의 전원함(power pack)에 해당한다. 그것은 상세하고 명확하며 확고하다.

들어가는 글

"동물 농장"

에릭 아더 블레어(Eric Arthur Blair)는 1903년 인도의 모티하리에서 태어났고, 열아홉 살의 나이에 미얀마의 경찰로 사회에 첫발을 내디뎠다. 5년 후 그는 학창 시절을 보냈던 영국으로 돌아와 가난한 생활을 하며 첫 번째 책을 출간하고자 했다. 1933년 그는 가난하고 집 없는 사람들의 서글픈 삶을 묘사한 「파리와 런던의 밑바닥 생활(Down and Out in Paris and London, 삼우반)」이라는 책을 출간했다.

그러나 그는 미얀마에서 살 때 도처에서 목격했던 압제와 악을 비판하는 목소리를 세상에 내겠다고 늘 생각해왔다. 그래서 1945년 조지 오웰(George Orwell)이라는 필명으로 그는 「동물 농장(Animal Farm, 민음사)」을 썼다. 그것은 전체주의, 특히 20세기 중반의 공산주의에 대한 재기 넘치는 철저한 비판으로 그 사회에 대한 고발이었다. 그것은 모든 이들이 동등한 발언권을 갖는 완벽한 사회를 만들기로 동의하고, 동물들이 인간들을 몰아내는 한 농장을 묘사하고 있다. 비극적이게도 그들의 내면적 본능이 더욱 위세를 부리고(돼지들이 가장 최악이다) 전체 계획은 혼란으로 끝난다. 1945년의 공산주의의 위력을 생각할 때 오웰은 예언자적 선견지명이 있었다. 특별히 4년 후 '빅 브라더(big brother)' 의 끊임없는 감시 아래서 사람들의 공포스러운 삶을 묘사하기 위해 발표한 「1984(민음사)」라는 풍자적 소설을 고려할 때 더욱 그렇다.

그러나 오웰은 세상을 지배하는 악한 짐승들에 맞서 목소리를 낸 최초의 예언자가 아니었다. 매우 실제적인 의미에서 이번 장은 적어도 2600년 동안에 걸친 세상의 동물 농장을 묘사하고 있다. 다니엘은 왕들이 이 세상에 오고 가는 것을 보았다. 이제 하나님이 주신 환상은 하늘이 메시아를 위해 세상을 어떻게 준비시키는지 보여준다. 짐승들이 광포하게 날뛰고 있는 것 같지만, 그들은 실제로 하나님의 계획에 있어 중요하다. 페르시아인들은 하나님의 백성들을 고향으로 돌아가게 해줄 것이다. 그리스인들은 문화를 발전시키고 지중해 세계 전역에 복음이 전해질 수 있는 도구가 될 언어를 발전시킬 것이다. 그리고 로마인들은 도로를 만들고 법률을 문서화해 그리스도의 메신저들이 보내지는 곳마다 그분의 말씀을 지니고 갈 수 있도록 도울 것이다.

이 장이 시작되면 다니엘은 여전히 "중심에 근심하고 있고", 옛적부터 항상 계신 이 앞에 아직 서 있는 가운데 천사들은 보좌 주변에, "그 권세는 영원한 권세라 옮기지 아니할" 이 주변에 둘러 서 있다.

본문 이해

영원한 왕국

Main Idea	하나님은 현재 세상을 통치하실 뿐 아니라 미래에 절대적인 통치를 확립하실 것이다. 그분의 모든 백성들, 즉 옛 언약과 새 언약의 성도들은 그것을 함께 누릴 것이다.

A. 천사의 도움(7:15-18)

Supporting Idea	하나님은 항상 자기 백성들에게 메시지를 전하시기 위해 천사들을 사용하셨고, 언젠가는 그분의 왕국에 그들을 모두 하나로 모으실 것이다.

7:15-16. 우리는 다니엘이 중심에 근심하며 번민한 이유를 이해한다. 앞의 마지막 여섯 구절이 매우 희망적이고 고무적인 내용이었지만, 그는 아직 그것들의 전후 문맥을 고려하여 짐승들과 뿔들과 옛적부터 항상 계신 이의 관계를 파악해야 한다. 하지만 자신이 모든 것을 다 알지 못한다는 사실을 알 만큼 지혜로운 노선지자는 남자다움의 중요한 원칙 중 하나를 어긴다. 그가 진상을 알고 싶다고 요청하였던 것이다. 본문은 그가 그 곁에 모신 자 중 하나에게 나아갔다고 말한다. 천사들이 아직 본문에 언급되지 않았지만, 실제로 이 구절을 대하는 모든 주석가들은 다니엘에게 진상을 알려주는 이가 천사

라고 생각한다. 우리는 꿈속에서 보이는 사람들과 이야기하는 데 익숙하지 않겠지만, 이것이 환상이라는 점을 기억하도록 하자. 나는 그것이 모든 등장 인물들이 실제 인물처럼 보이고, 그들 중 한 명과 대화를 주고받는 것이 너무나 정상으로 보이는 스타 트랙 홀로그램과 아주 흡사했으리라고 생각한다.

16절은 이 책 전체에서 우리가 결코 잊어서는 안 되는 중요한 사실을 상기시킨다. 다니엘은 과학적으로 설명이 안 되는 인지 능력과 대화 능력을 지닌 신비한 마법사 같은 존재가 아니었다. 꿈과 환상에 대한 그의 이해는 하나님에게서 나왔고, 그 자신의 기술이나 학식에서 나온 것이 아니었다. 천사(어떤 이들은 이 천사 역시 가브리엘이었을 수도 있다고 추측한다)는 기꺼이 조언을 구할 태도가 된 선지자를 위해 천국의 해석학을 기꺼이 제공할 의사가 있는 것 같다.

7:17. 이 장의 앞부분에서 짐승들이 등장할 때 우리가 그들을 확인하는 작업을 하기는 했지만, 다니엘은 네 큰 짐승은 네 왕이라고 우리에게 아직 구체적으로 말해주지 않았다. 네 (왕)이라는 구절은 칠십인역에 기록되어 있지 않다. 하지만 그것 때문에 이 구절의 독자들이 혼란스러워할 필요는 없다. 네 왕국이 아니라 네 왕이 등장했다고 말하는 번역본들로 인해 혼란스러워할 필요도 없다.

우리는 왕(왕국)의 의미에 대한 문제를 자세히 다루어야 하지만, 조이스 볼드윈의 해석으로도 충분할 것이다.

> 왕과 왕국이라는 개념은 서로 불가분의 관계라는 사실에 주목할 필요가 있다. 이는 왕이 없는 왕국은 존재하지 않으며, 정반대로 왕국이 없는 왕도 존재하지 않기 때문이다. 이 구절을 해석하는 사람은 개인적 개념과 집단적 개념 사이를 쉽게 오고 갈 수 있는 사고의 유연성을 자각하게 되고, 경직된 해석은 여기서 적절하지 않음을 유념하게 될 것이다. 이 짐승들이 바다가 아니라 세상에서 일어난다고 기록된 것을 두고 혼란을 느낄 필요도 없을 것이다. 이제 이 왕국들이 지상에 존재하는 열국들의 바다에서 등장한다는 것을 명확히 이해하기 때문이다(조이스 볼드윈, 144).

7:18. 지극히 높으신 자의 성도들이라는 매혹적인 도입 구절을 살펴보기에 앞서 다리오가 "나라를 얻었는데" 라는 5장 31절과 이 성도들이 "나라를 얻으리니" 라는 7장 18절

을 대조해보도록 하자. 이 짧은 구절에 교회론의 싹이 내재되어 있다. 구약 전반에서 왕국들은 폭력에 의해 탈취되어왔다. 이러한 모습은 그리스도의 지상 생애 후 수세기까지 지속되었고 오늘날 세계 여러 곳에서 볼 수 있는 것이다. 실제로 2000년에 실시됐던 미국 대통령 선거는 법정에서 힘을 동원해 대통령직을 탈취하는 행태를 보였다. 양쪽 진영 모두 이것을 시도했다. 그러나 새로운 언약의 성도들은 그들 자신의 힘으로 나라를 장악하거나 탈취하지 않는다. 그들의 힘은 세상적인 힘이나 정치적 영향력이 아니다. 그 나라는 하나님의 은혜의 선물로 그들에게 주어지는 것이지만, 그들이 그것을 받게 되면 그 누림이 영원하고 영원하고 영원할 것이다.

그러나 이 성도들은 누구인가? 여기서 이중적 해석의 원칙이 적용되어야 한다. 다니엘은 교회나 새 언약에 대해 전혀 몰랐고, 따라서 오늘날 그리스도인들이 사용하는 것과 같은 의미로 이 단어를 사용할 수 없었다. 그에게 지극히 높으신 자의 성도들은 자신이 수십 년 전에 강제로 이별하였던 택함받은 이스라엘 백성들을 의미했다. 그러나 이 약속은 이스라엘에게만 국한되지 않고, 모든 세대의 모든 하나님의 백성들에게까지 적용되며 그 나라의 특수성을 강조한다.

글리슨 아처의 말을 빌리면, "궁극적 왕국에 하나님의 백성들의 참여를 강조하는 이유는 그것이 영적인 왕국보다는 글자 그대로의 세상에 실재할 왕국으로서 인간들의 이전 제국들을 대체하는 것처럼 보이기 때문이다. 그것은 오직 하나님 자신으로 구성되는 일종의 이상적인 하나님의 나라이다" (글리슨 아처, 93).

모든 사람들이 이 해석에 동의하는 것은 아님을 알고 있다. 어떤 이들은 이 성도들(거룩한 자들)을 천사로 해석할 것이다. 하지만 이 장의 나머지 부분(특별히 27절)을 읽어보면 그러한 해석은 유효하지 않은 것 같다. 이 책의 나머지 부분에서 자유롭게 인용할 저작물의 저자인 나의 신학적 스승 알바 맥클레인(Alva McClain)은 유익한 설명을 제공한다.

> 연이어 등장하는 세상 제국들(세상에 영원한 나라를 세우기 위해 '인자 같은' 왕이 오심으로써 완성됨)에 대한 그의 환상을 좇아 다니엘은 "지극히 높으신 자의 성도들이 나라를 얻으리니 그 누림이 영원하고 영원하고 영원하리라"는 것을 보게 된다(7:13, 18). 이 중요한 사실은 단일 장에서만 세 번에 걸쳐 확언되고 있다

(18, 22, 27절). 이 성도들의 정체에 대해서는 그들이 영화롭게 된(의심할 여지없이) 하나님의 구원받은 백성이라고 말하는 것으로 충분하다. 이 최종적 완성의 때에 정해진 부활이 있기 때문이다(단 12:1-3, 알바 맥클레인, 210).

B. 계속되는 혼란(7:19-22)

Supporting Idea	영적 문제나 교리적 문제들에 대해 의문이 생기면 진정으로 알고 있는 이에게 질문하라.

7:19. 지금까지 그런 대로 납득할 수 있던 다니엘은 이 광포한 네 번째 짐승을 마음에서 떨쳐버릴 수가 없었다. 그는 천사에게 그것의 모양을 다시 설명하며 **나머지는 발로 밟았으며**라는 구절을 정확히 그대로 반복하면서도(7:7 참고) 이번에는 그 그림에 **그 발톱은 놋이며**라는 내용을 덧붙이고 있다. 분명히 다니엘은 주님의 인도하심에 따라 종말의 사건 중 가장 중요한 왕국에 초점을 맞추게 된다. 그는 앞의 세 짐승을 약간 무시하고 네 번째 짐승, 그리고 뿔과 작은 뿔과 같은 그 짐승의 세부적인 부분에 초점을 맞춘다.

우리는 이미 이 짐승을 2장의 신상의 다리와 발가락과 연관시키고 그것이 로마 제국을 의미한다고 해석한 적이 있다. 그러나 나는 아마도 복음주의 학자들이 예언과 관련해 일반적으로 그 네 번째 왕국이 말세에 어떤 형태로 다시 부활할 것이라는 데 동의한다는 사실을 충분히 밝히지 않은 것 같다. 우리는 요한계시록 17장 12절과의 명백한 관련성을 간과하거나, 다니엘 7장과 요한계시록 17장 사이의 더 포괄적인 연관성을 축소시키지 않을 것이다. 네 번째 짐승의 무서운 잔인성은 가장 일차적인 특징이다. 이 짐승은 세상을 무자비하게 파괴하며 짓밟는다.

7:20. 네 번째 짐승을 떠올리자 다니엘은 7장 8절과 특별히 **그 모양이 동류보다 강하여 보인 뿔**을 떠올린다. 로버트 컬버(Robert Culver)는 이렇게 지적한다. "거의 모든 후천년주의자, 무천년주의자, 전천년주의자들은 바울의 불법의 사람과 적그리스도와 요한의 첫 번째 짐승이 다니엘서의 일곱 뿔 중 이 '작은 뿔'과 유사하다는 데 의견을 같이한다"(로버트 컬버, 131). 로마 제국의 부활에 관해서는 분명히 의견 차이가 존재할 것이다. 힘이 약한 세 왕을 굴복시킬 열한 번째 왕(또 다른 뿔)의 통치는 매우 중요하다.

또다시 다니엘의 이 글이 예언이 아니라고 주장하는 사람들은 이 뿔의 승리를 고대사의 어느 사건으로 생각한다. 하지만 로버트 앤더슨은 그 가능성을 부인하며 이렇게 말한다. "로마 영토는 언젠가 열 개의 왕국으로 분리될 것이며, 그 중 한 나라에서 하나님과 그의 백성들의 무서운 그 원수가 나올 것이다. 그의 멸망은 그리스도의 재림 사건 중 하나가 될 것이다"(로버트 앤더슨, 「Prince」, 40).

7:21-22. 천사는 새로운 정보를 추가한다. 지금까지의 싸움은 단순히 옛적부터 항상 계신 이와 네 번째 짐승 간에 벌어졌다. 이제 뿔이 성도들을 공격할 뿐 아니라 그들을 싸워 이긴다. 분명히 이 구절은 적그리스도에 의한 하나님의 백성들의 박해를 묘사한 것이다. 이 박해는 옛적부터 항상 계신 자가 제지하실 때까지 계속될 것이다. 그가 패배하고 전쟁이 멈추면 성도들이 나라를 얻는다. 레온 우드는 이렇게 말한다. "여기서 거론된 성도들은 의심할 여지없이 요한계시록 7장 9-17절에 묘사된 성도들이며, 흔히 박해받는 성도들이라 불린다. 그들은 요한계시록 7장 1-8절과 14장 1-5절에 언급된 이스라엘의 구원받은 유대인들이다"(레온 우드, 「Daniel」, 98). 그것은 본문의 이 시점에서 우리가 확인하고 싶은 이상의 것일 수도 있다. 그럼에도 불구하고 레온 우드의 지적은 확실히 옳다. 나라라는 이 문제에 대해서는 '심층 연구'에서 더 철저하게 다룰 것이다.

C. 전문가적 설명(7:23-25)

Supporting Idea	예언의 내용이 혼란스럽고 이해되지 않을 때는 항상 본문을 비교하는 것이 유익하다. 특별히 다니엘서와 요한계시록의 비교가 유익하다.

7:23. 우리의 추론에 대한 신적인 확증을 받고 있다는 점 외에 이 구절에서 새로운 내용은 없다. 우리는 2장에서 네 번째 왕국이 재림 때 그리스도로 인해 처절하게 파멸될 때까지 어떤 형태로든 존속할 것이라고 배웠다. 그러므로 그것은 어떤 형태로든 로마 제국의 미래적 연장이 분명하다. 나아가 요한계시록과 다니엘의 짐승들은 땅에 나타나기 전 열국의 바다에서 나올 것이다. 둘 다 열 뿔을 가졌고, 둘 다 신성 모독을 하며, 둘 다 사자, 곰, 표범 뒤에 등장한다(단지 요한은 그들을 반대 순서로 거론한다, 계 13:1-4).

이 구절에 대해 조지 래드(George Ladd)는 다음과 같이 기록하고 있다.

> 짐승들은 로마 제국으로 상징될 수 있다. 하지만 우리는 이미 초기 기독교의 기

> 독론이 말세의 적그리스도의 출현을 예상했다고 지적한 적이 있다. 그리고 이 짐승과 그의 동류(두 번째 짐승)에 관해 로마 통치와는 전혀 연관되지 않는 특징들이 있다. 그렇다면 짐승은 종말론적 적그리스도로서 로마와 또한 다른 전체주의 국가들의 어떤 측면들을 통해 예표되었던 것이다(조지 래드, 177).

7:24. 본문의 언어는 모호하지 않다. 유일하게 해결되지 않은 문제는 이런 종류의 사건이 이미 일어난 것인지 아니면 미래에 이루어질 것인지이다. 나는 다니엘 7장에서 하나님이 적그리스도에 대한 성경 최초의 묘사를 제시하고 있다고 생각한다. 안티오쿠스 에피파네스는 다니엘 8장(8장에서 이 문제를 다룰 것이다)의 예언을 성취하는 인물이지만, 오직 적그리스도만이 다니엘 7장, 요한계시록 13장, 19장의 조건에 부합한다. 하나님은 다니엘의 질문에 어떻게 대답하시는가? 처음에 이 작은 뿔은 단순히 또 다른 왕에 불과할 것이다(7:8). 하지만 그 이후에 그는 그 앞의 뿔들보다 더 강력한 존재로 등극하며, 특이한 존재로서 세계가 경험한 독재 중 가장 절대적인 독재를 행사할 것이다(7:20, 24). 뛰어난 지략을 통해 그는 세 왕을 정복하고 자랑스럽게 궁극적인 불법의 사람이라고 스스로 주장할 것이다(살후 2:9-10).

그러므로 적그리스도는 로마 제국의 나머지 열 세력에게서 부상하거나 그 네 번째 왕국의 독특한 부활 형식으로 등장할 것이다. 또한 그는 그 연합체를 '만들어내는 것' 이 아니라 그 왕들 중 세 왕을 정복한 후 그것을 '흡수하고' 있다. 다니엘 7장 24절은 적그리스도의 세계 정복의 시작에 관해 말하고 있다. 이것은 하나님 자신이 부추긴 사건이다. "네가 보던 열 뿔은 열 왕이니 아직 나라를 얻지 못하였으나 다만 짐승으로 더불어 임금처럼 권세를 일시 동안 받으리라 저희가 한 뜻을 가지고 자기의 능력과 권세를 짐승에게 주더라… 하나님이 자기 뜻대로 할 마음을 저희에게 주사 한 뜻을 이루게 하시고 저희 나라를 그 짐승에게 주게 하시되 하나님 말씀이 응하기까지 하심이니라" (계 17:12-13, 17).

요셉 세이스(Joseph Seiss)는 이 장에 관해 다음과 같이 기록하고 있다.

> 그러므로 이 단어들의 가장 명확하고 직접적이며 자연스러운 의미에서 볼 때 이 일곱 왕은 현재 세상이 시작된 처음에서 마치는 종말까지의 시간 중 등장하는 일곱 명의 강력한 세계적 권력자들이라고 볼 수 있다… 다니엘서의 첫 왕이 여기

서는 세 번째 왕이며, 여기서의 여섯 번째 왕은 다니엘서의 네 번째 왕이다. 오직 출발 지점만 다를 뿐이다. 다니엘서의 환상과 요한계시록의 환상은 동일한 하나님의 의도에서 주어진 것이며 완벽하게 서로 조화를 이룬다. 다만 가장 최근의 것일수록 의미가 더 풍부할 뿐이다(요셉 세이스, 393).

7:25. 그러나 작은 뿔은 세상 정복으로 만족하지 않는다. **그가 장차 말로 지극히 높으신 자를 대적하며 또 지극히 높으신 자의 성도를 괴롭게 할 것이며.** 적그리스도의 원수들은 그 앞의 열 왕 중 세 명이 아니라 궁극적으로 하나님의 백성들과 하나님 자신이다. 하나님의 성도들이 그의 손에 넘겨진다 하더라도 잠시 후에 살펴보겠지만 그의 시간은 한정되어 있다. 다니엘의 꿈과 환상과 환난의 때와의 관계는 9장이나 혹은 12장의 주제로 더 적절하다. 그러므로 세부적인 내용은 뒤에서 다루도록 잠시 보류할 것이다. 8-12장은 이방인들과의 관계에서 이스라엘을 다루기 때문에 다니엘 7장 25절에서는 이 기록의 언어가 히브리어로 다시 바뀌는 것을 볼 수 있다.

그러나 적그리스도가 **또 때와 법을 변개코자 할 것이라는** 본문의 의미는 무슨 뜻인가? 바톤 페인(Barton Payne)은 적그리스도가 세계 지배를 통해 "성경의 거룩한 절기들이나 모세의 율법을 변경할 뿐 아니라 하나님이 정하신 계절과 근본적인 조건들까지" 바꾸고자 할 것이라고 주장한다(바톤 페인, 379). 그는 **한 때와 두 때와 반 때** 동안 절대적 권력을 이용해 성도들을 압제할 것이다. NIV 난외주는 "1년과 2년과 반 년 동안" 이라는 대안적 번역을 제시하고 있다.

존 월부어드는 이 공포가 펼쳐지는 것을 이렇게 요약한다.

> 이 지배자가 세 나라를 정복한 후 열 나라를 모두 정복하게 되면 이스라엘에게 7년 동안 평화 조약을 강요할 것이다(9:27). 그러고나서 3년 반이 지난 후 이 조약을 깨고 이스라엘을 박해할 것이다. 이 기간은 유례 없는 고통인 대환난의 시간으로 불린다(단 12:1, 마 24:21, 계 7:14). 적그리스도가 전세계의 통치자가 될 때 그의 통치는 전세계적인 그리스도의 천년왕국을 모방하고자 하는 사단의 시도일 것이다(존 월부어드, 「End Times」, 121).

레온 우드는 간결하면서도 명확한 설명을 제시한다.

특정한 기간에 관한 이 공식은 3년 반이라는 시간을 의미한다. 이것은 때의 단수형(시간), 복수형(시간들), '구분' (절반)의 사용이 일종의 시간 단위로서 총 3과 2분의 1과 관련해 사용될 경우에만 의미를 지닌다는 사실에서 기인한다. 다른 맥락에서 이 공식은 3년 반으로 확인되고 있다(단 12:7, 계 12:14, 비교. 12:6). 나아가 3년 반이라는 개념은 7년 환난 기간 중 후반 절반과 부합한다. 9장에서 살펴보겠지만, 그 기간에는 정확히 적그리스도가 권력의 절정기를 구가할 것이다(레온 우드, 「Daniel」, 98-99).

D. 안전한 성도들(7:26-28)

Supporting Idea	하나님의 성도들은 수세기 동안 박해를 받았고, 또한 앞으로 또 다른 박해가 기다리고 있다. 하지만 하나님은 결국 그들을 구하시고 영원한 생명을 주실 것이다.

7:26. 환상을 해석해주는 천사는 이제 다니엘이 "심판을 베푸는데 책들이 펴놓였던"(7:10) 장면을 보았던 10절 끝의 내러티브를 연결해 완성시키고 있다. 이것은 일반적인 재판을 신비스럽거나 영적으로 표현한 것이 아니다. 이제 그것이 적그리스도와 관련된 재판임을 보게 되기 때문이다. 심판이 시작되면 그는 권세와 지배력을 잃고 끝까지 멸망하게 될 것이다. 적그리스도가 찬란한 위용으로 얼마나 세상을 두렵게 하였던가. 최고의 언론 조작의 달인인 그는 완벽한 화술로 전 민족들을 매료시켰다. 아마 라디오, 텔레비전, 인터넷 그리고 앞으로 등장할 다른 과학 기술 장치들을 사용할 것이다. 하지만 이제 그의 시절은 끝났다.

7:27. 분명히 다니엘은 나라와 권세와 온 천하 열국의 위세가 지극히 높으신 자의 성민에게 붙인 바 된다는 것을 알고 놀라움을 금치 못했을 것이 분명하다. 그러므로 이 장이 끝나기 전에, 작은 뿔의 운명이 끝났을 뿐 아니라 전체 동물 농장은 세상의 창조주시며 경작자의 통치를 받고 있다. 하나님은 궁극적이고 영원한 왕국을 세우시고 모든 권세 있는 자가 다 그를 섬겨 복종할 것이다.

크리스웰은 이렇게 말한다.

> 그리스도의 통치라는 지복을 누리는 상태에서, 나라들은 서로 달라도 서로에게 칼을 겨누지 않을 것이며, 더 이상 전쟁을 알지도 못할 것이다. 이 칼들은 쟁기를 만드는 데 쓰일 것이며, 이 창들은 낫을 만드는 데 쓰일 것이다… 그들은 더 이상 초가 필요하지 않을 것이다. 주 하나님께서 무기력하고 절망적이며 어둠 속에 있는 그들에게 빛이 되실 것이기 때문이다. 그들은 하나님과 영원히 살며 다스릴 것이다. 더 이상 슬픔과 눈물도 없을 것이다. 그러한 것들은 모두 다 사라져버렸기 때문이다(크리스웰, 57-58).

7:28. 다니엘은 이 환상이 시작될 때 근심하고 있었다. 하지만 천사의 설명을 들은 후에도 그는 여전히 **중심에 번민하였다.** 벨사살을 보고 배운 요령으로 그는 우리에게 **내 낯빛이 변하였으나라고** 말하고 있다. **그 말이 이에 그친지라라는** 구절에 대해서는 많은 의문이 제기되어왔다. 확실히 이 구절은 환상을 보고 설명을 듣고나니 네 짐승과 작은 뿔의 문제가 이제 매듭지어졌다는 의미일 수 있다. 분명히 이 구절은 다니엘서나 다니엘의 예언의 결론을 의미하는 것은 아니다. 그때 그는 환상을 받았고 **내가 이 일을 마음에 감추었느니라고** 말하고 있다. 어떤 이들은 이 구절이 "세상은 이렇게 끝날 것이다"라는 말을 표현하는 다니엘의 방식이라고 주장하지만, 전체 맥락 속에서 살펴보아야 조금이라도 이해가 될 것 같다.

얼마나 놀라운 책이며 얼마나 놀라운 장인가! 도널드 캠벨은 우리에게 다음과 같이 말하고 있다.

> 서기관들 사이에서 다니엘 7장은 구약에서 가장 놀라운 장으로 인식되었다. 확실히 이 장은 하나님과 인간과 인간 역사에 대해 기본적으로 이해할 수 있는 것들을 가르쳐주고 있다… 하나님은 확실히 인간 역사를 부도덕과 야만과 타락의 연대기로 보고 계신다. 정부와 정부 지도자들은 잠시 동안 사람들에게서 그들의 진정한 인격을 가리고 숨길 수 있겠지만, 하나님 앞에서 그들의 인격은 항상 그대로 드러나 있다. 그분은 인간이 참으로 어떤 존재인지 항상 알고 계신다(도널드 캠벨, 115).

Main Idea 복 습	하나님은 현재 세상을 통치하실 뿐 아니라 미래에 절대적인 통치를 확립하실 것이다. 그분의 모든 백성들, 즉 옛 언약과 새 언약의 성도들은 그것을 함께 누릴 것이다.

결론

"테이프가 끝났어요!"

비디오 테이프 녹화를 잘 못하는 나 때문에 아내는 늘 화를 낸다. 나는 비디오나 다른 기계들을 다룰 때 끝까지 테이프를 감지 못하거나, 미식 축구가 연장전으로 들어가 다음 프로그램의 시작을 놓친다거나 하는 다양한 실수로 인하여 방송의 90퍼센트 분량만 겨우 녹화한다. 그 결과 흥분이 넘치고 극적인 결말을 제공하는 정말 재미있는 프로그램을 시청하다가 갑자기 화면이 멈추면 우리 중 누군가는 이렇게 외친다. "테이프가 끝났어요."

소설일 때는 해당되지 않지만 예언을 다룰 때는, 특별히 결말이 행복하게 끝날 때는 이야기의 결론을 아는 것이 중요하다. 다니엘서의 이 중요한 장은 공포스러운 환상으로 시작해서 하나님 나라에 대한 환상으로 끝난다. 다니엘은 여전히 번민하고 있지만 이야기의 결말을 엿볼 수 있는 기회를 가졌다.

다니엘이 꿈을 꾼 그 시대부터 우리가 이 지면을 읽고 있는 지금까지 전 역사에서 하나님은 자신의 목적을 위해 열방을 사용하셨다. 우리는 페르시아인들이 이스라엘로 하여금 본국과 성전으로 귀환하게 한 것을 이미 살펴보았다. 그리스가 우리가 살고 있는 현대 세계의 언어학적, 문화적 기초를 어떻게 마련해주었는지, 로마가 오늘날 서구 국가들이 어떤 형식으로든 여전히 사용하고 있는 도로와 정부 조직을 어떻게 가능하게 만들었는지 살펴보았다. 역사는 순환하는 것이 아니라 직선적이다. 우리는 이 세상의 왕국들과 하늘의 영원한 왕국의 마지막 대결을 향해 나아가고 있다.

■ 진리 알기

- 하나님은 가장 야만적이고 불경건한 세상 지도자들에게 광범위한 자유를 허락하신다.
- 인간의 모든 통치 형태는 적그리스도와 그 추종자들의 최후의 파멸 때 함께 소멸될 것이다.
- 하나님은 오직 하나님 자신만 아는 날짜로 세상의 종말에 관한 분명한 시간표를 기록해오셨다.

■ 적용하기

- 고난은 세상에 사는 우리 인생의 일부이며, 영광스러운 영원한 운명을 위해 우리를 준비시키시기 위해 하나님이 허락하신 것임을 기억해야 한다.
- 아무도 이해할 수 없는 신비한 주술과는 완전히 다른 예언은 이미 과거가 된 역사적 사건들과 관련성이 있으며, 우리로 하여금 미래에 대한 하나님의 계획을 바라보게 한다.
- 종말의 사건들에 대해 이해하게 되면 우리는 정신을 차리고 각성하면서도 동시에 그리스도의 재림과 그분의 영원한 왕국의 통치에 대한 낙관적 기대를 견지해야 한다.

삶의 적용

"절벽으로 치닫다"

다니엘서 7장에 관한 이 주석을 준비하고 있는 이때에 과장되게 떠벌려졌던 중동의 평화 과정은 완전히 난장판이 되어 있다. 이스라엘과 아랍 국가들 간의 화해를 도모하기 위해 쏟은 국제적인 모든 외교 노력들은 이번에도 역시 전혀 가망이 없어 보인다. 〈뉴스위크(Newsweek)〉지는 "절벽으로 치닫다"라는 헤드라인으로 특집 보도를 하면서 이렇게 질문하였다. "이스라엘과 팔레스타인이 어떻게 역사적인 평화 협정에 조인하기 직전에 20년 만의 최악의 폭력적인 충돌 사태가 발생하게 되었는가? 핵심적인 협상가들 중 많은 이들과 진행한 인터뷰는 그 대답이 캠프 데이비드(Camp David)에서 있었던 극적인 하루에 그 우여곡절에 있음을 암시한다. 7월 17일과 18일(2000년) 양일, 24시간 동안 이스라엘과 팔레스타인은 마침내 그들이 100년간 갈등하며 싸운 신성한 핵심, 즉 예루살렘을 두고 대립했다. 그러나 그 다툼을 해결하고자 하는 바로 그 노력이 이스라엘과 팔레스타인 간의 건널 수 없는 틈을 드러내고 말았다"(〈뉴스위크〉, 2000. 11. 27).

중동은 여전히 세계 뉴스의 중심에 있고, 또한 예언의 중심에 있다. 하지만 예언을 연구하고 가르치는 사람들은 종종 현재의 실제적인 현실에 대해 전혀 무관심하다는 비난을 받는다. 이 장을 마무리하기에 앞서 예언의 종말론적 의미와 더불어 예언이 현재를 위한 훌륭한 교훈집이라는 것에 유의하도록 하자. 예를 들어, 예언은 오늘의 세계가 짐승의 표(분명한 불법성)를 가지고 있다고 가르친다. 그리스도인들은 모든 평화와 평화로움의 일시적인 외양에 기만당해서는 안 될 것이다.

가정에서는 자녀들의 반항과 교통 법규와 다른 법들에 대한 악하고 고질적인 위반을 통해 이 시대 그리스도인들은 의식 중에 혹은 부지 중에 세상이 작은 뿔의 출현을 준비하도록 돕고 있다. 깊은 근심에 잠긴 선지자는 미래의 모습에 대해 우리보다 더 깊은 시름에 잠겼다. 우리 사회의 쇠퇴해가는 정의로움에 대해 우리는 다니엘이 보여준 반응을 보여야 할 것이다.

이 환상은 '하나님이 세상을 통치하고 계심을' 우리에게 보여준다. 이것은 느부갓네살이 역사를 통해 배워야 했던 교훈이며, 우리 역시 배워야 할 교훈이다. 짐승이 통치하는 동안 세상은 하나님을 부인하고, 저주하며, 그분을 무시할 수도 있다. 하지만 옛적부터 항상 계시던 이가 보좌에 앉으시면 모든 무릎이 꿇어 엎드려 절할 것이다. 이 장에서 성립된 성도들과 인자의 관계는 신약에서 더욱 자세하게 발전할 것이다.

찰스 바우트플라워(Charles Boutflower)는 이렇게 지적한다. "'그 성도들'은 그 환상에 포함되었고, 단순히 그 환상의 예언에만 거론된 것이 아니다. 그들은 이미 박해받는 백성들로서 이미 환상 속에 등장하였다. 그러므로 그들이 한 개인에 의한 상징으로 표현되어야 할 가능성은 없다. 그러나 '인자 같은 이'에게 주어진 왕국이 또한 '그 성도들'에게도 주어지는 것으로 나타난 것과 마찬가지로 우리도 그렇게 묘사된 신비한 그 인물이 하나님이 임명하신 성도들의 머리라는 결론에 도달해야 한다"(찰스 바우트플라워, 59).

그러나 또 다른 교훈은 '열국이 사단에게 속해 있음' 을 알려준다. 하지만 그러한 자각 때문에 우리가 수도원 생활을 해야 한다고 생각해서는 안 된다. 다니엘은 위험한 이교도들의 땅에서 경건한 지도자로서의 모범을 보여주고 있다. 그는 우리 역시 세상에서 순례자와 나그네이며, 세상 문화를 완전히 등지지 않고 하나님을 섬길 수 있음을 기억하는 데 도움을 준다.

마지막으로, '우리의 삶이 우리의 종말론을 반영해야 함' 을 기억하자. 베드로는 "이 모든 것이 이렇게 풀어지리니 너희가 어떠한 사람이 되어야 마땅하뇨"(벧후 3:11 상)라는 질문을 통해 그 점을 간결하게 강조하고 있다. 그리고 이어서 그는 자신의 질문에 대해 이렇게 대답한다. "거룩한 행실과 경건함으로 하나님의 날이 임하기를 바라보고 간절히 사모하라"(벧후 3:11 하 - 12 상). 하나님의 모든 백성들은 겸손한 마음으로 궁극적 영광을 받으실 분이 오직 하나님이심을 인정한다.

> 위대한 보복자는 무심하게 보이고 역사의 페이지는
> 어둠 속에서 옛 체계와 그대 말씀 간의 죽음의 사투만 기록되고.
> 진리는 영원히 그 교수대 위에, 거짓은 영원히 왕좌 위에 있구나!
> 그러나 그 사형대가 미래를 뒤흔들고 알 수 없는 그 어둠 너머
> 그림자 속에 하나님이 서 계시네 자기 백성을 늘 지키시며.
> [제임스 러셀 로웰, '모든 사람 모든 민족에게(Once to Every Man and Nation)']

기도

하나님 아버지, 당신의 영원한 나라에 대해 감사를 드리며 우리가 그 나라의 평화와 기쁨에 참여하게 해주실 것을 인해 감사를 드립니다. 주 예수님의 재림과 세상의 악을 정복하실 것을 경외하는 마음으로 구하게 도와주십시오. 아멘.

심층 연구

A. 적그리스도(7:8, 11, 20, 24)

말세에 가장 거대하고 강력한 지도자인 적그리스도는 지중해 지역의 열 부분을 통합하여 전세계적인 지배력을 장악한다. 그는 이스라엘과 7년 조약에 서명하고 3년 반이 지난 후인 7년 기간의 중간에 인간 문명의 궁극적인 지배자가 된다. 아마겟돈 전쟁에서 그는 왕 예수께 패배하고 불못에 던져진다(계 19:20).

찰스 라이리(Charles Ryrie)는 다음과 같이 말한다.

> 짐승의 계획 속에는 신성 모독과 전쟁이 포함될 것이다(계 13:5-7). 그는 하나님을 모독하는 말을 할 것이다(단 7:25). 그가 모독하는 것은 하나님의 이름, 하나님의 거처 그리고 천국에 거하는 자들일 것이다. 그가 성도들과 전쟁을 하고(계 12:17), 그들을 죽이는 것이 허용될 것이다(하나님이 여전히 주권적으로 다스리고 계심을 기억하라). 그러나 하나님은 그의 권세를 42개월로 제한하실 것이다. 여기에 사건 이면의 많은 세력들을 하나로 엮는 것이 어떤 것인지에 대한 예를 소개한다. 하나님은 모든 것을 다스리실 것이지만 사단은 짐승에게 권세를 줄 것이고, 그는 다시 직접 하나님의 이름을 더럽히며 모독할 것이다. 그의 군대에 참여해 그를 위해 싸우는 사람들은 자발적으로 그렇게 할 것이며, 하나님의 백성들을 순교자로 만들 것이다. 하나님의 백성들은 죽임을 당한다 해도 여전히 그분의 돌보심과 보호 속에 있을 것이다(찰스 라이리, 472)!

B. 신성 모독(7:11, 25)

이 장이 8, 11, 20, 25절에서 '자랑하는 말을 하는 입' 과 관련된 내용을 언급하고 있지만, 적그리스도는 실제로 '지극히 높으신 자' 를 모독하는 말을 할 것이다. 실제로 요한 계시록 13장 5-6절은 이렇게 말한다. "또 짐승이 큰 말과 참람된 말 하는 입을 받고 또 마흔두 달 일할 권세를 받으니라 짐승이 입을 벌려 하나님을 향하여 훼방하되 그의 이름과 그의 장막 곧 하늘에 거하는 자들을 훼방하더라."

신성 모독이란 무엇인가? 성경적으로 이 말을 이해할 때 그것은 이 시대의 상스럽고 노골적인 대화처럼 주님의 이름을 함부로 사용하는 무지한 사람들의 부주의한 맹세를 가리키지 않는다. 그것은 저속함이지 신성 모독은 아니다. '신성 모독은 하나님에 대해 고의적으로 거짓을 말하는 것이다.' 신성 모독(blasphemy)이란 단어는 실제로 신약에서 약 55회 사용된 헬라어를 음역한 것이다. 모세 율법은 유대인들에게 여호와의 이름을 모독하는 자는 누구든지 돌에 맞아 죽을 것이라고 경고하였다(레 24:10-16). 그리고 이 율법은 이스라엘 백성들뿐 아니라 이국인들에게도 실제로 적용되었다.

신성 모독의 죄를 짓는 대상이 사람들이나 심지어 무생물일 경우도 있지만, 일차적인 대상은 주로 하나님이다. 그리고 그것은 세부적인 교리가 필요하지 않다. 바울은 자신의 행위로 하나님의 말씀을 모독한 여인들(딛 2:5)과 초대 교회의 생활을 어지럽게 만든 사람들(딤전 1:20)에 대해 이야기했다.

그러나 궁극적인 신성 모독의 죄는 적그리스도를 위해 예약되어 있다. 그는 신성 모독을 거래의 중요한 도구로 사용한다. 이 시대에 우리는 비틀즈(Beatles)에서 현대의 랩에 이르는 대중 음악 속에서 신성 모독적인 가사를 들어왔다. 그것은 예술에서도 나타난다. 그러한 예술이 종종 국립 예술 재단의 후원을 받고 그리스도인들이 내는 세금으로 운영되는 경우도 있다.

우리는 이방인들에게 이 죄를 돌리고 싶고 적그리스도에게서 그것을 볼 때 그럴 줄 알았다는 듯이 고개를 끄덕이기도 하지만, 우리 자신의 태도와 언어 사용에 더욱 조심해서 그런 죄를 짓지 않도록 경계해야 할 것이다.

C. 중보적 왕국(7:14, 18, 22, 27)

'하나님 나라' 라는 동일한 정체성이 조금씩 다른 용어로 논의되는 모든 구절에서 이 구절의 이해는 성경에 대한 우리의 전체적 이해에 의해 결정된다. 성경이 이 용어를 사용할 때 항상 그것은 적합한 권세와 지위, 그 통치자의 지배를 받는 백성들의 '범위' , 그리고 기능으로서의 '통치권' 을 가진 한 '통치자' 를 가리킨다. 선의를 가진 많은 사람들은 그 나라가 무형의 정신적인 것, 즉 실제적, 물리적 실체가 아닌 마음의 상태임을 주장하기 위해 누가복음 17장 21절이나 마태복음 16장 19절과 같은 구절들을 바로 인용한다. 그러나 '마쿠스(makuth)' 라는 히브리어와 '바실레이아(basileia)' 라는 헬라어는 항상 물리적인 실체에 대한 선언으로 보이며 다니엘서와 요한계시록의 경우도 마찬가지다.

나아가 세상을 다스리는 하나님의 나라(God' s kingdom over the earth, 현재적인)와 땅 위에 실재할 하나님의 나라(God' s kingdom on the earth, 아직 미래)를 확인하는 것은 다소 유익한 점이 있어 보일지라도 '하나님의 나라(kingdom of God)' 와 '하늘나라(kingdom of heaven)' 를 구분하는 것은 쓸데없는 일인 것 같다. 그러므로 알바 맥클레인은 약간 다른 방식으로 이 두 용어를 구분하는 방법을 선택했다. 그는 이를 위해 500페이지가 넘는 지면을 할애한 저술을 했고, 그것은 영어로 그 나라의 문제를 다룬 책 중 가장 방대한 저서일 것이다. 다음에 짧은 한 단락만 소개하고자 한다.

> 어떤 의미에서 성경에 두 나라가 계시되어 있다고 말하는 것이 완전히 틀린 것은 아닐 것이다. 하지만 동시에 우리는 이 두 왕국이 완전히 별개의 나라라는 개념에 빠지지 않도록 경계해야 한다. 이것을 우리의 주권자되신 하나님의 통치의 두 '측면(aspects)' 혹은 단계로 생각하는 것에 그 가치와 교훈이 있다. 이 두 가지를 가장 잘 표현할 수 있는 용어를 찾을 때 나는 '보편적인(universal)' 과 '중보적인(mediatorial)' 이라는 형용사보다 더 나은 표현을 찾기가 어렵다. 이 단어들은 물론 같은 범주의 용어는 아니다. 하지만 다른 여러 특징을 표현한다. 즉, 전자는 통치의 범위를 나타내고, 후자는 통치의 방법을 나타낸다. 그럼에도 불구하고 각 경우, 이 특징들은 확증하려는 목적에 가장 중요한 것으로 보인다(알바 맥클레인, 21).

교안

A. 들어가는 글

1. '동물 농장' 이야기로 시작하라.
2. 배경설명: 다니엘 7장의 후반부는 전반부의 환상을 설명해주고, 우리로 하여금 8장의 환상에 대해 어느 정도 대비하게 해준다. 그러나 다니엘 7장은 앞뒤의 장들과 역사적으로 전혀 관련되지 않은 독립된 장임을 지적해야 한다.
3. 적용: 7장의 환상들과 8장의 환상 사이에 몇 년의 시간이 흐르고, 다니엘은 하나님이 자신에게 말씀하신 때를 정확히 밝힌 후 각각 전달하신 메시지를 소개하는 것으로 각 장을 시작한다.

B. 본문 이해

1. 천사의 도움(7:15-18)
2. 계속되는 혼란(7:19-22)
3. 전문가적 설명(7:23-25)
4. 안전한 성도들(7:26-28)

C. 결론: '테이프가 끝났어요!' 를 읽어주라.

토의 질문

1. 종말의 사건들에 대해 전천년설에 입각한 해석, 후천년설의 입장에서 본 해석, 무천년설의 시각에서 본 해석을 어떻게 설명하겠는가?

2. 다니엘 7장의 내용이 오늘날 그리스도인의 삶에 도움이 되는 몇 가지 방법을 거론해보라.

3. 성경적 기준에 따라 성도를 어떻게 정의할 수 있는가?

다니엘 8:1-27

서양이 승리한 이유

"역사의 교훈은 인간이 고안한 국가나 정부는 결코 영원히 번영할 수 없음을 알려준다."

- 빌리 그레이엄(Billy Graham)

페르시아 제국과 그리스 제국의 과거 역사는 적그리스도의 출현, 지배, 파멸이라는 미래 예언의 전조가 된다.

지리적 개요: 수사

- 페르시아 제국의 수도 중 하나가 된 바벨론 성
- 느헤미야 1장 1절과 에스더 1장 2절에도 언급됨
- 수사는 헬라어 이름이며, 수산은 페르시아 이름

지리적 개요: 엘람

- 고대 문명 중 하나인 티그리스 강변 동쪽에 위치한 나라
- 다니엘 시대에 바벨론 제국의 일부가 되었다.
- 수사가 가장 중요한 도시였다.
- 하나님의 심판을 받은 이방 민족 중 하나(렘 25:25, 49:34-39)
- 사도행전 2장 9절은 오순절 날 들린 언어 중 하나로 엘람어를 포함시키고 있다.

지리적 개요: 을래 강

- 코아스페스와 코프라테스 강을 연결하는 인공 운하
- 수사 성 곁을 흐르는 강
- 아마 275미터 너비가 되는 곳이 있었을 것이다.

들어가는 글

마케도니아의 위협

언뜻 보면 이 장의 제목은 글자 하나를 빠뜨린 것 같다는 착각을 하게 한다. 오래된 텔레비전 시리즈의 제목이 "How the West Was Won(서부개척사)"가 아니었던가? 그렇다. 하지만 다니엘 8장에서 우리는 세계의 흐름을 바꾼 어떤 시기에 서방이 동방에서 어떻게 지배력을 행사하게 되었는지에 대한 내용을 알게 된다. 역사적으로 이 장에서 다루는 사건이 일어난 시기에 세계 권력의 중심은 중동과 근동에서 우리가 여전히 서양이라고 부르는 곳으로 이동하였다. 그 드라마의 중심 인물은 알렉산더라는 이름의 젊은 왕이었다. 그가 주전 336년에 아버지 마케도니아의 필립의 뒤를 이어 왕위를 계승했을 때 그의 나이는 스무 살에 불과했다. 필립은 펠로폰네소스 전쟁 이후에 평화를 되찾았고, 마케도니아는 그리스를 지배하고 있었다. 그는 이미 페르시아 정복 전쟁에 나가겠다는 자신의 뜻을 선포한 상태였다. 그러나 그는 암살당했고, 그의 아들 알렉산더가 그 계획들을 실행에 옮겼다.

아리스토텔레스에게서 교육을 받은 알렉산더는 강인하고 영리한 전사가 되었고, 지중해 전역의 페르시아 해군 기지들을 빼앗고 주전 333년 이수스에서 페르시아 군대에게 대승을 거두는 것으로 정복 전쟁을 시작했다. 소아시아를 수중에 넣자 그는 그 여세를 몰아 시리아를 거쳐 동방으로 진군했고, 배로 투석기를 실어 페니키아의 수도인 두로를 공격했다. 그리고 이어서 그는 남쪽을 향해 이집트로 진격했다. 이집트는 항상 페르시아의 지배를 증오했고, 페르시아의 권력과 먼 곳에 위치해 있었기 때문에 이집트와의 전쟁은 쉬웠다. 알렉산더는 시와(Siwa)의 오아시스에서 암만 신의 아들로 열렬한 환영을 받았다. 남은 것은 이제 카스피해와 페르시아만의 관문을 통해 동쪽으로 진격하면서 그 길에 있는 모든 것을 차지하는 것이었다. 그는 주전 331년 다리우스와 두 번째 전투를 했고, 페르세폴리스를 유린한 후 군대를 몰고 인도로 향했다.

그러나 제2차 세계대전 때 러시아의 혹한이 히틀러의 군대를 저지시켰듯이, 인도의 뜨거운 열기와 질병이 페르시아 군대가 할 수 없었던 일을 해주었고, 이로 인해 알렉산더는 좌절되었다. 그는 주전 323년 서른세 살의 나이에 열병으로 사망했다. 그의 시체는 이집트 해안의 멋진 그리스 도시인 알렉산드리아로 옮겨졌다. 그가 죽을 당시 그리스 제국은 마케도니아 서부 해안에서 인더스 강 동쪽의 인도의 일부까지 광활한 영토를 소유했다. 그것은 멀리 북동쪽으로는 남부 투르키스탄의 박트리아에 있는 또 다른 알렉산드리아까지 포함되었다.

정복이 성공할 때마다 신이 될 수 있다는 그의 기만적인 생각도 커져갔다. 그것은 한때 "인도 백성들이 나를 신이라고 믿으면 좋겠다. 전쟁은 명성에 의해 결정되고, 종종 거짓이라고 믿어졌던 것이 진리의 자리를 차지하기도 했기 때문이다"라고 말한 알렉산더의 내면에서 조심스럽게 자라난 생각이었다.

다시는 지중해 동쪽의 권력이 세상을 지배하는 일은 결코 없을 것이다. 심지어 정부 소재지가 비잔틴 제국의 콘스탄티노플에 집중되어 있던 중세에도 그 도시는 구약의 고대 왕국들의 서쪽 방향으로, 알렉산더의 마케도니아로부터 펠로폰네소스를 바로 가로지른 곳에 위치했다.

그러나 마케도니아의 위협은 전능하신 왕의 손에 들린 도구에 불과했다. 하나님은 신약 성경의 저술과 구약 성경의 헬라어 번역을 위한 준비 과정으로 그의 군대의 기동성과 기술을 사용하여 그리스 문화와 언어가 지중해 전역에 전파되도록 하셨다. 다니엘 8장은 페르시아와 그리스가 그들 당시의 세계를 어떻게 정복했는지와 후자의 나라에서 인간 역사에서 아직 등장하지 않은 적그리스도의 원형이 된 악한 통치자가 어떻게 등장했는지에 대한 이야기를 들려준다.

본문 이해

서양이 승리한 이유

Main Idea	전체 인간 역사에서 악은 종종 승리하였고, 때로 악을 제어하는 것이 불가능해 보이기도 한다. 하지만 궁극적으로 하나님의 백성들은 끝까지 견딜 것이며, 성경은 그들의 승리를 반복적으로 확신시켜준다.

A. 두 뿔 가진 숫양(8:1-4)

Supporting Idea	모든 인간 역사는 하나님이 예수 그리스도의 재림에 대비해 세상을 어떻게 준비시키시는지를 보여주고 있다.

8:1-2. 구약의 역사는 실제로 창세기에서 열왕기하까지와 역대상·하를 통해 2차에 걸쳐 기록되어 있다. 세부적으로는 다른 내용이 포함되기는 하지만, 사복음서의 저자들은 본질적으로 우리에게 예수 그리스도의 탄생, 삶, 죽음, 부활을 말하고 있다. 이런 종류의 반복은 성경에서 흔하게 사용되며, 심지어 오늘날에도 바람직한 교육 방식으로 인기가 있다. 부모들은 자식들에게 "엄마가 네게 이것을 몇 번이나 말했니?"라고 말한다. 이 질문은 실제로 수사적인 것이다. 어떤 것을 배우기 위해서는 참으로 여러 번의 반복이 필요하다는 것이다. 마찬가지로 다니엘 2장과 7장 메시지의 일부가 이제 8장에서 다시 재연되고 있다. 이 환상은 7장에 기록된 환상 이후 2년이 지나 보였고, 다니엘서 역시 이제 아람어에서 히브리어로 바뀌고 있다.

이 환상이 페르시아와 그리스를 다루고 있기 때문에 다니엘의 영은 엘람도 수산 성으로 이끌려간다. 어떤 이들은 이것이 실제적인 여행으로, 국무를 수행하기 위한 일환이었다고 주장한다. 하지만 이러한 견해를 지지할 근거를 수집하는 것은 어려워 보인다. 다니엘은 실제로 이 당시에는 부분적으로 은퇴 상태였고, 본문의 언어는 확실히 실제적인 이동이라기보다 영적인 이동임을 암시한다. 정확히 말해, 다니엘은 실제로 그 성 안에 있었던 것이 아니라 성 바로 바깥인 을래 강변에 있었다.

다니엘의 동족들의 구원은 아직 10년 이상이나 기다려야 했다. 페르시아인들과의 전쟁이 이미 진행되고 있었지만, 바벨론이 여전히 막강한 지배력을 행사하고 있었기 때문이다. 그러나 하나님은 자기 백성들을 본국으로 귀환시키시기 위해 다니엘이 앞으로 일어날 일을 보기 원하셨을 뿐 아니라 또한 역사의 흐름이 어떻게 바뀔지를 보기 원하셨다. 수사는 바벨론 동쪽 약 400킬로미터에 위치하였고, 다니엘이 보았던 그 성은 페르시아의 통치 중심지인 궁궐과 요새의 역할을 동시에 했다.

8:3-4. 페르시아에 가면 페르시아 사람들처럼 생각하라. 다니엘 2장의 황금 머리와 다니엘 7장의 사자가 세계 권력으로서 곧 운명을 다할 것이기 때문에 이제 하나님은 다니엘의 관심이 은으로 된 가슴과 팔 혹은 곰으로 향하게 하신다. 여기서는 그것이 두 뿔 가진 수양으로 등장하고 있다. 실제로 8장 20절이 분명하게 지적하고 있듯이, "네가 본 바 두 뿔 가진 수양은 곧 메대와 바사 왕들이요." 7장에서처럼 뿔들은 민족을 가리켰다. 이 경우 한 뿔은 다른 뿔보다도 길었고 그 긴 것은 나중에 난 것이었다.

메대와 바사가 공동 통치하던 초창기에는 메대인들의 세력이 더 강했다. 그들은 니느웨의 앗수르 제국을 무너뜨리기 위해 주전 612년 바벨론인들과 나보폴라살과 연합했다. 그러나 그것은 고레스 이전의 일이었고 고레스의 지도력으로 페르시아인들은 연합 제국의 지배자가 되었다. 나중에 난 뿔은 메대인들이 그들의 왕을 배신하여 그에게 넘겨준 주전 550년에 더 긴 뿔이 되었다. 그는 메대의 수도인 에크바타나를 정복하고 페르시아 왕 고레스 대제가 되었다.

이 제국은 세 방향, 즉 서와 북과 남을 들이받았다. 페르시아는 동쪽의 인도쪽으로 진격하지 않고 나머지 세 방향에 위치한 문명들에 관심을 집중하였다. 그것을 당할 짐승이 하나도 없고(예를 들면, 사자와 같은) 그 손에서 능히 구할 이가 절대로 없으므로 그것이 임의로 행하고 스스로 강대하더라. 글리슨 아처는 이 후자의 표현에서 "그의 지나친 교만으로 멸망의 때가 무르익었다는 불길한 암시를 풍기고 있다"고 생각한다(글리슨 아처, 97).

다니엘이 이 환상을 받을 때에 페르시아 제국은 리디아, 소아시아, 시리아, 팔레스타인, 아프리카 일부(애굽을 비롯해) 카스피해 주변의 여러 지역들을 이미 정복한 상태였다. 다음으로 바벨론이 정복될 것이며, 주전 490년 다리우스 대제가 중부 그리스에서 패배할 때까지 그들의 군대는 거의 저항을 만나지 않을 것이다. 10년 후 크세르크세스는 살라미 해전에서 육군과 해군을 모두 잃었다. 오늘날 이전 모습의 그림자인 이란 국가는 여전히 세계에서 거대한 부를 과시하며 주변 지역에서 중요한 세력과 영향력을 보이고 있다.

B. 한 뿔 가진 염소(8:5-8)

Supporting Idea	이 세상의 악한 제국들이 스스로 권력의 정점에 있다고 생각할 바로 그때 하나님은 그들을 끌어내리신다.

8:5. 방향을 가리키는 히브리어 단어들은 모두 흥미롭다. 서편은 '저녁'과 '들어가다'에 해당하는 단어들을 합성한 것이다. 해는 서쪽에서 진다. 그리고 그 방향에서 갑자기 숫염소가 와서 온 지면에 두루 다니되 땅에 닿지 아니하며 그 염소 두 눈 사이에는 현저한 뿔이 있더라. 숫양과 염소는 곰과 사자와 표범과 다르다. 그들은 훨씬 더 길들여지기 쉽다. 짐승의 종류에 왜 이런 변화가 생긴 것인가? 많은 이들은 하나님이 (8장에서는) 이 민족들을 이스라엘과의 관계 속에서 묘사하신 반면에, 2장과 7장에서는 그들 서로 간의 관계라는 측면에서 묘사되었다고 믿는다. 그것이 정확한 근거가 있는 것인지 아닌지는 모르겠지만 역사는 알렉산더가 유대인들을 존중하는 태도를 취했고, 고레스는 그들을 본국으로 귀환시키기 위해 하나님이 사용하신 도구였음을 보여주고 있다.

우리는 앞에서 이 숫염소를 신상의 놋으로 된 배와 넓적다리, 그리고 표범이라고 확인했고 그리스 나라를 가리키는 것으로 보았다. 실제로 8장 21절은 우리에게 "털이 많은 숫염소는 곧 헬라 왕이요"라고 말해주고 있다. 하지만 이 제국은 반대 세력을 향하여 무작정 치닫지 않는다. 너무나 신속하게 움직이기 때문에 심지어 그 발이 땅에 닿지도 않는다. 이것은 그리스 군대가 움직인 모습을 특징적으로 잘 표현하고 있다.

8:6-7. 여기에 놀랄 것은 전혀 없다. 염소는 숫양을 분노한 힘으로 공격하여… 그 두 뿔을 꺾었다. 한 뿔 가진 염소(알렉산더의 그리스)는 두 뿔 가진 숫양을 짓밟았고, 두 왕국(메대와 바사)은 멸망했다. 이 전쟁을 벌일 때의 분노한 힘을 주의해 보라. 그리스인들은 페르시아인들에게 오랫동안 시달려왔고, 이제 그들은 처절하게 보복을 해주고 있다.

존 월부어드는 다음과 같이 말한다.

> 역사와 일치하지 않는 부분은 전혀 없다. 역사는 연속적인 전쟁과 페르시아 제국이 한 번의 공격에 무너졌다는 다니엘서의 내용을 그대로 기록하고 있기 때문이다. 다니엘은 분명히 세부적인 내용보다는 결과를 묘사하고 있다. 대부분의 주석가들은 그 예언이 정확하다는 것을 인정한다. 여기서 다시 예언과 후대 역사와의 관련성이 너무나 정확하기 때문에 자유주의 비평가들은 그것을 예언이 아닌 역사의 기록으로 주장하고자 시도한다(존 월부어드, 「Daniel」, 183).

알렉산더는 페르시아인들을 기습 공격하는 방식인 이전과 약간 다른 전쟁 방식을 개발했다. 그들은 세계 정복에 군대의 규모와 힘이 유일하게 중요한 요소라고 확신했다. 고레스는 각 전사들에게 특수 제복을 착용시키고, 말과 코끼리의 육중한 기병 부대를 거느린 후 천천히 점령지들을 이동했다. 그와 대조적으로, 필립에 의해 철저하게 훈련되고 발전된 알렉산더의 군대는 보병이 칼과 창으로 서로 밀집해 칼과 같은 군대를 형성하는 '방진(phalanx)' 이라 불리는 방식을 이용했다. 이런 방식의 전투는 1,500년 후 콘스탄티노플을 지배한 비잔틴 군대에 의해 여전히 사용되었다.

알렉산더에게는 자신보다 규모가 열 배나 큰 군대들을 패배시키는 것이 흔한 일이었다. 요세푸스는 알렉산더가 팔레스타인을 통과할 때 유대인들이 그에게 다니엘서를 보여주었고, 그는 다니엘서의 예언이 자신에 대한 것이라고 즉각 해석했다고 주장한다. 그는 또한 알렉산더가 예루살렘 성에 대해 깊은 감명을 받고 실제로 제사장이 자신을 위해 설명해준 방식을 따라 제사를 드렸다고 말한다.

8:8. 주전 323년 통치 13년째이며 그의 나이 33세에 **그 큰 뿔이 꺾이므로** 그 염소는 무너지기 시작했다. 이어서 20년간 알렉산더의 장군들과 그리스 정치인들의 권력 싸움이 벌어졌다. 이로 인해 결국 그리스 제국은 분열되었다. 이전의 뿔이 있던 자리에 **그 대신에 현저한 뿔 넷이 하늘 사방을 향하여 났더라.** 레온 우드는 이렇게 말한다. "이 구절의 내용은 다니엘 7장 6절의 머리 넷과 평행을 이룬다. 알렉산더의 제국은 그의 네 장군에 의해 분열되었다. 카산더는 마케도니아와 그리스, 리시마쿠스는 트라케와 소아시아의 많은 지역, 셀류커스는 아시아와 동쪽까지의 광대한 지역, 톨레미는 애굽을 받았다"(레온 우드, 「Daniel」, 102).

C. 강력한 뿔(8:9-12)

Supporting Idea	세상의 악한 제국들이 서로 전쟁을 하면 주의 백성들이 종종 상처를 입고 진리가 희생된다.

8:9. 여기서는 대단한 주의가 요구된다. 우리는 네 왕국의 열 뿔(7:8) 중에서가 아니라 세 번째 왕국의 네 뿔 중 하나에서 등장한 또 다른 뿔을 만난다. 다시 말해서, 이 뿔은 결국 알렉산더 제국의 분할된 네 영토 중 한 곳을 통치한 통치자를 가리킨다. 이 뿔의 시작은 보잘것없었지만 남편과 동편과 또 영화로운 땅을 향하여 심히 커졌다. 이 뿔이 누구를 가리키는지에 대해 역사적으로 정확한 지역을 찾아낸다면 그것은 시리아이다. 실제로 모든 진지한 주석가들은 이것이 주전 175년에서 164년까지 권력을 잡았던 시리아 왕조의 8대 왕으로 에피파네스라 불리는 안티오쿠스 4세에 대한 예언이라고 생각한다.

영화로운 땅이라는 구절은 다니엘 11장 16절에서 역사적 배경보다는 예언적 배경에서 또다시 등장한다. 이것이 고라의 아들들이 한때 "터가 높고 아름다워 온 세계가 즐거워함이여"(시 48:2)라고 노래했던 이스라엘을 가리킨다는 데 이의를 제기하는 사람은 거의 없다. 구약 전반에 걸쳐 그 성과 그 땅은 종종 서로 연관되어 있다. 이스라엘에 대한 공격은 궁극적으로 예루살렘에 대한 공격이다. 이것은 오늘날 정확히 우리가 보는 그 모습이다.

8:10. 우리는 안티오쿠스가 이스라엘을 실제로 공격한 역사를 기억하는 데 아무 어려움이 없다. 그러나 이 뿔이 하늘 군대에 미칠 만큼 커져서 그 군대와 별 중에 몇을 땅에 떨어뜨리고 그것을 짓밟고라고 말한 다니엘의 기록은 무슨 의미가 있는 것인가? 분명히 안티오쿠스가 글자 그대로 별을 땅에 집어 던진 적은 절대 없었다. 거의 모든 주석가들은 이 구절이 하나님의 백성들, 아마 특별히 제사장들을 가리키는 것이라고 생각한다. 우리는 별들과 리더십에 대한 요셉의 꿈(창 37:9-10)과 하나님이 아브라함에게 그의 자손들이 하늘의 별만큼 많아질 것이라고 약속하신 내용(창 15:5, 22:17)을 기억하고 있다.

어떤 이들은 하늘 군대라는 언급이 천사들로 해석되어야 한다고 생각하지만 안티오쿠스가 하나님의 사자들에 대해 어떤 식으로든 지배력을 행사했던 적은 전혀 없었다. 그러한 연결은 실제적인 의미보다는 시적인 의미에 더 가깝다. 역사가들은 안티오쿠스가 남편(the south)을 향해 사악한 살육을 자행할 때 약 1만 명의 유대인들을 살해했다고 추측한다. 이 기록은 마카베오 1서와 2서에 기록되어 있다. 우리가 이 기록들을 영감된 성경으로 인정하지는 않지만 정확한 역사적 자료로서는 가치가 있다.

8:11. 여기서 다시 우리는 군대의 주재라는 흥미로운 구절을 만난다. 하늘 군대를 천사들, 혹은 별, 혹은 거룩한 백성 중 누구로 생각하든 상관없이 모든 경우 주재는 하나님 자신이 분명하다. 안티오쿠스가 예루살렘의 성전에서 매일 드리는 제사를 폐지한 것은 단순히 이스라엘 백성들에게서 그것을 박탈해버린 것만이 아니었다. 그는 그것을 하나님으로부터 훔쳐간 것이다. 마카베오 1서 1장은 안티오쿠스가 자행한 일을 다음과 같이 적고 있다.

> 그는 성전 깊숙이 들어가서 금제단, 등경과 그 모든 부속물, 젯상, 술잔… 등을 약탈하고 성전 정면에 씌웠던 금장식을 벗겨 가져갔다… 왕은 또 사신들을 예루살렘과 유다의 여러 도시에 보내어 다음과 같은 칙령을 내렸다. 유다인들은 성소 안에서 본제를 드리거나 희생 제물을 드리거나, 술을 봉헌하는 따위의 예식을 하지 말 것. 안식일과 기타 축제일을 지키지 말 것. 성소와 성직자들을 모독할 것. 이교의 제단과 성전과 신당을 세울 것. 돼지와 부정한 동물들을 희생 제물로 잡아 바칠 것. 사내 아이들에게 할례를 주지 말 것. 온갖 종류의 음란과 모독의 행위로 스스로를 더럽힐 것. 이렇게 하여 율법을 저버리고 모든 규칙을 바꿀 것(마카베오 1서 1:21-49).

8:12. 또다시 하나님은 범죄함을 인하여 성도들을 악한 나라의 수중에 넘기셨다. 이 악한 뿔이 또 진리를 땅에 던지며 자의로 행하여 형통할 때 스룹바벨과 에스라와 느헤미야가 인도했던 용감한 포로들의 후손들이 다시 하나님을 배반하고 떠났다. 성경적 신학이 힘의 정치에 굴복할 때 항상 진리가 희생양이 된다.

D. 중대한 질문(8:13-14)

Supporting Idea	역사를 통틀어 하나님의 백성들이 박해를 받을 때마다 그분은 항상 그들의 고난에 대해 시한을 정하셨다.

8:13. 이때쯤 다니엘은 "거룩한 자"(4:23)의 소리를 인식하는 법을 배웠고, 자신이 천사와의 대화에 동참하고 있음을 알았다. 이제 어떤 이가 다른 이에게 이 고난의 기간이 어느 정도인지 질문한다. 그 질문은 아주 자세히 제시되었고, 특별히 매일 드리는 제사와 망하게 하는 죄악에 대한 일과 성소와 백성이 내어준 바 되며 짓밟힐 일에 관한 질문이 포함되었다. 그러나 질문 자체에 대해서는 제쳐두도록 하자. 모든 스포트라이트는 그 대답에 집중되고 있기 때문이다.

8:14. 언뜻 보기에는 대답을 하는 천사의 말이 명확한 것 같다. 이천삼백 주야까지니 그 때에 성소가 정결하게 함을 입으리라. 그러나 존 월부어드는 "14절에 소개된 대답은 거의 끝없는 주석적 논쟁을 촉발시켜 왔다"는 점을 지적한다(존 월부어드,「Daniel」, 188). 제칠일 안식일 예수 재림교들이 전통적으로 견지하는 한 해석은 날을 해(year)로 이해하고, 그 해는 1884년 그리스도의 재림으로 정점에 도달한다고 이해했다. 그 일이 이루어지지 않았기 때문에 이 해석에 대한 자세한 설명은 여기서 거의 불필요하다. 이 해석에 비해 더 합리적인 한 시각은 본문의 주야를 '날(days)'을 의미하는 것으로 보고 안티오쿠스의 박해가 시작된 후 2,300일 후 일어난 사건이 무엇인지 찾는다.

「NIV 스터디 바이블」은 다음과 같이 간결한 해석을 소개한다.

> 이스라엘 전체 백성에게 필요한 속죄를 하기 위해서 지속적인 번제물을 드리고자 매일 두 번의 제사가 있었다(9:21, 출 29:38-42). 2,300일의 저녁과 아침은 여호와의 제단이 더럽혀진 후 주전 165년 키슬레브 25일 유다 마카베오에 의해 다시 정결하게 되기까기 아마 1,150일 동안 연속적으로 드린 희생 제물의 숫자를 가리킬 것이다. 168년 키슬레브 25일에 안티오쿠스가 세운 이교도의 제단은 하나님의 제단이 제거된 후 약 두 달이 지나 세워졌음이 분명하다. 그러면 1,095일(정확히 3년)과 여기에 명시된 1,150일 사이의 차이가 해명된다(p. 1,312).

레온 우드는 2,300일이라는 실제 수를 지지한다. 그는 이 문제에 대해 다음과 같이 주장한다. "이 구절은 그 기간이 성전의 정결 혹은 회복으로 마무리될 것임을 암시한다. 이 일은 주전 165년 유다 마카베오의 지도 아래 일어났다. 우리가 이 날을 기준으로 거꾸로 계산해 2,300일을 대입하면 주전 171년 9월이라는 결과가 나온다. 그렇게 될 경우,

그 달에 안티오쿠스의 반유대적 정책이 시작되었음을 알린 충분히 의미 있는 사건이 일어났다. 그 특정 사건의 내용이 무엇인지 확실히 알려져 있지 않지만(그 당시의 적절한 역사적 기록 부족으로) 주전 171년이라는 해가 이 악행이 시작된 해이며, 그러한 사건은 그 해 9월에 발생했을 것임이 분명하다"(레온 우드, 「Daniel」, 104-105).

존 월부어드는 이 해석을 지지하면서 박해의 결론과 안티오쿠스 에피파네스의 죽음을 주전 164년으로 해석한다. 그는 다음과 같이 주장한다.

> 1,150일이라는 숫자를 수용하면 더 많은 문제들만 야기될 뿐이다. 이는 이 숫자가 어떤 사건들과도 정확히 일치하지 않고 또한 사용한 근거 역시 의심스럽기 때문이다. 지금까지 가장 간결하고 성경을 가장 존중한 해석은 2,300일이 주전 171년에서 164년의 기간을 의미한다는 해석이다. 이 예언은 이제 성취되었다고 말하는 것이 안전할 수 있으며, 미래적 성취를 고대한다는 의미에서 본다면 더 이상의 어떤 종말론적 의미도 지니지 않는다(존 월부어드, 「Daniel」, 190).

조이스 볼드윈은 1,150일로 보는 관점을 지지하고 글리슨 아처 역시 그러하다. 그녀는 "주전 171년을 '시작(terminus a quo)'으로 볼 역사적 근거는 조금도 없다"고 말한다(조이스 볼드윈, 103).

이러한 학자들 사이의 이견을 감안할 때 우리는 독단적인 주장을 피하고 하나님이 박해의 시기를 명확히 정하셨고, 구체적으로 그 박해의 종국을 지정해놓으셨다는 것을 강조해야 할 것이다. 존 월부어드가 지적한 대로 우리는 또한 이 장의 전반부 전체가 이미 역사상 일어난 일이며, 어떤 종말론적 중요성도 남아 있지 않음을 인정해야 할 것이다.

E. 천상의 해설자(8:15-18)

Supporting Idea	하나님은 우리가 예언을 불가해하고 알 수 없는 지식의 영역으로 구분하지 않고 이해하고 적용하기를 원하신다.

8:15-16. 강가에서의 이 이상에 대한 경험은 매순간 더욱 복잡해진다. 다니엘은 이 이상을 보고 그 뜻을 알고자 하며 비슷한 상황에 처했다면 우리도 했을 반응을 한다. 그

때 갑자기 그는 사람 모양 같은 누군가를 본다. 이 사람은 원래 을래 강 두 언덕 사이에서 말하며 가브리엘에게 이 이상을 이 사람에게 깨닫게 하라고 명령했다. 환상에 대한 그러한 대화식 동참은 고대 왕국의 연로한 선지자를 위해 준비된 고도의 과학 기술인 것 같다. 그는 가상 현실의 상황을 경험하고 있다.

이 사람 모양 같고 사람처럼 말하는 이는 누구인가? 아마 또 다른 천사나 다른 천상의 존재일 것이다. 다니엘이 그를 거룩한 자로 부르지 않은 이유가 궁금하기는 하지만 말이다. 어떤 이들은 그가 성경에서 이름이 거론된 나머지 한 천사인 가브리엘일 것이라고 추정했다. 하지만 15절의 사람 모양 같은 이가 또한 16절의 사람의 목소리로 말하는 이라고 주장할 아무 이유가 없다. 분명히 그러한 관계 설정이 가능하지만 반드시 필요한 것은 아니다. 혹자는 가브리엘에게 명령한 이가 하나님 자신이었을 것이라고 생각할 것이다.

가브리엘은 여기와 9장 21절과 누가복음 1장 19, 26절의 마리아에 대한 수태고지에서만 등장한다. 우리가 이 이름에 관해 가벼운 마음으로 자주 거론하기 때문에 그가 성경 전체에서 50번 내지 60번은 언급되었을 것으로 생각하겠지만 실제로는 그렇지 않다. 이 구절들을 둘러싼 애매함이 어떤 것이든 가브리엘의 할 일과는 무관하다. 그의 할 일은 분명하게 거론되어 있기 때문이다.

8:17-18. 이제 말을 하려고 하는 그 존재가 다니엘에게 더 가까이 다가왔기 때문에 15절에서 다니엘이 본 존재가 가브리엘이었을 수도 있다고 생각될 것이다. 우리는 이 환상의 직유적 표현들의 이해에 지나치게 매달려서는 안 된다. 그것은 주된 메시지에서 완전히 이차적인 부분이기 때문이다. 다니엘은 천사의 면전에서 요한이 밧모 섬에서 했던 것(계 22:8)과 아주 흡사한 반응을 했다. 실제로 이것은 성경에서 반복되는 반응이다(단 10:9, 15, 17, 출 3:6, 사 6:5, 겔 1:28, 행 9:3-4, 계 1:17). 다니엘은 꿈/ 환상 속에서 깊이 잠든 상태로 땅에 엎드린 자신의 모습을 기억하고 있다. 하지만 그 천사가 그를 어루만져 일으켜 세웠다.

그러나 우리가 그 매개자가 아니라 그 메시지가 우리와 관련된 것임을 믿는다면 깨달아 알라 이 이상은 정한 때 끝에 관한 것이니라는 가브리엘의 말에 주목해야 한다. 분명히 직접적으로는 안티오쿠스의 지배의 종말을 가리키는 것이지만, 모든 보수주의 학자들이 안티오쿠스 에피파네스를 적그리스도의 전형으로 인정한다는 것을 고려한다면 이 구절이 의도한 더 중요하되 아직 미래적인 의미가 있을 가능성이 있지 않은가? 우리는 유사한 구절이 등장하는 19절 연구에서 이 문제를 다루어야 한다.

우리는 7장 13절과 관련해 인자라는 용어를 이미 논의한 적이 있다. 에스겔서에서는 이 용어가 93회 정도 사용되었지만, 다니엘서에서는 이 두 군데 외에는 사용되지 않는다. 두 경우 모두 다니엘 선지자의 인성을 강조하고 있다. 예수님은 동일한 방식으로 자신을 가리켜 이 용어를 자주 사용하셨다.

F. 혼절할 정도로 힘든 설명(8:19-27)

Supporting Idea	성경 연구와 기도가 아무리 어렵다고 해도, 우리가 아무리 피곤하고 불편하게 느낀다 해도 가능한 한 즉시 일어나 부지런히 그 왕의 일을 수행해야 한다.

8:19. 이 구절은 이 장의 핵심 구절일 수도 있다. 또다시 가브리엘은 끝에 관한 일이라는 구절을 사용하고 있다. 이번에는 진노하시는 때라는 구절이 동반되어 있다. 조이스 볼드윈은 이것을 다음과 같이 구체적으로 말하고 있다. "이것은 반드시 모든 것의 종말을 의미하지 않을 수도 있으며, 13절의 질문과 관련이 있을 수도 있다. 19절은 이 해석을 지지한다… 마리아에 대한 수태고지에서처럼(눅 1:28-30) 가브리엘은 복된 소식을 전해주고 있다"(조이스 볼드윈, 159).

레온 우드의 생각은 다르다. 그는 "진노하시는 때"라는 구절에 집중하고, 그것을 "정한 때(time of the end)"와 관련시키며 이렇게 말한다. "그것은 분명히 안티오쿠스 에피파네스 시대의 이스라엘에 대한 하나님의 심판의 때를 가리킨다. 하지만 그것은 또한 대환난의 때인 하나님의 미래적 심판의 때를 가리키기도 한다. 대환난의 마지막 후반부에 다니엘의 첫 환상에 보인 작은 뿔은 이전과 비교할 수 없는 훨씬 더 가혹한 박해를 가할 것이다"(레온 우드, 「Daniel」, 106).

도널드 캠벨은 이렇게 덧붙인다.

> '정한 때'라는 표현이 다니엘 12장 4절에서도 등장하며, 그것은 다가오는 그리스도의 재림의 시간을 분명히 의미하고 있다는 사실 역시 유의해야 한다. 그렇다

> 면 결론적으로 우리는 안티오쿠스 에피파네스를 말세 혹은 대환난의 시기에 등장할 적그리스도의 무서운 그림과 상징으로 보아야 한다(도널드 캠벨, 126).

켈리(Kelly), 웨스트(West), 요셉 세이스, 드와이트 펜테코스트, 존 월부어드는 모두 이 구절에 대한 이 이중적 관련설이라는 접근 방식을 지지한다. 존 월부어드는 이렇게 말한다. "전체 장은 안티오쿠스를 통해 역사적으로 성취되었지만 다양한 면에서 전형적으로 이방인 시대의 말미에 상황을 통제할 미래의 세계 지도자를 예고하고 있다"(존 월부어드, 「Daniel」, 196).

글리슨 아처는 주저하면서도 또한 이 입장에 상당한 무게를 실어준다.

> 이 해석은 지지할 만한 설득력을 상당히 갖고 있다. 다니엘은 '작은 뿔' 이라는 상징을 3왕국의 안티오쿠스와 4왕국의 말세의 적그리스도에게 모두 적용함으로써 그들이 서로 원형(type) - 대형(antitype)의 관계를 지닌다는 것을 명확히 드러낸다. 에피파네스가 성경적 믿음을 파괴하고자 하는 짐승의 단호한 노력을 예표하는 한 안티오쿠스의 행적을 묘사하는 그 예언은 또한 '종말의 때' 와 관련이 있다. 모든 원형은 그것의 대형과 아주 중요한 연관성을 가진다. 그러나 적그리스도의 종말의 행적은 단순히 상상하고 추론할 수 있을 뿐이다. 그러므로 우리의 논의는 안티오쿠스 에피파네스의 확실히 밝혀진 행적에 한정될 것이다(글리슨 아처, 106).

공정한 것으로 충분하다. 예언적 의미를 지닌 전형적인 역사적 성취로 보면 되는 것이다.

8:20-22. 우리는 이 해석을 3-8절과 연관시켜 다소 상세하게 논의해왔다. 여기서는 알렉산더가 실질적으로 그리스의 첫째 왕이 아니었음에도 불구하고 분명히 가장 강력한 왕이며, 큰 뿔의 속성을 귀속시킬 수 있는 유일한 왕이었다고 말하는 것으로 충분하다.

8:23-25. 19절에 관한 각자의 해석에 따라 23-26절의 해석이 결정될 것이다. 분명히 안티오쿠스 에피파네스는 이 단락의 모든 서술 내용에 거의 적합한 인물로, 그 얼굴은 엄장하며 궤휼에 능하였다. 안티오쿠스 에피파네스는 실제로 사람의 손을 말미암지 않고

깨어졌는가? 마카베오 1서 6장에 의하면 그것은 사실이다. 안티오쿠스가 전쟁 중에 전사한 것은 아니다. 그는 마카베오가 그의 군대를 무너뜨리고 거의 기적적으로 이스라엘의 지배력을 다시 한 번 회복했다는 전갈을 바벨론에서 받았다. 마카베오 본문은 이렇게 말하고 있다. "안티오쿠스 왕은 이 보고를 듣자 매우 놀라 큰 충격을 받고 속이 상한 끝에 병상에 눕게 되었다… 그는 겹치고 겹친 슬픔으로 오랫동안 병상에 누워 있다가… 모든 친구들을 곁에 불러놓고 이렇게 말하였다. '지금 생각해보니 내가 예루살렘에서 몹쓸 짓을 했구나. 바로 이 때문에 내가 지금 이 재난을 당하는구나'"(마카베오 1서 6:8-13).

우리는 안티오쿠스에게서 성경이 적그리스도라 부르는 앞으로 등장할 악한 지배자의 강력한 역사적 원형을 보고 있는 것 같다. 역사적 해석과 예언적 유형론은 구약 예언 전반에서 흔히 볼 수 있는 '이중적 언급의 법칙(law of double reference)'을 형성한다.

8:26-27. 가브리엘은 그 환상과 해석이 다니엘이 보고 들은 정확히 그대로임을 확인해준다. 그러나 다니엘은 **그 이상을 간수하라 이는 여러 날 후의 일임이니라**라는 명령을 받는다. **간수하다**에 해당하는 단어들은 보호와 보안의 개념을 내포하고 있으며, 다니엘이 이 시점에 그 환상의 내용을 발설할 권한이 전혀 없음을 암시하고 있다. 그러므로 그는 그것에 대해 상당히 나중에 우리에게 말해준다. 하지만 그 사건 자체가 일어난 후는 아니었다. 우리는 간수하고 봉함하는 것이 '마지막 때'라는 흥미로운 구절과 연결되어 있는 12장 9절에서 동일한 내용을 다시 접하게 된다. 그러나 우리는 **여러 날 후**라는 표현에 그에 못지않은 완벽한 권위를 부여해야 한다. 분명히 하나님의 손에 의한 안티오쿠스 에피파네스의 파멸과 그의 마지막 심판은 다니엘이 환상을 볼 당시로는 여러 날 후의 일이었다.

이 모든 상호 교감적인 환상 경험으로 인해 다니엘은 결국 **혼절하여 수일을 앓게 되었다**. 나아가 그가 휴식하고 회복된 이후에, 완전히 업무에 복귀한 후에도 **여전히 그 이상을 인하여 놀랐고 그 뜻을 깨닫는 사람도 없었다**. 선지자들은 종종 자신들이 처한 환경 속에서는 이해할 수 없는 것들을 듣고, 보고, 쓰곤 했다. 우리가 그것을 지금 어느 정도라도 이해하는 유일한 이유는 사후 확신(hindsight)이라는 귀중한 관점 때문이다. 벨사살이 여전히 통치하고 있고, 바벨론이 왕성한 국력을 자랑하는 가운데 다니엘은 그리스는 말할 것도 없고 페르시아가 어떻게 그의 세계를 차지할 수 있고, 다니엘이 그 환상을 보던 순간 여전히 철저한 폐허 상태에 있던 예루살렘에서 그들이 어떻게 희생 제사를 금지시킬 수 있는지 상상하는 것조차 쉽지 않았다.

Main Idea 복습	전체 인간 역사에서 악은 종종 승리하였고, 때로 악을 제어하는 것이 불가능해 보이기도 한다. 하지만 궁극적으로 하나님의 백성들은 끝까지 견딜 것이며, 성경은 그들의 승리를 반복적으로 확신시켜준다.

결론

4백 년의 침묵의 기간

서구는 신·구약을 가르는 400년이라는 기간 동안 세계를 지배했다. 느헤미야 시대에서 그리스도 탄생까지의 그 기간은 주전 약 432년부터 5년 사이에 해당하며, 신·구약 중간기로 알려져 있다. 종종 이 기간이 '침묵의 세월(the silent years)'로 불리지만 실제로는 전혀 침묵의 기간이 아니었다. 이 장에 예언된 사건들의 일부를 비롯해 중요한 사건들이 이 시기에 일어났다.

우리는 이미 페르시아와 그리스의 역사를 간략히 살펴보았고, 알렉산더를 이은 두 지배적인 그리스 왕국, 즉 톨레미 왕조(주전 323-198년)와 셀류키드 왕조(주전 198-143년)에 대해 언급했다. 톨레미 왕조는 유대인들에 대해 관용적이었지만, 198년 이후 셀류키드 왕조가 남방을 대하는 태도는 점점 더 적대적이 되기 시작했다. 주전 175년부터 164년까지 지배한 안티오쿠스 4세(에피파네스)의 등장과 함께 노골적인 적대 정책이 시작되었다. 심각한 얼굴의 이 왕은 유대교를 땅에서 완전히 말살하기로 결심하고 예루살렘 성전에 제우스 신상을 세우고 돼지를 제물로 바침으로 전 이스라엘 민족을 격분케 했다.

이때 모데인(Modein) 마을의 한 노사제인 맛다디아(Mattathias)가 등장한다. 그는 이교도의 희생 제사를 거부하고, 제단을 헐며, 안티오쿠스의 대리자를 죽인 후 추종자들에게 자신을 따르라고 요청한다. 맛다디아와 그의 다섯 명의 아들들(요한, 시몬, 유다, 엘르아살, 요나단)은 그들을 따르는 많은 추종자들과 함께 구릉 지대로 향했고, 마카베오 항쟁이 시작되었다. 그 결과는 주전 63년 로마라는 철의 왕국이 지배할 때까지 유다 독립이라는 결과를 쟁취하게 된 24년간의 긴 전쟁이었다(주전 166-142년).

이 시기는 이스라엘 역사에서 피비린내나는 격동기였지만, 유다는 종교적 자유를 얻었고, 맛다디아의 아들들, 특히 유다가 철저한 무력과 강압으로 나라의 일부를 다스렸다. 맛다디아의 두 번째 아들인 시몬이 동생 요나단의 뒤를 계승했던 주전 142년부터 63년까지의 시기는 하스몬 왕조로 알려져 있다. 시몬은 135년에 사위에게 살해되었고, 그의 아들 존 히르카누스(John Hyrcanus)가 다음 31년을 통치했다.

하스몬 왕가에 일반적인 귀족 정치가 등장한 것이다. 마카베오가의 종교적 열심은 아리스토불루스(Aristobulus) 1세, 알렉산더 얀네우스(Alexander Janneus), 알렉산드라(Alexandra), 아리스토불루스 2세로 가면서 미지근한 상태로 증발하고 말았다. 이 시대는 궁극적으로 주전 37년 예수님 출생 당시 통치했던 헤롯 대왕의 즉위로 정점에 도달했다.

해럴드 호너(Harold Hoehner)는 이 4백 년을 다음의 한 단락으로 표현하고 있다.

> 바벨론이 팔레스타인에게 패하자 유대인들은 우상을 섬기고 싶다는 모든 욕망을 배격하고 그들의 나라로 돌아갔지만 성전의 이전 영광을 회복시킬 수는 없었다. 회당의 중요성이 점점 커지는 가운데 유대인의 생활은 성전보다는 토라를 중심으로 이루어졌다. 헬레니즘의 영향이 점점 더 커지는 가운데 그들은 성경을 헬라어로 번역할 필요성을 느꼈다. 셀류키드 왕조의 박해를 받은 그들은 메시아적 소망에 더욱더 열중했다. 로마가 지중해 세계의 대부분을 장악하자 평화가 찾아왔다(그들의 힘은 폭군 정치를 야기했지만). 이때에 예수 그리스도가 인간에게 하나님과의 영원한 교제를 누리도록 하며, 세상뿐 아니라 개인들에게 평화를 주고, 죄의 속박에서 사람들을 구원하시기 위해 인간 역사 속으로 들어오셨다. 그는 자기 백성들과 이방 세계에 의해 배척을 당하고 십자가에 못 박히셨지만, 그리스도의 죽음과 부활의 메시지는 그 당시 '국제적 공용어(lingua franca)' 인 헬라어로

기록되어 팍스 로마나의 세상에 전해졌고, 현재적이면서 동시에 미래적인 메시아적 구원의 소망을 전해주었다. 그러한 미래가 되면 메시아가 세상을 통치하신다는 것이었다(해럴드 호너, 193).

■ 진리 알기

- 자기 백성들에 대한 하늘 아버지의 신실한 돌보심은 어느 시대에나 믿음의 중요한 한 요소이다.
- 성경은 이상한 등장 인물들의 출현을 비롯해 예수 그리스도의 오심에 대해 세계가 준비하는 이야기를 제공한다.
- 때로 하나님이 악을 제지하지 않으심으로 인해 세상은 매우 추악해진다.

■ 적용하기

- 세상의 폭력성과 불의로 인해 놀라지 말라. 지금 죄가 득세하고 있지만, 하나님이 곧 그것을 무너뜨리실 것이다.
- 궁극적인 목표를 향해 나아가는 직선적인 역사 속에서도 온 민족에게 때로 죄와 심판과 회개의 주기가 존재한다.
- 우리가 그동안 누려왔던 평화에 대해 하나님께 감사하고, 끝없는 폭력 속에 살고 있는 세계의 이웃들을 위해 기도하라.

삶의 적용

성경의 다스 베이더

어린이들은 〈스타워즈(Star Wars)〉라는 대작에서 이 불길한 인물이 화면에 등장하면 소리를 질러댄다. '포스(The Force)' 의 사람들에 의해 그가 허를 찔리거나 패배하면 아이들은 얼마나 환호하는가. 이 장은 그와 유사한 세대들의 싸움에 대해 묘사하고 있다. 하나님의 백성들과 사단의 백성들의 싸움, 의와 악의 싸움, 도덕성과 부도덕성의 싸움. 그들이 아무리 이해하기 어려운 애매한 표현으로 말한다 할지라도 그리스도인들은 〈스타워즈〉의 영웅들이 "포스가 함께하시기를" 이라고 서로 말할 때 그것이 무슨 의미인지 실제로 알고 있다.

안티오쿠스 에피파네스가 주전 175년 셀류키드 왕조의 지배자가 되자 '다스 베이더'는 이스라엘을 공격할 준비를 모두 갖추었다. 그는 유대 백성들의 배교에 대해 하나님이 보내신 징계의 도구였다. 그들은 앗수르, 바벨론, 페르시아라는 이방 왕국들에게 70년 동안 포로 생활하는 것을 비롯해 이전에도 그들 역사에서 여러 차례 이러한 징계를 받았다. 하지만 이제 그 공격이 그들의 아름다운 땅과 거룩한 성 예루살렘의 한가운데를 겨냥하고 있었다.

우리는 역사를 통해 그들이 자행한 악 가운데 하나가 그들의 믿음과 하나님에 대한 예배의 세속화였음을 알고 있다(마카베오 1서 1:14-15). 유대인들은 지중해 지역의 헬라계 왕들의 환심을 사기 위해 히브리 언어와 성경에 대한 연구를 소홀히 하고 거의 모든 영역에서 그리스적인 행동을 모방했다. 그들은 자신들의 믿음을 부인하고 할례를 거부했으며, 히브리식 이름을 헬라식 이름으로 바꾸고, 믿음을 지키는 보수적인 소수를 추방했다.

현대에도 마찬가지이지만, 가장 역겨운 배교는 공식적인 성직자들, 믿음을 지키고 진전시키겠다고 언약을 한 사람들에게서 시작되었다. 믿음을 지키고자 한 노력은 일반 백성들, 맛다디아와 그의 가족들에게서 시작되었다. 20세기 초반 이 자유주의 정신은 개신교에 널리 퍼졌다. 그 영향력은 수많은 주류 교파들을 고사시켰다. 우리 시대에 그것은 또한 모든 세속적인 대의(포르노그래피, 동성애, 주술 모임, 부모에 대한 반항, 사소한 일로 거리에서 무질서를 조장하는 행위)를 증진시키며, 종교나 정치 부분의 보수주의자들을 제외한 모든 집단을 향해 관용을 주장하는 자유주의 정치 운동으로 드러나고 있다.

다니엘, 데살로니가전서, 요한계시록을 〈USA 투데이(USA Today)〉와 비교해보면 확실히 세계는 안티오쿠스 에피파네스와 같은 또 다른 다스 베이더가 등장할 준비가 다 되어 있다는 느낌을 준다. 헤르만 벨드캄프는 이렇게 경고한다.

우리는 세속화의 증거로서 눈에 두드러지는 죄들을 찾을 필요가 없다. 교회에서 당신은 방탕한 생활과는 전혀 관계가 없는 멋진 사람들을 볼 수 있기 때문이다. 그 점에 대해서는 분명히 그들을 비판할 거리가 없다. 그러나 그들을 비판할 수 있는 부분은 세상에 점점 더 동화되어가는 교묘한 죄이다. 하나님의 법이 아니라 세상적인 사고 방식이 생활의 기준이 되고 있다. 모든 사람은 자기 중심적이 되고, 그 누구도 다른 사람들의 안녕을 자신의 안녕보다 중시하지 않는다. 이 개인주의가 세상에 동화되는 것이 아니라면 무엇인가? 이기주의가 흘러넘치고 많은 사람들의 사랑이 식어질 것이라는 주님의 예언이 사실로 뒷받침되고 있다. 교회의 형태는 손상되지 않고 유지되고 있지만, 내부는 썩어 문드러져서 적그리스도가 첫 번째 공격으로도 바로 성공할 것이다(헤르만 벨드캠프, 182).

기도

하나님 아버지, 지금의 풍요로운 시대뿐 아니라 앞으로 닥칠지도 모를 고난의 때에도 믿음을 지키도록 도와주십시오. 아멘.

심층 연구

A. 수산 성(8:2)

수산 성은 페르시아만 북쪽의 약 240킬로미터, 서남 페르시아의 카르크헤 강변에 위치하였다. 엘람국은 초기에 그곳을 국관의 수도로 정했다. 다리우스 1세는 8만 제곱미터에 달하는 아름다운 궁전을 지었고, 에스더는 크세르크세스(아하수에로) 시대에 이 궁전에서 살았다.

'수산 성' 이라는 말은 느헤미야 1장 1절과 에스더 1장 2, 5절, 2장 3, 5절에 나타난다. 이 건물은 주변 성과는 독립된 요새화된 성이었고, 궁전 지역으로서 특별히 겨울철에 왕의 거주지 역할을 했다.

B. 성경 속의 양

우리는 7장에서 야생의 맹수들이 등장하고, 8장에서 길들여진 짐승이 등장한 점에 대해 이미 논의한 적이 있지만, 페르시아를 상징하기 위해 하나님이 양(숫양)을 선택하셨다는 것에 놀라게 된다. 구약 전반에서 이스라엘은 종종 하나님의 양 떼[양과 염소 모두 하나님의 떼(flock)로 등장한다]로 불리고 있고, 그들의 지도자들은 숫양과 수사슴으로 불리고 있다. 에스겔 34장은 전체 장에서 이 메타포를 계속 고집하고 있으며, 17절에서는 이렇게 말한다. "나의 양떼 너희여 내가 양과 양의 사이와 숫양과 숫염소의 사이에 심판하노라." 스가랴 10장 3절은 염소에게 압제당하는 양을 묘사하고 있다. 이사야 14장 9절의 NIV 성경 본문에서 영어의 '지도자(leaders)' 는 숫염소에 해당하는 히브리어이다. 유대인들은 힘과 능력을 묘사하기 위해 이런 종류의 메타포를 사용하는 데 익숙했을 것이다.

C. 가브리엘(8:16)

이 이름은 '하나님의 영웅' 이란 의미가 있으며, 가브리엘은 확실히 하나님의 중요한 메신저였다(단 8:16, 9:21, 눅 1:19, 26). 그는 미가엘(대천사장)과 같은 등급은 아니지만 전체 천사들 중 분명히 높은 위치의 천사이다. 아람어 성경 탈굼은 그가 모세를 매장했고, 산헤립의 군대를 패하게 했다고 한다. 성경 외 자료인 에녹서에서 가브리엘은 대천사장으로 등장하지만, 구약이든 신약이든 그것을 확증해줄 본문상의 증거는 전혀 없다.

교안

A. 들어가는 글

1. '마케도니아의 위협' 이야기로 시작하라.
2. 배경 설명: 이 장의 본문상의 맥락은 매끄럽지 않지만 역사적 배경은 분명하게 알 수 있다. 숫양과 염소는 주전 539년부터 주전 63년까지 지중해와 중동 세계를 지배한 메대 - 바사 연합 제국과 그리스 제국을 상징한다.
3. 적용: 다니엘은 자신이 환상(7-11장)을 본 해의 왕의 이름과 통치 연도를 기술함으로써 환상을 본 시기를 각각 확인해주고 있다. 8장은 주전 약 551년에 시작되고("벨사살 왕 삼 년에"), 9장은 주전 약 539년("아하수에로의 아들 다리오가 갈대아 나라 왕으로 세움을 입던 원년")의 페르시아 왕국으로 우리를 인도한다.

B. 본문 이해

1. 두 뿔 가진 숫양(8:1-4)
2. 한 뿔 가진 염소(8:5-8)
3. 강력한 뿔(8:9-12)
4. 중대한 질문(8:13-14)
5. 천상의 해설자(8:15-18)

6. 혼절할 정도로 힘든 설명(8:19-27)

C. 결론: '4백 년의 침묵의 기간' 을 읽어주라.

토의 질문

1. 이 장이 역사만 다루고 있는 것인지 혹은 적그리스도에 대한 예언을 담고 있는 것인지에 대해 당신은 어떤 생각을 갖고 있는가?

2. 이 장의 예언들이 하나님에 대해 우리에게 무엇을 말해주고 있는가?

3. 이 장의 내용을 생각할 때 우리는 그리스도인으로서 어떻게 처신해야 마땅한가?

다니엘 9:1-19

다니엘의 기도

"기도는 삶의 전투에서 이기도록 마음을 이끌어주며, 승리와 희망이 담긴 하나님의 자원을 바라보게 한다."

- C. 닐 스트레이트(C. Neil Strait)

인생의 고통과 세상의 소요로 당신의 마음이 짓눌릴 때는 기도할 때이다.

지리적 개요: 유다

- 예루살렘과 여리고 남쪽에서 네게브 사막 초입에 이르는 선을 따라 북에서 남으로 연결되고 사해에서 지중해까지 이르는 이스라엘 영토
- 왕국이 분열된 후 남왕국의 중심지가 되었다.
- 주전 621년 요시야 왕 시대에 놀라운 부흥이 일어난 곳
- 주전 597년 바벨론에게 멸망함

지리적 개요: 예루살렘

- 유대 종교와 문화의 옛 수도
- 여호수아 10장 5절에 처음 언급됨
- 남 유다 왕국의 수도
- 주전 597년 느부갓네살에게 함락됨

지리적 개요: 애굽

- 북아프리카 나일 강 유역의 고대 왕국
- 그 역사가 적어도 주전 3000년경으로 거슬러 올라간다.
- 성경에서는 창세기 12장 10절에 이미 등장한다.
- 대선지서 시대에 이스라엘 정치에 강한 영향력을 미침
- 미래에 하나님의 축복을 받을 것임(사 19:24-25)

인물 개요: 크세르크세스

- 주전 539년에 시작한 페르시아 제국의 왕
- 히브리 이름으로는 아하수에로
- 에스더와 에스라의 크세르크세스가 아님

인물 개요: 예레미야

- 주전 626년 예언하도록 부르심을 받은 힐기야의 아들
- 느부갓네살의 예루살렘 함락 때 생존했던 인물
- 악한 시드기야 통치 때 예언 활동을 했고, 그 왕에 의해 투옥됨
- 예루살렘 멸망 후 유다에서 일어난 사건들을 기술함(렘 40-45장)

인물 개요: 모세

- 애굽의 노예 상태에서 이스라엘의 탈출을 주도한 이스라엘의 가장 위대한 민족적 영웅
- 주전 약 1520년에 태어나 바로의 궁전에서 성장함
- 사막의 양치기로 40년간 은둔 생활을 함
- 광야에서 약속의 땅 바로 앞까지 이스라엘을 인도함
- 구약 율법을 수여받을 때 하나님과 이스라엘 사이의 중개자 역할을 함

들어가는 글

선지자의 이득

다니엘서 본문의 풍부한 의미를 캐내고자 씨름하다보면 나는 선지자나 선지자의 아들이 아니라는 사실을 다시 한 번 깨닫는다. 사실 나는 비영리 기관에서 40년간 일해왔다. 하지만 구약 성경의 후반부의 깊이를 측량하는 작업을 하는 모든 사람들은 선지자의 이득을 누릴 수 있다. 흥미롭게도 다니엘 역시 예외가 아니었다. 그가 9장에서 우리에게 일차적으로 말해주고 있는 것 중 하나는 예레미야서 연구를 통해 세상에서 역사하시는 하나님의 손에 대해 생각하도록 고무받았다는 것이다. 잠시 후에 다니엘이 언급한 구체적인 본문을 살펴보겠지만, 여기서 먼저 예레미야와 다니엘 두 사람 모두 기도하는 선지자였음을 주목하도록 하자. 예레미야는 예언자의 모델인 동시에 다니엘이 열심히 본받고자 한 기도의 모델이었다.

내가 좋아하는 예레미야의 기도는 주전 587년 악한 왕 시드기야의 지하 감옥에 죄수로 잡혀 있는 내용인 예레미야 32장에 기록되어 있다. 하나님은 그에게 사촌 하나멜에게서 땅을 사서 "이 증서 곧 인봉하고 인봉치 않은 매매증서를 취하여 토기에 담아 많은 날 동안 보존케 하라"(렘 32:14)고 요구하셨다. 우리는 이 행동이 이스라엘이 본국으로 귀환할 것이라는 극적인 예언이었음을 알고 있다. 이것은 또한 다니엘서에서도 배운 것이다.

그러나 느부갓네살의 군대가 이미 예루살렘 성벽을 무너뜨리고 있는 그 절체절명의 위기 상황에서 예레미야는 국가 존립이 중단되는 현실 앞에서 무가치해 보이는 이 행동으로 심각한 갈등이 있었음이 분명했다. 그의 짧은 기도(25절의 혼란스러움에 대한 표현을 제외하면 마무리가 없는 것 같다)는 자신이 기도를 드리고 있는 대상인 하나님의 위대하심을 알고 있음을 하나님께 상기시키는 것으로 시작하고 있다. "슬프도소이다 주 여호와여 주께서 큰 능과 드신 팔로 천지를 지으셨사오니 주에게는 능치 못한 일이 없으시니이다"(렘 32:17).

예레미야와 다니엘 두 사람 모두 성경 연구와 기도에 있어 놀라운 모범을 보여주고 있다. 사방이 온통 어둡고 절망적일 때, 하나님이 세상 속에서 무엇을 하고 계시는지 혼란스럽기만 할 때, 하나님의 말씀을 연구하고 기도하라. 이제 본격적으로 9장에 들어가서 어떤 예언자적 이득을 얻을 수 있는지 살펴보도록 하자.

본문 이해

다니엘의 기도

Main Idea	하나님의 백성들이 세상 속에서 신비로운 그분의 말씀이나 역사로 혼란스러울 때 의지할 최선의 수단은 항상 기도이다. 그리고 때로 놀라운 응답이 당신에게 찾아올 것이다.

A. 기도의 고백(9:1-6)

Supporting Idea	특별히 큰 어려움에 처한 상황에서 기도로 하나님께 나아갈 때 가장 중요한 것은 우리의 영적인 태도이다.

9:1. 다니엘은 또다시 시간적 배경을 소개하고, 그때는 주전 539-538년의 어느 시기임을 알 수 있다. 다니엘은 65년이 넘는 기간을 바벨론에서 살았고, 예루살렘 성은 거의 50년간 폐허 상태로 방치되어 있었다. 다니엘이 들려주는 사건은 대략적으로 그가 사자 굴에 던져진 경험을 한 시기에 일어났다. 그는 다리오 왕을 섬기며 그의 경력의 절정기를 달리고 있었다. 내가 볼 때 다니엘은 이 장의 서두에서 다리오의 민족적 배경을 강조함으로써 메대 사람 다리오와 페르시아 사람 다리오의 차이를 부각시키기 위해 이 설명에 중점을 둔다. 메대 사람 다리오는 고레스에 의해 갈대아 나라 왕으로 세움을 입었다. 고레스는 메대 - 바사 연합 제국 전체의 지배자였다.

9:2. 이 구절은 다니엘서에서 중요한 절 중 하나이다. 첫째, 이 구절은 예레미야의 메

시지를 서책(the Scriptures)으로 인정하고 있으며, 이로 인해 구약의 예언 본문이 영감된 것임을 확인해주고 있다. 보다 구체적으로 말하면, 다니엘은 예루살렘의 황무함에 관한 내용을 읽고 있었으므로 우리는 그가 읽던 본문이 예레미야 25장 11-13절임을 알 수 있다.

> 이 온 땅이 황폐하여 놀램이 될 것이며 이 나라들은 칠십 년 동안 바벨론 왕을 섬기리라 나 여호와가 말하노라 칠십 년이 마치면 내가 바벨론 왕과 그 나라와 갈대아인의 땅을 그 죄악으로 인하여 벌하여 영영히 황무케 하되 내가 그 땅에 대하여 선고한 바 곧 예레미야가 열방에 대하여 예언하고 이 책에 기록한 나의 모든 말을 그 땅에 임하게 하리니.

바벨론이 갖던 강력한 지배력을 무너뜨린 느부갓네살의 힘을 비롯해 다니엘이 메대와 바사 연합국의 강고한 통치에 대해 너무나 잘 알고 있었음을 생각할 때, 그가 유대 포로들의 예루살렘 귀환에 대한 이 약속에 크게 놀랐음이 분명하다. 확실히 다니엘은 예루살렘의 황무한 기간 70년이 언제 시작되어 언제 끝나는지 전혀 몰랐다. 그래서 그 문제를 두고 기도하기로 결심했다. 다니엘은 예레미야 29장 10-14절을 읽었고, 그 구절 역시 예루살렘의 회복을 강조하고 있었다.

이 구절에 대한 설명을 마무리하기에 앞서 다니엘이 예레미야서 두루마리들을 소유하고 있었으리라는 점을 기억하도록 하자. 그는 이 구절을 자주 읽었겠지만, 이 시점에서 하나님은 그의 관심이 본문의 의미를 찾아내는 일에 더 깊이 집중되도록 하셨다. 우리 역시 동일한 경험을 한다. 우리는 어떤 구절이나 장을 여러 차례 읽을 수 있다. 그러다 어느 날 하나님은 우리의 영적 생활을 격려하시거나 도전하시는 데 그것을 사용하신다.

9:3. 다니엘은 오랫동안 주님과 동행하였고, 하나님께 요구하기보다는 깊은 겸손함으로 하늘 보좌에 나아가는 법을 배웠다. 주 하나님께 기도하며(I turned to the Lord God)라는 구절은 초점을 맞추는 분명한 행위, 주님과 대화하는 일에 집중하기 위해 다른 모든 것들에 대해 관심을 갖지 않는 행위를 의미한다. 그는 금식하며 베옷을 입고 재를 무릅쓰는 고대의 유대 의식을 시행했다. 먹기를 중단하라. 자주색 고위 관리의 의복

을 입는 일을 중지하라. 권리와 특권을 잊으라. 지금은 하나님 앞에 엎드릴 때인 것이다.

9:4. 이 구절은 성경에 기록된 가장 긴 기도를 시작하고 있다. 이 기도는 고백으로 시작하고 있다. 다니엘의 고백은 자기 자신이 지은 죄와 단점이라고 생각하는 것들에 대한 고백이었지만, 또한 마음으로 늘 함께한 포로로 잡혀 온 동족들을 위한 공동체적 고백이기도 했다. 이 기도 전반에서 '우리'라는 단어가 반복적으로 등장한다. 이것은 하나님의 형벌을 받아 마땅한 여호와의 패역한 종들과 자신을 다니엘이 동일시했음을 암시한다.

4절은 진리와 신실하심이라는 하나님의 본성에 집중되어 있다. 2절에서처럼 그는 여기서 다시 야훼라는 거룩한 이름을 사용한다('심층 연구' 참고). 그러나 사랑의 하나님의 영원한 언약은 죄로 인해 깨어졌고, 다니엘은 그 역사적 사실을 자신이 이해하고 있음을 인정하고 있다.

9:5-6. 하나님의 백성들은 먼저 하나님께 죄를 고백한다. 인간 중재자에게 죄를 고백하는 것이 아니다. 아주 드물긴 하지만 그 죄가 다른 사람에게 파괴적인 영향을 끼친 경우 서로에게 죄를 고백하기도 한다. 이스라엘의 죄와 반역은 주의 법도와 규례를 떠났기 때문이었다. 하나님이 주의 이름으로 말씀하는 선지자들을 보내셨음에도 불구하고, 열왕과… 방백과 열조와 온 국민이 이 선지자들의 말을 들었음에도 불구하고 이스라엘 민족은 여전히 반역하였고, 결국 70년의 포로 생활을 하게 되었다. 예레미야의 본문 외에 다니엘은 시편 51편 4절이나 시편 32편 5절, 그리고 다윗의 고백을 묘사한 유사 구절들을 떠올렸을 수도 있다.

우리는 솔로몬을 선지자로 생각하는 경우가 거의 없지만, 그는 오래전 포로들의 구원에 필수적인 본질적인 태도를 확인하며 실제로 유사한 언어를 사용했다.

> 사로잡혀 간 땅에서 스스로 깨닫고 그 사로잡은 자의 땅에서 돌이켜 주께 간구하기를 우리가 범죄하여 패역을 행하며 악을 지었나이다 하며 자기를 사로잡아 간 적국의 땅에서 온 마음과 온 뜻으로 주께 돌아와서 주께서 그 열조에게 주신 땅 곧 주의 빼신 성과 내가 주의 이름을 위하여 건축한 전 있는 편을 향하여 주께 기도하거든 주는 계신 곳 하늘에서 저희 기도와 간구를 들으시고 저희의 일을 돌아보옵시며(왕상 8:47-49).

도널드 캠벨은 그것을 다음과 같이 요약한다. "동사들을 이렇게 효과적으로 나열하는 것은 그들이 모든 종류의 죄에 대해 유죄라는 철저한 고백을 나타낸다. 나아가 모든 계층을 망라한 하나님의 백성들(왕과 방백, 열조들, 일반 백성들)이 암시되어 있다. 모든 사람이 죄인인 것이다. 누구도 제외될 수 없다"(도널드 캠벨, 138).

B. 기도의 확증(9:7-14)

Supporting Idea	성경적인 기도는 의로우신 하나님은 결코 실수하지 않으신다는 겸손한 인정으로 시작하고 마무리한다.

9:7-8. 구약 전체가 이 기도에 대한 주석이 된다. 수년 후에 이스라엘의 역사가는 다니엘이 지금 기도로 드리고 있는 내용을 역사로 기술하게 될 것이다(대하 36:15-21). 이스라엘은 실제로 의로우신 하나님의 눈 앞에서 수욕을 입고 있었다. 그들은 주께 죄를 범하였기 때문에 이방에 흩어져 있었다. 이것은 신명기 28장 7절의 약속과는 아주 대조적이다. "네 대적들이 일어나 너를 치려 하면 여호와께서 그들을 네 앞에서 패하게 하시리니." 주전 609년에 의로운 왕 요시야가 므깃도에서 사망하고부터 유다는 계속 내리막으로 치달았다.

9:9-11. 기도는 긍휼과 사유하심이 있는 하나님과 주께 패역한 백성들을 대조시키며 계속 이어진다. 그들은 모세를 통해 주신 율법들을 지키지 않았고, 선지자들의 경고에 귀를 기울이지도 않았다. 여기서 2인칭이 3인칭으로 바뀌고 있음에 유의하라. 다니엘은 이스라엘의 영적 조건을 기술하면서 역사적 사실들을 열거한다. NIV 성경은 긍휼과 사유하심을 부사로 번역하고 있지만, 원문에서는 복수 명사로 표기되어 하나님의 놀라운 은혜의 광범위하고 풍성한 영역을 강조하고 있다.

다니엘은 언약의 조건이 깨어지고 그에 합당한 처벌이 적용된 것에 대해 어떤 놀라움도 표현하지 않는다. 그는 순종에는 축복을, 반역에는 저주를 선언한 신명기 28장의 기록을 잘 알고 있었다. 다음에 그 장의 일부를 소개하였다.

> 네가 만일 이 책에 기록한 이 율법의 모든 말씀을 지켜 행하지 아니하고 네 하나님 여호와라 하는 영화롭고 두려운 이름을 경외하지 아니하면 여호와께서 너의 재

> 앙과 네 자손의 재앙을 극렬하게 하시리니 그 재앙이 크고 오래고 그 질병이 중하고 오랠 것이라… 이왕에 여호와께서 너희에게 선을 행하시고 너희로 번성케 하시기를 기뻐하시던 것같이 이제는 여호와께서 너희를 망하게 하시며 멸하시기를 기뻐하시리니 너희가 들어가 얻는 땅에서 뽑힐 것이요(신 28:58-59, 63).

9:12-14. 이 기도가 아직 간구의 내용을 단 하나도 담고 있지 않다는 것에 주목할 필요가 있다. 그것은 16절에 가서야 등장할 것이다. 하지만 지금까지 이 기도를 드리면서 다니엘은 계속 땅에 엎드린 채 이 모든 재앙이 이미 우리에게 임한 이유에 대해 깨닫고 이해하도록 간구하고 있다. 무서운 형벌을 받은 이후에도(많은 것들을 열거할 수 있을 것이다) 이스라엘은 마음을 돌이켜 하나님께 돌아가기를 거부하고 있다. 다니엘이 이 기도를 드리고 있을 때도 그는 그의 동족들이 바벨론과 페르시아 문화의 세속적인 방식들을 선택하고 그 "영화로운 땅"(8:9, 11:16)의 영광을 마음으로 갈망하지 않는다는 것을 알고 있었다. 12절의 큰 재앙이 13절과 14절에서 이 재앙으로 표현되고 있음을 유의하라. 확실히 다니엘은 그가 오랫동안 경험해온 포로 생활을 가리키고 있다. 그는 원망을 하는 것이 아니라 오히려 우리의 하나님 여호와는 행하시는 모든 일이 공의로우시므로 하나님의 심판을 받아 마땅하다는 것을 확인해주고 있다.

존 월부어드는 다음과 같이 말한다.

> 하나님의 의로운 심판이 무섭게 현실로 드러난 와중에서 부흥도, 하나님께로 돌아오는 일도 일어나지 않았다. 지배자들이나 백성들 모두 악한 길을 떠나지 않았다. 다니엘이 말하고 있는 것은 하나님이 자비의 하나님이시지만 아무 대안이 없으시다는 것이다. 자비를 거부할 때 심판이 필연적이기 때문이다… 여호와는 축복이든, 저주든 자기 말씀을 지키시는 데 신실하신 분이었다. 다니엘은 하나님의 이 신실하심으로 인해 포로 생활의 끝을 기대할 수 있는 용기를 얻었을 것이 분명하다(존 월부어드, 「Daniel」, 210).

C. 간구의 기도(9:15-19)

Supporting Idea 과거에 어떤 죄를 지었든 간에 자비의 하나님은 용서와 회복을 통해 더 나은 미래를 바라볼 수 있다고 약속하신다. 성경에서는 과거에 대한 회상을 통해 소망을 얻는 경우가 많다.

9:15. 이스라엘은 애굽에서 몰래 도망친 것이 아니었다. 그들은 강한 손으로 기적적인 구원을 받은 것이다. 구약에서 출애굽은 세상 속에 나타난 하나님의 권능을 나타내기 위한 기준을 설정하였다. 신약에서는 그리스도의 부활이 동일한 목적으로 기여했다. 더욱이 그 유명한 홍해 도하 사건은 고대 세계를 떠들썩하게 만든 사건이었다. 유대인의 하나님은 오늘과 같이 명성을 얻으신 한 이름을 있게 하신 분이었다.

9:16. 하나님의 권능에 대한 그 명성은 여전히 그분을 믿고 신뢰하는 유대인들에게만 의미가 있었다. 그들은 아마 유대 포로들 중에서도 소수였을 것이다. 다니엘은 이방 통치자들에게 하늘의 하나님이 땅의 모든 신들보다 더 크신 분임을 설득하고자 노력하면서 그의 성인기를 보냈고, 어느 정도 두드러진 성공도 없지 않았다. 하지만 하나님이 그 땅과 성을 회복시키시고 자기 백성들을 기적적으로 붙드시는 역사를 지금이라도 행하시면 이스라엘은 더 이상 예루살렘과 주의 백성이 사면에 있는 자에게 수욕을 받지 않을 것이다.

글리슨 아처는 이렇게 지적한다.

> 확실히 자기 자신의 성전을 느부갓네살의 군대에게서 보호할 수 없는 신이라면 마르둑이나 느보와 경쟁이 되지 않았다. 다니엘의 마음을 그토록 괴롭힌 것은 바로 야훼의 이름이 당한 바로 이러한 치욕과 우상을 섬기는 세계 앞에서 그의 영광을 더럽힌 바로 이 수치였다. 나아가 하나님은 회개하는 자기 백성들에게 온전한 용서와 회복을 그토록 아낌없이 약속해주셨기 때문에 선지자는 유대인 포로들의 조속한 팔레스타인 귀환을 위해 최대한 강력하게 하나님께 요구할 수 있는 담대한 마음이 생겼다. 그래서 그곳에서 징계를 받은 신자들의 새로운 공동체가 형성되고 참되신 한 하나님, 우주의 거룩한 주권자를 위한 증거가 다시 세워질 수 있도록 하기 위해서였다(글리슨 아처, 110).

9:17-19. 다니엘의 마음은 찢어지는 것 같았고, 거대한 홍수처럼 그의 마음 깊은 곳에서 간구가 쏟아져나왔다. 그는 하나님께 예루살렘이 "주의 성, 주의 거룩한 산"(9:16)이며, 주의 황폐한 성소… 주의 이름으로 일컫는 성소임을 환기시켜드린다. 다니엘은 그것이 이방 세계에서 하나님의 명성이 걸린 문제라고 생각한다. 이 기도 단락에서 다니엘은 '여호와'라는 용어를 '아도나이'와 '엘로힘'으로 바꾼다. 사실 이러한 전환은 15절에서 시작되었고, 자기 백성, 자기 민족 그리고 자기 세상에 대한 하나님의 총체적 주권에 대한 다니엘의 호소에 집중되어 있는 것 같다.

이 구절들을 읽을 때 우리는 그 노선지자와 함께 지성소로 들어가게 된다. 우리는 주여 들으소서 주여 용서하소서 주여 들으시고 행하소서라고 부르짖는 그의 목소리가 떨리고 눈에서 눈물이 쏟아지는 모습이 눈앞에 보이는 것 같다. 이 기도가 2세기의 위경의 일부를 이룬다고 주장하는 일부 비평가들의 주장은 여기서 언급할 가치가 별로 없다. 성경을 존중하고 영감설과 무오설을 확신하는 사람이라면 그러한 주장에 동요하지 않을 것이다. 그들이 혼란스러워하는 이유 중 일부는 예레미야의 칠십 년과 다니엘의 칠십 주(이 장의 후반부에 등장할 내용)를 구분하지 못한 데서 기인한다.

레온 우드는 다니엘이 하나님께 하나님 자신의 시간 계획을 깨라고 요청하고 있는 것이 아님을 지적한다.

> 이 간구는 이스라엘 포로 생활에 관한 세 가지 기간과 관련해서 살펴보아야 한다. 다니엘과 그의 친구들은 주전 605년에 포로로 잡혀갔고, 두 번째 포로들(만 명의 장인들)은 주전 591년에 잡혀갔으며, 이스라엘 백성이 대규모로 포로로 잡혀간 때는 주전 586년이었다. 포로 생활의 시작을 주전 605년으로 본다면 예레미야가 예언한 70년은 거의 끝나가고 있었다. 하지만 나머지 두 시기를 시작 연대로 볼 경우 그에 비례해서 그 기간이 이동할 것이다. 따라서 다니엘은 실제로 70년의 시작 시점을 후자의 연대가 아니라 주전 605년에 시작된 다니엘의 포로 기간으로 선택하는 편을 요구해야 한다는 것이다(레온 우드, 「Daniel」, 115).

신약의 모델이 되는 기도가 복음서의 유명한 주님의 기도라면, 구약의 모델이 되는 기도는 확실히 다니엘의 기도라고 할 수 있을 것이다. 여기엔 감사의 표현이 별로 발견되지 않는 것 같지만, 기도의 어조를 보면 과거에 베푸신 하나님의 은혜와 오래 참으심에 대해 다니엘이 감사하고 있음을 분명히 알 수 있다. 그가 천상의 아버지를 부를 때의 경외감은 많은 현대 그리스도인들이 하나님의 존전에 나아갈 때 보이는 경박함과 슬픈 대조를 이룬다. 우리는 성부 하나님과 성자 예수님에 대해 마치 여자 친구나 남자 친구를 부르듯이 정체 불명의 대명사로 찬송을 부르고 있다. 이렇듯 혼란스럽고 무성의한 예배를 드리는 현대인들은 이 장엄한 기도에 대한 깊은 연구를 통해 교훈을 얻을 수 있을 것이다.

Main Idea 복 습	하나님의 백성들이 세상 속에서 신비로운 그분의 말씀이나 역사로 혼란스러울 때 의지할 최선의 수단은 항상 기도이다. 그리고 때로 놀라운 응답이 당신에게 찾아올 것이다.

결론

하나님이여 자비를 베푸소서!

신약에서 그림같이 생생한 비유 중 하나는 성전에서 기도하는 두 사람에 관한 비유이다. 한 사람은 종교 지도자이고, 다른 한 사람은 로마 정부를 위해 세금을 받는 세리였다. 이 이야기는 누가복음 18장에 기록되어 있으며, 끈기를 강조하는 비유에 이어 등장한 비유이다. 그 장의 첫 8절에서 우리는 아무것도 일어날 것 같지 않을 때라도 기도하기를 포기해서는 안 된다는 교훈을 배운다. 바리새인과 세리의 비유에서 우리는 겸손한 기도와 우리 삶 속에서의 하나님의 은혜의 중요성을 배운다.

다니엘 9장에서 우리는 하나님의 의로우심이 그분의 선지자에게 지속적으로 영향을 미쳐왔음을 보게 된다. 그는 신약의 수많은 바리새인들과 특히 스스로에 대해 "하나님이여 나는 다른 사람들 곧 토색, 불의, 간음을 하는 자들과 같지 아니하고 이 세리와도 같지 아니함을 감사하나이다 나는 이레에 두 번씩 금식하고 또 소득의 십일조를 드리나이다"(눅 18:11-12)라고 기도한 사람과 현저한 대조를 이룬다. 다니엘의 이 기도처럼 겸손함과 상한 마음으로 다른 사람들에 대해 강렬히 감정 이입하는 성경의 기도는 거의 없다. 성경에서 반복적으로 정죄하는 바이지만, 자기 의는 신앙인들의 심각한 죄악 중 하나이다. 누가복음 18장의 비유에서 바리새인은 스스로를 하나님께 칭찬하며, 자신이 얼마나 의롭고 경건하게 살아왔는지 증명하는 약식 이력서를 내보인다. 그는 하나님을 부르지만 오직 자신에게 관심이 집중되기만을 원했다. 그는 자기 자신의 종교적인 노력을 칭찬하고, 기도의 어디에서도 하나님께 무엇인가를 구하는 모습은 보이지 않는다. 그는 아무것도 간구하지 않고 용서를 구하지도 않았다. 하나님의 힘이나 인도하심을 전혀 필요로 하지 않았다. 그는 자신에게 결핍된 것이 전혀 없다고 생각하기 때문에 (심지어 하나님조차) 아무것도 구하지 않는다. 몇 마디의 짧은 말 속에서 그는 '자아를 극대화시키고, 하나님은 축소시키며, 은혜를 증발시켜버렸다.'

그러나 비록 신자는 아니었지만 세리는 오히려 다니엘과 아주 흡사한 모습을 보여주었다. 그의 마음은 필사적으로 용서를 필요로 했다. 그의 영혼은 은혜에 굶주려 있었다. 그는 자신을 '하나의 죄인(a sinner)'이 아니라 바로 '그 죄인(the sinner)'으로 부른다. 그는 다니엘이 이스라엘을 위해 주장했던 바로 그것, 즉 심판을 받아 마땅함을 인정했다. 하지만 그는 은혜로우신 하나님이 그에게 자비를 베푸실 수 있음을 믿었다.

누가복음의 비유 말미에서 예수님은 특별히 기도와 관련된 성경적인 원리를 제공하셨다. "무릇 자기를 높이는 자는 낮아지고 자기를 낮추는 자는 높아지리라"(눅 18:14). 주님은 분명히 세리의 기도를 용서를 얻기 위한 일종의 공식이라고 가르치신 것이 아니다. 우리가 세리의 마음을 가져야 함을 보여주고자 하셨던 것이다. 다시 한 번 강조하지만, 기도에서는 행동보다 태도가 더 중요하다. 이 비유 속에 등장하는 두 사람의 태도와 영적 상태에 대한 오래된 영국의 시가 있다.

> 두 사람이 기도하러 갔다네.
> 아니 차라리 한 사람은 자랑하러 갔고
> 다른 한 사람이 기도하러 갔다고 할 수 있다네.
> 한 사람은 가까이 서서 높은 곳을 밟고 서고

다른 한 사람은 감히 눈을 들어 보지도 못했다네.
한 사람은 짓밟힌 제단으로 더욱 가까이 나아가고
다른 한 사람은 제단의 하나님께로 더욱 가까이 나아갔다네.

▣ 진리 알기

- 성경 연구는 항상 기도를 위한 중요한 준비 과정이다.
- 그리스도인들이 기도하기를 원하는 교회는 그리스도인들이 성경을 사랑하고 이해하도록 가르치는 교회여야 한다.
- 성경이 의미하는 바가 무엇인지 궁금해하기 전에 먼저 성경이 말하고 있는 내용에 대한 확고한 지식을 가져야 한다.
- 겸손과 상한 심령은 성경적인 기도의 중요한 태도이다.

▣ 적용하기

- 우리는 간구에 앞서 찬양과 고백을 한 다니엘의 예를 따라야 한다.
- 하나님이 어떤 사건을 일으키실 것임을 안다고 해서 그 사건이 언제 일어날 것인지 알게 되는 것은 아니다.
- 성경적인 기도는 오직 위급할 때에만 하는 것이 아니라(단 6:10) 생활 방식이 되어야 한다.
- 하나님께 무엇인가를 해주시도록 구할 때 우리가 그것을 받을 자격이 없는 자라는 것을 명심해야 한다.

삶의 적용

종을 건져 올리다

미안마의 거대한 불교 사원 쉬다곤(Shwee-da-gone)의 명물인 크고 아름다운 종에 대한 오래된 이야기가 있다. 영국과 미얀마 간의 전쟁 중에 그 종이 랑군 시를 흐르는 강에 빠져버렸고, 기술자들의 어떤 노력으로도 그것을 건져 올릴 수 없었다.

어느 날 영리한 한 사제가 자신이 속한 사원이 가져간다는 조건으로 그 종을 건져 올려보겠다고 했다. 시 당국이 동의하자 그는 일꾼들에게 수많은 대나무 막대기(속이 비고 가벼워 물에 매우 잘 뜨는)들을 모으도록 했다. 다이버들은 그 막대기를 물 아래로 가지고 가서 강 바닥에 있는 종에 묶었다.

수천 개의 대나무 막대기들이 종에 단단히 묶이자 그 육중한 물건이 움직이기 시작했다. 더 많은 막대기들이 종에 추가될수록 부력이 점점 더 커져서 거대한 청동 덩어리가 강바닥에서 떠올라 결국 물 밖으로 나오게 되었다.

이 장에서 다니엘은 우리에게 기도라는 부력을 가진 막대기들을 보여주고 있다. 기도는 가장 무거운 짐들도 들어올릴 수 있고, 진흙투성이의 깊은 강 속에도 닿을 수 있다. 한 번 혹은 두 번이나 세 번으로는 안 될 경우도 있지만, 포기하지 않는다면 한 개인의 장기간에 걸친 수많은 기도가 힘으로 축적될 때, 혹은 신자들이 집단으로 함께 집중해 기도할 때 하나님의 능력을 움직이게 할 수 있다. 기도가 상황을 변화시키는 것이 아니라 하나님이 기도를 통해 상황을 변화시키신다는 사실을 기억하자.

기도

하나님 아버지, 당신의 종 다니엘의 겸손과 애통하는 모습이 우리 시대에 포로로 잡힌 당신의 백성들을 인도하고자 하는 사람들에게도 나타날 수 있도록 도와주십시오. 아멘.

심층 연구

A. 성경에 대한 이해(9:2)

그리스도인들은 성경이 '특별 계시' 이며, 행위뿐 아니라 말씀으로 된 하나님의 메시지임을 믿는다. 하나님은 또한 자연을 통해 말씀해오셨고, 우리는 그것을 '자연 계시' 혹은 때로 '일반 계시' 라고 부른다(시 19편, 행 14:15-17, 롬 1-3장). 성경은 인간의 손을 통해 우리에게 전해졌지만, 신·구약 모두 자신의 메시지의 정확한 기록을 보장하시기 위해 하나님이 치밀하게 인도하셨음을 강조한다. 9장의 이 짧은 언급은 예레미야서의 권위를 극적으로 강조한다. 다니엘과 같은 경건한 유대인은 본문의 권위에 대해 절대적으로 확신하지 않는 한 "여호와의 말씀이 선지자 예레미야에게 임하여 고하신"(9:2)과 같은 구절을 사용하여 그것을 '서책(성경)' 이라는 단어와 결코 연결시키지 않았을 것이다. 그리고 이 내용은 성경으로 모은 영감된 서책들에 대한 공식적인 인정인, 교회 공의회가 정경이라고 부르는 것을 수집하기 약 700년 전에 기록되었다. 정경에 관한 일부 증거가 2세기에 존재하지만 헬라 그리스도인들이 '정경(canon)' 이라는 용어를 사용하기 시작하고 '정경성(canonicity)' 이라는 교리가 등장한 것은 4세기가 되어서였다(다니엘 이후 거의 천 년이 지난 기간).

로버트 라이트너(Robert Lightner)는 그것을 다음과 같이 요약한다.

> 성경을 하나님의 말씀으로 인정하고 심지어 성경에 대한 철저한 지식을 갖고 있다고 해서 경건한 생활이 자동적으로 뒤따르는 것은 아니다. 성령이 신자를 위해 하나님의 말씀을 깨닫게 하심으로 그것이 개인적으로 적용되어야만 한다. 우리의 삶에서 말씀이 의도한 영향을 미치기 위해서는 우리가 그 교훈에 순종하고 진리를 삶으로 실천해야 한다. 성경에 따라 살기 위해 우리는 성경이 가르치는 내

용을 알아야 한다. 하지만 성경이 가르치는 내용을 안다고 성령의 교훈에 일치하는 삶을 살거나, 성령에 복종하게 되는 것은 아니다(로버트 라이트너, 32).

B. 야훼 테트라그라마톤(하나님의 이름을 표기하는 네 개의 히브리 자음, 9:4)

고대 히브리어는 모음을 전혀 사용하지 않았기 때문에 '야훼(Yahweh, 여호와)' 라고 부르는 용어는 YHWH로 표기되었고, 신성한 테트라그라마톤(Tetragrammaton)으로 알려지게 되었다. 이 장에서 다니엘은 처음으로 그 단어를 사용하고 있고, 그것은 2절과 4절에서 '여호와(Lord)' 로 번역된 하나님의 언약적 이름이기 때문에 기도의 의도와 일치한다. 우리는 히브리인들이 하나님의 이름이 너무 신성해서 실제로 입으로 말할 수 없다고 생각했기 때문에 본문을 그대로 읽지 않았음을 알게 될 때 이것을 더 잘 이해할 수 있다. 모음 체계가 사용되자 '아도나이(Adonai)' 의 모음들이 사용되어 '여호와(Jehovah)' 라는 단어가 등장했다. 그것은 주후 12세기에 처음으로 등장했다. '아도나이(Adonai)' 는 '내 주(my Lord)' 라는 의미로 실제로 수세기 동안 야훼(YHWH)라는 단어를 실제로 발음하지 못하여 대신 사용된 구절이다.

C. 주의 이름(9:18)

우리는 여기서 다니엘이 어떤 이름을 염두에 두었는지 확실히 말할 수 없다. 위에서 언급한 대로 하나님의 주권을 강조하며 '주' 나 '통치자' 라는 뜻을 지닌 이름은 여러 가지다. 그러나 '엘로힘(Elohim)' 은 '하나님' 에 대한 일반적인 구약의 표현이며, 하나님의 전능하심을 전달하는 복수이다. 다니엘은 또한 그분을 '여호와 엘로힘(Jehovah Elohim)' , 모든 존재의 스스로 계시는 근원으로 부른다. 본문 전체에서 '주(아도나이)' 라는 이름은 9번 등장하며, 이 세상에 대한 하나님의 완전한 주권이라는 다니엘서의 중심 주제를 다시 강조한다.

"주의 이름으로 일컫는 성" (9:18)이라는 구절의 강조점과 관심은 하나님에 대한 구체적인 이름에 집중되는 것이 아니라 그분의 위격과 그분의 백성, 그분의 위격과 그분의 성소에 집중되어 있다.

교안

A. 들어가는 글

1. '선지자의 이득' 이야기로 시작하라.
2. 배경 설명: 이 장은 세 절에 걸쳐 역사적 배경을 설명하고, 열일곱 절을 다니엘의 기도에 할애하며, 여덟 절은 기도에 대한 응답에 할애한다. 이 응답은 전체 성경에서 가장 포괄적인 예언 중 하나를 이룬다.
3. 적용: 앞에서 지적한 대로 다니엘은 환상을 서술한 다니엘서의 이 부분에서 특정한 왕의 통치 연도를 언급하는 것으로 환상의 정확한 시기를 밝힌다. 9장의 환상은 주전 539년 혹은 538년에 나타났다. 10장의 환상은 약 4년 혹은 5년 후의 일이다.

B. 본문 이해

1. 기도의 고백(9:1-6)
2. 기도의 확증(9:7-14)
3. 간구의 기도(9:15-19)

C. 결론: '하나님이여 자비를 베푸소서!' 를 읽어주라.

토의 질문

1. 다니엘의 영적 훈련과 비교하여 당신의 성경 공부와 기도 습관에 대해 평가해보라.

2. 그리스도인은 구체적으로 어떤 방식으로 기도를 통해 겸손함과 상한 마음을 보여

주고 있는가?

3. 오늘날 교회 생활과 예배에서 금식은 어떤 역할을 하고 있는가?

다니엘 9:20-27

칠십 '이레'

"하나님이 알고 계시는 미지의 미래를 결코 두려워 말고 신뢰하라."

- 코리 텐 붐(Corrie ten Boom)

하나님은 하나님 자신이 원하시면 어떤 방법으로든 기도에 응답하실 수 있다. 여기서 그분은 다니엘의 백성들, 즉 이스라엘의 미래를 설명해주시기 위해 그분의 선지자에게 개인적으로 천사를 보내주고 계신다.

들어가는 글

메시아를 만나다

나의 친구 돈 캠벨(Don Campbell)은 유럽에 살았던 랍비 레오폴드 콘(Leopold Cohn)에 대한 이야기를 들려준다. 분명히 랍비는 우리 앞에 놓인 그 구절을 읽었고, 그의 오심은 주후 70년 예루살렘 파괴 이전에 이루어질 것이라고 예상되었기 때문에 메시아가 이미 오셨다는 결론에 도달하게 되었다(주로 26절에 근거해). 그는 친구들에게 메시아가 어디에 계실 수 있느냐고 묻기 시작했다. 동료 랍비는 그에게 "뉴욕으로 가보게나. 메시아를 만날 수 있을 거네"라고 제안했다. 나라면 가장 마지막으로 그곳을 살펴보겠지만, 콘은 미국으로 가는 표를 사기 위해 자신의 전재산을 들였고 도착하자마자 메시아를 찾아 뉴욕 거리를 헤매기 시작했다. "어느 날 그는 한 건물에서 노랫소리가 흘러나오는 것을 들었다. 그는 안으로 들어갔지만, 그가 들은 것은 명확한 복음의 메시지였다. 그날 밤 그는 주 예수 그리스도를 메시아와 구주로 영접했다. 그는 곧 지저분한 집을 사서 청소한 후 의자 몇 개를 배치하고 예배를 드리기 시작했다. 그것은 유대인을 향한 미국 선교회의 첫 번째 활동이었다"(돈 캠벨, 112).

이 장은 메시아의 초림에 관한 내용을 담고 있다. 칠십 '이레'를 다루기 위해 과거에 수천 페이지에 달하는 글들이 작성되었다. 예언에 대한 우리의 욕구를 충족시키고자 하는 요구와 말세의 문제들에 대한 논쟁으로 때로 다니엘의 장엄한 기도가 소홀히 취급되고 있다. 하지만 칠십 주라는 예언에 관한 우리의 관심은 비율이라는 해석학적 원리에 충실할 것을 요구한다. 하나님은 강조하기 원하시는 성경에 대해서는 더 많은 지면을 허락하신다. 그러므로 우리 마음속에 울리는 다니엘의 기도를 품은 채 칠십 '이레'에 관한 쉽지 않은 본문을 다루어보도록 하자.

본문 이해

칠십 '이레'

Main Idea	포로 생활에서 해방된다고 해서 이스라엘의 고난이 끝나지는 않을 것이다. 기름 부음 받으신 자가 하늘에서 오실 때까지 여러 고난의 세기가 지나갈 것이다.

A. 천사의 음성 메일(9:20-23)

Supporting Idea	그리스도인들은 성경의 의미에 대해 질문하는 일을 결코 포기해서는 안 된다. 하나님은 항상 깨달음과 이해를 구하는 기도를 귀히 여기신다.

9:20-21. 다니엘은 그대로 기도 자세를 유지하면서 개인의 죄와 민족의 죄를 고백하며 내 하나님의 거룩한 산을 위하여 내 하나님 여호와 앞에 간구하고 있다. 우리는 다니엘이 기도한 내용의 일부만이 여기에 기록되었다는 점을 고려해야 할 것이다. 그 기도가 저녁 제사를 드릴 때까지 몇 시간이나 지속되었을 가능성이 있기 때문이다. 선지자는 여전히 예루살렘과 이스라엘과 관련된 하나님의 명성에 관심을 보이고 있다. 다니엘의 고향은 이미 "황폐한 성소"(9:17)였고, 그는 하나님께 "황폐된 상황과 주의 이름으로 일컫는 성"(9:18)에 관해 상기시켜드렸다. 이제 그는 거룩한 산을 위해 기도하고 있다.

가브리엘 천사는 "사람 모양 같은"(8:15) 모습으로 출현했고, 그의 계시는 7장 이후로 다니엘의 환상 경험에 일관성을 부여하는 역할을 한다. 다니엘이 여기서 그 천사를 이전 이상 중에 본 그 사람으로 언급하고 있는 것에 대해 놀랄 필요는 없다. 나아가 그 히브리어는 '종'으로 번역될 수 있다. 23절을 참고로 하면 우리는 가브리엘이 실제로 그 기도가 시작될 즈음에 이동을 시작했지만, 다소 시간이 흐른 후에야 도착했음을 알 수 있다. 우리는 천국과 땅의 거리에 대한 개념이 없고 천사가 이동한 속도에 대해서도 전혀 모른다. 하지만 본문은 우리에게 시간에 대한 시각을 고려할 것을 요구한다.

다니엘은 성전에 대해 기도하고 있었고, 천사가 방문한 시각을 저녁 제사를 드릴 때 즈음이라고 소개하고 있다. 예루살렘에서 50년간 어떤 희생 제사도 드려지지 않았다는 것을 기억하라. 하지만 이 선지자는 성인이 된 이후로 계속 동족들의 종교 의식을 지켜보았고, 여전히 그러한 영적 훈련을 이용해 자신의 하루를 표시하고 있다. 우리가 앞에서 지적했듯이, 바벨론의 다니엘과 그의 세 친구의 행동은 부모들을 위한 모델이 되어 준다. 우리는 모두 우리가 양육하는 자녀들이 성인이 되어서 부모들의 믿음과 가치를 삶으로 실천하고 다음 세대까지 그것들을 가르치는 경건하고 책임 있는 어른이 되기를 원한다.

9:22-23. 다니엘의 기도에 대한 가브리엘의 빠른 응답은 다니엘이 크게 은총을 입은 자, 하나님 보시기에 소중하고 보배로운 자였기 때문이다. 가브리엘의 목적은 정확히 다니엘이 기도하고 있던 바로 그 문제와 관련이 있었다. 하나님은 언제 자기 백성들을 회복시켜주실 것인가? 하나님은 언제 자기 이름을 구속하실 것인가? 이스라엘은 이방 민족 가운데서 언제까지 고난을 당해야 할 것인가? 천사는 다니엘에게 지혜와 총명을 준다. 이것은 하나님의 말씀을 대할 때 우리 모두에게 필요한 두 가지 자질이다.

우리는 종종 하나님이 우리가 기도하고자 하는 것 이상으로 우리 기도에 응답해주시기를 원한다고 말한다. 다니엘 9장 23절은 어느 면에서 그 원리를 지지하고 있다. 그러나 분명한 것은, 하나님이 기도에 얼마나 빨리 응답하시는가는 각자의 거룩함과 겸손이 일정한 역할을 한다는 것이다. 나는 이 단락에 대한 조이스 볼드윈의 주장을 좋아한다. "다니엘서의 가장 중요한 공헌 중 하나는 믿음과 지성의 관계에 대한 새로운 주장이다. '지혜' 와 '총명' 은 선물이지만(22절), 그는 여전히 이 일에 대해 생각하고 그 환상을 깨달으라는 말을 듣고 있다(23절)" (조이스 볼드윈, 167-168).

B. 신적인 목적(9:24)

Supporting Idea	진지하게 성경 공부를 할 때 말씀 하나하나가 다 중요하지만, 자주 되풀이되는 단어들은 훨씬 더 중요한 의미가 있다. 칠십 '이레' 라는 흥미로운 표현이 바로 이러한 경우에 해당한다.

9:24. 칠십 '이레' 라는 구절은 문자적으로는 일곱 개로 된 칠십 개의 단위나 칠십 개

의 이레(heptads)를 의미한다. 대부분의 보수주의 성향의 주석가들은 이것이 490년을 의미한다고 해석한다(그렇게 함으로써 그것을 포로 기간과 구분한다). 뒷단락에서 우리는 그것이 세 단위로 나뉜다는 것을 살펴보게 될 것이다. 이 구절은 이 예언에 관한 개관을 제시하며, 이 장 나머지에서는 세부적인 내용이 더 구체적으로 서술될 것이다. 해석으로 들어가기에 앞서 「메시지 성경(The Message)」에서 이 구절을 해석한 내용을 살펴보자. "너의 백성들과 너의 거룩한 성이 반역을 막고, 죄를 버리며, 죄악을 쓸어버리고, 상황을 영원히 바로잡으며, 선지자가 본 것을 확인하고, 지성소를 성별하도록 칠십 개의 칠 일이 정해졌다"(「메시지 성경」).

우리는 많은 주석가들이 다니엘서가 2세기에 기록되었으므로 이와 같은 본문들은 예언이 아니라 역사를 서술하고 있다고 주장한다는 것을 반복해서 지적했다. 어떤 이들은 저자(물론 다니엘이 아님)가 예레미야의 칠십 년과 다른 구약의 숫자들을 뒤섞어 안티오쿠스 에피파네스의 박해가 끝나는 때를 도출해냈다고 주장한다.

심지어 어떤 보수주의 학자들은 이 구절을 자신들의 종말론에 끼워맞추고자 시도한 끝에 490년이 아닌 막연한 기간이라는 결론에 도달하는 경우도 있다. 허버트 류폴드는 숫자 그 자체로는 전혀 의미가 없다고 주장하고, 전체 구절이 세상 속에서의 하나님의 사역에 대한 상징적 묘사를 일반적으로 언급한 것이라고 본다.

하나님이 칠 일 동안 세상을 창조하신 이후로 '칠'은 항상 하나님의 활동의 증거를 상징해왔다. '칠십'은 칠을 십으로 곱한 수이며, 약수로 쓰일 때는 '완전함, 완벽함'을 의미한다. 그러므로 '칠십 이레(heptads)' (7x7x10)는 너무나 중대한 신적 행위가 완성되는 기간을 가리킨다. 성경에서 수의 상징성이 중요한 역할을 하는 경우가 얼마나 빈번한지 인정하는 주석가들에게 이것과 관련해 놀랍거나 특이한 점은 아무것도 없다.

다니엘서에 대해 나의 스승인 존 휘트콤 주니어(John Whitcomb Jr.) 박사는 다음과 같이 지적한다. "'칠의 단위(unit of seven)'를 의미하는 '샤부아(shavuah)'라는 히브리어가 문맥상 거의 대부분의 구약적 용례에서 '날(days)'을 가리키는 반면, 다니엘 9장의 경우 역시 문맥상으로 볼 때 '해(years)'를 가리킨다"(존 휘트콤, 「Daniel's Great Seventy-Week Prophecy: An Exegetical Insight」, 미출간, 4).

허물이 마치며. 결국 인간의 반역이 끝날 것이다. 글리슨 아처는 이 점에 대해 이렇게 말한다. "이것이 가능하기 위해서는 지상에 하나님의 왕국이 시작되어야 할 것 같다.

그리스도의 천년왕국은 인간의 반역이 끝날 것을 약속하지만, 주후 30년의 그리스도의 십자가 사건은 지상에서의 인간의 죄악 혹은 반역에 종지부를 찍지 않았다"(글리슨 아처, 112).

죄가 끝나며. 여기서 강조되는 개념은 용서가 아니라 제지다(창 8:2). 하나님은 언젠가 다니엘의 백성들의 죄악을 제지하실 것이다. 죄에 대한 성경적 개념은 하나님의 기준이라는 과녁을 놓친 것이라는 의미가 내포되어 있다. 이 두 번째 목적에서 본문은 반역에서 부도덕으로 이동한다. 이 목표가 그리스도의 첫 강림으로 성취되었다고 믿는 자는 누구든지 텔레비전과 신문에 날마다 보도되는 전세계의 혼란과 매일의 패역함을 전혀 접해보지 않은 사람일 것이다. 죄의 종말은 영원한 왕국이 임해야 가능하다.

죄악이 영속되며. 확실히 이것은 십자가 사건과 신약의 중심 메시지를 가리킨다. 즉 예수께서 갈보리에서 우리의 죗값을 지불하셨다는 것이다. 다니엘은 이스라엘 민족이 어떻게 용서를 받을 수 있는지에 관해 기도하고 있었고, 가브리엘은 그 질문에 대해 답하고 있다. 또한 그의 기도가 예레미야서에 대한 연구로 시작되었다는 것과 다니엘이 "나 여호와가 말하노라 그 날 그 때에는 이스라엘의 죄악을 찾을지라도 없겠고 유다의 죄를 찾을지라도 발견치 못하리니 이는 내가 나의 남긴 자를 사할 것임이니라"(렘 50:20)라는 내용을 읽었을 수도 있음을 기억하자.

여기서 첫 번째 세 항목이 어떤 의미에서 소극적인 부분, 즉 죄 문제의 해결에 관한 것임을 유의하자. 두 번째 항목은 하나님이 또다시 회복하기를 원하시는 의와 국가적, 도덕적 성실의 문제로 이동할 것이다.

영원한 의가 드러나며. 하나님은 자기 백성들을 변화시키시며, 그들의 마음에 자신의 법을 새기실 것이다(렘 31:33-40). 분명히 의는 십자가로 말미암지만, 이스라엘의 민족적 의는 그렇지 않을 것이다. 그러므로 이 목적은 미래에 이루어지는 것처럼 보일 것이다.

이상과 예언이 응하며. 죄가 해결되고 의가 정착되면 선지자들의 도덕적 선언이 마무리될 것이다. 신약에서 몇몇 선지자들을 발견할 수 있기 때문에 십자가 이후에 그들이 더 이상 필요치 않았다는 주장을 할 수는 없을 것이다. 이상과 예언에 관한 그런 종류의 책들은 가장 위대한 예언 중 하나인 요한계시록에서 정점을 이룬다. 응하며는 아마 완성되거나 마치다의 뜻이 아니라 진정성을 입증하고 성취한다는 뜻일 것이다.

또 지극히 거룩한 자가 기름 부음을 받으리라. 바톤 페인은 다니엘 9장 24-27절의 해석에 대해 두 페이지짜리 표를 제공한다. 이 부분에 관해 진지한 관심을 갖고 배우고자 하는 사람들은 그것을 참고하면 도움이 된다(바톤 페인, 384-385). 이 특별한 구절에 대해 그는 여러 가지 가능한 주장을 알려준다. 이것은 주전 165년에 정결하게 된 제단을 가리킨다(자유주의적 입장). 이것은 성령으로 기름 부음을 받으신 그리스도를 가리킨다(전통적인 입장). 이것은 천년왕국에 속한 유대인들의 성별됨을 가리킨다(세대주의적 입장). 이것은 인간에 대한 하나님의 완성(consummation)을 가리킨다(상징적인 입장).

주석가들은 이 본문의 지극히 거룩한의 의미를 두고 고심하는 것 같다. 이것은 건물을 가리키는 것인가? 사람 혹은 집단을 가리키는 것인가? 글리슨 아처는 다음과 같이 말한다.

> 이것은 그리스도의 기름 부으심을 가리키는 것 같지는 않다(일부 저술가들이 주장한 것과 달리) 성경의 어느 곳에서도 (이 히브리어 표현이) 사람을 가리키는 곳은 없기 때문이다. 여기서 지극히 거룩한 것의 기름 부음은 아마 천년왕국의 성전일 주의 성전의 성결을 가리킬 가능성이 가장 높다. 이에 대해서는 에스겔 40-44장에서 아주 집중적으로 관심을 보이고 있다(글리슨 아처, 113).

놀랍게도 존 월부어드는 여기서 신중을 기한다. "여섯 항목은 연대기적 순서로 되어 있지 않으며, 이 예언이 종말과 관련해 어느 때에 성취되는 것으로 본다 해도 본문이 심각하게 타격을 입지는 않을 것이다… 마지막 칠 년이 아직 종말론적으로 미래라면 그것은 그리스도의 재림과 천년왕국의 성전과 같이 그것과 관련된 사건들의 성취 가능성을 확대시켜준다"(존 월부어드, 「Daniel」, 223). 독자들이 이 구절의 해석과 씨름할 때 에스겔 43장 1-7절과 이사야 4장 1-5절, 학개 2장 9절과 같은 구절들을 참고하는 것이 좋을 것이다.

확실히 이 여섯 항목 중 일부는 그리스도의 초림과만 관련이 있고, 일부는 초림과 재림 모두와 관련되어 있는 것 같으며, 일부는 오직 그리스도의 재림 때 완성되는 것 같다. 레온 우드는 그것을 깔끔하게 요약한다.

이 구절의 목적은 다니엘 시대의 유대인들에게 세 가지 중요한 진리를 진술하는 데 있다. 첫째, 앞으로 올 칠십 이레는 메시아의 지상 강림에 대한 두 사건과 관련이 있을 것이다. 둘째, 초림 때 그는 그들이 포로 생활을 할 수밖에 없게 한 죄를 제거해주시고, 그것을 의로 바꾸어주실 것이다. 셋째, 재림으로 모든 환상과 예언이 완전히 성취되고, 새 성전이 기름 부음을 받으므로 그 백성들에게 이 의가 완전히 적용되는 때가 올 것이다. 그 성전에서 그들은 의로운 백성으로서 하나님이 바라셨던 대로 예배하게 될 것이다(레온 우드, 「Daniel」, 118).

C. 민족적 운명(9:25-27)

Supporting Idea	이 구절의 세부적인 내용에 대해 어떻게 해석하든 우리는 그 성취의 핵심이 기름 부음 받으신 예수 그리스도이심을 부정할 수 없다.

9:25. 490년의 시작은 예루살렘을 중건하라는 영이 내린 시점과 일치한다. 얼핏 보면 이 명령을 내린 때가 언제인지 쉽게 확인할 수 있어 보이지만, 이 구절의 해석은 쉬운 것이 아니다. 어떤 이들은 그것이 하나님이 예루살렘을 회복하라는 말씀을 처음으로 하신 때를 의미한다고 믿는다. 그러나 다니엘서 전체 문맥상으로 보면 연대기적 초점은 항상 인간 왕국에 집중되고 있으며, 여기서는 그것이 우리가 내릴 최선의 선택일 것이다. 그러나 예루살렘을 중건하라는 영에 해당할 수 있는 해석이 적어도 네 가지이기 때문에 그것은 더 복잡한 문제에 맞닥뜨리게 될 뿐이다.

1. 성전을 재건하라는 고레스의 칙령(대하 36:22-23, 스 4:1-4, 6:1-5). 이에 대해 조이스 볼드윈은 다음과 같이 적고 있다. "성전과 예루살렘 성을 구분하지 않을 경우 … 주전 539년 고레스가 내린 성전을 재건하라는 명령이 해석의 출발점이 된다. 구분할 경우는 느헤미야 시대가 출발점이 될 것이다(느 2:5, 주전 445년). 다른 대안적 설명은 불가능해 보인다"(조이스 볼드윈, 169-170).
2. 고레스의 칙령을 확인한 다리오의 칙령(스 6:6-12).
3. 아닥사스다의 칙령(스 7:11-26).
4. 예루살렘 성 재건의 권한을 부여하며 느헤미야에게 내린 아닥사스다의 칙령(느 2:1-8).

여기서 열쇠는 다니엘 9장 25절의 본문을 액면 그대로 해석하여 성전 재건이 예루살렘 재건과 같은 것이 아니라고 결정짓는 것이다. 일단 그 장애물을 넘고나면 우리는 제4안을 설득력 있는 해석으로 보고 아닥사스다 롱기마누스(Artaxerxes Longimanus)가 주전 445년에 이것을 명령하고 느헤미야가 실행했다고 하는 해석을 수용하게 된다. 그러므로 우리는 약 주전 445년을 출발점으로 삼는다. 이제 본문에 의하면, 우리는 첫 번째 두 요소의 완료 시점, 즉 기름 부음을 받은 자 곧 왕이 일어나기까지가 언제인지를 결정해야 한다.

어떤 이들은 십자가 사건이 일어난 달을 명확하게 확인하기 위해 정확한 일자를 계산하고자 노력해왔지만 본문은 그렇게 구체적이지 않은 것 같다. 분명히 이것은 그리스도의 초림을 가리킨다. 그래서 우리는 그것이 주전 4년이나 주후 33년의 어느 시점에 해당할 것임을 알고 있다. 이것은 그리스도가 십자가에 못 박히셨을 때가 37세였다는 의미로 말한 것이 아니라 예수님의 출생과 죽음에 관해 일반적으로 수용되는 범위가 그러한 수치를 채택하고 있음을 말하는 것이다. 나는 개인적으로 주전 4년 출생과 주후 33년 십자가에 못 박히심을 지지한다. 어떤 이들은 이 구절이 단순히 승리의 예루살렘 입성만을 가리킨다고 주장하기도 한다(로버트 컬버, 요셉 세이스, 아이언사이드, 알바 맥클레인, 로버트 앤더슨). 이것은 십자가 사건을 가리킨다는 주장보다는 설득력이 있어 보이지만, 또한 가브리엘의 설명이 필요로 하는 것보다 더 구체적인 내용을 요구하는 것처럼 보인다. 26절에서 더 자세한 설명을 하게 될 것이다.

이 구절에서 아직 확인해야 할 것은 우리가 막 논의한 두 사건 사이의 기간(time frame)에 관한 것이다. 일곱 이레와 육십 이 이레가 지날 것이요. 자세한 설명이 없더라도 일곱 이레는 49년을 의미하고, 육십 이 이레는 434년에 해당하므로 총 483년의 기간이 된다는 것을 알 수 있다. 이렇게 분리한 것은 분명히 의도가 있는 것이지만 그 차이에 대해서는 아무런 정보가 없다.

이 구절의 내용은 주전 445년이라는 우리의 선택을 확고하게 해준다. 이 연대가 단순히 성전보다는 예루살렘 성과 관련이 있기 때문이다. 그 때 곤란한 동안에 성이 중건되어 거리와 해자가 이룰 것이며. 우리는 느헤미야가 52일 만에 성을 중건한 것을 역사적인 기록을 통해 알고 있다. 나는 여기서 글리슨 아처가 제3안을 채택하고 에스라 7장의 기록이 그 성을 짓고자 한 의도의 근거를 제시하고 있다고 주장한 것을 언급하지 않을 수 없다. 그는 주전 457년을 출발점으로 계산하기 시작해서 첫 49년을 주전 408년으로 계산하며, 바로 이어 483년간의 기간을 주후 26년으로 다시 확인한다. 그는 주전 1년에서 주후 1년으로 바뀐 것 때문에 1년을 추가하여 69 '이레' 가 완료된 때가 결국 주후 27년이라고 계산한다. 그러고나서 그는 이렇게 지적한다. "이것은 25절의 기간에 대한 정확한 계산일 것이다. 요단 강의 세례에서 예루살렘에서의 죽으심과 부활까지의 그리스도의 공적인 사역은 약 3년에 걸친 기간이었음이 확실하다. 아닥사스다의 영이 선포된 시점에서 483년간의 시간은 '통치자로서 메시아가 오신' 해인 주후 27년까지였다" (글리슨 아처, 114).

로버트 앤더슨 경은 일 년이 360일(360-day years)이라는 설을 근거로 연대를 계산하면서 주전 445년을 출발점으로 삼고 그리스도의 죽으심 직전을 마무리 시점으로 잡는다. 그는 이 수치를 맞추기 위해 십자가 사건을 주후 32년으로 계산하지만(로버트 앤더슨, 126-129) 대부분의 현대 학자들은 수용하지 않는 시각이다.

여기서 정확한 월 단위 시간 간격(month-to-month time span)을 시도하는 것은 내게는 다소 경직된 것으로 생각된다. 나는 알바 맥클레인이 요약한 내용을 좋아한다.

> 다니엘서에 의하면 이때(주전 445년)로부터 메시아이신 왕이 오실 때까지는 69주 혹은 483년의 예언의 시간(prophetic years)이 경과할 것이다. 이 기간을 계산할 때 여러 차이를 적절히 고려한다 해도 그 예언의 내용은 흔들림이 없다. 아주 근소한 차이는 있지만, '완료 시점(terminus ad quem)' 은 고정되어 있고, 나사렛 예수의 생애의 어느 시점이어야 한다. 그가 구약이 예언한 메시아적 왕이 아니라면 예언은 이루어지지 않은 것이고, 우리는 그러한 왕이 등장할 것이라는 확실한 희망을 전혀 가질 수 없다(알바 맥클레인, 173).

9:26. 62 이레 후에 기름 부음을 받은 자가 끊어져 없어질 것이다. 아마 가장 중요한 연대기적 특징은 이것이 69주 후에, 그리고 70주 전에 일어난다는 사실이다. 가브리엘은 27절에 가서야 칠십 번째 주로 돌아갈 것이다. 이 본문에 대한 자연스러운 해석은 이것이 십자가 사건에 대한 언급이라는 결론에 도달하도록 우리를 이끈다. 69주 후 얼마 있지 않아 메시아가 죽으실 것이다.

그뿐 아니라 또한 69주 후 한 왕의 백성이 와서 그 성읍과 성소를 훼파하려니와… 끝까지 전쟁이 있으리니 황폐할 것이 작정되었느니라. 역사적으로 우리는 이것을 주후 70년 티투스(Titus)의 로마 군대에 의해 예루살렘이 멸망한 것으로 해석할 수 있다. 십자가 사건 이후 약 40년이 지나 성과 성전 모두가 완전히 무너졌고, 역사적으로 그리스도의 죽음과 예루살렘 멸망은 그 전쟁과 황폐함으로 인해 종말을 이끌어들이는 역할을 할 것이다. 이것은 마태복음 24장 7-22절과 흡사하게 들리며, 종말의 시작과 종말의 끝의 차이를 인정할 것을 요구한다. 간단히 말해 종말 사이의 기간이 칠십 번째 주가 되는 것이다.

한 왕이 성의 파괴를 지휘하는 것이 아니라 한 왕의 백성이 성을 파괴시킨다는 것을 신중하게 유념해야 한다. 그 왕 자신은 27절에 기술되어 있다. 철과 흙으로 섞인 신상의 발가락까지 확대된 철의 나라(2장)와 7장의 무서운 짐승을 기억하라. 로마인들은 주후 70년 예루살렘을 멸망시켜 이스라엘의 종말이 시작되게 했지만, 그것은 단순히 69번째 주와 70번째 주의 기간의 시작이었을 뿐이며 왕 자신(일부 연장된 로마 왕국에서 등장함)은 칠십 번째 주에 하나님의 백성들을 칠 것이다. 하지만 그것은 27절과 연결된 것이다.

9:27. 성경에 대한 전천년주의적 해석은 이 구절을 가브리엘의 예언 중 칠십 번째 이레에 일어날 7년간의 환난에 대한 예언으로 본다. 칠 년 초두에 적그리스도는 많은 사람으로 더불어 언약을 굳게 정할 것이다. 환난의 중간에 그는 제사와 예물을 금지할 것이다. 그 다음 3년 반 동안 그는 잔포하여 미운 물건을 쏟아낼 것이며, 이것은 하나님이 그를 멸하실 환난 끝 시점까지 이어질 것이다.

그러므로 주후 70년 로마의 장군 티투스는 단순히 적그리스도의 원형일 뿐이었다. 이것은 헬라인 중에서 안티오쿠스 에피파네스가 그 목적에 기여한 것과 유사한 것이다. 이 기간(7년)은 다니엘 12장에 3번 등장하며, 요한계시록에서는 다양한 방식으로 등장한다(11:2-3, 12:6, 14, 13:5). 3년 반은 1,260일이나 42개월로 표현되고, 요한계시록에서는 해석의 매우 중요한 핵심이 되며, 다니엘 9장 27절에 직접적으로 근거한 것이다. 요한계시록의 구절(12:14)을 다룰 때 켄 이즐리(Ken Easley)는 이렇게 쓰고 있다. "한 때와 두 때와 반 때라는 언급은 요한계시록이 그 구절을 사용하는 유일한 예이다(단 7:25, 12:7 참고). 이것은 일명 '마흔두 달'(계 11:2) 혹은 '일천 이백 육십 일'(계 11:3, 12:6)이라 불리기도 하는 3년 반이라는 무서운 고통의 기간에 대한 네 번째이자 마지막 언급이다… 이것들은 모두 그리스도 재림 전 무서운 환난이라는 마지막 정해진 기간을 가리키는 전형적인 표현이다"(켄 이즐리, 213).

나는 이 구절에 대한 세부적인 내용을 켄 이즐리보다 더 구체적으로 기꺼이 강조할 의향이 있음을 명백히 밝혀둔다. 그는 다음과 같이 주장한다.

> 다니엘이 무엇을 의도했든, 요한은 독자들이나 청중들에게 언급하고 있는 그 기간이 '제한된' 시간이겠지만 무서운 환난을 특징으로 하고 있음을 암시하기 위해 당시의 비유적 언어로 사용되는 표현을 사용했을 수 있다… 확실히 이 시간적인 언급들이 정확히 글자 그대로의 의미로 판명될 가능성이 있지만, 미국의 숙어 'seven year itch(칠 년째의 권태기)' 라는 표현이 그 상태의 지속성을 정의한 것이 아니듯이 대환난의 정확한 기간을 나타내는 것이 아닐 수 있다(켄 이즐리, 202).

아마 그럴 수도 있다. 하지만 다니엘서의 연대기적 언급은 '칠 년째의 권태기' 와 같은 일반적인 표현보다 더 분명하고 정확한 것으로 보인다. 이 구절이 세계의 종말에 대한 시간표를 제공한다고 생각하는 것은 분명히 아니다. 하지만 다니엘이 다니엘서 전반에서 숫자들을 정확하게 사용했다는 것, 특별히 9장에서 더욱 그러하다는 것은 7년 환난 기간이 있고, 중간에 무서운 박해가 시작된다는 해석을 지지하게 만든다. 27절에 대한 히브리어 원문의 경우 세 번째 문장이 다소 모호해 보이지만 그 의도는 확실하다.

글리슨 아처는 다음과 같이 말한다.

> 주된 요지는 이론의 여지가 없이 분명하다. 하나님께 반역하는 짐승(작은 뿔 혹은 왕)의 세상에 하나님이 진노를 쏟아 부으실 때까지 그 독재자가 지배할 것이다. 쏟아 부어지는 진노는 요한계시록 16장에 언급된 하나님의 진노의 대접을 포함할 수 있다. 하지만 '그에게 쏟아 부어지는' 것은 확실히 아마겟돈 전쟁의 정점을 가리키며, 그때 하나님을 모욕하는 세계 지배자는 하나님의 철저한 심판을 당할 것이다(글리슨 아처, 118-119).

가브리엘은 다니엘에게 그리스도의 초림이 69번째 이레의 끝에 이루어지고(25절), 재림은 70번째 이레의 끝에 이루어져 적그리스도의 통치를 끝내게 될 것이라고 말하고 있는 것 같다. 그리고 일곱 번째 이레는 정확하게 알려지지 않았지만, 일정한 기간에 의해 69번째 이레와 구분되고 있다. 우리가 신약의 관점에서 다니엘 9장을 해석하고 있음을 기억하라. 다니엘은 69번째 이레와 70번째 이레 사이에 2,000년 이상의 역사가 흐른다는 것을 거의 상상할 수 없었을 것이다. 하지만 예수님의 예언들을 통한 정보(특별히 마 24-25장)와 특히 요한계시록의 내용을 추가하면 그림은 매우 구체적인 모습을 띠게 된다.

나는 비율이라는 해석학적 원리에 충실하고자 한다. 내가 보기에 종말론의 화려함과 매력 때문에 주석가들이 이 장의 불과 10퍼센트 부분에 75퍼센트의 노력을 쏟아온 것 같다. 하지만 하나님은 자신만이 아시는 이유로 다니엘의 기도를 강조하시고, 70이레에 관한 예언을 다소 빨리 넘어가기로 결정하셨다. 그렇다고 해서 그것이 본문에서 갖는 중요성을 축소시키는 것은 분명히 아니다.

그래서 많은 독자들이 나에 대해 생각하는 것보다 아마 더 일찍, 나는 로버트 컬버의 짧은 문장으로 이 단락을 마무리하고자 한다. 그는 다니엘의 예언들에 대한 연구에 자신의 삶 대부분을 투자했다.

> 칠십 이레에 대한 예언을 요약하면 다섯 가지 사실이 등장한다. (1) 칠십 이레는 490년이며, 그것은 그 당시의 이스라엘의 미래와 전적으로 관련이 있다. (2) 칠십 이레는 일곱 이레, 육십 이 이레, 그리고 한 이레라는 세 기간으로 나뉘고, 순차적으로 이어지며, 연속적으로 연결된다. (3) 첫 육십 이 이레는 메시아의 지상 생애 동안과 십자가 사건 전에 다 지나간다. (4) 이 예언에 모두 언급되어 있는 그리스도의 죽음과 예루살렘의 멸망은 육십 이 이레의 마지막에 이어지고 칠십 번째 이레의 시작보다 선행하는 사건들이다. (5) 칠십 번째 이레는 말세에 적그리스도와 다니엘의 백성인 이스라엘과의 7년간의 관계와 관련이 있고, 그리스도의 재림으로 종결된다(로버트 컬버, 159).

Main Idea 복 습	포로 생활에서 해방된다고 해서 이스라엘의 고난이 끝나지는 않을 것이다. 기름 부음 받으신 자가 하늘에서 오실 때까지 고난의 수세기가 지나갈 것이다.

결론

니콜라에 카르파시아(Nicolae Carpathia)

앞에서 팀 라헤이와 제리 젠킨스가 쓴 베스트셀러 「레프트 비하인드(Left Behind)」라는 연작 소설에 대해 언급한 적이 있다. 모든 등장 인물들과 내용은 허구이지만, 큰 존경을 받는 목사와 무디 성경 대학의 부총장을 역임한 이 두 사람은 튼튼한 신학적 기초를 바탕으로 이 소설을 썼다. 그들은 환난 때에 그들이 처할 수 있는 상황을 묘사한다. 그들은 그들의 적그리스도로 니콜라에 카르파시아라는 이름을 선택했다. 그는 유엔 사무 총장의 위치에서 '각하시며 군주이신 니콜라에 카르파시아' 로서 세계적인 독재자로 부상한다. 공모자인 레온 포르투나토(Leon Fortunato, 짐승)와 함께 그는 이라크에 신 바벨론을 재건하고 그곳에서 세계를 지배한다. 그는 또한 수수께끼의 바벨론 세계 종교, 피터 신관 2세의 수장이 돕는 세계 공동체를 세운다.

다니엘서를 해석하는 데 허구적인 소설의 도움을 받을 수 있다는 생각을 나는 즉각 부인한다. 하지만 이 사람들이 단순히 허구를 만들어낸 것이 아니라 말세에 실제로 벌어질 것이라고 자신들이 믿는 것을 생생하게 그리고자 시도한 현대 소설이라는 점을 인정하도록 하자. 그들이 전국적으로 유명한 신학자나 종말론자는 아니지만 성경의 예언을 이해하기 위해 최선을 다하고 있으며, 우리의 결론이 그들과 같은 입장이든, 아니든 그것은 바로 우리가 해야 하는 일이기도 하다.

▣ **진리 알기**

- 우리가 성경의 진정성과 영감을 진정으로 믿을 때만 우리는 성경의 예언을 이해할 수 있다.
- 하나님이 아직 이스라엘을 포기하지 않으셨다는 인식이 이 구절을 이해하는 데 기본이 된다.
- 기도 가운데 하나님 앞에서 자신을 낮추는 사람들은 하나님의 말씀을 이해하고 적용하는 데 가장 적절한 후보이다.

■ 적용하기

- 성경적으로 기도할 때 태도가 변하고 관계가 향상될 것이다.
- 다니엘 9장의 예언에 너무나 몰두해서 기도를 놓치지 않도록 하자.
- 하나님이 원하신다면 어떤 방식으로든 심지어 천사를 보내시는 방법으로라도 기도에 응답하실 수 있다.
- 구약과 신약 모두를 이해하는 열쇠는 기름 부음 받은 이의 생애, 죽음 그리고 장차 다시 오심이다.

삶의 적용

"옛 영광의 얼굴"

그들은 에드 카드(Ed Card)를 "옛 영광의 얼굴"이라고 불렀다. 성 루이스(St. Louis)의 햇빛 구조 선교회(Sunshine Rescue Mission) 회장은 항상 주님에 대한 기쁨이 흘러넘치는 사람 같았다. 설교할 때 그는 "영광을!" 하고 자주 외쳤고, 그의 기도는 종종 "제게 그 일은 영광입니다"라는 말로 끝나곤 했다.

찬송 작가 찰스 가브리엘(Charles Gabriel)이 에드 카드의 인생과 사역에 대해 알게 되었을 때 많은 사랑을 받는 복음송인 "Glory for Me(나의 영광입니다)"의 가사와 음악에 대한 영감이 생겼다. 그것은 곡으로 완성되어 1900년에 출간된 「Make His Praise Glorious」라는 찬송가집에 처음으로 실렸다. 그 다음 20년 동안 빌리 선데이 크루세이드(Billy Sunday Crusades)는 그 노래를 폭넓게 사용했고, 거의 항상 "The Glory Song"이라는 이름을 붙여 불렀다.

가브리엘이 주의 오심과 천국에서 그와 함께할 우리의 기쁨에 집중했기 때문에 데살로니가전서 4장 16절은 그 노래에 대한 성경적 배경을 제공한다. "주께서 호령과 천사장의 소리와 하나님의 나팔로 친히 하늘로 좇아 강림하시리니 그리스도 안에서 죽은 자들이 먼저 일어나고"(살전 4:16). 이 땅에서 구원받고 그리스도와 동행할 때 그분을 아는 것으로 말미암는 영광이 있다. 그러나 그 노래는 예수님이 천국에 계시므로 천국이 궁극적 영광을 선사한다고 강조한다.

다니엘서의 이 놀라운 장에서 기도와 예언의 관계는 우리에게 우리 주님의 오심에 대한 미래의 영광을 구하도록 요청한다. 우리가 이 책의 세부적인 내용을 어떻게 해석하는지와 상관없이 모든 신실한 그리스도인은 예수 그리스도가 다시 오셔서 죄를 끝내시고 의로 영원히 통치하실 것을 믿는다. 그러한 믿음은 소망과 기쁨을 낳는다.

기도

하나님 아버지, 당신의 말씀을 통해 당신이 세상을 포기하지 않으셨음을 밝혀주셔서 감사합니다. 마지막 날이 되어 예수님이 다시 오실 때까지 진리와 믿음의 밝은 빛을 비출 수 있게 도와주십시오. 아멘.

심층 연구

A. 기름 부음을 받은 자(9:25-26)

구약 시대에 유대인들에게 기름 부음이 필요한 직책은 세 가지였다. 선지자, 제사장 그리고 왕. '기름 부음을 받은 자' 이신 예수님은 이 세 가지 직책의 궁극적 성취가 되신다. 구약에서 우리는 사무엘, 사울, 다윗과 같은 사람들이 하나님을 섬기기 위해 기름 부음을 받는 것을 본다. '그리스도(메시아에 해당하는 헬라어)' 라는 이름 자체가 '기름 붓다' 의 의미를 지닌 '크리오(chrio)' 에서 파생된 것이다. 그리스도를 '기름 부음을 받은 자' 로 언급한 구절은 신약에서 529절이며, 그중 379번이 바울에 의해 사용되었다.

웨인 데츨러(Wayne Detzler)는 다음과 같이 말한다.

> 이 모든 것은 레위인 제사장 제도의 시작으로 거슬러 올라가며(출 29장, 레 4장) 구약의 왕들로부터 선지자들과 그들에 대한 하나님의 기름 부으심까지 모두 연결된다(왕상 19장). 시편 2편 2절과 이사야 61장 1-2절은 오실 메시아를 기름 부음 받은 자로 말하고, 누가복음은 이사야서의 이 구절을 누가복음 4장 18-19절에서 인용하고 있다. 초기 사도들의 설교는 예수를 기름 부음 받으신 자로 불렀다(행 4:26-27, 10:38). 그렇다면 기름 부음을 받은 이라는 의미를 지닌 그리스도의 이름은 하나님의 기름 부음 받으신 분에 대한 메시아적 교훈의 논리적 확장이다. 이 강력한 선포는 나사렛 예수를 메시아로 연결시킨다. 그것은 그의 복음에도 나타난다. '그리스도의' 복음(롬 1:16), 그리스도에 대한 증언(고전 1:16), 그리스도의 오심과 죽음을 패배시킨 하나님의 은혜(롬 14:9), 그리스도의 희생으로 인한 율법의 요구를 만족시킴(갈 3:13, 웨인 데츨러, 18).

B. 잔포하여 미운 물건(9:27)

우리는 이미 8장 13절에서 "망하게 하는 죄악에 대한 일"에 관해 읽었고, 다니엘 11장 31절과 12장 11절에서는 "멸망케 하는 미운 물건"이란 구절을 대할 것이다. 예수님은 감람산 강화에서 이렇게 말씀하셨다. "그러므로 너희가 선지자 다니엘의 말한 바 멸망의 가증한 것이 거룩한 곳에 선 것을 보거든 (읽는 자는 깨달을진저) 그 때에 유대에 있는 자들은 산으로 도망할지어다"(마 24:15-16). 분명히 예수님은 다니엘의 예언이 성취되는 것을 아직 미래의 일로 여기셨고, 안티오쿠스 에피파네스가 저지른 가증한 일은 결국 적그리스도가 행할 일의 원형이었다. 다니엘서의 예언에 대한 가장 강력한 증거는 고고학적 증거보다는 예수님 자신의 말씀에 있다. 예수님의 구약에 대한 이해가 완전히 잘못되었거나, 다니엘이 실제로 미래를 예언할 수 있었다는 것 중 하나만 사실인 것이다.

요한계시록 13장은 작은 뿔이 환난 마지막까지 세상을 지배하며, 폭력을 통해 자신의 뜻을 강제로 실행하고, 안티오쿠스와 마찬가지로 거룩한 성과 성전을 모독할 것이라고 말하고 있다. 마태복음 24장 15절에 대한 주석에서 스튜 웨버(Stu Weber)는 이렇게 말한다. "예수님은 이 구절을 다니엘서에서 인용하셨다… 다니엘서에서 이 구절은 말세에 일어날 사건들의 특별한 전환점을 알리는 데 사용되었다. 구체적으로, 이 '가증한 것'은 성전에서 일어난 신성 모독적이고 파괴적인 사건이었다. 그로 인해 매일 드리는 희생 제사가 중단되었을 것이다. 예수님은 거룩한 곳에 가증한 것이 설 것이라고 구체적으로 말씀하셨다. 다시 말해, 성전의 두 번째 가장 중요한 곳에 그것이 설 것이라고 하셨다"(스튜 웨버, 400).

그리고 조금 뒤에 스튜 웨버는 다음과 같이 말한다.

> 이스라엘이 하나의 국가로 재건되고 거룩한 성전 터를 차지했다는 사실로 인해 많은 학자들은 종말이 바로 올 것이라고 기대하게 되었다. 이스라엘처럼 2천 년간의 문화적 디아스포라를 경험하면서 민족적 정체성을 유지한 나라는 없었다. 하나님은 유대 백성들을 아직 포기하지 않으신 것이다. 선지자 다니엘에 의해 이스라엘에게 예언된 '칠십 이레'(칠십 년의 기간) 중 칠십 번째이자 마지막 이레에 닥칠 대환난으로… 이스라엘 민족은 정결하게 되고 메시아이자 왕이신 분의 재림에 대해 준비될 것이다(스튜 웨버, 401).

교안

A. 들어가는 글

1. '메시아를 만나다' 이야기로 시작하라.
2. 배경 설명: 다니엘 9장 후반부는 특별히 7장과 8장에 나타났던 가브리엘과 관련해서 전체 다니엘서의 연속성을 이해하는 데 중요하다. 우리는 이미 8장과 10장과 관련해 이 장의 역사적 연대에 대해 논의하였고, 칠십 '이레' 에 대한 예언의 특별한 배경은 한 민족으로서의 이스라엘과 한 성으로서의 예루살렘 그리고 하나님의 성전만을 다룬 다니엘의 기도와 연결되어야만 한다. 다니엘 9장의 예언들을 어떤 식으로든 교회에 적용하고자 하는 시도들은 문맥과 상충하는 것이며, 이 책의 주제를 오도하는 것이다.
3. 적용: 숨을 죽이며 9장의 마지막을 접하면서 우리는 다니엘이 다음에 무슨 말을 할 것인지 기대할 수밖에 없다. 그는 자신의 환상에 대한 내용을 다 소개하지 않았고, 이제 페르시아 왕 고레스 3년으로 우리를 인도할 것이다.

B. 본문 이해

1. 천사의 음성 메일(9:20-23)
2. 신적인 목적(9:24)
3. 민족적 운명(9:25-27)

C. 결론: '니콜라에 카르파시아' 를 읽어주라.

토의 질문

1. 어떤 부분에서 하나님이 우리 시대의 일부 그리스도인 지도자들을 매우 소중히 여기신다고 인정할 수 있는가?

2. 성경 본문과 주석을 공부하고나서 칠십 '이레'의 의미에 대해 어떻게 생각하게 되었는가?

3. 다니엘 9장 25-27절을 당신의 열두 살짜리 아이에게 설명한다면 어떻게 하겠는가?

다니엘 10:1-11:1

외야의 천사들

"우리가 무오한 하나님의 말씀을 품었다고는 하지만 종종 천사나 귀신 그리고 사단에 관한 보다 깊은 메시지를 성도들에게 가르치지 못한다."

- 로버트 라이트너(Robert Lightner)

성경의 다른 여러 곳에서와 마찬가지로 이 장에서도 하늘의 전능하신 하나님은 경건한 성도에게 나타나셔서 이교도와 우상 숭배가 횡행해도 하나님이 다스리고 계심을 확신시켜주신다.

인물 개요: 미가엘

- 구약에서 10명의 사람에게 사용된 이름
- '하나님과 같은 자 누구리요?' 라는 이름의 뜻
- 유다는 그를 천사장이라고 부름(유 9절)
- 다니엘서에서도 언급됨(단 12:1)

들어가는 글

파데레프스키(Paderewski)와 연주하기

아들에게 음악에 대한 흥미를 심어주고 싶었던 한 엄마가 어린 아들을 데리고 파데레프스키의 연주회에 갔다. 두 사람이 지정된 좌석에 앉았을 때, 엄마는 다른 좌석에 있는 친구를 발견하고는 인사를 해야겠다고 생각했다. 그녀는 아이에게 자신이 돌아올 때까지 자리에 가만히 앉아 있으라고 주의를 주었다. 그러나 여느 아이들이 그렇듯이 어린 아들은 자리를 떠나 연주회장 이곳저곳을 돌아다니다가 결국 무대 뒤에 이르렀다. 그리고는 곧 '출입 금지' 표시가 선명한 방 앞에 서게 되었다. 아이는 아직 글을 제대로 읽을 줄 몰랐기 때문에 방문을 열고 들어갔다.

연주회장이 어두워지자 자리로 돌아온 엄마는 아이가 없어진 것을 알았다. 화장실에 갔을 것이라고 믿고 놀란 마음을 진정시키며 기다렸다. 그때 무대의 막이 올랐고, 연주회장의 모든 사람들은 그 아이가 스타인웨이 그랜드 피아노 의자에 앉아서 '반짝반짝 작은 별' 이란 곡을 조심스레 치고 있는 것을 보았다. 곧 파데레프스키가 맞은편에서 나타나 무대를 걸어 피아노 곁에 섰다. 그는 허리를 굽혀 아이에게 속삭였다. "멈추지 말고 계속 치렴. 아주 잘하는구나!" 그는 자신의 왼손으로 아이를 감싸고 베이스 화음을 넣고는 오른손으로 함께 연주를 하였다. 위대한 연주자와 그 아이는 멋진 음악을 연주하여 청중들을 즐겁게 해주었고, 청중들은 예정에 없던 즉석 오프닝 음악에 대해 기립 박수를 쳤다.

내가 알기에 다니엘은 결코 파데레프스키와 연주를 한 적이 없다. 그러나 이 장에서 그는 자신보다 훨씬 더 뛰어난 지극히 위대하신 분과 특별한 경험을 갖는다. 그 아이와 마찬가지로 그는 자신을 주시하시는 분 앞에서 어쩔 줄 몰라 두려움에 떨었다.

다니엘의 마지막 세 장은 마지막 환상에 대한 반응과 해석을 기록한 부분이다. 10장은 이스라엘의 미래와 다른 고대 국가와의 관계에 관한 최초의 환상을 제공한다. 여러 절 속에서 다니엘은 애통에서 평강으로, 약함에서 강건함으로 바뀌고 있음을 보여준다. 또다시 우리는 역사적이고 예언적인 본문을 따라가며 다니엘의 영적인 교훈을 발견하게 된다.

본문 이해

외야의 천사들

Main Idea	하나님은 땅의 악한 인간 세력들뿐 아니라 때로 국가 지도자들을 통해 사단의 세력이 끊임없이 활동하고 있음을 우리가 알기를 원하신다. 그러나 그분은 또한 인간이든, 사단이든 그 세력들이 하늘의 군대를 절대 무너뜨릴 수 없음을 우리가 알기를 원하신다.

A. 은밀한 슬픔(10:1-3)

Supporting Idea	세상에서 일어나는 일들이 '합력하여 선을 이루는' 것처럼 보이지 않을 때, 하나님은 우리와 완전히 다른 시간표를 갖고 계심을 기억하자.

10:1. 이제 우리는 환상에 대한 다니엘의 도입 구절에 익숙해져 있다. 그는 다시 한 번 그 사건이 일어난 해를 알려준다. 주전 약 535년 바사 왕 고레스 삼 년. 전문가들은 이 연대에 대한 해석에서 의견이 일치하지 않는다. 어떤 이들은 이때를 주전 539년의 이른 시기로 주장하고, 어떤 이들은 주전 534년이라고 주장한다. 실제로 고레스는 주전 558년에 통치를 시작했지만, 메대 사람 다리오가 바벨론을 통치했기 때문에 바벨론과 직접적인 관련이 없었다. 대부분의 학자들은 다리오 통치 마지막을 기준으로 계산하여(약 주전 338년) 주전 630년의 어느 시점에 이 일이 일어난다고 추정한다. 다니엘은 다시 이상에 대해 말하지만 이번에는 그가 한 일(계시)을 받았다고 말하는 것으로 시작하고 있다. 나중에 이상의 형태로 주어진 그 일은 이 장 전체에서 일[message, 다바르(dabar)]이라고 불리고 있다. 그는 그 일이 참되다고 확인해주며, 그것이 큰 전쟁에 관한 것이라

고 말한다. 실제로 그 메시지 자체는 계시의 형태로 주어졌고, 그것을 깨닫게 된 것은 환상을 통해서였다. 이것이 본문에 대한 엄격한 설명이다.

그 배경으로 예루살렘 성전 중건이 이미 시작되고 있지만, 팔레스타인에서의 반발로 작업이 중지된 상태라는 것을 기억하도록 하자. 다니엘은 이것을 알고 있었을 수도 있다. 그는 아마 더 이상 공직에 있지 않았을 것이다. 하지만 다니엘 1장 21절에서 그의 공직 생활이 고레스 일 년 이후에도 계속되었을 가능성을 암시하기 때문에 이 점을 독선적으로 강조해서는 안 될 것이다. 이 구절은 "한 일이 다니엘에게 계시되었다… 그리고 그 일은 사실이었다. 하지만 정해진 시간은 길었다"라고 번역한 KJV 성경보다 NIV 성경이 더 유익하다는 것을 예증해준다. 실제로 '사바 가도(saba gado)' 를 **큰 전쟁**(great war)으로 번역한 것은 어느 정도 문제가 있다. 그것은 또한 '큰 고통' 이라는 의미도 지닐 수 있기 때문이다.

10:2-3. 우리는 여기서 본문의 연대기적 흐름을 살펴보지 않아야 할 이유가 무엇인지 전혀 찾지 못한다. 그 메시지의 내용이 너무나 심각해서 다니엘은 **세 이레 동안을 슬퍼했다**. 그는 식사를 했지만 고급 요리를 전혀 입에 대지 않고 당근, 브로콜리, 상치, 물만 먹었다. 다니엘은 육체적 금욕주의가 그의 일상적인 생활 방식이 아님을 보여주기 위해 이것을 강조한다. 하지만 이 슬픈 소식을 듣자 그는 즐기기 위한 목적으로 먹는 것을 완전히 거부하고 생존을 유지할 정도의 음식만 먹었다. 우리는 본문에서 **이레**(weeks)라는 단어를 문자적인 의미가 아닌 다른 의미로 해석해야 할 어떤 이유도 발견할 수 없다. 다니엘은 **세 이레**라는 표현을 두 번 사용하고 있고, 어디서도 7개군 7개의 한 벌(heptad)의 의미라고 암시하지 않았다.

또 기름을 바르지 아니하니라라는 구절은 어떻게 이해해야 하는가? 다니엘이 사막 기후의 나라에서 살았다는 것을 기억하자. 애리조나와 뉴멕시코 사람들은 습도가 낮은 기후에서는 계속해서 피부에 수분을 공급해야 할 필요성을 이해한다. 아마 이 구절의 요점은 다니엘이 이 심각한 메시지를 듣기 위해 안팎으로 자신을 준비했음을 하나님이 알아주시기를 원했다는 것이다. 금식에 대해서는 '심층 연구' 에서 더 살펴볼 것이다.

B. 눈부시게 빛나는 사람(10:4-9)

Supporting Idea	하나님은 꿈, 환상, 음성, 천사와 같이 원하시면 어떤 방식으로든 우리와 대화할 수 있으시다.

10:4-5. 구약적 시각에서 유프라테스 강(창 15:18)만큼 크지는 않지만, 힛데겔(티그리스)은 작은 강이 아니었다. 약 1,840킬로미터 길이(유프라테스보다 약 800킬로미터 짧음)의 티그리스는 유프라테스보다 유량이 많았고, 유속이 더 빨랐다. 그것은 '대추야자의 강' 이라고 불렸다. 연도는 모르겠지만, 다니엘은 이때를 정월(니산월) 이십 사일이라고 밝힌다. 삼 주간의 애도는 아마 이미 끝났을 것이다. 수산 성에 있는 자신의 모습을 보았던 8장 2절의 환상과 달리 여기서는 다니엘이 실제로 그리고 문자 그대로 그 커다란 강변에 서 있었던 것이 확실해 보인다. 그는 동부 지역에 국무차 있었을 수도 있고, 혹은 10일 전 유월절을 지킨 후 휴가 중이었을 수도 있다.

그는 눈을 들어 보다가 세마포 옷을 입었고 허리에는 우바스 정금 띠를 띤 한 사람을 보았다. 세마포 옷은 정결(출 28:42)을 상징하고, 띠는 중요하고 높은 직책을 의미한다. 우리는 왕과 같은 위치로 보이는 의로운 어떤 인물이 선지자 앞에 섰다는 것만 알 뿐이다.

10:6. 다니엘은 이 존재의 형상을 구체적으로 묘사하기 위해 무척 애를 쓴다. 그는 그 몸은 황옥(chrysolite, 귀감람석) 같다고 말한다. 번역가들과 주석가들은 황옥이라는 이 물체를 기록한 문헌을 샅샅이 찾는 노력을 아끼지 않는다. 어떤 이들은 이것을 황옥(topaz)이라고 생각하고, 어떤 이들은 투명한 금으로 생각하며, 어떤 이들은 벽옥이라고 본다. 본문의 요점은 그것이 희귀하고 아름다운 보석이라는 데 의미가 있기 때문에 그것이 구체적으로 어떤 보석인지는 중요하지 않은 것 같다.

나아가 이 존재의 얼굴은 번갯빛처럼 눈부셨다. 그의 얼굴에서는 범상치 않은 광채가 났다. 번갯빛 같은 얼굴과 더불어 그의 눈은 횃불 같았다. 이것은 요한계시록 1장 14절의 그리스도에 대한 요한의 묘사를 생각나게 해주는 표현이다. 다니엘은 팔과 다리(아무런 옷도 걸쳐지지 않은 상태)를 빛난 놋과 같다고 말한다. 그리고 마침내 우리는 이 존재가 말을 한다는 것을 알게 된다. 그의 목소리는 무리의 소리와 같았다.

전체적인 묘사는 어느 천사에게나 해당될 수 있고, 미가엘이나 가브리엘 혹은 그 천사(성육신 이전 그리스도의 명칭)에게도 해당될 수 있다. 주석가들 사이의 의견은 매우 분분하다. 허버트 류폴드, 글리슨 아처, 레온 우드는 일반적인 천사라고 보고, 행스텐베르그(Hengstenberg)는 미가엘이라고 보며, 에드워드 영과 카일(C. F. Kyle)은 이것을 신적 현현(성부의 지상 임재)이라고 생각한다. 존 월부어드, 로버트 컬버, 도널드 캠벨은 그리스도의 현현(성자의 지상 임재)이라고 본다.

이것을 확실한 그리스도의 현현이라고 보기에는 그 증거가 불충분하지만, 다니엘의 이 묘사는 요한계시록 1장 12-20절과 다소 내용이 유사하다. 5-9절의 존재가 10-14절의 존재와 동일한 존재인가? 10-14절에 대한 설명에서 이 문제를 다루게 될 것이다. 이 구절에서 나는 "가장 가능성이 있는 것은 이 존재가 단순히 또 다른 천사라는 것이다. 아마 가브리엘과 미가엘과 동등한 위치의 천사로서 그의 이름이 어떤 이유로 기록되어 있지 않다"(레온 우드, 「Daniel」, 128)라고 말한 레온 우드의 주장에 동의하는 편이다.

10:7. 다메섹으로 가는 사도 바울의 경험과 유사하게 다니엘은 같이 있던 사람들 중에서 홀로 이 이상을 보았다. 그러나 본문은 무엇인가가 그들에게 무서운 공포감을 갖게 하여 크게 떨며 도망하여 숨었다고 기록하고 있다. 그들이 그 환상을 본 것이 아니라면 도대체 무엇을 보았던 것인가? 아마 그들은 우리가 '낌새가 있다' 고 말하는 것처럼 그 무엇인가를 감지했을 것이다. 또한 본문은 확실히 그들이 "무리의 소리와 같은"(10:6) 목소리를 들었을 가능성을 인정하고 있다. 이 사람들이 숨은 것은 분명히 다니엘의 반응 때문이 아니었다. 뭔가 설명할 수 없는 경험을 했던 것이다. 본문은 그것이 무엇인지 전혀 말하지 않는다. 그들의 행동에 대한 다니엘의 묘사는 이것이 수산 성에서 한 것과 같은 가상 현실이 아닌 실제 경험이라는 시각을 확신케 해준다.

10:8. 다니엘과 관련해서 그는 이제 창백한 얼굴의 자세를 다시 취하면서 나의 힘이 다 없어졌으나라고 인정한다. 여기서 우리는 중요한 영적 교훈을 얻는다. 하나님의 사자의 면전에 서면 항상 형언할 수 없는 기쁨만 얻는 것은 아니라는 점이다. 다니엘은 심리적으로 완전히 기진했고, 어떤 인간적인 저항도 할 수 없었다.

10:9. 천사는 다시 말을 했고, 다니엘은 그의 말을 들으면서 바닥에 얼굴을 대고 혼수상태에 빠져들었다. 이제 노선지자는 신체적으로, 감정적으로, 영적으로 하나님의 메시지를 들을 준비가 되었다.

C. 특별한 메신저(10:10-14)

Supporting Idea	우리가 하나님 앞에서 무기력할 때, 영적 영역에서 우리의 한계를 깨달을 때, 하나님은 중요한 메시지로 우리에게 말씀하실지도 모른다.

10:10-11. 누군가가 어루만지자 다니엘은 엎드려 있던 자세에서 내가 떨더니 그가 내 무릎과 손바닥이 땅에 닿게 일으키고라고 묘사한 자세로 바뀐다. 다니엘을 만진 이가 누구였을까? 일부 학자들은 그를 만진 손이 5-6절에 언급된 이의 손은 아니라고 주장하지만, 그러한 주장은 본문에 대한 자연스러운 접근이 아닌 것 같다.

그 천사는 입을 열어 은총을 크게 받은 사람(highly esteemed, 9:23 참고)이라고 다시 다니엘을 칭찬하고 내가 네게 이르는 말을 깨달으라고 경고한다. 여전히 떨면서 다니엘은 일어선다. '은총을 크게 받은 사람' 이라는 천사의 표현은 문자적으로 소중한 사람이라는 뜻으로 이해할 수 있다. 우리는 하나님이 온 세상을 사랑하시지만(요 3:16) 일부 경건한 사람들을 선택하셔서 특별한 방식으로 자신을 계시하심을 안다. 그러한 사람들로 다윗(삼상 13:14), 사도 요한(요 13:23), 그리고 그 외 많은 사람들이 포함된다. 일러주는 말을 주의하여 깨닫는 것은 인간 역사에서 어느 시대든 예언 연구의 지침이라는 사실을 유의해야 한다.

10:12. 야고보서 5장 16절은 "의인의 간구는 역사하는 힘이 많으니라" 라고 말하고 있고, 다니엘은 그것의 훌륭한 모범이 된다. 첫날은 무엇을 말하는가? 10장 2절에 기록된 3주간에 걸친 다니엘의 금식의 첫날을 말하는 것인가? 도움을 얻기 위해 13절을 참고하면 천사가 여행하는 데 21일이 지체되었다고 말하는 것으로 보아 이 대답이 설득력이 있다. 확실히 이 구절의 영적 교훈은 하나님이 올바른 태도로 나아오는 자의 기도에 응답하신다는 것을 다시 한 번 깨닫게 해준다.

10:13. 안전 벨트를 단단히 매라. 영적 전쟁이 기다리고 있다. 그 천사는 '보냄을 받았고' (10:11) 다니엘의 기도에 대한 반응으로(10:12) 왔다. 그러나 그는 도중에 어려움을 만났고 바사국 군(prince)이 이십 일일 동안 나를 막았다는 설명을 들려준다. 다니엘이 기도하고 금식하고 있는 동안 천사는 지상의 영역 너머에서 영적 전쟁을 하고 있었다. 모든 보수주의 학자들은 이 구절과 20-21절의 유사한 구절들은 타락한 천사들이 어느

정도는 세상 왕국들을 지배하고 보호할 수 있음을 지적한다. 우리는 20절에서 그리스(헬라)에도 그러한 '군(prince)' 이 있다는 것을 알 수 있다. 또한 10장 13절에 언급된 대로 미가엘은 이스라엘의 수호 천사일 수도 있다. 존 월부어드는 **그 군**(prince)을 "이스라엘을 인도하고 보호하는 군장 천사 미가엘과 대조적으로 사단의 지시 아래 움직이는 타락한 천사"라고 설명한다(존 월부어드, 「Daniel」, 246).

정확한 정체를 알 수 없는 우리의 이 천사가 페르시아 군장과 싸우는 동안 미가엘이 와서 그를 도와주었다. 그는 **군장 중 하나**였기 때문이다. 유다서를 통해 우리는 미가엘이 천사장이라는 것을 알고 있다. 요한계시록 12장 7절에서 요한은 그가 사단과 그 군대에 맞서 천사들의 군대를 이끌고 있는 것을 본다. 천사장이 한 명 이상일 수 있다는 것과 천사들의 임무가 서로 달랐다고 결론짓는다면 큰 무리가 없을 것 같다. 이러한 구절에서 우리는 천사 혐오증과 천사에 대한 광적 관심이라는 양 극단을 피하기 원한다. 아마 우리 시대의 지배적인 태도는 후자일 것이다. 천사들은 단순히 하나님이 보내시는 곳이면 어디든지 가서 자신이 맡은 일을 하는 하나님의 종일 뿐이다.

10:14. 미가엘의 도움으로 안전하게 도착한 그 천사는 다니엘에게 이 환상이 **말일에 네 백성의 당할 일… 오래 후의 일을** 설명한 것이라고 말한다. 허버트 류폴드는 이 구절과 관련해 다음과 같이 유익한 설명을 제시한다.

> 여기에 언급된 이들은 신약에서 귀신들이라고 불리는 나쁜 천사들이 분명하다. 시간이 흐르면서 이 사단의 세력들은 일부 국가들과 이 국가들의 정부에 매우 막강한 영향력을 갖게 되었다. 그들은 지배적 권력이 되었다. 그들은 하나님의 일을 훼방하고 그분의 뜻을 좌절시키기 위해 동원할 수 있는 온갖 수단을 다 사용했다 … 우리는 세계 역사의 이면에서 이러한 것들을 엿볼 수 있다. 계시를 무시하는 사람들이 상상하는 것보다 훨씬 더 엄청난 영적 세력들이 활동하고 있다. 그들은 역사의 페이지에 기록된 싸움들의 이면에서 싸우고 있다(허버트 류폴드, 457-459).

NIV 성경에 '미래' 로 번역된 '후일' 이라는 표현은 창세기 49장 1절까지 거슬러 올라가는 중요한 구약적 개념을 형성한다. 확실히 다니엘의 동족들의 미래가 헬라인들과 로마인들과의 전쟁뿐 아니라 또한 앞으로 일어날 말세에 대한 완전한 그림을 포함한다는 주장은 결코 과장된 것이 아니다. 로버트 컬버는 이 구절에 대해 이렇게 말한다. "그것은 이스라엘의 이전의 예언 문학에서 끄집어낸 전문 용어이며 성경에서는 항상 종말론적 언급을 포함하고 있다"(로버트 컬버, 164).

D. 강건함을 주는 메시지(10:15-11:1)

Supporting Idea	이 단락에서는 두 가지 흐름이 병존한다. 그것은 인간의 불충분성과 연약함과 하나님의 권세와 능력이다.

10:15-17. 다니엘의 영적이고 심리적인 싸움은 페르시아 하늘의 어느 부분에서 벌어지고 있는 영적 싸움에 대한 이 이야기를 듣고 벙벙하게(speechless) 되었을 때도 계속되고 있다. 그러나 누군가가 다니엘의 입술을 만지자 그는 다시 말할 수 있게 되었고 자신이 얼마나 힘이 없어지고 약하다고 생각되는지를 말로 표현한다. 호흡이 남지 아니하였사오니. 우리가 이 사람이 하나님이 보내신 그 천사인지 혹은 다른 천사인지, 아니면 하나님 자신이신지 알아내는 데 시간을 낭비한다면 이 장이 전달하고자 하는 영적 메시지에서 벗어나게 된다. 어떤 경우, 천사의 손길은 사실 하나님의 손길이며, 여기서는 그 손길로 인해 다니엘이 말하는 능력을 다시 회복하게 된다. 우리는 선지자인 다니엘이 말하는 것을 자기 임무의 중요한 일부로 생각하였을 것이라는 점을 유념해야 한다(신 18:15-22, 렘 1:6-9).

10:18-19. 첫 손길에 다니엘은 말할 수 있게 되었고, 두 번째 손길이 미치자 그는 강건하게 되었다. 은총을 크게 받은 선지자는 우리 모두에게 자주 필요한 메시지를 듣는다. 평안하라 강건하라 강건하라. 다니엘은 즉각 힘이 났고, 새롭게 다시 힘을 얻은 상태에서 환상을 받을 준비가 되었음을 고백한다.

10:20. 천사의 질문은 수사적인 것 같다. 내가 어찌하여 네게 나아온 것을 네가 아느냐. 티그리스 강변에서 다니엘이 경험한 것을 고려한다면 이것은 그의 정신적이고 심리적인 안정 상태를 점검한 질문일 수도 있다. 덴버 브롱코스의 쿼터백 존 엘웨이(John Elway)가 태클을 당하고 쓰러진 몇 분 후 트레이너는 그에게 "여기가 어딘지 알겠나?"라고 물었다. 그는 당연히 "마일 하이 스타디움에서 시합중이잖아요"라고 대답했어야 했다. 하지만 엘웨이는 "네, 전 4학년이고 열일곱 살이에요"라고 대답했다.

다니엘 역시 힘이 없고 무력한 상태였으며, 천사는 11장에서 경험할 일을 그가 처리할 수 있는지 확신하기를 원했다. 나아가 천사는 **바사군**(바사의 군장)과 재결투를 계획했기 때문에 시간이 많지 않았다. 이어서 그는 강한 호기심을 일으키는 말을 했다. **내가 나간 후에는 헬라군이 이를 것이라.** **헬라군**(prince of Greece)을 사단적인 어떤 존재로 보는 데는 아무 문제가 없다. 하지만 그는 어디로 가며, 가는 이유가 무엇인가? 나는 조이스 볼드윈이 이에 대해 설명한 것을 좋아한다. "하늘의 전쟁은 먼저 페르시아와 벌어진 후 그리스와 이루어져야 할 것이다. 이는 이 나라들이 각기 차례로 하나님의 백성들에게 권세를 행사할 것이기 때문이다"(조이스 볼드윈, 182). 이 예언은 페르시아만 다룬 것이 아니라 그리스도 다루고 있다. 따라서 사단적인 세력인 군장 역시 그 토론에 관심이 있었다. 이와 같은 맥락에서 우리는 에베소서 6장을 영적으로 다시 한 번 붙들어야 한다.

10:21. 천사는 떠나기 전에 다니엘에게 **진리의 글**에 기록된 것을 말해준다. 얼핏 보면, 이 구절이 성경을 가리킨다고 생각되지만, 이스라엘의 장래에 대한 하나님의 뜻을 가리키는 비유적인 표현일 가능성이 더 높다. 그럼에도 불구하고 천사가 일러준 것은 결국 성경의 일부로 포함되었고, 여기서 성경을 가리킨다고 보는 것도 확실히 일리가 있다. 다니엘의 백성들의 미래가 **진리의 글**에 이미 쓰여 있기 때문에 사단의 세력들이 아무리 애를 써도 그 결과는 바뀌지 않을 것이다. 확실히 다니엘에게 보고하는 이 천사는 보통 혼자 일을 했다. 페르시아와 그리스의 대적들에 대한 특별한 영적 전쟁에서 그는 **너희 군** 미가엘의 도움을 받았다는 것을 다니엘에게 특별히 알려주고 있는 것 같기 때문이다.

이 장은 세계에서 악한 영들의 활동과 사단의 세계 지배 아래서 국가적 대표인 그들의 활약에 대해 놀라운 통찰력을 제공한다. 요한복음에서 예수님은 사단을 "이 세상 임금"(요 12:31, 14:30, 16:11)이라고 언급하셨다. 10장 21절의 **너희**라는 표현은 복수로서 미가엘이 개인적으로 다니엘에게 속했을 뿐 아니라 이스라엘 민족에게 속해 있음을 암시한다. 레온 우드는 이렇게 말한다. "미가엘의 주된 임무는 특별히 유대인들과 관련된 일들을 감독하는 것이었다. 하지만 유대인의 전쟁은 실제로 당시를 지배하던 제국과 연관된 것이었기 때문에 필요성이 생기면 그 부분에서 도움을 주는 것이 그의 일이기도 했다"(레온 우드, 「Daniel」, 134).

11:1. 이 구절은 다니엘의 말보다는 천사의 말을 반영하고 있기 때문에 11장보다는 10장과 더 연결되어 있다. 확실히 한 필사자가 어느 시점에서 **메대 사람 다리오라는** 표현을 보고 다니엘이 일관되게 그러한 연대기적 진술로 환상에 대한 기록을 시작했기 때문에 그것이 장의 첫절이라고 생각했을 것이다. 그 천사는 주전 약 539년에 자신이 페르시아와 그리스의 군장들과 전쟁을 했다고 보고했다(약 4년에서 5년간). 우리는 이제 다리오 치하에서 다니엘이 편안한 생활을 한 것이 그 이방 통치자에 대한 천사의 도움이었음을 알 수 있다. **그를**이라는 구절이 히브리어에서는 반드시 바로 앞의 메대 사람 다리오와 연결되지 않을 수 있고, 10장 21절의 미가엘을 가리킬 수도 있음을 유념하기 바란다.

글리슨 아처는 이 두 장을 이해하기 쉽도록 연결하여 설명한다.

> 영적인 전쟁의 목적은 이스라엘의 남은 자들을 거룩한 땅으로 돌아가게 하고, 그곳에서 성경에 순종하는 삶을 살면서 신실한 자들의 공동체로서 생존을 유지하는 것이었다. 그러한 발전이 하나님의 구속받은 자들을 위한 메시아로서 하나님의 아들의 궁극적인 나타나심으로 이어질 수 있음을 아는 사단과 그의 모든 군대는 반드시 이스라엘의 부흥을 좌절시키고 그 백성들을 파멸에서 건져내지 못하도록 막겠다고 결심했다(글리슨 아처, 127).

Main Idea 복 습	하나님은 땅의 악한 인간 세력들뿐 아니라 때로 국가 지도자들을 통해 사단의 세력이 끊임없이 활동하고 있음을 우리가 알기를 원하신다. 그러나 그분은 또한 인간이든, 사단이든 그 세력들이 하늘의 군대를 절대 무너뜨릴 수 없음을 우리가 알기를 원하신다.

결론

칼빈의 기도

1509년 프랑스 노용에서 태어난 존 칼빈(John Calvin)은 처음부터 학생이자 학자였다. 스위스 제네바에서 그는 개혁이라는 대의를 위해 투쟁했고, 그 도시에 하나님의 언약에 헌신한 백성들의 훈련된 공동체를 세우고자 결심했다. 1536년에 유명한 「기독교강요(Institutes)」를 썼을 때 그는 겨우 스물일곱 살이었다. 많은 이들은 이 저술이 인쇄된 개혁주의 신학 중 가장 포괄적인 글 가운데 하나라고 생각한다.

칼빈의 계획 중 하나는 다니엘서에 대한 두 권짜리 주석을 집필하는 것이었고, 그는 이 책에서 배워야 할 기도와 경건의 교훈들을 강조했다. 그것은 내가 따르고자 노력한 교훈들이기도 하다. 그는 제네바의 그의 회중들을 위해 규칙적인 성경 공부를 실시하는 것이 그의 목회자로서의 사역이었고, 항상 기도로 그 모임을 마무리하곤 했다. 그러한 모임을 가진 후(아마 다니엘 10장에 관해 공부했을 것이다) 한번은 그가 다음과 같이 기도했다. "전능하신 하나님, 당신이 이전에 당신의 거룩한 종 다니엘과 다른 선지자들에게 나타나셨듯이, 우리에게도 그것을 허락해주소서. 그들의 교리로 당신의 영광이 오늘 우리에게 분명히 드러나게 하셔서 우리가 경외하는 마음으로 그 앞에 나아가며 그것을 볼 수 있게 해주소서. 우리가 당신께 온전히 헌신할 때 그들의 손과 수고를 통해 주시기를 기뻐하셨던 그 신비한 진리가 우리에게서 정당한 평가를 받도록 해주소서. 우리 자신에게 절망하게 하시고, 소망과 믿음으로 일어나 하늘로 나아가게 하소서. 당신의 얼굴 앞에 엎드릴 때 우리 육신의 모든 타락한 욕망과 욕정에서 자유롭게 되듯이, 세상 속에서 우리로 그렇게 행동하게 하시고 마음으로는 하늘에 거하는 자가 되게 하소서"(존 칼빈, 252).

우리는 결코 천사와 이야기하지 못할 수도 있지만, 다니엘이 이 장 전체에서 경험한 것처럼 하나님의 능력을 알 수 있다. 이 모든 것에 대한 다니엘의 반응은 우리 자신의 연약함을 깨닫게 해줄 뿐 아니라, 자신의 선지자들뿐 아니라 자기 백성들을 돌보시는 하나님의 능력을 강하게 확신하게 해준다.

■ 진리 알기

- 현직에서 더 이상 활동하지 않는 은퇴한 노인들이라고 해서 하나님의 일에 소극적일 필요는 없다.
- 두려움이 세상 속의 초자연적 힘에 대한 우리의 태도를 표현하는 것이라면 그것은 좋은 것일 수도 있다.
- 자발적인 금식은 종종 하나님의 백성들이 그분의 말씀과 그분의 뜻을 이해하도록 준비시켜 줄 수 있다.

■ 적용하기

- 우리가 하나님께 명령할 어떤 권리도 없음을 결코 잊지 말라. 우리는 그분의 면전에서 떨며 우리의 연약함을 인정해야 한다.
- 하나님께서 어떤 형태로든 그분께 말할 수 있는 기회를 주신다면 우리는 용기와 확신을 갖고 그분께 나아갈 수 있다(히 11:6).
- 주님은 우리의 단점과 실패를 알고 계시며, 항상 우리의 부르짖음에 귀 기울일 준비가 되어 계신다(시 145:18-19).

삶의 적용

영적 전쟁

어떤 이들은 이상하고 극단적인 개념이라고 생각할 수도 있지만 영적 전쟁은 생생한 현실이다. 성경은 이것을 결코 장황하게 다루지 않는다. 하지만 제대로 보면 사단이 천사들을 반역으로 이끌었던 창조 직후부터 시작된 그 영원한 전쟁을 감지할 수 있다. 우리는 우상들이 절대적으로 허무한 존재임을 매우 조심스럽게 확인할 필요가 있지만, 그것들을 지배하는 영들이 실제로 생생하게 존재함을 인정해야 한다. 바울은 고린도 교인들에게 다음과 같이 편지하면서 그것을 정확하게 지적하고 있다. "그런즉 내가 무엇을 말하느뇨 우상의 제물은 무엇이며 우상은 무엇이라 하느뇨 대저 이방인의 제사하는 것은 귀신에게 하는 것이요 하나님께 제사하는 것이 아니니 나는 너희가 귀신과 교제하는 자 되기를 원치 아니하노라 너희가 주의 잔과 귀신의 잔을 겸하여 마시지 못하고 주의 상과 귀신의 상에 겸하여 참예치 못하리라"(고전 10:19-21).

앗시리아, 바빌로니아, 페르시아, 그리스, 로마의 사람들은 우리가 종종 표현하듯이 '신들'을 숭배한 것이 아니라 실제로 귀신들을 숭배했다. 성경적인 이야기와 무관한 하나님에 대한 모든 개념은 우상 숭배일 뿐 아니라 궁극적으로는 노골적이든, 비밀리에 하든 귀신 숭배로 이어진다. 구약은 인간의 그 죄에 대해 사단이나 귀신들을 탓하지 않지만, 항상 사단과 그 수하들의 힘을 인정한다. 다니엘은 그런 문제들을 다루며 승리하는 구약적인 방식의 놀라운 예를 제공한다. 그것은 하나님을 신뢰하고, 그분의 말씀과 그분의 역사를 신뢰하는 것이다.

로버트 라이트너는 영적 전쟁이라는 문제에 접근하는 현대적인 방식에 대해 약간의 우려를 표현한다.

> 영적 전쟁에 대해 구약이 가르치는 것은 '구원 사역(deliverance ministries)'이 옹호하는 것과 현격히 대조적이다. 이것이 분명히 의도적인 것은 아니지만, 오늘날 영적 전쟁 운동은 하나님의 권한을 대신 행사하며, 사람들이 사단을 결박하고 악한 힘과 대적하는 것을 지켜보는 구경꾼으로 하나님을 좌천시키는 위험한 지경에까지 이르렀다. 이것이 그들의 믿음과 행위를 드러내는 방법이기는 하다. 하지만 이것은 결코 구약의 경우와 같은 것이 아니다. 사단은 하나님과 동등한 존재가 아니다. 모든 귀신들이 그렇듯이 그는 항상 하나님께 복종한다. 이것은 하나님의 모든 자녀들에게 큰 위로를 주는 진리다(로버트 라이트너, 152).

기도

하나님 아버지, 찬양을 받으실 성령께서 함께하심으로 우리의 생각과 말과 행동을 지켜주시고, 악한 영들의 공격과 우리 사회 속에 퍼져 있는 그들의 영향력에서 우리를 지켜주십시오. 아멘.

심층 연구

A. 금식

성경은 음식과 마실 것을 잠시 중단하는 행동을 회개와 기도 준비를 알리는 수단으로 자주 언급한다. 예수님은 그것을 제자들에게 가르치셨고(마 6:16-18, 막 2:19-20), 성경에서도 경건한 수많은 사람들의 모범을 통해 그것을 예시하고 있다(신 9:9, 18, 고후 20:3, 스 8:21-23, 10:6, 느 1:4, 욜 1:14-16). 금식은 강제적인 것이 아니라 자발적인 것이며, 예배의 정식 요소가 아니라 특별한 경우에 사용된다.

마태복음 6장의 구절을 주석하면서 스튜 웨버는 현대적 시점에서 실천을 위한 의견을 제안한다.

> 실제로 우리는 금식이 오늘날 신자들을 위한 필수 훈련이 아님을 알려주는 성경적인 사례를 제시할 수 있다. 모세는 그것을 오직 대속죄일에만 시행하도록 명령했다(레 16:29-31, 23:27-32). 구약에서 그것은 대부분 하나님 앞에서 자기를 낮추는 것과 관련이 있으며, 죄의 고백과 연관된 경우가 많았다… 금식은 그리스도인들에게 건강한 개인 훈련 방법일 수 있지만 구약조차도 그것의 남용을 경고한다(사 58:3-7, 렘 14:12, 스튜 웨버, 83-84).

B. 귀신

구약 시대의 사람들은 모든 국가가 각자 특별한 신을 섬기고 있다고 믿었다. 이사야 37장 38절에서 니느웨 왕은 니스록(Nisroch)을 '자기 신'으로 언급했고, 우리는 다니엘 4장 8절에서 느부갓네살이 다니엘의 새 이름을 '그 신의 이름을 좇아' 지어주었다는 것을 이미 살펴보았다. 고린도전서 10장에서 이미 보았듯이, 악한 영들(귀신들)은 세상

신들의 배후에 있는 힘이다.

구약에서 항상 '귀신들(demons)' 이란 용어를 사용하지는 않지만, 사단의 천사들의 활동은 도처에서 벌어진다. 레위기 17장 7절은 숫염소 우상에 대해 말하고 있고, 모세의 노래(신 32장)에서는 이스라엘의 반역을 기술하며 "그들은 하나님께 제사하지 아니하고 마귀에게 하였으니"(32:17)라고 말한다. 이들은 인격을 지닌 영적 존재로서 세상 속에서 사단의 일을 수행하는 그(그 자신은 무소부재하지 않다)의 초자연적 종들이다.

로버트 라이트너는 그들의 기원을 다음과 같이 설명한다.

> 성경은 하나님의 천사들 중 일부가 정확히 언제 사단의 천사들이 되었는지 알려주지 않는다. 이미 언급한 적이 있듯이, 사단이 범죄한 시간 역시 계시되어 있지 않다. 모든 거룩한 천사들이 검증 기간을 거쳤고, 그 기간에 하나님에 대한 그들의 순종을 시험했다는 것이 가능성 있는 설명으로 보인다. 우리는 거룩한 천사들의 무리가 사단과 함께 그리고 동일한 방법으로 범죄했다고 결론내린다. 이렇게 믿는 데는 이유가 있다. 첫째, 우리는 악한 천사가 실재한다는 것을 알고 있고, 하나님이 그들을 악하게 창조하신 것이 아님을 알고 있다. 하나님이 그들을 거룩하게 창조하신 후 어느 시점에서 그들은 범죄했다. 둘째, 사단의 천사들 중 일부가 세상에 마음대로 돌아다니며 하나님의 백성들을 괴롭게 한다는 것을 알고 있다(엡 6:11-12). 사단의 천사들 중 일부는 감금되어 있고, 심판 때까지 어둠의 사슬에 매여 있으므로 활동이 제한되어 있다(벧후 2:4). 이 사실은 사단과 함께 반역에 가담했던 천사들 중 일부가 추가적인 죄를 범했고, 그로 인해 하나님은 그들을 감금하셨음을 암시하는 것 같다(로버트 라이트너, 89).

교안

A. 들어가는 글

1. '파데레프스키(Paderewski)와 연주하기' 이야기로 시작하라.
2. 배경 설명: 다니엘의 계시적 경험은 이 책이 진행되면서 강도와 의미가 더욱 커지고 있다. 나아가 마지막 두 장은 다니엘의 백성들의 미래에 대해 훨씬 더 결정적인 정보를 제공할 것이다. 대부분의 주석가들이 9장의 칠십 '이레' 에 초점을 맞추지만, 우리는 앞으로 남은 두 장에 나타난 하나님의 계획을 더욱 자세히 살펴볼 것이다.
3. 적용: 다니엘 11장 1절과 10장을 한 단락으로 구분한 것은 성경의 부적절한 장 구분에 대한 중요한 예 가운데 하나이다. 이미 지적하였듯이, 다니엘은 이 단락들을 현재 통치 중인 왕에 대한 연대기적 진술로 시작하고 있기 때문에 11장 1절이 왜 한 장의 첫 절로 구분되었는지 그 이유를 쉽게 알 수 있다. 그럼에도 불구하고 성경 연구에서는 구조보다 내용이 훨씬 더 중요하다. 우리는 장 구분이 반드시 성령의 인도하심으로 이루어진 것이 아니라 인간 필사자들에 의해 추가로 이루어진 것임을 기억해야 한다.

B. 본문 이해

1. 은밀한 슬픔(10:1-3)
2. 눈부시게 빛나는 사람(10:4-9)
3. 특별한 메신저(10:10-14)
4. 강건함을 주는 메시지(10:15-11:1)

C. 결론: '칼빈의 기도' 를 읽어주라.

토의 질문

1. 오늘날 세상 속의 마귀들의 활동에 대해 무엇을 믿는가?

2. 다니엘 10장 4-6절에서 눈부시게 빛나는 사람의 정체는 무엇인가? 그의 정체가 이 장의 해석에 있어서 어떤 차이를 만들어내는가?

3. 하나님의 천사들은 구체적으로 어떤 면에서 사단의 천사들과 다른가?

4. 교회에서 영적 전쟁을 다루는 적절한 성경적 방식은 무엇인가?

다니엘 11:1-45

전쟁과 전쟁의 소문

"역사는 야만적인 종족이 잠자는 문화와 대면하면 항상 그 야만인들이 이긴다는 것을 가르쳐준다."

- 아놀드 토인비(Arnold Toynbee)

다니엘 11장은 이 책의 다른 여러 장들처럼 역사가 하나님의 나라에서 연속적인 사건이라는 직선을 따라 어떻게 예언으로 전개되고 있는지를 보여준다. 앞의 35개 절은 고대 왕국과의 끊임없는 전쟁에 대해, 뒤의 10개 절은 그리스도가 오시기 직전까지 잔인함과 파괴가 계속될 것이라는 미래로 안내한다.

지리적 개요: 암몬

- 근친 상간으로 태어난 롯의 아들 중 한 명의 이름 (창 19:38)
- 사해 동쪽에 위치한 나라
- 오늘날 현재의 요단

지리적 개요: 에돔

- 에서의 아들 에돔의 후손들의 나라
- 사해 동쪽과 암몬 남쪽에 위치
- 항상 이스라엘과 적대 관계였고 바벨론에 의한 예루살렘의 멸망을 기뻐했다.
- 70년간의 포로 생활 어느 시점의 역사에서 사라졌다.

지리적 개요: 애굽

- 세계에서 가장 오래되고 발전된 문명 중 하나
- 이 문명의 시작은 주전 3000년경 전으로 거슬러 올라간다.
- 다니엘 시대에 이르러 애굽은 이미 앗수르에 정복되어 페르시아와 후에는 그리스에 복속되었다.
- 로마인들은 주전 31년에 애굽을 한 도로 삼았다.
- 성경은 이사야 19장 24-25절에서 애굽이 장차 축복을 받을 것이라고 예언한다.

지리적 개요: 모압

- 롯의 아들
- 남쪽으로 암몬의 이웃
- 이스라엘의 영원한 숙적

들어가는 글

전략 없이는 선수들을 들여보내지 말라

육상 경기장에 들어갈 때 이런 유의 말을 얼마나 많이 들었는가? 홈팀의 스태프들은 그 날 경기할 팀들을 생각하며 전략을 짠다. 선수 명부, 인원, 포지션 그리고 그 지역 회사들의 광고 홍보. 그들은 이것을 예술적 행위나 위대한 손자들이 이루어야 할 기록의 일부로 삼기 위해, 심지어 게임이 열리는 동안에 경기장을 망가뜨릴 소낙비에 대비한 도구를 사용할 목적으로 마케팅을 하지 않는다. 그들의 주장은 간단하다. "전략 없이는 선수들을 들여보내지 말라".

다니엘의 어떤 장도 이 장보다 선수들을 구분하는 것이 어렵지 않을 것이다. 이 장은 본문의 흐름에 대한 개인의 시각에 따라 150년에서 450년의 역사를 포함하고, 이어서 많은 구약 학자들의 관점대로 다니엘서에서 이미 우리가 살펴본 내용의 강조점에 근거하여 모든 것을 미래로 투사한다. 적그리스도의 원형인 안티오쿠스 에피파네스. 다니엘은 이름을 밝히지 않고 설명하지만, 수많은 대명사의 사용과 풍부한 묘사로 역사 학자들과 성경 학자들은 앞의 35절까지에서는 거의 논쟁거리를 찾을 수가 없었다.

어떤 이들은, 내가 앞장들은 두 부분으로 나눠 연구했는데, 11장은 왜 한 부분만 할애하는지 의아해할 것이다. 이러한 결정은 본문에 대한 깊은 고심 끝에 내려진 것임을 알려드린다. 실제로 11장의 길이와 복잡성 때문에 원래 나는 세 부분에 걸쳐 이 장을 연구하기로 계획했다. 그렇다면 이처럼 이 장의 연구를 정리한 이유는 무엇인가?

이런 방식으로 다니엘 11장을 다루고자 결정한 배경으로 세 가지 이유를 제시한다.

1. 첫 35절의 내용은 다른 다니엘서 주석이나 구약 개론서나 일반 역사책에서도 쉽게 접할 수 있는 부분이다. 이 구절들을 자세히 묘사한 글의 제목만 해도 수백 가지에 이른다.
2. 이 장이 예언을 받은 시간과 35절에 언급한 "마지막 때" 사이에 일어날 전쟁들에 대해 광범위하고 자세하게 묘사하기는 하지만, 장 전반에서 '북방 왕'과 '남방 왕'이라는 두 명칭만 반복해서 등장한다. 다시 말해서, 이 전체 장은 다니엘의 환상에

서부터 안티오쿠스 에피파네스의 죽음에 이르는 시간까지 애굽 왕들이 시리아 왕들과 어떻게 끊임없는 대결을 벌이는지에 중점을 두고 있다.

3. 나는 처음부터 이 주석 시리즈를 맡았으며 일의 성격을 잘 이해하고 있다고 생각한다. 우리는 본문을 진지하게 다루되 자세한 역사적 설명으로 인하여 선입관에 빠지지 않고 설명, 해석과 적용에 중점을 두는 실제적인 면을 요구하는 독자들의 기대에 부응하려고 한다. 이 책의 연구가 역사적 자료에서 부족하다고 생각되는 독자들은 고대 중동의 역사에 관한 글리슨 아처의 연구 결과와 다른 탁월한 책들을 참고하기를 권한다.

본문 이해

전쟁과 전쟁의 소문

Main Idea	왕과 나라들은 흥망 성쇠를 거듭하고 다니엘의 시대든, 우리 시대든 그 모든 것으로 인한 끊임없는 긴장은 전쟁과 미움과 유혈 참사와 갈등으로 나타난다. 천사는 그것이 말세에까지 그러할 것이라고 말한다. 주님이 오시기 전 그 말세에 영화로운 땅이 다시 관심의 대상이 됨으로 인해 고대 역사에서 서로 싸웠던 동일한 나라들 중 일부가 다시 날마다 뉴스의 헤드라인을 차지할 것이다.

A. 알렉산더와 그의 친구들(주전 530-226년, 11:1-10)

Supporting Idea	역사(History)는 그분의 역사(his-history)이며, 세상에서 자기 뜻을 이루시고 자기 백성들을 보호하고자 하시는 하나님의 역사에 대한 기록이다.

11:1. 우리는 이 구절을 앞장에서 다루었고, NIV 성경에서 이 구절을 10장의 말미에 배치한 이유와 일부 필사자들이 이것을 11장의 첫 절에 배치하기로 결정했을 이유에 대

해 설명했다. 다니엘이 아니라 그 천사가 여전히 말하고 있는 것을 기억하라. 그는 10-12장에 기록된 환상보다 약 4년 전인 대략적으로 주전 539-538년을 언급하고 있다. 천사는 다리오가 바벨론을 성공적으로 무너뜨린 데는 천사의 도움이 있었다는 사실을 암시한다.

글리슨 아처는 고레스가 유대인들을 거룩한 땅으로 귀환시키는 데 하나님의 도구로 사용되었기 때문에 천사의 개입이 단순히 바벨론 패배보다 더 폭넓은 역할을 하고 있다는 것을 보충해서 설명한다.

> 영적인 전쟁의 목적은 이스라엘의 남은 자들을 거룩한 땅으로 돌아가게 하고, 그곳에서 성경에 순종하는 삶을 살면서 신실한 자들의 공동체로서 생존을 유지하는 것이었다. 그러한 발전이 하나님의 구속받은 자들을 위한 메시아로서 하나님의 아들의 궁극적인 나타나심으로 이어질 수 있음을 아는 사단과 그의 모든 군대는 반드시 이스라엘의 부흥을 좌절시키고, 그 백성들을 파멸에서 건져내지 못하도록 막고자 했다. 그들 모두를 전멸시키고자 하는 최대의 노력은 약 55년 후 하만이 유대 민족 전체를 몰살시키고자 하는 아하수에로 통치(크세르크세스) 때 일어날 것이다. 미가엘과 '바사군' (10:20)의 싸움은 이 사건과 어느 정도 관계가 있을 수도 있고, 에스더가 이 대학살을 저지하도록 예비한 것이 대적 사단에 대한 미가엘의 승리일 수도 있다(글리슨 아처, 127).

11:2-4. 페르시아에서 앞으로 나타날 세 왕은 고레스(주전 539-529년), 캄비세스(주전 529-522년), 다리오 히스타스페스(주전 521-486년)를 가리키며, **그 후의 넷째는 그들보다 심히 부요할 것이다.** 에스라와 에스더의 크세르크세스(주전 485-465년)는 재력과 힘으로 그리스에 대한 원정을 시작했다. 에스더 1장의 유명한 잔치는 바로 그 원정을 위한 준비가 엄청났음을 묘사하고 있다. 그는 자신이 가진 모든 것을 그 원정에 쏟아 부었지만, 그의 부친 다리오 히스타스페스가 그리스군에게 당한 치욕을 씻는 데 성공하지 못했다.

얼핏 읽으면 3절의 **능력 있는 왕**이 페르시아의 왕이라고 생각할 수도 있지만 실제로 2절 끝의 **헬라국**에 대한 언급은 천사로 미리 알렉산더 대제를 부각시키게 한다. 3절과 4

절의 내용은 강력하고 때로 무모한 이 왕에 대한 우리의 연구를 통해 이미 살펴보았던 내용과 정확히 일치한다. 젊은 나이에 죽음으로 알렉산더의 왕국은 네 곳으로 분할되었지만, 그 왕국은 그의 자손에게 계승되지 않았고 알렉산더 자신이 누린 힘을 유지하지도 못했다.

11:5-6. 이 드라마의 스타들인 남방의 왕과 북방의 왕이 등장한다. 이 장 전체에서 이 남방의 왕과 북방의 왕이라는 명칭은 한 사람에게서 또 다른 사람에게로 이동하고 있다. 5절에서 남방의 왕은 톨레미 소테르(Ptolemy Soter, 주전 304-283년)로 애굽을 지배한 알렉산더의 부하이다. 그 군들 중에 하나로 밝혀진 사람은 시리아를 지배한 네 장군 중 한 사람으로 셀류커스 니카토르(Seleucus Nicator, 주전 304-281년)이며, 그가 바로 북방 왕이 되었다.

이 구절에 언급된 딸은 소테르의 손녀이며, 톨레미 왕조의 필라델푸스(Philadelphus)의 딸인 베레니스(Berenice)이다. 왕궁의 정치인들은 그녀를 니카토르의 손자인 안티오쿠스 데오스(Antiochus Theos) 와 결혼시킬 계획을 세웠다. 이 일을 성사시키기 위해 안티오쿠스는 첫 번째 아내 라오디스(Laodice, 요한계시록의 앞장을 생각하면 흥미로운 이름)와 이혼을 해야 했다. 그 결혼이 성사된 지 2년 만에 톨레미가 죽고 안티오쿠스가 라오디스와 재혼함으로 인해 이 계획은 수포로 돌아갔다. 라오디스는 안티오쿠스와 베레니스와 그들의 어린 아들을 죽임으로써 그리스식 연속극의 한 방식으로 복수했다. 6절에 대한 NIV 난외주에는 "그의 권세"가 "그의 후손"으로 번역될 수도 있음을 암시하고 있음을 유의하라. 고대 지중해 세계는 월튼의 산(Walton's Mountain)이 아니었다.

11:7-10. 이 공주의 본족에서 난 자 중에 하나는 베레니스의 동생 톨레미 유엘게투스(Ptolemy Euergetus, 주전 246-221년)를 가리킬 가능성이 매우 높다. 그는 셀류커스 칼리니쿠스(Seleucus Callinicus)를 공격하고 수많은 전리품들을 이집트로 가져갔다.

그러나 북방 왕이 남방 왕의 나라로 쳐들어갈 것이다. 이것은 주전 칼리니쿠스에 의한 보복 공격이지만, 이 공격은 비참하게 실패한다. 10절은 새로운 염려를 제기한다. 칼리니쿠스의 아들들은 셀류커스 세라우누스(Seleucus Ceraunus, 주전 227-223년)와 안티오쿠스 대제(주전 223-187년)였다. 그들은 거대한 군사를 모아 애굽인들을 휩쓸어버리기 위해 남쪽으로 진격했다. 그러나 세라우누스가 침공 직전 소아시아에서 죽임을 당했기 때문에 안티오쿠스 대제는 페니키아와 팔레스타인을 무너뜨리고 라피아 전투에서 결국 애굽인들과 맞섰고, 주전 약 218년에 톨레미 4세에게 패배했다. 하지만 이것은 본문보다 약간 앞선 설명이다.

B. 안티오쿠스 대제(주전 226-175년, 11:11-20)

Supporting Idea	다니엘서의 이 역사에 대한 단락은 단순히 과거 사건들을 살펴보도록 주어진 것이 아니라, 다니엘 시대와 말세까지 세상에서 하나님의 역사를 더듬어볼 수 있도록 하기 위한 것이다.

11:11-13. 크게 노한 톨레미 필로파토르(Ptolemy Philopator, 주전 221-204년)는 군사를 이끌고 안티오쿠스 대제와 대적했다. 그 군대가 사로잡힌 것에 대해(12절) 레온 우드는 이렇게 기술하고 있다. "양측의 군대들은 엄청났고 전투 역시 격렬했다. 이 싸움에서는 톨레미가 이겼다. 히브리어 원문으로는 명확하지 않지만, 역사는 상대방의 손에 넘어간 '엄청난 무리'가 안티오쿠스의 수리아군이었음을 보여준다. 본문은 그 결과 톨레미가 교만해질 것이라고 말하며, 이것은 그의 됨됨이와 일치하는 것이다. 그는 교만하고 방탕한 비호감의 사람이었다"(레온 우드, 「Daniel」, 139).

톨레미는 당연히 제네바 협약을 지킬 의무를 느끼지 못했다. 그래서 그는 사로잡은 포로들을 대부분 다 죽였다.

다음 14년 동안 안티오쿠스는 동부 지중해의 모든 나라들을 정복하고 그 영토를 인도와 북쪽으로는 카스피해까지 확장했다. 그러고나서 주전 203년 톨레미 필로파토르와 그의 왕비가 죽자 또 다른 기회를 감지한 안티오쿠스는 대군과 많은 물건을 거느리고 남쪽으로 향했다.

11:14. 이제 애굽과 시리아 간의 끊임없는 싸움에 대한 흥미로운 새로운 사실들이 동반하기 때문에 우리는 여기서 조금만 그것을 맛볼 것이다. 첫째, 안티오쿠스가 군대를 이동시킨 것은 부분적으로는 새 애굽 왕(톨레미 에피파네스)이 네 살밖에 되지 않았기 때문이다. 그는 "대군을 전보다 더 많이"(13절) 동원했을 뿐 아니라 다니엘은 또한 수리아 군대가 네 백성 중에서도 강포한 자의 도움을 받을 것임을 알았다. 변절한 유대인들이 수리아군의 애굽 침략에 동참하였지만, 우리는 초창기 전투들이 애굽 땅에서뿐 아니

라 북부 팔레스타인에서 벌어졌음을 유념해야 한다. 그래야 유대인들이 어떻게 그 전쟁에 동참할 수 있었는지 더 쉽게 이해할 수 있다.

11:15-16. 이런 일이 일어나서 "이상을 이루려 할 것"(11:14)이라고 다니엘에게 말한 천사의 말은 무슨 뜻인가? 단언할 수는 없지만, 유대인들과 시리아 군대의 이 최초의 합류는 안티오쿠스 에피파네스가 급부상하는 데 그 기초가 되었을 가능성이 있다.

15절의 견고한 성읍은 지중해의 시돈을 가리켰을 것이다. 그래서 애굽 자체는 아직 위험에 처하지 않았다. 하지만 동부와 북부를 장악한 시리아군은 이제 대군을 이끌고 남쪽으로 진격하여 영화로운 땅을 포위했다.

11:17. 안티오쿠스는 계속해서 남쪽으로 군대를 끌고가 침략할 필요없이 정치적으로 애굽을 통제할 수 있으리라고 판단하고 그와 화친하였다. 그는 남쪽을 장악함으로써 애굽에서 친 시리아 정책을 펼치기를 바라면서 열 살 된 톨레미 5세에게 자신의 딸을 주었다. 그녀의 이름은 클레오파트라였다(더 유명한 이 이름의 여왕과 혼동해서는 안 된다). 아마 안티오쿠스는 애굽과 시리아 양국의 정식 왕이 될 후계자가 등장해 그의 최종적인 통치 아래 그 나라들을 통일하기를 기대했을 것이다.

글리슨 아처는 이 멋진 계획의 결과에 대해 일러준다.

> 그러나 알려진 바와 같이 주전 195년 그 결혼이 드디어 성사된 후 자신의 아버지 안티오쿠스에게는 너무나 실망스럽게도 클레오파트라는 그녀의 남편 톨레미 5세와 톨레미 왕조에 마음이 완전히 동화되었다. 그러므로 그녀가 톨레미 6세가 된 왕의 후계자를 낳았을 때 그녀의 부친에게는 특별한 아무 이익도, 정치적 지렛대 구실도 되지 않았다. 톨레미 5세가 주전 181년에 사망하자 클레오파트라는 애굽 정부에 의해 섭정 여왕으로 임명되었다. 그들 모두 그녀를 사랑했고, 그들의 조국에 대한 그녀의 애정을 감사했기 때문이다. 그러나 그녀는 얼마 있지 않아 사망했고, 이것은 애굽에 대한 셀류키드 왕조의 가능한 모든 영향력이 끝났음을 의미했다. 그때 안티오쿠스가 세상을 하직했다. 주전 187년이었다(글리슨 아처, 132-133).

11:18-19. 그러나 우리는 또다시 이야기를 앞서고 있다. 그 결혼이 성립된 후 안티

오쿠스는 얼굴을 섬들로 돌이켰다. 이것은 그가 그리스를 정복하고 지배함으로써 알렉산더 대제에 필적하고자 결심했다는 의미다. 그러나 그는 그리스인들이 로마에 도움을 구하고 있다는 것을 믿지 않았다. 시간이 지나면서 안티오쿠스는 그리스와 로마와 마케도니아인들과 싸우게 되었다. 테르모필라이에서 연합군은 시리아군의 본부를 무너뜨렸고, 안티오쿠스는 소아시아로 퇴각했다. 그가 동쪽으로 퇴각할 때 로마인들이 그를 추격해서 사르디스 서쪽 근방에서 3만 명의 군대로 안티오쿠스의 7만 명을 무너뜨렸다.

18절의 이름을 알 수 없는 대장은 세속 역사에서는 그 이름이 남아 있다. 그는 주전 202년 한니발에게 승리한 장군의 형제 루시우스 코넬리우스 시피오 아시아티쿠스(Lucius Cornelius Sipio Asiaticus)이다. 아파메아(Apamea) 조약(주전 188년)에서 안티오쿠스는 유럽에 대한 모든 권리와 소아시아에 대한 대부분의 권리를 잃었고, 타우루스 산맥 동쪽에 머물기로 동의했다. 그의 조약을 담보하기 위해 20명의 인질이 로마로 끌려갔다. 이 중에는 왕의 둘째 아들이 포함되었다. 그가 훗날 안티오쿠스 에피파네스이며 이로 인해 이 장의 다음 단락과 연결된다.

11:20. 이 구절에서 그 위를 이을 자는 셀류커스 필로파토르(주전 187-176년)이며, 그의 부친이 수행한 모든 전쟁이 끝난 후 그는 거대한 국가적 채무를 떠안게 되었다. 로마에 약 2만 달란트의 빚을 진 그는 왕의 체신을 지키기 위해 이스라엘을 약탈하기로 계획했다. 그의 토색하는 자(tax collector) 헬리오도루스(Heliodorus)는 여호와의 성전을 침략할 계획을 세웠지만 그를 공격하는 천사들에 대한 환상을 보고 그것을 포기했다. 그는 자신의 임무를 마치는 대신 본국으로 돌아와 셀류커스 필라파토르를 암살했다.

C. 안티오쿠스 에피파네스(주전 175-164년, 11:21-35)

Supporting Idea	하나님께서는 세상에서 자신의 뜻을 이루실 때 때로는 가장 가능성이 없고 비천한 사람들을 통해 그 일을 이루시는 길을 택하신다.

11:21. 이제 본격적인 이야기가 시작된다. 셀류커스 4세의 합법적인 왕위 계승자는 그의 어린 아들 데메트리우스(Demetrius) 1세였다. 하지만 그는 아직 로마에 인질로 있었기 때문에 삼촌 안티오쿠스가 그 왕위를 넘겨받고 정치적 궤휼로 북부의 왕으로 지

배력을 행사하게 된다.

11:22-24. 주전 181년 톨레미 7세(필로메토르)가 여전히 왕국을 지배하는 모친 클레오파트라의 섭정 아래 왕위에 올랐다. 얼마 후 그는 큰 군대를 이끌고 팔레스타인으로 진격하지만 안티오쿠스 에피파네스에게 패배했다. 안티오쿠스 에피파네스는 그 과정에서 동맹한 왕을 패배시켰다. 대부분의 주석가들은 이것이 유대 대제사장 오니아스(Onias) 3세를 가리킨다고 믿는다. 그는 실제로 새로운 시리아 왕의 환심을 사기 원한 같은 동족 제사장 중 한 명(메넬라우스)에 의해 살해되었다. 안티오쿠스는 부유한 지방을 공격하고 약탈하여 자신의 군대와 가난한 부하들에게 노략하며 탈취한 재물을 나누어주고, 그를 통해 제국에 대한 자신의 지배력을 공고히 하는 로빈 후드 정책(Robin Hood policy)을 사용했다.

11:25-28. 이 구절들은 나일강 삼각주의 바로 동쪽에서 일어난 애굽과 안티오쿠스 에피파네스의 마지막 대충돌을 묘사하고 있다. 분명히 그 작은 뿔은 팔레스타인 전역을 치고 애굽 국경까지 진격했던 것 같다. 톨레미는 자기 측근에게 배신을 당했고, 다니엘은 가짜 휴전을 예언한다. 이 두 왕이 마음에 서로 해하고자 하여 한 밥상에 앉았을 때에 거짓말을 할 것이라. 전쟁이 언제 이렇지 않은 적이 있었던가? 이후에 안티오쿠스는 시리아로 돌아갔지만 가는 길에 예루살렘에서 일어난 소규모의 반역을 해결하고 그 과정에서 성전을 약탈했다. 28절은 유대인들에 대한 안티오쿠스의 적대감에 대해 이 장에서 처음으로 암시하고 있다.

11:29-30. 주전 168년에 안티오쿠스는 애굽의 새 동맹 정부에 맞서기 위해 남쪽으로 원정을 떠난다. 그러나 성경이 암시하듯이 이번이 그 전번만 못할 것이다. 이번에는 애굽인들의 편에 서서 로마인들이 다시 개입할 것이기 때문이다. 안티오쿠스가 완전히 무너뜨릴 목적으로 알렉산드리아 성에 다가가자 로마 원로원에서 그것을 중지하라는 편지 한 통이 그에게 배달되었다. 그래서 그는 애굽에서 본국으로 돌아가는 도중에 또 다시 팔레스타인을 통과하면서 변절한 유대인들과 교섭을 시작했다. 도널드 캠벨은 알렉산드리아의 외곽에서 있었던 진실의 순간에 대해 이렇게 말한다. "시리아 왕이 망설이자 로마 원로원은 안티오쿠스 주변의 모래에 원을 그리고 원에서 나오기 전에 한 가지 결정을 내려야 한다고 말했다. 굴욕감과 좌절감과 분노 속에서 안티오쿠스는 애굽까지 먼 거리를 원정해왔지만 아무 소득도 없이 시리아로 다시 머리를 돌렸다"(도널드

캠벨, 168).

11:31-32. 다니엘은 안티오쿠스가 단순히 정치적 힘과 약탈에 만족하지 않고 멸망케 하는 미운 물건을 세울 것임을 알았다. 다니엘과 우리 모두 이것을 8장 23-25절에서 이미 알았고, 그것이 주전 168년 12월에 일어났음을 알고 있다. 대부분의 구약 학자들은 가증한 물건 자체가 주피터 혹은 제우스의 신상이었다고 믿는다. 마카베오 2서 6장 2절은 성전이 실제로 제우스 올림푸스의 신전으로 개명되었다고 주장한다. 8절과 관련해 이미 지적했듯이, 다니엘과 그의 예언들에 대한 우리 주님의 유일한 언급이 멸망케 하는 미운 물건이라는 이 구절을 사용하고 있음을 다시 언급할 필요가 있을 것 같다.

우리는 오직 자기의 하나님을 아는 백성은 강하여 용맹을 발하리라라는 이 구절을 지적하고 이 단락을 마무리해야 한다. 우리는 마카베오 가문에 대해 이미 살펴보았다. 이 구절은 의심할 여지없이 그들과 그들의 충직한 추종자들을 가리킨다. 그들은 안티오쿠스와 그의 후계자들뿐 아니라 친 시리아적인 유대인 변절자들에 대한 저항군의 핵심이 되었다. 후에 이 집단에서 바리새인들과 에세네파들이 등장했다. 전자에 대해서는 신약에서 빈번히 마주치지만 후자는 유명한 사해 사본을 선사한 쿰란 공동체가 되었다.

11:33-35. 이 영적 지도자들은 많은 사람을 가르칠 것이고, 그들의 저항은 칼날과 불꽃과 사로잡힘과 약탈을 당하는 많은 이들의 순교를 동반할 것이다(히 11:36-38 참고). 도움을 조금 얻을 것이란 구절은 맛다디아와 그의 아들 유다 마카비의 주도 아래 마카베오들의 초기 승리를 가리킬 수 있다. 이것은 주전 165년에 제단 재봉헌이라는 결실을 맺었다.

35절은 일부 주석가들에게는 안티오쿠스 에피파네스 이후의 역사로 이어주는 다리 역할을 하고, 일부 주석가들에게는 적그리스도와 연관시키는 다리 역할을 해준다. 존 월부어드는 다음과 같이 쓰고 있다.

> 35절에서는 정결케 되는 과정이 '마지막 때'까지 계속된다고 진술되어 있다. 이 언급으로 볼 때 안티오쿠스의 박해는 마지막 때를 알리는 것이 아님이 분명하다(비록 그때를 예시하기는 하지만). 그러나 35절의 '마지막 때'에 대한 언급은 36절 이후로 그 예언이 중간의 기간들을 뛰어넘어 이방 세력과 그 통치자들에 대한 하나님의 심판이 있기 전 마지막 세대들에게서 이루어진다는 경고이다. 36절에서

는 아직 성취되지 않은 예언이 소개되고 있다(존 월부어드, 「Daniel」, 269).

조이스 볼드윈은 이 장의 나머지 부분이 오직 안티오쿠스 에피파네스에게만 적용된다고 보고 정반대의 입장을 취한다. 마지막 때와 관련해 그녀는 단순히 다음과 같이 말한다. "다니엘서의 저자는 하늘의 메신저의 말을 기록하고 있기 때문에 그에게 그 박해는 하나님의 계획 중 정결하고자 하는 목적을 이루기 위한 것이며, 그분은 자신이 정하신 때에 그것을 끝내실 것이다"(조이스 볼드윈, 197).

D. 적그리스도(미래, 11:36-45)

Supporting Idea	이미 성취된 135가지의 예언을 기술한 놀라운 역사에 대한 요약은 이제 미래와 적그리스도를 통한 작은 뿔의 예언의 궁극적 성취로 이어지는 관문을 밝히 드러내고 있다.

11:36. 모든 전천년주의 신학자들은 다니엘 11장 5절과 12장 1절의 어느 지점에서 역사에 대한 기록이 아니라 예언 기사로 바뀌고 있다는 데 동의한다. 정확히 그 부분이 어디인가? 바톤 페인은 그것이 40절에서부터라고 지적하며 "11장 2-39절에서 주전 527년부터 165년에 걸쳐 일어난 역사적 사실에 대한 고찰이 끝난 후 40절에서 다니엘의 네 번째 놀라운 환상이 '마지막 때'로 전환되면서 '현 시대 혹은 현 세상의 종말'을 알리고 있다"고 말한다(바톤 페인, 390-391). 어떤 이들은 11장 4절부터 이미 예언이 시작된다고 보는 이들도 있고〔트레겔레스(Tregelles)〕, 케일(Keil)과 같은 이는 21절을 그 전환점으로 본다.

이 연구에서 나는 바로 이 부분, 즉 35절과 36절 사이에서 역사적인 기사가 예언 기사로 바뀌고 있다는 입장을 취한다. 물론 우리는 무천년주의적 시각을 공정하게 대변하고자 노력할 것이다. 이 장의 전천년주의적 해석에 만족하지 않는 독자들은 말세의 사건들에 관한 다양한 입장들을 알기 위해 미국 IVP에서 출간한 「천년왕국의 의미(The Meaning of the Millennium)」를 참고하는 것이 좋을 것이다. 전천년주의적 해석은 20세기 근본주의의 예언에 대한 열광적 관심 때문에 나온 다소 최근의 입장이 아니다.

제롬은 다니엘 11장 36절에 대해 이렇게 말했다. "유대인들은 이 구절이 적그리스도를 언급하고 있으며, 줄리안의 작은 도움을 받은 후 자기 뜻대로 행하며 신이라 일컫는 모든 신들보다 자신을 높이며 하나님에 맞서 교만한 말을 할 한 왕이 나타날 것이라고 주장했다"(제롬, 136). 제롬은 여기서 자신이 이 입장에 동의한다고는 표현하지 않지만, 그의 저작을 폭넓게 연구하면 그가 이 입장에 동의했을 가능성은 있다.

여기서 중요한 것은 다니엘 11장 36-45절과 데살로니가후서와 요한계시록 13장과 17장의 적그리스도에 대한 묘사 사이의 유사성이다. 대부분의 번역들은 11장 35절과 36절 사이에 문단 구분을 해주고 있다(그 자체가 역사에서 종말론으로 내용이 달라졌음을 옹호하는 논증이 되지는 않겠지만, '심층 연구' 참고).

보다 확신을 주는 내용은 12장의 초반의 "그때에"라는 표현에서 드러난다. 12장의 사건들은 11장 후반에 기록된 사건들과 동시에 일어날 것이다.

이 주석 전반에서 내가 자유롭게 인용해온 글리슨 아처는 구약 본문을 다룰 때 신중하고 예리하게 접근하기 때문에 과도하게 종말론적 시각으로 접근한다는 비난에서 자유로울 수 있다. 그는 이 단락에 대한 주석을 다음과 같은 말로 시작한다.

> 35절에서 단락이 마무리되면서 헬라 제국들, 그리고 셀류키드 왕조와 유대 애국자들 간의 전쟁에 대한 기사라고 확인되는 예언 기사는 마무리된다. 이 현 단락(36-39절)은 비록 세부적인 내용 대부분이 안티오쿠스 4세의 말세의 대형(antitype)인 '짐승' 뿐 아니라 안티오쿠스 4세 자신에게 적용될 수 있지만, 그에게 적용될 수 없는 몇 가지 특징들이 포함되어 있다. 자유주의 학자들과 보수주의 학자들 모두 이 구절까지 이르는 11장이 고레스 통치(그의 통치기에 다니엘은 자신의 공직 생활을 마감한다)에서 유대인들의 신앙을 말살하고자 했던 안티오쿠스 에피파네스의 실패한 노력에 이르는 전체 사건들에 대한 정확한 예언을 담고 있다는 데 동의한다. 그러나 두 진영의 사상은 이 현상을 설명하는 데 있어 근본적으로 다르다. 복음주의자들은 예언과 성취라는 이 방식이 히브리 성경에 대한 신적 영감과 권위에 대한 거부할 수 없는 증거라고 본다. 이는 오직 하나님만이 미래를 아실 수 있고 선언된 계획이 정확히 성취될 것인지 살펴보실 수 있기 때문이다(글리슨 아처, 143).

그 누구도 무천년설을 수용하는 학자들을 자유주의 신학과 연결시켜서는 안 된다. 이는 위의 단락이 두 가지 다른 점을 주장하기 때문이다. 11장 36-45절은 안티오쿠스 에피파네스뿐 아니라 적그리스도에게도 적용되는 요소들을 담고 있고, 11장 1-35절의 기록이 주전 6세기에 쓰였으므로 익명의 주전 2세기 저자에 의해 기록된 역사적 인용이 아니라 예견적 예언이라는 기적적인 선물이라는 것이다.

11:37. 어떤 이들은 다니엘 11장 37절 본문이 적그리스도가 유대인일 것임을 암시한다고 해석한다. 그가 **그 열조의 신들을 돌아보지 아니할** 것이기 때문이다. 그러나 실제로 우리는 그가 **아무 신이든 돌아보지 아니할** 것을 알게 된다. 그는 자기 자신의 종교를 세우기 위해 이전의 모든 종교적 전통과의 관계를 단절한다. 다니엘은 여기서 '엘로힘(Elohim)' 이라는 단어를 사용하고 있고, 안티오쿠스 에피파네스에 대한 맥락에서든 적그리스도에 대한 맥락에서든 이 구절에 어떤 민족적 한계를 설정할 아무 이유가 없어 보인다.

이보다 훨씬 더 혼란스러운 것은 **여자의 사모하는 것을 돌아보지 않는다는** 내용이다. 이 구절에 대한 주석가들의 의견은 전혀 일치하지 않는다. 어떤 이들은 이 구절을 여신 나나니아(Nanania)에 대한 언급이라고 설명하고, 어떤 이들은 아도니스(Adonis)에 대한 언급이라고 설명한다. 두 여신 모두 주전 초기 세기의 시리아 지배 시대의 여신들이다. 에드워드 영과 카일은 그것이 동성애를 가리킨다고 생각하며 이 왕이 여인들에 대해 무관심한 비정상적인 모습을 보였음을 주장한다. 하지만 어떤 이들은 유대 여자들이 자신들이 메시아의 모친이 된다는 생각으로 기뻐했다는 것을 보다 직접적으로 언급한 것이라고 본다. 글리슨 아처는 이렇게 주장한다. "아마 그것은 단순히 안티오쿠스가 자신과 성관계를 가진 모든 여자들에 대해 보여준 잔인성을 가리킬 것이다"(글리슨 아처, 144).

11:38-39. 이 강퍅한 왕은 전쟁을 자신의 신으로 삼을 것이다. **그 대신에 세력의 신(god of fortress)을 공경할 것이요.** 이 부분의 본문은 전쟁에서는 확실히 승리하긴 했지만 전사들의 최상의 모델이 되지 못하는 안티오쿠스 에피파네스와는 약간 거리가 먼 것 같다. 혹자는 그가 이긴 것보다 진 전쟁이 더 많았고, 애굽과 로마와 같은 강대국들에 의해 강제로 후퇴하지 않을 수 없었던 반면, 자신의 지배 아래 있는 약한 백성들을 괴롭혔다고 주장할 수 있다.

존 월부어드는 다음과 같이 지적한다.

> 말세와 관련된 모든 다른 구절들을 검토해보면 최후의 세계 지배자가 유일하게 의지하는 것은 '전쟁의 신', 혹은 '요새의 신'으로 의인화된 군사력임이 자명해진다. 다시 말해서, 그는 이전의 모든 종교들과 거룩한 자질들을 지닌 이전의 모든 사람들과 대조되는 철저한 유물론자다. 이것은 궁극적 존재에 대한 신성 모독이며, 인간의 힘과 성취를 숭배하는 것이다. 그는 사단의 걸작품이며, 예수 그리스도를 대신하고자 사단이 세운 인간이다. 그러므로 적그리스도라고 하는 것이 틀리지 않다(존 월부어드, 「Daniel」, 276).

조이스 볼드윈은 그러한 종말론적 분위기로 지나치게 비약하지 말자고 말한다.

> 그리스도께서 오시기도 전에 주어진 본문에 적그리스도(Anti-Christ)라는 용어를 적용하는 것은 '선험적 추론(a priori reasoning)'이라는 문제를 제기한다. 그것은 해석학적 방법이라는 문제를 강하게 제기하므로 요한의 서신들에서 처음 등장하는 용어(요일 2:18, 22, 4:3, 요이 7)를 피하는 것이 더 바람직하다. 그럼에도 불구하고 이 장이 안티오쿠스 4세라는 인물과 그의 통치를 통해 일차적으로 성취된 것임에도 불구하고 그 문제가 거기서 끝나는 것이 아니라고 생각할 이유가 있다(조이스 볼드윈, 199).

조이스 볼드윈은 더 이상 논의를 진전시키지는 않는다. 그리고 그녀는 결국 안티오쿠스가 인간의 교만과 무신론의 미래적 실현의 원형이 분명하다고 결론을 내리며 "확대되는 반역이 마지막 살육에서 정점을 이룰 것이며 그때에는 악이 승리하는 것 같고, 오직 하나님의 개입만이 반대되는 사실을 증명해줄 것이다. 이것은 마지막 심판과 하나님 나라가 설립되는 이유가 될 것이다"라고 결론짓는다(조이스 볼드윈, 201).

최고의 정치인들인 안티오쿠스와 적그리스도 둘 다 보상(여러 백성을 다스리게도 하며)과 정치적 이득(뇌물을 받고 땅을 나눠주기도 하리라)을 이용해 사람들을 조정하는 법을 알고 있다.

11:40. 두 등장 인물의 명칭을 그대로 사용해 천사는 남방 왕과 북방 왕이 마지막 격전을 벌일 것을 묘사한다. 이 일은 중동 지역의 어느 곳에서 일어날 것이며, 실제로 다니엘이 이 내용을 기록할 당시 천사가 표현할 수 있었던 모든 종류의 전투 방식을 동원할 것이다. 정확히 바로 이 부분에서 선한 의도를 지닌 너무나 많은 복음주의 학자들이 당시 우세했던 강력한 국가들을 참고해 이 두 왕을 확인하고자 하는 잘못을 범해왔다. 그러한 국가로 애굽과 러시아가 가능한 선택인 것처럼 보이며 이것을 지지하는 사람들은 이 해석을 강화하기 위해 에스겔 38-39장을 소개한다. 하지만 다니엘 11장 36-39절의 흐름은 에스겔 38-39장보다 상당히 후대에 일어날 것으로 보인다. 북방 왕은 동일한 존재일 수 있지만 그 구절들을 한 사건으로 대해서는 안 된다.

더욱이 이 구절의 문법으로 볼 때 그 왕들 중 어느 왕이 여러 나라에 들어가며 물이 넘침같이 지나갈 것인지 선택하기 어렵다. 이 구절의 시작 부분의 그(개역 성경에는 명확히 드러나지 않음)가 누구인지 앞의 구절을 통해 전혀 확인할 수 없다. 아마 최선의 선택은 그를 북방 왕이나 남방 왕으로 보지 않고 36-39절의 위대한 세계 지배자로 보는 것이다. 안티오쿠스 에피파네스는 이 구절의 세계 지배자가 될 수 없다. 이는 그가 이 장 초반의 북방 왕이 확실하기 때문이다. 천사가 초반에 사용한 심상을 그대로 유지할 뜻이 있다면 적그리스도는 애굽과 시리아와 싸우는 인물이 되어야 한다. 하지만 그러한 결론에 도달하고 그것을 독단적으로 고수하는 사람은 스스로 위험을 자초할 뿐이다.

11:41. 모든 나라들이 다 세계적인 그 지배자의 권력 앞에 엎드러지지는 않을 것이다. 그는 이스라엘을 침략하며 많은 나라를 패망케 할 것이나 무슨 이유에서인지 오직 에돔과 모압과 암몬 자손의 존귀한 자들은 그 손에서 벗어날 것이다. 이사야 11장과의 흥미로운 비교는 회복된 이스라엘에게 지배받은 동일한 나라 중 일부를 보여준다. 에돔과 모압과 암몬이 왜 이 패망의 대상에서 제외되었는지 그 이유를 추론하는 것은 쓸데없는 일이다. 천사가 그것을 예언했고, 하나님의 계획대로 정확히 그대로 일어난 일이기 때문이다.

11:42-43. 그러나 북아프리카는 그들과 같은 행운이 없었다. 우리가 애굽을 '남방 왕' 이라고 본다면 적그리스도는 그 나라로 진격하여 그 나라를 수중에 넣고 계속 서쪽으로 진격해 리비아와 에티오피아를 통과할 것이다. 전천년설을 주장하는 학자들은 이 모든 것의 문자적 성취를 주장한다. 확실히 이것은 실재하는 적그리스도를 믿지만 이

스라엘의 문자적, 실제적 미래를 믿지 않는 자들에게 직면한 도전 중 하나이다. 그들은 21세기에 생존하는 구체적인 나라들의 이름 속에서 신비한 상징성을 발견해야만 한다.

11:44-45. 북아프리카에서 적그리스도는 중동으로부터 온 전갈을 받고 그 전갈로 인해 분노하여 급히 서둘러 돌아가게 된다. 많은 이들은 이것이 아마겟돈 전쟁에 나갈 것을 묘사한 것이라고 믿는다. 이는 그가 장막 궁전을 바다와 영화롭고 거룩한 산 사이에 베풀 것이기 때문이다. 전천년설을 주장하는 학자들은 그 바다가 사해와 지중해이며, 그 산은 성전이 세워진 적이 있는 마라(Marah)라는 데 동의한다. 역시 문체와 표현이 요한계시록과의 관련성을 연상시킨다. 이번에는 16장 16절을 연상시킨다. "세 영이 히브리 음으로 아마겟돈이라 하는 곳으로 왕들을 모으더라."

구약에서 열두 번 언급된 므깃도(수 12:21, 17:11, 삿 1:27, 5:19, 왕상 4:12, 9:15, 왕하 9:27, 23:29-30, 대상 7:29, 대하 35:22, 슥 12:11)는 애굽과 시리아를 이어주는 중요한 대로에 위치한다. 다니엘 11장 45절과 요한계시록 16장 16절이 선과 악의 최후의 전쟁에 대한 정확한 지리적 위치를 암시하고 있는지 확실히 말할 수 있는 사람은 아무도 없지만, 이 외에 다른 어떤 해석도 더 설득력이 있지는 않다. 다니엘의 천사는 그 세계 지배자가 바로 그곳에서 결국 패배할 것이라고 말하는 것 같다. 그러나 그의 끝이 이르리니 도와줄 자가 없으리라.

하지만 종말론적인 세부 내용에 지나치게 몰두해 다니엘서의 메시지인 하나님이 통치하신다는 사실을 망각하는 일이 없도록 하자. 알바 맥클레인은 이렇게 표현한다. "이 모든 사건에서 볼 눈이 있는 자들에게 그 무서운 반역자는 천상의 법정이 허용한 한도 내에서만 행동하고 있음이 보일 것이다"(알바 맥클레인, 184).

Main Idea 복습	왕과 나라들은 흥망 성쇠를 거듭하고 다니엘의 시대든, 우리 시대든 그 모든 것으로 인한 끊임없는 긴장은 전쟁과 미움과 유혈 참사와 갈등으로 나타난다. 천사는 그것이 말세에까지 그러할 것이라고 말한다. 주님이 오시기 전 그 말세에 영화로운 땅이 다시 관심의 대상이 됨으로 인해 고대 역사에서 서로 싸웠던 동일한 나라들 중 일부가 다시 날마다 뉴스의 헤드라인을 차지할 것이다.

결론

최후의 세계 대전

미국은 스스로를 평화로운 국가, 즉 이제 세계의 호전적인 국가들 속에서 '평화 유지군'의 역할을 떠맡은 나라라고 생각하기를 즐긴다. 이 글을 쓰고 있는 현재, 푸른 헬멧의 UN 평화 유지군이 수많은 나라들의 거리와 사막과 정글 속을 순찰하고 있고, 그 군을 유지하는 재정과 인력의 상당 부분이 미국에서 지원되고 있다. 그러나 우리 자신은 호전적인 민족이었다. 225년 동안 우리는 전쟁에서 1,300만 명의 목숨을 잃었고, 전쟁을 지원하는 데 5천 억 달러를 사용했다. 이것은 죄악된 인류가 늘 보여준 모습이었고, 마지막 때에도 지속될 것이며 더 극성을 부릴 조건이다. 복음서들은 주님의 경고를 기록하고 있다. "난리와 난리 소문을 듣겠으나 너희는 삼가 두려워 말라 이런 일이 있어야 하되 끝은 아직 아니니라 민족이 민족을, 나라가 나라를 대적하여 일어나겠고 처처에 기근과 지진이 있으리니 이 모든 것이 재난의 시작이니라"(마 24:6-8). 마태의 기록은 마가복음 13장 5-8절과 누가복음 21장 8-11절에서도 반복되고 있다.

그리스도인들은 전쟁에 대한 기사를 읽을 때마다 "세력의 신(전쟁의 신)을 공경할"(11:38) 불법한 자를 기억해야 한다. 평화를 위한 온갖 회담에도 불구하고 세계 국가들 사이에 전쟁이 우세하다. 방어용이든, 공격용이든 모든 현대 국가들은 거대한 재정을 투입해 군사적 노력들을 지원하고 있다.

그리스도인들은 실제로 권좌에 앉은 적그리스도를 보고 말세의 고통을 경험할 것인지에 대해서는 의견이 다르지만 이 장의 마지막 구절을 볼 때 한 가지는 분명하다. "그의 끝이 이르리니 도와줄 자가 없으리라"(11:45).

■ 진리 알기

- 그리스도인들은 사단의 어둠의 세력과 맞서 싸우기 때문에 우리는 우리의 무기가 우리 자신이 만든 것이 아닌 이유를 이해해야 한다.

• 국가들 간의 끊임없는 갈등에 대해 읽을 때 우리는 우리나라의 국가 지도자들과 평화를 위해 기도해야 함을 기억해야 한다.
• 우리 시대의 세속적인 불경건함은 최후의 불법한 자를 탄생시킬 수 있는 환경에 대한 암시를 제공한다.

▣ 적용하기

• 안티오쿠스 에피파네스와 싸울 동안 '그들의 신을 아는 백성들'만이 그로 인한 공포에 맞설 수 있었다.
• "힘이 곧 정의다"라는 개념이 어디에 적용되고, 어떤 식으로 적용되든 적그리스도의 정신과 정확히 일치한다.
• 구체적인 내용이 무엇이든 간에, 구약의 예언들을 통해 볼 때 이스라엘이 말세의 사건들과 관련해 집중적인 조명을 받을 장소라는 것은 분명한 것 같다.

삶의 적용

"기다리는 세상"

이 장에 대한 주석을 쓰기 정확히 24시간 전 나는 우리 교회 성가 대장 제임스 스튜어트(James Stewart)가 작곡하고 감독한 성탄절 칸타타에서 노래를 불렀다. 제임스는 기독교 음악 부문에서 장래가 촉망되는 훌륭한 젊은이다. 우리가 부른 칸타타 음악들이 모두 다 원곡인 것은 아니었지만, 성육신하실 때 세상이 얼마나 그의 오심을 간절히 원했는지, 오늘날 우리가 그것을 얼마나 간절히 원하는지를 강조하였으며, 그리스도의 두 번의 강림이라는 주제를 담고 있었다.

우리가 다니엘 11장과 같은 구절을 읽을 때 이 사회가 그리스도의 본성과 반대되는 증오, 분노, 잔학함, 원한, 전쟁으로 엉망진창이 되어 있음을 알게 된다. 고대 이스라엘처럼 현대 그리스도인들은 할 수만 있다면 하늘의 힘에 의해 제한을 가하며 대신에 늘 멸시하는 이방인 사회의 남은 신자들처럼 살아간다. 바울은 데살로니가의 신자들에게 예수님이 곧 다시 오실 것이며, 무지나 비탄은 그를 기다리는 올바른 자세가 아니라고 말했다. 대신 희망과 격려가 이 기다림의 세상 속에서 그리스도인들을 특징지을 것이다.

어두움 가운데 안식 없는 세상은 빛을 기다리네.
차고 얼어붙은 밤은 수세기 동안 침묵이 흐르고,
지치고 분노한 백성들은 압제자의 손 아래 결박되고,
기도하는 세대는 세상의 치유를 기원하네.

모든 종족과 나라는 표적을 구해왔고,
아주 오래된 약속을 기다리네.
"언제 그가 오시는가?" 라고 물으며 별빛을 응시하네.
구원자, 메시아, 하나님의 유일하신 독생자 그분을.

아무도 이 왕의 오심을 알지 못하였네.
보잘것없는 자가 아닌 영웅을 기대하며,
손에 검을 든 구세주를 기다리며,
인간 앞에 선 하나님을 보지 못하였네.

이천 년의 기다림 속에서 우리는 이제 하늘을 응시하네.
예수 그리스도가 그의 신부를 데리러 다시 오신다고 약속하셨지.
그리하여 우리는 마음속에 밝고 빛나는 불꽃을 간직하네.
기다리는 세상이여 아들을 맞이하세.

오셔서 새벽을 주소서.
천 년의 생애 그 밤을 끝내소서.
기다리는 세상이여, 중생을 준비하세.

마음의 소원하는 바가 나타나기를 울부짖으며
기다리는 세상이여.

기도

하나님 아버지, 당신의 백성들을 사방에 도사린 악에서 건져주시고 예수님이 다시 오실 때까지 어떤 어둠이 기다리고 있든 끝까지 흔들리지 않고 견고하도록 지켜주십시오. 아멘.

심층 연구

A. 왜 이 장인가?

우연히 다니엘 11장을 읽게 된 독자들은 성령께서 선지자로 하여금 앞부분의 35개 절에서 그렇게 역사적인 세부 사항들에 주목하도록 하신 이유가 무엇인지 궁금할 것이다. 36-45절은 우리가 앞에서 읽었던 내용과 잘 연결되는 것 같다. 그리고 안티오쿠스 에피파네스와 적그리스도 두 사람에게 적용할 때 다니엘서 전체 메시지와 확실하게 연결된다. 하지만 주전 6세기와 2세기 사이에 일어난 모든 것을 우리가 실제로 알아야 할 필요가 있는가? 그렇다면 비유적인 표현을 사용하는 대신 그들의 이름을 구체적으로 알려주지 않는 이유는 무엇인가?

나는 지난 세월 동안 그 질문을 나 자신에게 빈번히 제기해보았고, 이 주석을 준비하면서 그 어느 때보다 그 질문을 더욱 강력하게 제기했다. 명쾌하고 계시적인 해결책은 제공할 수 없지만 몇 가지를 염두에 두었으면 하는 바람이다.

- 예언은 역사에 뿌리를 두고 있다. 이 원리는 실제적으로 모든 예언서, 특별히 구약의 예언서에 철저히 적용된다. 이사야서, 예레미야서, 에스겔서, 다니엘서 모두 예언이 주어진 이후 기간에 하나님이 이스라엘을 어떻게 다루실지에 대해 세세하게 보여주고 있다.
- 언제나 뒤를 돌아보기보다는 앞을 바라보는 미국과 같은 나라는 역사 감각이 결핍된 경향을 보인다. 제2차 세계대전이 끝나고 51년 후 우리는 전쟁에서 사망한 수많은 사람들을 위한 기념비를 세우기 위해 마침내 첫 삽을 들었다. 많은 미국인들은 자기 나라의 역사보다는 다음 주 주식 시장이 어떻게 될 것인지에 훨씬 더 관심이 많은 것 같다. 누군가가 한번 역사를 무시한 사람들은 그 실수를 반복할 운명이라고 말한 적이 있고, 다니엘 11장은 바로 그 점을 확실하게 증언하고 있다. 이것은

절대 오늘의 운세를 알려주는 점괘가 아니다. 그것은 다니엘이 살았던 시대의 역사와 그 직후 여러 세기에 걸친 역사에 뿌리박은 사건들과 종말의 사건들을 연결해 주고 있다.

- 해석에 있어서 중요한 문제 중 하나는 성경 학자들이 종종 '저자의 의도(authorial intent)' 라고 부르는 것에 대한 인정이다. 우리는 우리 자신에게 이 구절을 쓴 저자의 의도는 무엇인가? 라고 질문한다. 다니엘이 환상을 받았지만, 그가 그것들을 적어 우리에게 전해주지 않았다면 우리는 전혀 모를 것이다. 천사의 말 중 어떤 곳에서도 다니엘이 듣고 본 것에 대해 기록하도록 요구하지 않는다. 하지만 성령께서는 선지자들에게 그 메시지 내용을 정확히 기록해 우리가 그로 인해 유익을 얻도록 하라고 지시하셨다. 다니엘은 확실히 이 책 전반에 걸쳐 이스라엘에서 일어나고 있는 일에 대해 초점을 맞추었다(그의 성인기의 대부분 그곳은 철저히 폐허 상태에 있었지만). 확실히 그는 다니엘의 백성들에게 은혜를 베푼 고레스의 뒤를 이을 자와 이 모든 일이 어떻게 끝날지에 대해 깊은 관심이 있었다.

B. 종말론

신학자들에게는 너무나 익숙하고, 다른 많은 이들에게는 아직 너무나 어려운 종말론이라는 세 글자를 사용하지 않고 다니엘서를 다룬다는 것은 거의 불가능하다. 종말론은 마지막에 관한 일을 다루는 신학의 한 종류이다. 이 단어(eschatology)는 '마지막' 혹은 '마지막 일' 을 의미하는 헬라어 '에스카토스(eschatos)' 를 음역한 것이다. 이 단어의 뒷부분은 '말' 에 해당하는 헬라어 '로고스(logos)' 에서 파생한 것이다. 그러므로 종말론은 마지막 일들에 대한 말이다.

조직 신학에서 종말론은 그리스도의 재림 직전까지의 사건들, 인간의 죽음과 부활, 부활, 심판, 천국, 지옥 그리고 인류의 미래에 관한 모든 문제들을 가리킨다.

종말론은 예언 집회가 북미 전역을 수놓고 히틀러, 무솔리니, 스탈린이 모든 사람들의 리스트에 오르내리며 사람들이 즉석에서 적그리스도의 이름을 거론하던 60년 전에 비해 오늘날 그렇게 인기 있지는 않다. 많은 복음주의 성경 교사들은 적그리스도들을 십 년에서 다음 십 년으로 묻으며 성경 예언에 관해 독선적 태도를 벗어날 수 있는 어려운 방법을 습득했다.

로버트 라이트너는 종말론에 대해 다룬 장을 '미래에 대한 하나님의 계획' 이라는 제목을 붙이고 다소 실제적인 내용으로 마무리한다.

> 그리스도께서 언제라도 오실 수 있다는 믿음은 그리스도인들의 삶에 새로운 차원을 추가한다. 구세주가 오늘 혹은 이 장을 다 읽기 전에 자기 백성들을 데려가시려고 재림하실 수 있음을 정말로 믿는다면 당신의 삶은 새롭고 피할 수 없는 긴급성을 갖게 될 것이다. 우리가 믿는 것이 우리 행위에 영향을 미치지 않는다면, 우리는 잘못된 것을 믿거나, 잘못된 처신을 하거나 둘 다임을 인정해야 한다. 그렇다면 미래에 대한 성경의 메시지를 생각할 때 어떻게 살아야 마땅한가? 우리는 성경대로 살아야 하고, 잠시 후 혹은 몇 시간 후 주님 앞에 설 사람처럼 살아야 한다. 그렇게 살 때 우리는 모든 기회를 마치 우리에게 주어진 마지막 기회인 것처럼 생각해야 한다. 성경은 하나님의 신자들에게 손을 놓고 게으르게 그리스도가 오시기를 기다리라고 가르치지 않는다. 오히려 하나님의 아들이 하늘에서 오시기를 기다리면서 적극적으로 섬겨야 할 필요성을 강조한다(로버트 라이트너, 「Evangelical Theology」, 279).

달라스 신학교의 총장으로 오랫동안 재직한 존 월부어드 박사는 15년 동안 내 친구이자 동료로 지내왔다. 그는 지난 50년간 미국의 가장 탁월한 종말론자 중 한 사람으로 인정받고 있고, 다니엘서 주석에서 글리슨 아처가 인용할 정도의 훌륭한 설명을 제공했다.

> 다니엘 11장 36절에서 12장 3절까지의 전체 단락은 말세에 관한 중요한 요소들에 대한 정보를 제공한다. 그것은 아래와 같이 요약할 수 있다. (1) 세계 지배자 (2) 세계 종교 (3) 세계 대전 (4) 이스라엘에게 닥칠 대환난의 시간 (5) 환난의 끝 무렵에 하나님의 백성들이 받을 구원 (6) 부활과 심판 (7) 의인들에 대한 보상. 이 모든 요소들이 이 단락에 소개되어 있다. 성경의 다른 곳에서는 이 종말이 "장차 한 왕이 와서" 언약을 파기하는 것으로 시작된다는 것(단 9:26-27)과 "마지막 때"가 3년 반 동안 지속될 것이라는 사실(단 7:25, 12:7, 계 13:5), 마지막 때가 야곱이 고통하

던 때와 유사하며 큰 환난의 때라는 사실(렘 30:7, 마 24:21)이 추가되어 있다. 요한 계시록 6-19장에 추가적인 많은 내용들이 세세하게 제시되어 있다(글리슨 아처, 「Daniel」, 281-282).

교안

A. 들어가는 글

1. '전략 없이는 선수들을 들여보내지 말라' 이야기로 시작하라.
2. 배경 설명: 11장은 10장과 바로 연결되어 있지만 내용상 8장과 매우 가깝다. 이 장들은 모두 일반적인 용어로 안티오쿠스 에피파네스까지 이어지는 역사적 내러티브를 들려주고 있다. 이어서 안티오쿠스 에피파네스가 이 장의 가장 중요한 인물로 다루어지고 적그리스도에 대한 분석으로 이어진다.
3. 적용: 11장과 12장의 주제적 문제는 변하지 않는다. 천사의 메시지는 12장 4절까지 중단되지 않고 계속된다. 천사의 메시지는 실제로 10장 20절 - 12장 4절까지다. 앞에서 살펴본 대로 다니엘서의 마지막 세 장은 한 단원으로 보아야 한다.

B. 본문 이해

1. 알렉산더와 그의 친구들(주전 530 - 226년, 11:1-10)
2. 안티오쿠스 대제(주전 226 - 175년, 11:11-20)
3. 안티오쿠스 에피파네스(주전 175 - 164년, 11:21-35)
3. 적그리스도(미래, 11:36-45)

C. 결론: '최후의 세계 대전' 을 읽어주라.

토의 질문

1. 리빙 바이블(The Living Bible)이나 「메시지 성경(The Message)」과 같이 현대어로 번역된 성경으로 다니엘 11장을 읽어보라.

2. 이 장에 대한 당신의 이해는 본 주석에서 제시한 해석과 어떻게 다른가?

3. 실제적인 일상 생활에 적용할 수 있도록 다니엘 11장에서 도출한 세 가지 영적 교훈을 적어도 세 가지 이상 확인해보라.

다니엘 12:1-13

백 투 더 퓨처(Back to the Future)

"모든 내일은 두 개의 손잡이를 가지고 있다. 우리는 불안의 손잡이를 잡을 수도 있고, 신앙의 손잡이를 잡을 수도 있다."

- 남침례교 형제단 저널(Southern Baptist Brotherhood Journal)

옛 영가의 표현대로 "큰 날이 점점 다가오고 있다." 마태복음 24장, 데살로니가전서 4장, 요한계시록에 더 자세하게 기록되어 있지만, 다니엘 12장을 통해 우리는 하나님이 언젠가 인간 역사를 마무리하실 날이 올 것을 분명히 이해할 수 있다.

들어가는 글

쿰란에 대한 질문

2001년이 되면 완전한 사해문서 번역문의 최종 출간을 볼 수 있을 것이다. 이것은 이 문서의 총 편집장인 노트르담의 유진 울리치(Eugene Ulrich) 박사가 주도하고 있다. 이 문서들은 주전 약 200년과 주후 70년에 기록되었고, 구약에 대한 우리의 이해에 추가적인 많은 도움을 주었다. 이 문서들은 맛다디아와 마카비 가문에서 태동한 에세네 공동체가 보관했던 것이다. 우리는 그들의 신학적 신념을 잘 모르기 때문에 보수주의 학자들은 유진 울리치의 작업으로 완성될 '사해 사본'을 지지하여 마소라 본문을 포기하지는 않을 것이다.

이 문서들은 1947년 에드 딥(edh-Dhib, '그 늑대'라는 뜻)이라는 별명을 가진 모하메드 엘하메드(Muhammed elHamed)라는 목동에 의해 발견되었다. 그가 사해의 북서쪽 변두리에서 염소를 돌보고 있던 중 염소 한 마리가 없어졌다. 에드 딥은 염소를 찾기 위해 산으로 올라갔다가 우연히 한 동굴을 보게 되었다. 그는 그 동굴에 혹시 숨었을 수도 있는 염소를 나오게 하려고 돌멩이 하나를 던졌는데 그릇이 깨지는 소리를 듣고 깜짝 놀랐다. 그가 친구들을 데리고 다시 와서 구약 성경들에 대한 230개의 본문이 적힌 고대 문서들이 담긴 여러 단지들을 발견하였다. 이 본문들은 20세기의 가장 놀라운 고고학적 발견의 하나로 여겨지고 있다.

에세네파의 신학 중 중요한 한 특징은 메시아의 오심에 대한 열렬한 기대에 집중되어 있다. 지중해 전역의 유대인들은 그가 다윗의 가계를 통해 베들레헴에서 태어날 것과 세상에 평화를 줄 것을 알았다. 다니엘 12장을 대하면서 우리는 메시아의 오심에 대한 소망과 기대를 또다시 보게 된다. 그러나 이번에는 그가 재림하심으로 세상에 오셔서 그토록 오랫동안 죄와 죽음으로 고통당한 세상을 위해 부활과 공의를 베푸실 것이다.

본문 이해

백 투 더 퓨처(Back to the Future)

Main Idea	11장의 전쟁이라는 무서운 비극 후에 천사는 선지자에게 지혜로운 자는 하늘의 해처럼 빛날 것이며, 많은 사람들을 의로 인도한 사람은 영원히 별처럼 빛날 것이라고 말한다.

A. 의인들의 부활(12:1-4)

Supporting Idea	세상의 끝은 잔인한 전쟁과 무서운 환난과 더불어 찾아올 뿐 아니라 부활과 영원한 운명을 동반할 것이다.

12:1. 대군 미가엘은 10장 13절과 21절에 이미 등장한 적이 있다. 이제 우리는 미가엘이 이스라엘의 수호 천사로 활동할 것이라는 앞의 암시에 대해 확인하게 된다. 그의 이름이 항상 거론되지는 않지만, 우리는 여호수아 5장 13-15절, 열왕기하 6장 15-17절, 이사야 37장 35-36절 그리고 미가엘의 이름이 분명하게 밝혀져 있는 요한계시록 12장의 마지막 싸움에서 이스라엘을 위해 천사가 개입한 경우를 볼 수 있다. "하늘에 전쟁이 있으니 미가엘과 그의 사자들이 용으로 더불어 싸울새 용과 그의 사자들도 싸우나 이기지 못하여 다시 하늘에서 저희의 있을 곳을 얻지 못한지라 큰 용이 내어 쫓기니 옛 뱀 곧 마귀라고도 하고 사단이라고도 하는 온 천하를 꾀는 자라 땅으로 내어 쫓기니 그의 사자들도 저와 함께 내어 쫓기니라" (계 12:7-9).

다니엘은 장차 또 환난이 있으리니 이는 개국 이래로 그 때까지 없던 환난일 것임을 알게 된다. 우리는 일부 학자들이 이 책에 기록된 예언을 예언이 아닌 역사적 기록으로 봄으로써 안티오쿠스 에피파네스 시대에 이 박해가 성취되었다고 단정하고 있음을 반복적으로 지적해왔다. 예레미야 역시 우리가 대환난이라고 부르게 된 이 기간에 대해 서술하고 있다(렘 30:4-6). 이 예언은 일차적으로 이스라엘을 목표로 한다. 다니엘이 이 구절을 기록한 내용으로 보아서 그 외 다른 추론은 불가능하다.

요한계시록 16장은 이것을 땅에 쏟은 "하나님의 진노의 일곱 대접"이라고 묘사한다. 다니엘 12장 1절의 내용은 마태복음 24장 21절과 매우 유사하다. 글리슨 아처는 이렇게 결론내린다. "분명히 예수님은 다니엘의 이 예언을 마지막 때와 특별히 우리의 현 교회가 마지막 운명을 마치게 될 대환난과 연관된 것으로 보셨다"(글리슨 아처, 149). 대환난 기간(대부분의 전천년설을 믿는 학자들은 다니엘의 일곱 번째 주 중 후반부라고 생각함)에 이스라엘을 보호하는 일은 미가엘에게 맡겨졌고, 모든 참된 신자들은 이 대환난 기간을 끝까지 참고 견딜 것이다.

다니엘의 백성 중 그 이름이 책에 기록된 자들이 있고, 그들은 구원을 얻을 것이다. 이것은 출애굽기 32장 33절에서 처음으로 언급되었고, 성경의 마지막인 요한계시록 20장 12절에 이르기까지 여러 차례 언급된 생명책일 가능성이 있다. 우리는 이것에 대해 '심층 연구'에서 심도 있게 논의할 것이다. 이 구원에서 변절자들과 불신자들이 제외되었다는 것에 유의하라. 오직 그 이름이 책에 기록된 자들만이 재림하실 메시아를 영접할 것이다.

12:2-3. 이 구원의 때에 땅의 티끌 가운데서 자는 자 중에 많은 이들의 놀라운 부활이 있을 것이다. 부활한 이들은 영생을 얻거나 무궁히 부끄러움을 입을 것이다. 이 구절이 미래에 일어날 일이라는 것을 의심한다면 우리는 여기서 그만두어야 할 것이다. 확실히 이러한 일은 안티오쿠스 시대에 일어나지 않았다. 부활은 유대인들의 오래된 놀라운 소망이다(사 26:19). 그러나 보수적인 전천년설주의자들도 혼란을 느낀다. 환난 전 휴거설을 보호하고자 하는 데 열심인 게벨라인(Gaebelein), 켈리(Kelly), 아이언사이드(Ironside)와 같은 선량하고 경건한 이들은 이 구절이 일종의 영적 부활 형태를 묘사한 것이라고 주장한다. 그러나 이것은 불필요해 보이며 실제로 본문을 제대로 해석하지 못한 것이다.

존 월부어드는 그 문제를 정면으로 공격한다.

> 이 점과 관련해 절대 수용할 수 없는 것은 게벨라인이 우리의 반대자들이 선택하는 바로 그 해석의 원리, '영적인 의미' 혹은 '상징적인 의미'로 해석하는 원리를 채택한 점이다. 또한 그 외 모든 것은 상징적인 것이 아니라 문자적이라고 존중된다는 것이다. 그는 요한계시록 20장의 첫 부활에 대한 언급에서 후천년주의자

> 들과 무천년주의자들이 범하는 바로 그 잘못을 이 구절에서 범하고 있다. 그렇게 해서 그는 전천년설이 가진 해석학적 장점을 포기한다(존 월부어드, 172).

언제 이 일이 이루어질 것인가? 그 저주에서 구원을 받은 유대인들이 죽음에서 건짐을 받은 구약의 성도들과 하나가 되는 대환난 마지막에 분명히 이 일이 이루어질 것이다(롬 11:26). 우리가 '심층 연구'에서 휴거에 대해 다루겠지만, 여기서는 어떤 성경 구절도 구약의 성도들이 환난 전 그리스도를 믿는 성도들이 하늘로 올라갈 때와 같은 시간에 부활할 것이라고 실제로 가르치지 않는다는 것을 지적해야 한다. 이것은 요한계시록 20장 4-6절에 기록된 죽은 자들의 최후의 부활을 가리키는 것이 아님을 유념하라.

존 월부어드는 이렇게 지적한다.

> 구약 예언은 상당한 시간 격차를 두고 벌어졌지만 서로 직접적인 관계를 갖고 동시에 일어난 것 같은 사건들을 포함하고 있다. 이사야 61장 1-2절과 같은 구절에서 현 시대 전체(그리스도의 초림과 재림 사이의 기간)를 지나치는 것은 모든 구약 주석가들에게 익숙하다. 여기에 또 다른 예가 있다. 이 해석에 따르면 의인들은 재림의 믿음과 신실함에 대한 상급으로 부활할 것이지만, 악인으로 죽은 사람들은 재림의 마지막 심판에 관해 경고를 받고 있다. 기다리는 수많은 이들을 추론에 의해 두 부류로 분류하는 것은 다른 운명을 가진 두 종류의 부활이 있을 것을 전제한다. 이 구절이 전천년설을 분명하게 가르치지는 않지만, 전천년설적 해설과 일치하지 않는 것은 아니다(존 월부어드, 「Daniel」, 289).

이중적 부활을 주장한 천사는 이제 오직 의인들, 참으로 어려운 환경 속에서 진리를 끝까지 붙잡을 정도로 지혜로운 자들에게만 초점을 맞춘다. 이제 그들은 **궁창의 빛과 같이 빛날 것이다**. 크리스웰은 이 구절의 큰 빛에 대해 다음과 같은 점을 상기시킨다. "이 구절의 아름다움과 시적인 흐름은 대단히 훌륭하다. 내가 그것에 주목하는 이유는 이 구절이 위치한 문맥 때문이다. 이 구절은 성경에서 가장 암울한 환상 중 하나에서 발견되고 있다. 그 어둠 속에서 이 영롱하고 보석 같은 아름다운 약속이 빛나고 있다. 그것이 특별하지 않은가? 하지만 성경은 항상 가장 어두운 것을 배경으로 약속을 선사하고 있다”(크리스웰, 178).

12:4. 구약은 책들을 봉합하는 것에 대해 많이 이야기한다. 그리하여 그 책들의 본래적 상태를 보전할 뿐 아니라 그 권위와 진정성을 강조한다. 우리가 오늘날 우리 손에 다니엘서를 지니게 된 것은 하나님이 우리가 살고 있는 마지막 때까지 그것을 보존하셨기 때문이다.

일부 주석가들은 마지막 구절(많은 사람이 왕래하며 지식이 더하리라)을 현대의 교통수단의 발달과 과학적 지식의 발전을 언급하는 것으로 봄으로써 이 구절을 극단적으로 적용해왔다. 본문을 그런 식으로 대하는 것은 바람직하지 않다. 우리가 지식 폭발의 시대에 살고 있는 것은 확실하지만, 다니엘서의 메시지가 다니엘이 이 책을 쓴 2,500년 전에 비해 21세기와의 관련성이 떨어진다는 곤란한 주장을 할 수 있다. 확실히 역사와 신약(특별히 요한계시록)에 비추어볼 때 다니엘보다 우리는 다니엘의 예언에 대해 더 많은 것을 깨닫게 되고, 따라서 우리에게는 그것들을 이해할 더 큰 책임이 있다. 나아가 이 책에 기록된 사건들을 실제로 경험할 사람들은 지금의 우리보다 그 의미를 훨씬 더 잘 이해할 가능성이 매우 높아 보인다.

도널드 캠벨은 이렇게 말한다. “이 암호문 같은 표현(많은 사람이 왕래하며)은 대환난 때의 사람들이 그들 시대의 기후 변화에 대한 의문들에 대해 대답을 찾기 위해 사방으로 부산하게 돌아다닐 것과 그들이 다니엘서가 말하는 더한 지식을 통해 그 대답을 찾을 것이라는 의미로 이해하는 것이 가장 최선이다”(도널드 캠벨, 182).

B. 일정에 대한 계시(12:5-8)

Supporting Idea	세부적인 내용이 때로 분명하지 않지만, 하나님은 자신이 세상을 정리하실 방법에 대한 분명한 시간표를 갖고 계심을 성경의 독자들이 이해하길 분명히 원하신다.

12:5-6. 다니엘이 천사들과 이야기하며 여전히 티그리스(힛데겔) 강변(10:4)에서 일어날 일을 묘사하고 있음을 기억하라. 그들 중 한 천사가 다니엘의 마음에 깊이 각인된 질문을 하고 있다. 이 기사의 끝이 어느 때까지냐.

세마포 옷을 입은 자는 확실히 강둑에서 강물 위의 위치로 이동한 10장 5-6절의 사람과 동일 인물이다. 물 위에 섰다는 사실로 인해 어떤 이들은 세마포 옷을 입은 이 사람이 성육신 이전의 그리스도이심이 분명하다고 강조한다. 그러나 물 위에 선다는 것은 천사의 단순한 재주 가운데 하나로 볼 수 있으므로 여기서의 해석은 아마 10장에서 독자들이 내린 결론에 따라 결정될 것이다.

12:7. 고대 히브리인들은 한 손을 들고 확증과 보장의 표시로 맹세를 했다(창 14:22, 신 32:40). 천사가 두 손을 들어 맹세함으로써 맹세의 강도를 두 배 더했기 때문에 확실히 이 예언은 더 큰 의미를 지닌다.

다니엘은 영생하시는 자를 가리켜 맹세하며 반드시 한 때 두 때 반 때를 지나서라고 그가 대답하는 말을 들었다. 우리는 이 표현을 살펴본 적이 있고, 7장 25절과 관련해서 그것을 주석했다. 글리슨 아처는 이렇게 말한다. "3년 반의 기간은 정확히 9장 27절에 언급된 일곱 번째 주의 총 7년 중 정확히 반이다. '한 때, 두 때, 반 때' 라는 구절이 의미하는 것은 이 7년의 후반기를 말할 것이다. 이는 그것이 아마겟돈 전쟁에서 짐승의 파멸과 더불어 끝날 것이기 때문이다" (글리슨 아처, 155).

이제 우리는 한 구절에 대해 생각해보아야 한다. 성도의 권세가 다 깨어지기까지니 그렇게 되면 이 모든 일이 다 끝나리라 하더라. 이것 역시 3년 반 동안의 환난과 이스라엘이 당할 고난의 결과를 가리킨다. 부활과 회복이 이루어질 것이고, 하나님은 그때 인간 역사를 마무리하실 것이다. 이 짧은 언급과 스가랴(12:7-10, 13:8-9)의 비교는 유대인들이 자발적으로 메시아를 받아들일 때까지 하나님이 유대인들을 힘들게 하실 필요가 있음을 보여준다.

12:8. 다니엘은 여전히 혼란스럽고 이 모든 일이 결국 어떻게 될 것인지 의문을 갖고 있다. 예언을 해석하는 데 어려움이 있는 사람은 모두 다니엘의 정직한 진술을 보고 용기를 얻어야 한다. 내가 듣고도 깨닫지 못한지라.

C. 왕국의 회복(12:9-13)

Supporting Idea	우리가 겸손한 태도와 믿음으로 깨닫게 하심을 구할 때 하나님은 적절한 대답을 알게 해주신다.

12:9. 어떤 주석가들은 천사의 대답이 부드러운 책망이라고 해석하고, 천사의 대답

은 다니엘이 이미 충분히 알고 있다는 의미라고 주장한다. 천사는 이 메시지가 마지막 때까지 간수하고 봉합되어 완전히 보호받을 것이라고 다시 강조한다. 장차 닥칠 고통의 시간에 이 메시지를 진정으로 필요로 하는 사람들은 그것에 다가갈 것이며, 다니엘은 그 약속에 대한 확신을 의지한다.

12:10. 이제 우리는 마지막 때가 사람들을 정결하게 하고 단련시킬 것이지만 악한 사람은 악을 행하리라는 것을 알게 된다. 나아가 악한 자는 아무도 깨닫지 못하되 오직 지혜 있는 자는 깨달을 것이다. 이것은 다니엘 11장 35절과 안티오쿠스 에피파네스 치하의 고통의 때에 대한 언급을 생각나게 한다. 이 공통된 주제는 성경 전반에 걸쳐 보이며 특별히 예수님의 가르침에서 드러난다. 제자들은 예수님이 백성들을 가르치실 때 왜 그렇게 자주 비유를 사용하시는지 그 이유를 물었다. 예수님은 이렇게 대답하셨다. "대답하여 가라사대 천국의 비밀을 아는 것이 너희에게는 허락되었으나 저희에게는 아니 되었나니 무릇 있는 자는 받아 넉넉하게 되되 무릇 없는 자는 그 있는 것도 빼앗기리라"(마 13:11-12). 주님의 이 대답은 이사야 6장 9-10절에서 도출한 것이다.

스튜 웨버는 이 마태복음 구절을 주석하면서 이렇게 말한다.

> 이미 지식이 있는 사람들(이미 계시된 진리에 대해 겸손한 믿음으로 반응했기 때문에)은 이 지식의 선한 청지기들이었다. 그들은 더 많은 것을 맡게 될 것이다(특별히 비유에 대한 그들의 깨달음을 통해). 이 사람들은 믿음 때문에 하나님의 은혜로운 은총을 받았다. 하지만 메시아를 의식적으로 거부한 사람들은 예수님이 비유를 사용하심으로 깨달음을 얻지 못하게 하시는 것으로 시작해 오직 심판만 받을 것이다. 이 방관자들은 예수님께 적대적일 정도로 충분한 진리의 지식을 가졌지만 그 지식조차 그들의 불신으로 더 어두워지게 될 것이다. 예수님의 교수 방식은 그들이 계속 반역을 고집하는 한 되도록 도움을 주지 않도록 계획된 것이었다(스튜 웨버, 193).

12:11-12. 다시 한 번 우리는 안티오쿠스 에피파네스와 적그리스도의 유사성을 본다. 멸망케 할 미운 물건이란 구절은 다니엘 9장 27절과 11장 31절에 나타났다. 그러나 마태복음 24장 15절에서 예수님이 이 구절을 다시 사용하실 것이다. 다니엘의 질문에

대한 이 구체적인 대답으로 환난 중간에 성전에 이방 신상을 세울 시간과 환난이 끝날 때까지의 시간이 일천 이백 구십 일임이 확인된다.

여기서 연대기적 문제가 있다. 3년 반(한 때 두 때 반 때)은 정상적으로 한 달을 30일로 하면 42개월이며 총 1,260일이 될 것이다. 1,290일이 아닌 것이다. 일천 삼백 삼십오 일을 추가하면 다니엘의 일곱 번째 주간의 후반인 정확히 삼 년 반을 넘는 두 수(30일이나 45일일 가능성이 있는)가 나타난다.

존 월부어드는 이렇게 말한다.

> 단서는 마태복음 25장 31-46절에서 얻을 수 있다. 그리스도의 심판 시기를 이 기간 말미에 권세를 잡으신 직후로 기술하고 있기 때문이다. 이 심판의 목적은 천년왕국에 들어가서 그것을 누리도록 허락받을 자가 누구인지를 결정하는 것이다. 하지만 그러한 심판은 약간 시간이 걸릴 것이며, 여기서 추가된 30일은 그러한 일이 실시되는 기간으로 적당한 것 같다. 이것은 이 1,290일을 모두 고려한 총 시간이 환난 주간의 중간에서 이 심판의 시간이 완료될 때까지가 될 것임을 의미할 것이다(존 월부어드, 「Daniel」, 157).

대부분의 학자들은 천 년에 걸쳐 그리스도가 지상을 통치하시는 천년왕국의 설립을 시작으로 그것을 계산한다. 그러나 드와이트 펜테코스트는 이것을 심판을 위한 추가 시간으로 보고 이렇게 말한다. "45일간의 그 기간은 그리스도의 재림과 관련된 심판들이 땅에 임할 기간이라고 주장한다. 그렇다면 45일간의 전체 기간은 그리스도의 재림이라고 불릴 수 있다"(드와이트 펜테코스트, 301).

정직하게 말해 모든 사람들이 다 이 숫자들을 문자적으로 받아들이지 않는다는 것을 지적해야 한다. 조이스 볼드윈은 이렇게 말한다. "액면 그대로 그 숫자들을 정확하게 적용하고자 하는 모든 시도는 실패한다. 우리는 다음으로 이 책에서 상징적 숫자들에 대한 암시가 있었다는 것, 특히 9장 24-27절의 일곱 이레를 염두에 두고 상징적 해석에 의지한다"(조이스 볼드윈, 210). 어떤 이들은 그때를 박해 속에서도 예수를 따르고자 애쓰는 사람들의 인내에 대한 일반적이고 상징적인 요청으로 본다.

12:13. 천사는 너는 가서 마지막을 기다리라는 명령을 선지자에게 반복한다. 하지만

이번에는 그것이 더 지속성을 지닌 것처럼 보인다. 다니엘은 평안히 쉴 것이며 끝날에는 부활하여 그의 업을 누릴 것이다(삿 1:3, 골 1:12). 레온 우드는 명백하지만 중요한 핵심을 지적한다. "다니엘이 이때에 부활하게 된다면 다른 구약 성도들도 동시에 부활할 가능성이 있을 것이다. 그리하여 구약의 성도들이 부활할 것으로 보이는 시간에 관해 증거를 줄 것이다"(레온 우드, 「Daniel」, 158).

Main Idea 복습	11장의 전쟁이라는 무서운 비극 후에 천사는 선지자에게 지혜로운 자는 하늘의 해처럼 빛날 것이며, 많은 사람들을 의로 인도한 사람은 영원히 별처럼 빛날 것이라고 말한다.

! 결론

예언과 기적

다니엘서의 예언적 요소에 대한 신뢰성에 상처를 주기 위해 지난 세월 동안 계속되어 온 비평주의자들의 노력에도 불구하고 기적에 대한 믿음은 현대인들에게서 거의 사라지지 않았다. 예언은 자신이 선택하신 사람들에게 몇 가지 수단을 통해 미래에 관한 메시지를 전달하고자 하시는 하나님의 기적적인 행위이기 때문에 나는 이렇게 예언과 기적을 연관시킨다. 일반적으로 성경의 예언적 요소를 거부하는 사람들은 또한 기적을 부인한다. 하지만 〈레프트 비하인드(Left Behind)〉의 인기와 〈천사의 미소(Touched by an Angel)〉가 황금 시간대에 방영되는 것을 볼 때 미국인들이 완전히 세속에 물든 것만은 아니라는 사실을 깨닫게 된다.

〈뉴스위크(Newsweek)〉 지의 명망 높은 종교 기자 케네스 우드워드(Kenneth Woodward)는 「기적의 책(The Book of Miracles)」이라는 자신의 신작에서 미국 성인의 84퍼센트가 하나님이 기적을 행하신다고 믿고, 48퍼센트는 자신들의 삶 속에서 기적을 경험했다고 믿는다고 조사했다. 81퍼센트의 복음주의자들, 75퍼센트의 미국 천주교인, 54퍼센트의 비복음주의 개신교인과 43퍼센트의 비기독교인이 모두 한두 번 이상 기적을 위해 기도해봤다고 말한다.

회의론자들은 항상 있겠지만 성경을 자연스럽고 문자적으로 읽는 선의의 사람들은 다니엘서 본문에 대해 아무 어려움이 없어야 할 것이다. 전천년주의적 입장은 다니엘서 본문을 자연스럽고 문자적으로 접근하는 데서 기인하며, 이 본문을 신비주의적, 상징적, 혹은 단순히 역사적으로만 다루고자 하는 모든 시도를 부인한다. 헤르만 벨드캄프는 다음과 같은 말로 다니엘서에 대한 그의 경건한 연구를 끝낸다. "다니엘에게 준 천사의 지시는 우리에게도 적용된다. 장차 어떤 시련과 싸움에 직면한다 하더라도 다니엘서에 대한 연구로 하나님의 말씀이 영원할 것이라는 확신을 지녀야 할 것이다. 예수 그리스도는 어제나 오늘이나 영원토록 동일하시다. 아멘" (헤르만 벨드캄프, 250-251).

■ 진리 알기

- 과거와 현재와 미래를 하나님이 통치하신다는 이 증거로 인해 다니엘서를 공부하는 모든 이들이 마음의 평안을 얻어야 한다.
- 이타적이고 부지런하게 하나님을 섬기면 결국에는 보상을 받게 된다. 바로 종말에.
- 천사들은 눈에 보이지 않지만 실재하며, 신자들의 삶에 깊이 관여하고 있다.
- 하나님은 자신의 진리를 보호하시며 그것이 보존되어 진리를 들어야 할 사람들에게 제시되기를 원하신다.

■ 적용하기

- 성경 구절이 이해하기 어려울 때도 포기하지 않고 문맥과 일치하는 해석을 끝까지 찾아내는 것이 중요하다.
- 복음의 메시지를 나누고 '많은 이들을 의로' 인도하면 빛나는 영원한 상급을 얻게 된다.
- 다니엘서의 진리를 깨닫기 위해 씨름할 때 그 가치를 우리 삶 속에 적용해야 함을 망각해서는 안 된다.
- 예언 구절의 세세한 내용에 대한 해석을 믿음이나 다른 신자들과의 교제를 시험하는 수단으로 삼아서는 절대 안 된다.

삶의 적용

성경의 중심

시편 118편은 성경에서 매우 흥미로운 위치에 서 있다. 하나님께서 어떤 특별한 이유로 성경의 이 부분에 이 시편을 배치하셨다고 주장할 의도는 없지만 확실히 이 시편의 메시지는 신학이라는 배의 닻의 역할을 하고 있다. 시편 117편은 성경에서 가장 짧은 장이고, 시편 119편은 성경에서 가장 긴 장이다. 성경은 시편 118편 이전까지는 594장이고, 시편 118편 이후의 장도 594장이다. 이 시편 자체 내에서 8절이 전체 성경의 중간 절이라고 할 수 있다. 이 구절은 "여호와께 피함이 사람을 신뢰함보다 나으며"라는 공리를 선포하고 있다.

다니엘은 바로 이런 삶을 살았다. 그는 유다 왕국이 멸망하고 자신이 이방 땅에 포로로 끌려갔을 때 이스라엘의 하나님에 대한 신앙을 포기할 충분한 이유가 있었다. 하지만 하나님은 꿈과 환상을 통해 그에게 끊임없이 힘을 주셨고, 다니엘은 한 번도 그 믿음이 변하거나 흔들리지 않았다.

사무엘 루더포드(Samuel Rutherford)는 1600년 스코틀랜드에서 출생했다. 젊은 나이에 그는 목사가 되었고, 1638년 찰스 1세에 의해 스코틀랜드 칼빈주의가 철퇴를 맞자 체포되었다. 그 다음 2년 동안 그는 220통의 편지를 썼다. 석방된 후 그가 견지한 강력한 언약파적 입장 때문에 그는 대부분의 생애 동안 조국의 가톨릭적 위계 질서와 맞서게 되었다. 실제로 그가 중병에 걸리지 않았더라면 그는 1661년 단두대에서 목숨을 잃었을 것이다. 그는 임종 직전 "영광, 영광이 임마누엘의 땅에 거하도다"라고 외쳤다.

1857년 스코틀랜드 어바인(Irvine)의 한 목회자의 아내인 앤 로스 커즌(Anne Ross Cousin)은 사무엘 루더포드의 편지들을 읽고 그 문장의 일부를 이용해 극적인 마지막 행에 초점을 맞추어 찬송시를 작사했다. 첫 절은 다음과 같다.

이 세상 지나가고 저 천국 가까워
나 오래 기다리던 그 영광 보인다

이 어둔 밤이 가고 새 날이 밝으니
저 하늘나라 영광 참 밝게 빛난다.

우리의 신랑이신 그리스도의 신부가 되는 교회와 우리의 관계는 복음서에서 요한계시록에 이르는 성경에 기록되어 있다. 세례 요한은 그의 제자들이 예수님께로 이탈하고 있다는 보고를 듣고 이렇게 말했다. "신부를 취하는 자는 신랑이나 서서 신랑의 음성을 듣는 친구가 크게 기뻐하나니 나는 이러한 기쁨이 충만하였노라 그는 흥하여야 하겠고 나는 쇠하여야 하리라" (요 3:29-30).

나는 다니엘과 사도 요한이 천국에서 토론을 하면서 요한이 다니엘의 놀라운 모범과 그의 예언의 책에 대해 감사하는 장면을 상상할 수 있다. 다니엘은 새 언약 백성들의 초기 시절에 요한이 맡은 역할에 대해 칭찬하고 삼 년 반 동안 예수님으로부터 직접 가르침을 받는 것이 어떠했는지 알고 싶다고 말할 것이다.

기도

하나님 아버지, 우리에게 주신 소망을 인해 감사를 드립니다. 우리가 지혜롭고 많은 이들을 의로 인도하는 사람들이 되도록 도와주십시오. 아멘.

티칭 가이드

심층 연구

A. 생명의 책(12:1)

'생명의' 라는 단어가 다니엘 12장 1절에 추가되어 있지는 않지만 확실히 이것은 성경 전반에 나타나는 유명한 '생명의 책' 을 가리키는 표현이 분명하다. 출애굽기 32장 33절은 하나님과 언약을 맺은 사람들을 묘사하고, 시편 69편 28절에서는 주님의 백성들을 대적한 자들에 대한 저주가 매우 구체적인 기도 요청의 내용으로 기록되어 있음을 본다. "저희 죄악에 죄악을 더 정하사 주의 의에 들어오지 못하게 하소서 저희를 생명책에서 도말하사 의인과 함께 기록되게 마소서" (시 69:27-28). 말라기 3장 16절은 "그 때에 여호와를 경외하는 자들이 피차에 말하매 여호와께서 그것을 분명히 들으시고 여호와를 경외하는 자와 그 이름을 존중히 생각하는 자를 위하여 여호와 앞에 있는 기념책에 기록하셨느니라" 라고 말한다. 누가복음 10장 20절에서 예수님은 제자들에게 "그러나 귀신들이 너희에게 항복하는 것으로 기뻐하지 말고 너희 이름이 하늘에 기록된 것으로 기뻐하라 하시니라" 라고 말씀하셨다.

요한계시록 13장 8절에 이르면 우리는 "죽임을 당한 어린 양의 생명책에 창세 이후로 녹명되지 못하고 이 땅에 사는 자들은 다 짐승에게 경배하리라" 는 것을 알게 된다. 이 책은 요한계시록 17장 8절에도 다시 언급되어 있다. 마지막으로 요한계시록 20장에는 "또 다른 책이 펴졌으니 곧 생명책이라… 누구든지 생명책에 기록되지 못한 자는 불못에 던지우더라" (계 20:12, 15)라는 내용이 등장한다.

B. 부활(12:2-3, 13)

다니엘 12장의 부활은 천년왕국 이전에 일어나고, 또한 그 표현이 요한계시록 본문에 등장하기 때문에 흔히 첫째 부활이라고 불린다(계 20:5-6). 그러나 예수님의 부활(요

20:1-18), 그리스도께서 부활하실 때 무덤에서 나온 자들의 부활(마 27:50-53), 교회가 휴거될 때 일어날 부활(살전 4:13-18), 두 증인의 부활(계 11:11-12)을 포함시킨다면 그것은 실제로 다섯 번째 부활이다.

우리 본문의 부활은 대환난 때의 의로운 순교자들에 관한 것이다. 더 정확히 말하자면, 환난 초기(휴거)의 부활은 새 언약의 백성들, 즉 십자가 사건과 휴거 사이에 사망한 그리스도인들에게 해당된다. 7년 후의 부활은 환난 기간에 순교당한 자들의 부활이며, 부활한 그들은 아담에서 십자가 사건까지의 모든 구약의 성도들과 더불어 여기 다니엘 12장 2절에 언급된 마지막 부활에 동참할 것이다.

존 월부어드는 이렇게 말한다.

> 그리스도의 부활로 시작해서 악인들의 부활(천년왕국 이후에 일어남)로 완성되는 일련의 부활이 있음을 인정할 때 부활의 교리를 올바로 이해했다고 할 수 있다. 이 일련의 부활 중 대환난 때 순교당한 자들의 부활은 다섯 번째 부활이며, 아마 구약 성도들의 부활 다음에 일어날 것이다. 악인들의 부활은 마지막 부활이다(존 월부어드, 「Major Bible Prophecies」, 379-380).

C. 휴거

다니엘서에는 휴거라는 표현이 언급되지 않기 때문에 이 주제에 대해서는 이 주석에서 거의 다루지 않았다. 하지만 다니엘이 환난에 대해 언급하기 때문에 그리스도인들이 그 기간 내내 혹은 일부 기간 동안 지상에 있을 것인지 아닌지 질문을 제기하는 것이 공평하다. 그렇다면 다니엘이 유대 신자들에 대해 말한 내용 중 많은 부분이 그리스도인 신자들에게도 적용될 것이다. 신자들이 환난 전에 하늘로 끌려 올라갈 것이라고 주장하는 그리스도인들은 요한계시록 3장 10절과 요한복음 5장 24절과 같은 구절들을 근거로 하고 있다. 교회가 환난을 경험할 것이라고 예상하는 이들은 데살로니가후서 2장이 그리스도의 재림 전 적그리스도가 등장할 것이라는 느낌을 주는 내용을 강조한다. 그들은 또한 그리스도의 대위임 명령은 그리스도인들에게 세상 끝 날까지 복음을 선포할 것을 요구한다는 점을 강조한다.

다니엘서를 해석하는 데 이것이 중요하다고 생각하지는 않지만, 나는 대환난 전 휴거설을 지지하는 편이다. 대환난 전 휴거설은 적절한 성경적 근거를 토대로 하는 것으로 보이며, 하나님과의 옛 언약 관계와 새 언약 관계의 차이를 매우 분명하게 구분한다. 다니엘서를 해석하는 데 중요한 요소 중 하나는 그의 예언이 교회의 구속받은 이방인들이 아니라 이스라엘과 관련이 있음을 인정할 것을 요구한다. 다니엘 12장 2절의 부활은 전천년설을 지지하는 학자들의 주장과 매우 일치한다.

존 월부어드는 이 진영의 확고한 투사로서 그것을 이렇게 표현한다.

> 환난 전에 교회의 부활이 있고 따라서 이 부활에 (휴거가) 선행하는 것으로 보는 환난 전 휴거설로 예언을 해석하는 입장에서 보면, 이 구절은 문자적으로 받아들여질 수 있다. 사실상, 환난 전 휴거설이 옳다면 그리스도께서 세상을 통치하시러 재림하실 이 시점에 의인들의 대규모 부활이 있을 것이다. 이것이 환난 전 휴거설을 인정한다고 단정하기는 어렵지만 이것은 이 해석과 조화를 이룬다(존 월부어드, 「Daniel」, 290).

고안

A. 들어가는 글

1. '쿰란에 대한 질문' 이야기로 시작하라.
2. 배경 설명: 다니엘서를 연구하는 이들은 마지막 세 장이 예언적 지식에 대해 솔기 없는 통으로 짠 옷과 같음을 기억해야 한다. 12장의 배경은 10-11장이며, 10-11장의 결론은 오직 12장에서만 발견할 수 있다.
3. 적용: 다니엘은 11장 말미에 묘사된 적그리스도의 지배를 직접적으로 가리키는 '그때에' 라는 용어를 사용함으로써 11장과 12장 사이를 이어주며 넘어간다. 소선지서 중 첫 번째 선지서인 다니엘과 호세아의 논리적 변화는 전혀 없다. 이는 호세아서가 다니엘이 살았던 때보다 약 2백 년 전에 기록되었기 때문이다.

B. 본문 이해

1. 의인들의 부활(12:1-4)
2. 일정에 대한 계시(12:5-8)
3. 왕국의 회복(12:9-13)

C. 결론: '예언과 기적' 을 읽어주라.

토의 질문

1. 앞으로 세 번의 부활이 있을 것이라는 주장에 대해 당신은 어떻게 반응하고 있는가?

2. 다니엘서 12장의 핵심이 되는 절을 골라야 한다면 어느 절이라고 생각하는가?

3. 부활에 대한 기대는 신자들에게 어떤 영향을 미칠 것인가? 불신자들에게는 어떤 영향을 미치겠는가?

4. 교회의 휴거가 환난 전에 일어날 것이라고 믿을 때와 혹은 교회가 그 환난을 당할 것이라는 주장을 받아들일 때 어떤 차이가 있겠는가?

■ 용어 해설

1. **천사** - 교훈이나 경고 혹은 소망에 대한 하나님의 말씀을 전달하는 하나님의 메신저.
2. **적그리스도** - 하나님이나 그리스도를 대적하는 모든 자. 특별히 말세의 악한 지도자. 그리스도는 재림하셔서 그를 굴복시키실 것이다.
3. **묵시론적** - 서로 대적하는 우주적 권세(하나님과 사단), 우주 역사의 두 세대(악과 사단이 지배하는 현 세대와 하나님의 통치를 받을 앞으로 올 세대), 하나님의 백성들은 상급을 받고 악인들은 영원한 형벌을 받는 미래의 심판에 대한 믿음을 반영하는 상징적 언어.
4. **바벨론** - 주전 6세기의 악한 성과 악한 제국의 이름. 요한계시록의 또 다른 악한 성에 대한 암호명.
5. **종말론** - 말세의 일들 혹은 그리스도가 재림하시는 마지막 때에 대한 연구.
6. **악** - 하나님의 계획을 대적하는 사람이나 대상을 총칭.
7. **포로 생활** - 주전 722년 이후 앗수르 왕국에서의 이스라엘인들의 삶과 주전 587년 이후 바벨론에서의 유다인들의 삶.
8. **영화** - 신자들이 하늘의 영광과 상급을 공유할 수 있도록 그들의 삶 속에서 하나님이 이루시는 역사.
9. **우상 숭배** - 하나님이 아닌 대상을 섬기는 행위.
10. **메시아** - 선지자들이 약속한 장차 오실 왕. 선지자들의 그 예언을 성취하신 예수 그리스도. 그리스도는 히브리어 메시아에 대한 헬라어 음역.
11. **기적** - 경이로움을 불러일으키며, 하나님의 위대하심을 드러내고, 사람들로 세상 속에 역사하시는 하나님을 인정하도록 하는 하나님의 초자연적 행위.
12. **유일신론** - 오직 한 분 하나님에 대한 믿음.
13. **전능하심** - 거룩하고 의로우신 성품에 위배되지 않는 선에서 모든 것을 하실 수 있는 하나님의 무한한 능력.
14. **이방인** - 성경이 증거하는 살아 계신 하나님이 아닌 신이나 신들을 섬기는 자들.
15. **범신론** - 한 신 이상을 믿는 믿음. 성경 시대에 만연했던 이단.
16. **기도** - 하나님과의 대화.
17. **섭리** - 모든 어려움에 대해 그분의 피조물을 돌보시고 인도하시는 하나님의 행위.

18. **계시** - 숨겨져 있는 것을 알리는 것. 하나님께서 자연 세계, 역사, 선지자들 그리고 가장 완전하게는 예수 그리스도를 통해 자신의 본성과 뜻을 알리시는 것.

19. **주권** - 외부적인 구속에 제약받지 않는 하나님의 자유. 그분의 피조물에 대한 하나님의 무제한적 통치와 다스림.

20. **시련** - 우리 안에 영적인 힘과 인내를 이루기 위해 하나님이 우리 삶 속에 허락하신 고난과 역경.

21. **예배** - 하나님께 드리는 경외, 공경, 찬양 그리고 섬김.

■ 참고 도서

Anderson, Robert. *Daniel in the Critics' Den.* Grand Rapids, Mich.: Kregel Publications, 1990 (reprint).

_________. *The Coming Prince.* London: Hodder and Stoughton, 1903.

Archer, Gleason L., Jr. "Daniel." In *The Expositor's Bible Commentary.* Vol. 7. Grand Rapids, Mich.: Zondervan Publishing House, 1985.

Baldwin, Joyce G. *Daniel.* Downers Grove, Ill.: InterVarsity Press, 1978.

Beers, V. Gilbert. *The Victor Handbook of Bible Knowledge.* Wheaton, Ill.: Victor Books, 1981.

Bock, Darrell L., "The Son of Man in Daniel and the Messiah." Unpublished Master of Theology thesis. Dallas Theological Seminary (1979).

Boice, James M. *The Sovereign God.* Vol. 1. Downers Grove, Ill.: InterVarsity Press, 1978.

Boutflower, Charles. *In and Around the Book of Daniel.* Grand Rapids, Mich.: Kregel, 1977.

Braden, Charles S. *The World's Religions.* New York: Abingdon, 1939.

Calvin, John. *Commentaries on the Book of the Prophet Daniel.* Translated by Thomas Nyers. Vols. 1 and 2. Grand Rapids, Mich.: Eerdmans Publishing Co., 1561, 1948.

Campbell, Donald K. *Daniel: God's Man in a Secular Society.* Grand Rapids, Mich.: Discovery House, 1988.

Campbell, Donald K., and Jeffrey L. Townsend, eds. *A Case for Premillennialism.* Chicago: Moody Press, 1992.

Cedar, Paul. *A Life of Prayer.* Nashville, Tenn.: Word, 1998.

Clouse, Robert G., ed. *The Meaning of the Millennium.* Downers Grove, Ill.: InterVarsity Press, 1977.

Criswell, W. A. *Expository Sermons on the Book of Daniel.* Grand Rapids, Mich.: Zondervan, 1976.

Culver, Robert D. *Daniel and the Latter Days.* Westwood, N.J.: Fleming H. Revell, 1954.

Detzler, Wayne. *New Testament Words in Today's Language.* Wheaton, Ill.: Victor Books, 1986.

Easley, Ken. "Revelation." In the *Holman New Testament Commentary.* Nashville, Tenn.: Broadman & Holman, 1998.

Flynn, Leslie B. *Come Alive with Illustrations.* Grand Rapids, Mich.: Baker Book House, 1988.

Gariepy, Henry. *Portraits of Perseverance.* Wheaton, Ill.: Victor Books, 1989.

Girdlestone, Robert B. *Synonyms of the Old Testament.* Grand Rapids, Mich.: Baker Book House, 1991.

Hanhart, K. "The Four Beasts of Daniel's Vision in the Night in the Light of Rev. 13:2." *New Testament Studies,* 27:4 (July 1981).

Henry, Carl F. H. *Twilight of a Great Civilization.* West Chester, Ill.: Crossway Books, 1988.

Hoehner, Harold W. "Between the Testaments.". In *The Expositor's Bible Commentary.* Vol. 1. Grand Rapids, Mich.: Zondervan, 1979.

Jerome's Commentary on Daniel. Translated by Gleason L. Archer, Jr. Grand Rapids, Mich.: Baker Book House, 1958.

Kaiser, Walter C., Jr. *The Uses of the Old Testament in the New.* Chicago: Moody Press, 1985.

Kraeling, Emil G. *Rand McNally Bible Atlas.* New York: Rand McNally and Co., 1956.

Kyle, C. F. *Biblical Commentary on the Book of Daniel.* Translated by M. G. Easton. Grand Rapids, Mich.: Eerdmans Publishing Co., 1949.

Ladd, George E. *A Commentary of the Revelation of John.* Grand Rapids, Mich.: Eerdmans, 1972.

Lang, G. H. *The Histories and Prophecies of Daniel.* Grand Rapids, Mich.: Kregel Publications, 1973.

Laney, J. Carl. *God.* Nashville, Tenn.: Word Publishing, 1999.

Leupold, Herbert C. *Exposition of Daniel.* Grand Rapids, Mich.: Baker Book House, 1969 (reprint).

Lightner, Robert. *Angels, Satan and Demons.* Nashville, Tenn.: Word, 1998.

Lightner, Robert P. *Evangelical Theology.* Grand Rapids, Mich.: Baker, 1986.

McClain, Alva J. *The Greatness of the Kingdom.* Grand Rapids, Mich.: Zondervan, 1959.

Miller, Stephen R. "Daniel." In *The New American Commentary.* Vol. 18. Nashville, Tenn.: Broadman & Holman, 1994.

Packer, J. I. *Knowing God.* Downers Grove, Ill.: InterVarsity Press, 1973.

Payne, Donna W., and Fran Lenzo. *The Handel's Messiah Family Advent Reader.* Chicago: Moody Press, 1999.

Payne, J. Barton. *Encyclopedia of Biblical Prophecy.* New York: Harper & Row, 1973.

Pentecost, J. Dwight. *Thy Kingdom Come.* Wheaton, Ill.: Victor Books, 1990.

Peterson, Eugene H. *The Message—The Old Testament Prophets.* Colorado Springs, Colo.: NavPress, 2000.

Robertson, James D. *Handbook of Preaching Resources from English Literature.* New York: The Macmillan Company, 1962.

Ryrie, Charles C. *Basic Theology.* Wheaton, Ill.: Victor Books, 1981.
Seiss, J. A. *The Apocalypse.* Grand Rapids, Mich.: Zondervan, 1957.
Seiss, Joseph. *Voices from Babylon.* Philadelphia: The Castle Press, 1879.
Tenney, Merrill C. *The Zondervan Pictorial Bible Dictionary.* Grand Rapids, Mich.: Zondervan, 1963.
The NIV Study Bible. Kenneth Baker, general ed. Grand Rapids, Mich.: Zondervan Bible Publishers, 1985.
The Works of Flavius Josephus. Translated by William Whiston. London: William P. Nimmo, n.d.
Tozer, A. W. *The Knowledge of the Holy.* New York: Harper & Row, 1961.
Veldkamp, Herman. *Dreams and Dictators.* St. Catharines, ON, Canada: Paideia Press, 1978.
Walvoord, John F. *Daniel: The Key to Prophetic Revelation.* Chicago: Moody Press, 1971.
_________. *End Times.* Nashville, Tenn.: Word, 1998.
_________. *Major Bible Prophecies.* Grand Rapids, Mich.: Zondervan, 1991.
_________. *The Prophecy Knowledge Handbook.* Wheaton, Ill.: Victor Books, 1990.
Wallace, Ronald S. *The Message of Daniel.* Leicester, England: InterVarsity Press, 1984.
Weber, Stuart K. "Matthew." In the *Holman New Testament Commentary.* Nashville, Tenn.: Broadman & Holman, 2000.
Whitcomb, John C., Jr. *Daniel.* Chicago: Moody Press, 1985.
_________. *Darius the Mede.* Grand Rapids, Mich.: Eerdmans Publishing Co., 1959.
Williams, Oscar, ed. *Immortal Poems of the English Language.* New York: Washington Square Press, 1952.
Wilmington, Harold L. *Wilmington's Survey of the Old Testament.* Wheaton, Ill.: Victor Books, 1987.
Wilson, Robert Dick. *Studies in the Book of Daniel* (four volumes). Grand Rapids, Mich.: Baker Book House, 1972.
Wood, Leon J. *A Survey of Israel's History.* Grand Rapids, Mich.: Zondervan, 1970.
_________. *Daniel.* Grand Rapids, Mich.: Zondervan, 1975.
_________. *The Prophets of Israel.* Grand Rapids, Mich.: Baker Book House, 1979.
Woodward, Kenneth L. *The Book of Miracles.* New York: Simon and Schuster, 2001.

Würthwein, Ernst. *The Text of the Old Testament*. Grand Rapids, Mich.: Eerdmans Publishing Co., 1979.
Young, Edward J. *The Prophecy of Daniel*. Grand Rapids, Mich.: Eerdmans Publishing Co., 1949.

Main Idea 로 푸는

다니엘

1쇄 인쇄 | 2010년 6월 1일

1쇄 발행 | 2010년 6월 15일

책임 편집 | 맥스 앤더스(Max Anders)

지은이 | 케네스 O. 갱글(Kenneth O. Gangel)

옮긴이 | 김진선

펴낸곳 | 주)도서출판 디모데 <파이디온 선교회 출판 사역 기관>

등록 | 2005년 6월 16일 제319-2005-24호

주소 | 서울 강남구 개포동 1164-21

전화 | 마케팅실 02) 574-2630

팩스 | 마케팅실 02) 574-2631

홈페이지 | www.timothybook.com

값 20,000원

ISBN 978-89-388-1483-8